LEONARDO
VINCI

从凡人到天才的创造力密码

列奥纳多·
达·芬奇传
LEONARDO DA VINCI

[美]沃尔特·艾萨克森（WALTER ISAACSON）_著　汪　冰_译

中信出版集团·北京

图书在版编目（CIP）数据

列奥纳多·达·芬奇传/（美）沃尔特·艾萨克森著；
汪冰译 . -- 北京：中信出版社，2018.8（2019.10重印）
　书名原文：Leonardo Da Vinci
　ISBN 978-7-5086-9032-2

　I. ①列… 　II. ①沃… 　②汪… 　III. ①达·芬奇（
Leonardo, da Vinci 1452-1519）－传记 　IV.
① K835.465.72

中国版本图书馆 CIP 数据核字（2018）第 107683 号

列奥纳多·达·芬奇传

著　　者：[美] 沃尔特·艾萨克森
译　　者：汪　冰
出版发行：中信出版集团股份有限公司
　　　　　（北京市朝阳区惠新东街甲 4 号富盛大厦 2 座　邮编　100029）
承 印 者：北京利丰雅高长城印刷有限公司

开　　本：880mm×1230mm　1/32　　　印　张：18.25　　　字　数：435 千字
版　　次：2018 年 8 月第 1 版　　　　　印　次：2019 年 10 月第 10 次印刷
京权图字：01－2018－3611　　　　　　广告经营许可证：京朝工商广字第 8087 号
书　　号：ISBN 978－7－5086－9032－2
定　　价：99.00 元

目　录

译者序　来一场个人的文艺复兴——III

书中主要人物介绍——VII

16 世纪意大利货币介绍——IX

封面的故事——X

列奥纳多·达·芬奇生活及作品时间线——XI

引　言　我亦擅绘　——XVII

第一章　　　　童年时光——001

第二章　　　　学徒生活——013

第三章　　　　自力更生——059

第四章　　　　初到米兰——083

第五章　　　　列奥纳多·达·芬奇的笔记本——099

第六章　　　　宫廷艺人——107

第七章　　　　令人着迷的人——125

第八章　　　　《维特鲁威人》——137

第九章　　　　骑士纪念碑——157

第十章　　　　实验科学家——169

第十一章　　　鸟类和飞行——181

第十二章　　　机械艺术——191

第十三章　　　数学——201

第十四章　　　人的本质——213

第十五章　　　《岩间圣母》——225

第十六章　　　米兰肖像——239

第十七章　　　关于艺术的科学——265

第十八章　　　《最后的晚餐》——283

第十九章　　　人生动荡——299

第二十章　　　重返佛罗伦萨——307

第二十一章　　圣安妮——323

第二十二章　　遗失与复得的作品——335

第二十三章　　切萨雷·波吉亚——347

第二十四章　　水利工程师——361

第二十五章　　米开朗琪罗和遗失的战争作品——369

第二十六章　　回到米兰——395

第二十七章　　第二阶段的解剖学研究——411

第二十八章　　世界及其水系——439

第二十九章　　罗马时期——459

第三十章　　　手指的方向——479

第三十一章　　《蒙娜丽莎》——493

第三十二章　　法国岁月——515

第三十三章　　列奥纳多·达·芬奇的创造力密码——539

尾　声　　如何描述啄木鸟的舌头——547

致　谢——549

英文版常用引文缩略词表及注释——553

译者序
来一场个人的文艺复兴

英文"Renaissance man"可直译为"文艺复兴人",意指那些博学多才之人,而本书的主人公列奥纳多·达·芬奇堪称其中典范。作为译者,翻译此书的过程与其说是在向读者介绍一本传记,不如说是在作者的带领下,通过列奥纳多·达·芬奇——这位"文艺复兴人"的眼睛来观察我们身处的世界,同一个世界在他和我们的眼中何以如此不同?虽然列奥纳多无法复活,但是他敏锐的目光与天马行空的头脑通过数千页笔记中的绘稿和文字留存至今。回想当时接受翻译此书的邀约,在很大程度上也是源于自己对列奥纳多的精神世界充满好奇。

列奥纳多是演奏及制作里拉琴的高手、优秀的即兴诗人、演出庆典设计师、画家兼工程师、解剖学研究者、武器设计师,以及遗迹化石学的先驱……在分工愈加专业细密的今天,这简直不可思议。近现代的科技飞跃带来了知识几何级数的增长,也造就了学科间的专业壁垒,成为通才越发变成不可能完成的任务。不过,令人遗憾的并不是我们无法成为"文艺复兴人",而是很多人已逐渐对自己专业领域之外的一切失去了好奇。我们无须再去了解汽车的机械构造,出故障时,打一个救援电话就够了;我们也不用好奇体内的生理机制,有问题可以去找医生;我们更无须为塑料降解操心,那是科学家的任务。在把生活外包的同时,我们的好奇心也一并被打包带走了。可是,专业划分乃人为界限,好奇心原本不分学科领域,观察一下三岁的孩子,你就会发现,他们每天数百次的发问囊括整个宇宙。人之初，性本好奇。

拜互联网所赐，我们满足好奇心的方式已经从"去探索"逐渐演变为"被推送"。每天我们用生活外包节省下来的时间消费海量信息，但是有多少人因此获得了满足求知欲的充实，而不是感到更加焦灼的空虚？在一个二手知识随处可及的时代，或许我们应该向列奥纳多学习如何通过自己的观察和实验获取一手经验，用你的双眼和双手去亲自发现，与拿着手机消费别人的成果不可能是同样的感受——省事从来都有代价。探索固然是为了答案，但乐趣却在于过程。也许正是由于这个原因，列奥纳多虽然中途放弃了很多作品，但从未轻易放手任何一个让他好奇的谜题。

如今有一种让人担心的新的"知识无用论"，并非认为知识没用，而是认为"那些知识对我没用"，或者"即使知道了又怎样，又不能变现"。从这样想的那一刻开始，我们已经在无趣的道路上越走越远了。列奥纳多能最大限度地发挥创造力的原因之一就是他从来不问"这有没有用"，只是不停追问"这是什么"，"这是为什么"。在列奥纳多的眼中，连一堵染有污迹的墙也可以乐趣无穷，他说："你能在墙上的图案中发现各种风景，里面有形式各异的山峦、河流、岩石、树木、平原、宽阔的山谷和山丘，或者你还可以看到战争场面和战斗中的人物……"生命对每个人都很公平，无论是列奥纳多还是我们，终究都会两手空空地离开，唯一的区别只是你曾否活得像个满怀好奇、满心欢喜的孩子。世界对于列奥纳多这样的人来说是一座乐园，而他们唯一的目标是尽兴而归。写到这里，我必须要感谢作者，感谢给予我支持的家人、朋友，以及中信出版社，让我有机会在半年的翻译过程中满心欢喜，尽兴而归。

文艺复兴一词的意大利语是 Rinascimento，字面意思是"重生"。列奥纳多用无尽的好奇迎向每一天，于是每一天对他而言都新鲜如初。如果你正在抱怨日复一日的生活了无生趣，不如翻开这本书，跟随列奥纳多来一场属于你个人的文艺复兴，重生开始于再次睁开好奇双眼的那一刻。

汪冰

心理工作者、资深媒体人、书评人

书中主要人物介绍

切萨雷·波吉亚（约 1475—1507），意大利军阀，教皇亚历山大六世的私生子，马基雅维利《君主论》中的主要人物，列奥纳多的雇主。

多纳托·布拉曼特（1444—1514）），建筑师，列奥纳多在米兰的朋友，参与建造米兰大教堂、帕维亚大教堂和梵蒂冈的圣彼得大教堂。

卡泰丽娜·利皮（约 1436—1493），芬奇镇附近农民家庭的孤儿，列奥纳多的母亲；后来嫁给了人称阿卡塔布里加的安东尼奥·迪·皮耶罗·德尔·瓦查。

查尔斯·德安布瓦兹（1473—1511），1503 年—1511 年任米兰的法国总督，列奥纳多的赞助人。

比阿特丽斯·德斯特（1475—1497），出身意大利最古老的贵族家族，嫁给了卢多维科·斯福尔扎。

伊莎贝拉·德斯特（1474—1539），比阿特丽斯的姐姐，曼图亚的侯爵夫人，她竭力让列奥纳多为自己画一幅肖像。

弗朗切斯科·迪·乔治（1439—1501），艺术家、工程师和建筑师，曾与列奥纳多一起参与米兰大教堂的塔楼项目，还和他一起去过帕维亚，翻译过维特鲁威的著作，还画过维特鲁威人。

弗朗西斯一世（1494—1547），1515 年成为法国国王，列奥纳多的最后一任赞助人。

教皇利奥十世，乔瓦尼·德·美第奇（1475—1521），洛伦佐·德·美第奇的儿子，1513 年成为教皇。

路易十二（1462—1515），1498 年成为法国国王，1499 年占领米兰。

尼科洛·马基雅维利（1469—1527），佛罗伦萨的外交家和作家，1502 年作为外交使节被派到切萨雷·波吉亚的身边，并与列奥纳多成为朋友。

朱利亚诺·德·美第奇（1479—1516），洛伦佐的儿子，教皇利奥十世的弟弟，列奥纳多在罗马的赞助人。

洛伦佐·德·美第奇（1449—1492），"伟大的洛伦佐"，银行家、艺术赞助人，从 1469 年到去世，都是佛罗伦萨实际上的统治者。

弗朗切斯科·梅尔奇（约 1493—约 1568），出身米兰贵族家庭，1507 年开始与列奥纳多一起生活，并成为他的养子和继承人。

米开朗琪罗·博纳罗蒂（1475—1564），佛罗伦萨的雕塑家，列奥纳多的对手。

卢卡·帕乔利（1447—1517），意大利数学家、修道士，列奥纳多的朋友。

皮耶罗·达·芬奇（1427—1504），佛罗伦萨的公证人，列奥纳多的父亲，未与列奥纳多的生母结婚，但是之后有四任妻子和十一位子女。

安德烈亚·萨莱，本名吉安·贾科莫·卡普罗蒂·达·奥伦诺（1480—1524），十岁开始与列奥纳多一起生活，被称为"萨莱"，意思是"小恶魔"。

卢多维科·斯福尔扎（1452—1508），从 1481 年开始成为米兰实际上的统治者，1494 年正式成为米兰公爵，直到 1499 年被法国人逐出米兰，他也是列奥纳多的赞助人。

安德烈亚·德尔·韦罗基奥（约 1435—1488），佛罗伦萨的雕塑家、金匠和艺术家，从 1466 年到 1477 年，列奥纳多在他的作坊里受训和工作。

16 世纪意大利货币介绍

　　达克特是威尼斯使用的金币。弗罗林是佛罗伦萨使用的金币。它们的含金量都是 3.5 克（0.12 盎司）黄金，在 2017 年，它们的价值约为 138 美元。1 达克特或弗罗林约合 7 里拉或 120 索尔多，后两者都是当时的银币。

封面的故事

本书封面是佛罗伦萨乌菲齐美术馆中一幅油画的局部，它曾被当作列奥纳多画的自画像。根据最近的 X 射线分析，它现在被认定是由一位不知名的画家在 17 世纪画的一幅列奥纳多肖像。2008 年，在意大利新发现了一幅类似的列奥纳多·达·芬奇肖像——《卢卡肖像》，可能是以此画为参照的，或者相反，它是此画的参照。此幅肖像已经被复制过许多次。18 世纪 70 年代，朱塞佩·麦克弗森在象牙上绘制的一幅水彩画版本现属于英国王室收藏，2017 年在白金汉宫女王美术馆举行的"艺术家肖像展"中展出了这件作品。

中文版封面的故事

设计之前，我阅读了全书内容，即便它讲的是我已经非常熟悉的达·芬奇。引言里提到他给米兰统治者写了一封自荐信，极力推销他的各种才能，包括军事、建筑、科学等，在信的最后，他说，哦，我还会画画。

数次看纪录片《达·芬奇》，片中也提到绘画不过是达·芬奇绘制草图的工具。因此，我把达·芬奇的工程草图前置为护封，其实就是将他画家以外的角色前置，这些角色的意义在于，如果达·芬奇的手稿当时可以出版，那么人类文明的进程将被改变。

护封采用 PVC 材质，在"半透"的达·芬奇真实身份庇护下，他那双明亮的眼如神般注视着人间。

周滕家二郎 中信出版集团艺术总监

列奥纳多·达·芬奇生活及作品时间线

芬奇镇　　　1452 — 1464

佛罗伦萨　　1464 — 1482

米兰　　　　1482 — 1499

佛罗伦萨　　1500 — 1506

米兰　　　　1506 — 1513

罗马　　　　1513 — 1516

法国　　　　1516 — 1519

成为画家协会的成员。完成了已知的第一幅作品：一幅风景画

约 1473 年

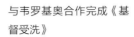

与韦罗基奥合作完成《基督受洗》

约 1475 年

约 1478 年

《吉内薇拉·德·本奇》，肖像中的人物是一位富有的佛罗伦萨银行家的女儿

1452 年

4 月 15 日出生

英法百年战争结束。君士坦丁堡陷落

米开朗琪罗出生

卢多维科·斯福尔扎成为米兰统治者。麦哲伦出生

古登堡印制《圣经》

马基雅维利出生。洛伦佐·德·美第奇掌权

哥白尼出生

约翰内斯·德·施皮拉在威尼斯建立出版社

拉斐尔出生

接受《博士来拜》的委托

1482 年

移居米兰，开始记录笔记

在佛罗伦萨，成为韦罗基奥作坊里的一名学徒

约 1468 年

1481 年

《天使报喜》：年轻时的初试之作，虽然透视有瑕疵，但已显露才华

约 1472 年

科学研究　个人生活　世界时事　艺术创作

绘制《抱银鼠的女子》。为骑士纪念碑制作的黏土模型在米兰展出

为帕乔利的《神圣比例》一书绘制插图

1496 年

1493 年

1498 年

首次尝试设计飞行器

研究解剖学和建筑设计

1489 年

葡萄牙航海家迪亚斯绕过非洲最南端

克里斯托弗·哥伦布航行到新大陆。洛伦佐·德·美第奇去世。罗德里戈·波吉亚成为教皇亚历山大六世

瓦斯科·达·伽马发现了到印度的海路路易十二成为法国国王。萨沃纳罗拉点燃"虚荣的篝火"。法国占领米兰

奥斯曼帝国的苏丹苏莱曼一世出生。卢多维科正式成为公爵

萨沃纳罗拉废黜美第奇家族在佛罗伦萨的统治。法国国王查理八世入侵意大利

约 1490 年

绘制《维特鲁威人》。《天堂盛宴》在公爵侄子的婚礼宴会中上演。萨莱搬来与列奥纳多一起生活

1483 年

开始在圣马利亚感恩教堂的修道院饭厅绘制《最后的晚餐》

1495 年

与德·普雷迪斯兄弟共同接受绘制《岩间圣母》的委托

1499 年

离开米兰

研究鸟类飞行。第二次不成功的飞行尝试。在绘制《安吉亚里之战》时遇到困难，这是在佛罗伦萨接受的一项重要创作委托，但是最终半途而废

1503 年

回到佛罗伦萨，开始绘制《蒙娜丽莎》，直到去世

1505 年

米开朗琪罗完成雕塑《大卫》。年轻的拉斐尔前往佛罗伦萨，向列奥纳多和米开朗琪罗学习

列奥纳多的朋友、亚美利哥·韦斯普奇出版了他航行到新大陆的航海记录

建筑师多纳托·布拉曼特受教皇雇用，重建罗马的圣彼得大教堂

回到米兰，在接下来的 7 年中会不时离开

1502 年

1506 年

1507 年

成为路易十二的画家和工程师

成为切萨雷·波吉亚的军事工程师

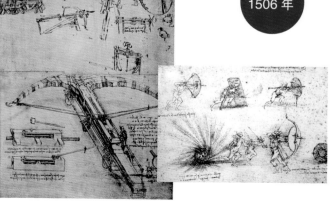

1513 年

约 1508 年

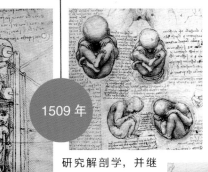

在米兰和佛罗伦萨两地往来。研究水利工程。设计特里武尔齐奥纪念碑。绘制第二幅《岩间圣母》

迁居罗马。这幅此前绘制的《都灵肖像》可能是一幅自画像，我们对列奥纳多的印象多源自这幅标志性的画像

米开朗琪罗完成了西斯廷教堂的天顶画。格拉尔杜斯·墨卡托出生，他绘制了第一幅世界地图。美第奇家族重新回到佛罗伦萨掌权

安德烈亚斯·维萨里在布鲁塞尔出生，他出版了第一本内容准确的人类解剖学专著

马丁·路德掀起宗教改革

亨利八世成为英格兰国王

瓦萨里出生

乔瓦尼·德·美第奇成为教皇利奥十世

弗朗西斯一世成为法国国王

1509 年

1516 年

作为弗朗西斯一世的客人，迁居昂布瓦斯

研究解剖学，并继续水力学的研究

1514 年

访问帕尔马和佛罗伦萨。设计蓬蒂内沼泽排水方案

5 月 2 日去世

1519 年

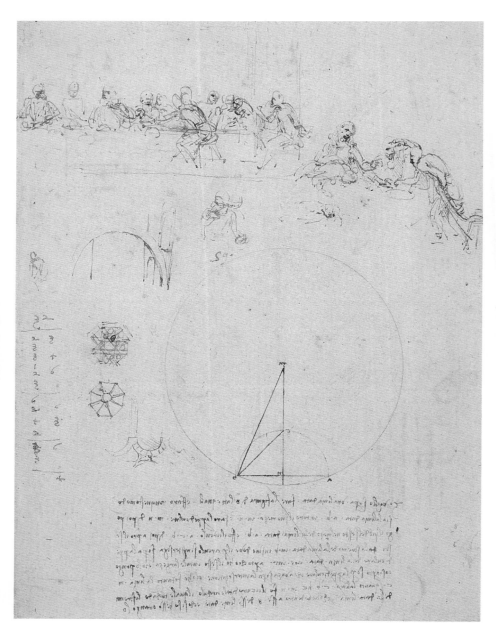

列奥纳多的一页笔记：一幅《最后的晚餐》的草图、
化圆为方的几何学研究、八边形教堂设计图和一段镜像体的笔记，约 1495 年

引　言
我亦擅绘

令人不安的三十而立即将到来，列奥纳多·达·芬奇给米兰的统治者写了一封毛遂自荐的求职信，历数了自己的各种才能。他已经是佛罗伦萨卓有成就的画家，但是常常因为拖延而无法完成别人的委托，此时他也在寻找新的人生方向。在信中所列的技能中，前十段文字都是在极力推销他的工程师专长，包括设计桥梁、水道、大炮、装甲车辆，以及公共设施。直到第十一段的结尾处，他才提到自己也是一位艺术家。他是这样写的："在绘画领域，我也无所不能。"[1]

是的，他的确做到了。后来他创作了两幅历史上最有名的绘画作品：《最后的晚餐》和《蒙娜丽莎》。但是，他一直认为自己不只是一名画家，还是一位科学和工程技术研究者。带着顽皮而执迷的热情，列奥纳多①孜孜不倦地投入了对众多领域的创新研究，包括解剖学、化石、鸟类、心脏、飞行器、光学、植物学、地质学、水流，以及武器。因此，他成了跨界奇才的典范，也鼓舞了那些与他秉承同样信念的人们，他们都相信"自然的万千造化"相互交织融为一体，惊人的规律就蕴含其中。[2] 在一幅手稿中，他绘制了一个身材比例完美的男性在方圆之中伸展四肢——这幅著名的《维特鲁威人》不仅彰显了列奥纳多融合艺术

---

① 为尊重原著表述，且不与达·芬奇家族的其他成员混淆，本书均用列奥纳多指代达·芬奇。——编者注

与科学的能力，还让他成为人类历史上最具创造性的天才。

他的艺术创作处处都能体现科学探索的痕迹。他曾解剖尸体脸部的组织和控制嘴唇的肌肉，并画出了世界上最让人难以忘怀的笑容。他研究人类头骨，绘制了层次分明的骨骼和牙齿的解剖图，让《荒野中的圣杰罗姆》展现出深入骨骼的痛楚。他还探索光学背后的数学规律，展示了光线如何照射在视网膜[①]上，让《最后的晚餐》有了透视变换的魔力。

通过对光线与光学的研究，他能纯熟地通过明暗和透视，在二维平面上呈现三维立体感。他认为，"在平面上呈现出立体感应为画家的要旨"。[3]立体感能成为文艺复兴时期艺术的首要创新，主要归功于列奥纳多。

随着年龄的增长，列奥纳多对科学的探究已经不只是为了绘画创作，而且是出于一种令他愉悦的本能，他就是想弄清楚神奇造化中的真意，就像他不只是为了描画天空才探索天为什么是蓝色的一样。他的好奇心就像一种充满喜悦的强迫行为，纯粹且充满个人色彩。

但是，即便在他思考天空为什么是蓝色的时候，他的科学研究依然从未与他的艺术分离。二者共同服务于他一生不竭的热情——了解关于这个世界的一切，包括我们如何适应这个世界。他对自然的磅礴浩瀚心存敬畏，同时又从千变万化的现象中感受到其中和谐的运作。比如，列奥纳多在笔记中记录了卷曲的头发、水流的旋涡，以及气流的旋转，还试着解读这些螺旋背后的数理规律。在温莎城堡参观列奥纳多晚年的洪水绘稿时，我感受到了那些旋涡的力量，我问策展人马丁·克莱顿，列奥纳多究竟是把它们当作科学记录还是艺术创作。话一出口，我就意

---

① 原著在提及这一概念时，语句为"光线如何摄入角膜"，表述有误，经与作者确认，应改为"光线如何照射在视网膜上"。——译者注

识到这是个傻问题。马丁的回答是，"我觉得他是不会区分这二者的"。

我之前传记的主题都是关于在艺术与科学、人文与技术这些不同领域间建立联系的能力，如何成为创新、想象力与才华的关键，而列奥纳多·达·芬奇是这一主题的最佳范例，这也是促使我写作本书的原因。本杰明·富兰克林——我前一本传记的主角——是他那个时代的"列奥纳多"：没有接受过正规教育的他自学成才，成为美国启蒙运动中最伟大的科学家、发明家、外交家、作家，以及商业战略家。他用风筝实验证明闪电是一种放电现象，并发明了避雷针驯服闪电。他发明了双焦点眼镜、音色迷人的玻璃琴、新式清洁火炉，还绘制了墨西哥湾洋流图，他的文字对美国人形成独特朴实的幽默感也功不可没。当阿尔伯特·爱因斯坦困于对相对论的思索时，他会拿出自己的小提琴，奏出一曲莫扎特的作品，这帮助爱因斯坦重新与宇宙的和谐建立联结。我在另外一本关于创新者的书中提到过埃达·洛夫莱斯，她将父亲拜伦勋爵诗人的敏感与母亲对数学之美的热爱结合在一起，设想出了未来的计算机。史蒂夫·乔布斯更是在他产品发布会的高潮展示了一张路标，上面是人文科学与技术的交叉路口，列奥纳多正是他心中的英雄。"列奥纳多在艺术和工程技术中都能发现美，"乔布斯说，"而他将二者结合的能力让他成了天才。"[4]

是的，列奥纳多是一个天才，他有着超凡的想象力、热切的好奇心，以及跨学科的创造力。但是，我们应该审慎地使用"天才"一词，给列奥纳多贴上这个标签无疑将他简化成一个被幸运之神眷顾的家伙。他早期的传记作者，16 世纪的艺术家乔尔乔·瓦萨里就犯了这个错误："有时上天将无限的美丽、优雅和才能赐予一人，使之所为有如神助而非人力。"[5]事实上，列奥纳多的才华属于人类，并经由他的意志和抱负锻造而成。他不像牛顿或爱因斯坦那样如同得承天启——他们两位的超级大脑远非我们能够理解。列奥纳多没上过什么学，几乎不认识拉丁文，也不会算长除法。他的才能对于我们来说，不仅能够理解，甚至可以学习。通过刻意的练习，这些才能可以得到提升，比如好奇心和细致入微的观察力。再比如想象力，我们应该像列奥纳多一样善待自己的想象力，同时让我们的孩子尽情发挥他们的想象力。正是想象力让列奥纳多兴奋不已，甚至带他进入幻想世界。

列奥纳多的幻想遍布他触及的一切：他策划的戏剧演出、河流改道的规划、理想城市的设计、飞行器的方案，以及几乎所有他从事的艺术和工程领域。比如，他在给米兰统治者信中所列举的诸多军事工程技能其实尚在他的头脑中。他一开始在米兰宫廷中的任务不是制造武器，而是设计、组织节庆演出。即使在职业生涯的巅峰时期，他奇思妙想出的武器和飞行器也更多是不切实际的幻想。

一开始，我认为他容易耽于幻想是个缺点，说明他缺乏自律和勤奋，就像他经常放弃那些尚未完成的艺术作品和专著一样。从某种程度上说，这的确是事实。无法实现的幻想不过是空想。但是，我逐渐发现他模糊现实与幻想界限的能力，就像他在绘画中模糊轮廓的晕涂法一样，也是他创造力的关键。没有想象力的技巧是贫瘠的。列奥纳多知道如何让观察与想象结合，这让他成为历史上登峰造极的创新者。

本书的起点不是列奥纳多的艺术杰作，而是他的笔记。因为我认为七千两百多页奇迹般留存下来的笔记手稿最能充分展现他的思想。这些笔记在五百年后依然清晰可辨，这也说明纸张是一种超级的信息存储技术，而我们在社交网络上发的那些"推文"应该会短命得多。

幸亏列奥纳多舍不得浪费昂贵的纸张，每一页都写得满满当当，那些五花八门的图画和从右到左的镜像文字看上去杂乱无章，却暗示了他思维跳跃的轨迹。潦草的笔迹中有数学公式，还有性情顽劣的小男友、鸟类、飞行器、戏剧道具、水流旋涡、心脏瓣膜、奇形怪状的人头、天使、虹吸管、植物的茎、锯开的颅骨、给画家的建议、关于眼睛和光学的笔记、武器、寓言、谜语，以及对绘画的研究。在每一页上，跨学科的才华都跃然纸上，就像他的头脑在与自然造化翩翩起舞。他的笔记不仅是有史以来对好奇心的最佳纪录，而且是激动人心的指南，带领我们去了解这个"史上好奇心最旺盛的人"，这是杰出的艺术史学家肯尼斯·克拉克对列奥纳多的评价。[6]

　　我对笔记中的日程表情有独钟，列奥纳多的好奇心就闪烁其中。其中一张日程表记录了 15 世纪 90 年代他在米兰时，一天中想要学习的东西。"测绘米兰城和郊区"是第一项。这一项其实是为了之后的"绘制米兰城地图"做准备。我们通过日程表中的其他项目可以看出，列奥纳多一直在孜孜不倦地请教那些能满足他好奇心的人，"请算术老师告诉你如何由三角形求得同等面积的正方形……请炮兵军士吉安尼诺讲解费拉拉塔墙壁的构造……询问本尼德托·波蒂纳里，他们在佛兰德斯冰上行走是怎么回事儿……找一位水力学老师告诉你如何用伦巴第人的方式修理船闸、运河和磨坊……找法国人乔瓦尼，他答应过给我讲解太阳的测量方式"。[7]列奥纳多的好奇心就是这样永不满足。

　　日复一日，年复一年，列奥纳多不停地列出那些他必须学习和完成的任务，其中包括了我们大部分人从未驻足的细微观察。比如，"观察鹅掌：如果它总是张开或并拢，鹅是否就无法游弋了"，还有"天空为什么是蓝色的"，这都是我们太习以为常而从未深究的现象。再比如，"为什么水里的鱼比空中的鸟儿动作更加敏捷，难道不应该是相反的么？水可是比空气要重、要黏稠啊"！[8]

　　其中最棒的问题看上去完全是突然的脑洞大开。比如，"描述啄木鸟的舌头"，这是他给自己留的作业。[9]有谁会在某天突发奇想决定弄清楚啄木鸟的舌头是什么样子的呢？怎么才能知道呢？列奥纳多想知道这个问题的答案，并不是为了绘画的便利，也不是为了研究他感兴趣的鸟类飞行，只是因为了解啄木鸟的舌头是如此令他着迷。他想知道答案，只因为他是列奥纳多：不仅好奇与热情从未止息，而且永远对万事万物充满惊叹。

他的日程表中最奇怪的一项是，"每周六去公共浴室，你能在那里看到裸体"。[10] 我们可以想象，列奥纳多想这么做是出于审美和研究解剖学的目的，但是他真的有必要写下来提醒自己吗？这项日程下面紧接着的是，"给猪肺充气，观察它到底是长和宽都增大，还是只有宽度增加"。就像《纽约客》杂志的艺术评论家亚当·戈普尼克曾经写到的那样，"列奥纳多一直显得怪异离奇，在这点上简直堪称举世无双，然而我们对这个谜团却无计可施"。[11]

为了解开这些谜团，我决定把这些笔记作为写作本书的基础。为了亲见散落在各处的笔记原稿，我开始了"朝圣之旅"，足迹遍及米兰、佛罗伦萨、巴黎、西雅图、马德里、伦敦和温莎城堡。这也是在遵从列奥纳多的教诲，任何调查都应追本溯源，"可饮泉水者，不饮瓮中水"。[12] 我还埋头于那些冷僻的学术文章和学位论文中，它们涉及与列奥纳多有关的各种专业问题，每一篇都是研究者多年辛勤工作的成果。在过去的几十年，特别是在 1965 年列奥纳多的《马德里手稿》被重新发现后，人们对他笔记的分析解读有了极大的进步。现代科技也揭示出他的画作和画技中更多不为人知的信息。

当我沉浸于对列奥纳多的研究时，为了能体会他的行为方式，我竭尽全力保持敏锐的观察力，提醒自己不要忽略那些过去未曾关注的事物：看到阳光照在窗帘上，我会让自己停下来，去观看褶皱上的阴影；我会努力观察一个物体的反光如何晕染另一个物体的阴影；当我摇头的时候，我注意到了反光平面上的光斑是如何移动的；看见远近不同的两棵树，我会努力想象出透视线；看到水的旋涡，我会把它和卷曲的头发进行比较；当我不能理解一个数学概念时，我就尽力用视觉化的方式思考；看见吃晚餐的人们，我会研究他们的动作与情绪有何关联；看到别人嘴角的一丝笑意，我就想努力解开她内心的奥秘。

　　但是这一切还远远不够，我离成为列奥纳多，离掌握他的洞察力或者激发出一点点类似他的才能都还差得很远。对我来说，设计滑翔机、发明绘制地图的新方法，或者画出《蒙娜丽莎》依然遥不可及。我不得不强迫自己去对啄木鸟的舌头产生好奇心。不过，我确实从列奥纳多身上学到了一点，那就是对每天看到的世界都充满好奇心，这会让人生每个瞬间都更加丰富多彩。

关于列奥纳多的生平，有三部重要的早期传记，它们的作者几乎都与他同时代。画家乔尔乔·瓦萨里，出生于 1511 年（八年后，列奥纳多去世），他于 1550 年写出了在严格意义上的西方第一部艺术史著作《意大利艺苑名人传》，此书的修订版于 1568 年出版，这次修订主要根据对列奥纳多的旧识（包括学生弗朗切斯科·梅尔奇）的进一步采访。[13] 作为佛罗伦萨人的拥趸，瓦萨里对列奥纳多和米开朗琪罗开创了文艺复兴极尽溢美之词，尤其对后者偏爱有加，这也是“文艺复兴”一词首次被正式提出。[14] 书中的内容就像马克·吐温笔下《哈克贝利·费恩历险记》的主人公开场对马克·吐温的评价一样，“他虽有言过其实之处，但是大部分属实”。除了事实，书中其他内容混杂着八卦、添枝加叶、编造，以及无心之失。最大的问题在于如何判断那些生动有趣的轶事究竟属于哪一类，比如，据说列奥纳多的老师因为被他的才华震慑，当场弃笔，自此不事绘画。

　　第二部早期传记是一本匿名的手稿，写作时间是 16 世纪 40 年代，因为它曾被加迪亚诺家族收藏而被称为《加迪亚诺匿名者书》，里面生动详细地记述了列奥纳多和佛罗伦萨的其他艺术家。这本书中的一些论断，比如列奥纳多曾与洛伦佐·德·美第奇一起生活和工作，可能是作者的加工，但是书里也有一些看上去属实的有趣细节，比如列奥纳多喜欢穿玫红色及膝短袍，而当时其他人都穿着长袍。[15]

第三部早期传记来自吉安·保罗·洛马佐，他曾是一名画家，后因失明转而写作。他在 1560 年左右写作了一本未出版的手稿《梦之书》，随后他在 1584 年出版了一部多卷的艺术论著。洛马佐的绘画老师认识列奥纳多，而洛马佐本人也采访过列奥纳多的学生梅尔奇，所以接触到了一些第一手素材。洛马佐对列奥纳多的性取向直言不讳。此外，还有两部篇幅较短的传记也来自列奥纳多同时代的作者，一位是佛罗伦萨的商人安东尼奥·比利，另一位是意大利医生和历史学家保罗·焦维奥。

这些早期的传记多次提到了列奥纳多的外貌和性格。他的俊美和优雅引人注目：他有顺滑的金色卷发、发达的肌肉和惊人的力量，而且当他身着鲜艳的衣袍穿行于市镇或者骑马时，浑身散发着典雅之气。据《加迪亚诺匿名者书》记载，"列奥纳多的美貌体现在方方面面，他比例匀称且举止优雅"。此外，列奥纳多不仅健谈，还极有魅力，他热爱大自然，对人和动物的温柔与善良众人皆知。

但是，还有些细节众说纷纭。我在研究过程中发现，关于列奥纳多的生平有诸多不确定之处，从他的出生地到去世的场景，一直都存在争议，也不乏神话和谜团。对此，我努力给出最客观的解读，同时在注释中列出不同的观点。

还有一些发现，开始时让我惊愕，而后又让我感到窃喜，我发现列奥纳多不总是一位巨人，他也会犯错误。他还会开小差，事实上，他对数学问题的钻研后来变成了一种耗时的消遣。他因为很多画作半途而废而"臭名昭著"，最有名的包括《博士来拜》《荒野中的圣杰罗姆》及《安吉亚里之战》。因此，现存最多仅有十五幅完全由他创作或主要由他创作的作品。[16]

虽然与列奥纳多同时代的人普遍认为他友善温和，但是列奥纳多也有黑暗的一面和不安的时候。透过他的笔记和绘画，我们得以窥视到他狂热、充满想象力、躁动不安，以及时而欣快的头脑。如果他是一个 21 世纪初的在校学生，可能已经在接受药物治疗来缓解情绪波动和注意缺陷障碍了。有人相信艺术家都是问题缠身的天才，无论这是否属实，我们都应该为列奥纳多可以用自己的武器杀死"恶魔"，并召唤他的"神龙"感到庆幸。

在他的笔记中，有这样一则奇特的谜语："似人巨像，汝愈近之，其形愈小。"谜底是："灯下之影。"[17]这个道理似乎也适用于列奥纳多，不过，因为走近而发现他是凡人并不会对他有任何贬损。无论是他的影子，还是他本人，都值得被注目欣赏。他的小毛病和怪癖反而让我们觉得亲切，不仅可以把他当作偶像来模仿，更能理解他伟大成就的不凡之处。

涌现了列奥纳多、哥伦布和古登堡的 15 世纪，是一个发明、探索和通过新技术传播知识的时代。总之，它就像现在我们身处的时代一样。因此，我们可以从列奥纳多身上学到很多。他能将艺术、科学、技术和想象力融为一体，这也是创造力的经久秘方。同时，他也能对自己稍显异类的地方泰然处之：私生子、同性恋、素食者、左撇子，容易分心，而且有时还像个"异教徒"。15 世纪的佛罗伦萨之所以能蓬勃兴盛，也是因为它能包容这样的人。最重要的是，列奥纳多永无止境的好奇心和实验精神提醒着我们，无论是我们自己，还是我们的孩子，都不应止步于吸收知识，更要去质疑，要充满想象力，要敢于不同凡"想"，就像任何时代的异类天才和革新者一样。

第一章
童年时光

来自芬奇

　　列奥纳多·达·芬奇幸好是一个私生子。否则，人们会期待他子承父业，成为一位公证员——列奥纳多的家族至少在四代以前就开始了这一传统。

　　他的家族历史可以追溯到 14 世纪早期，当时他的曾曾曾祖父米

图 1_ 芬奇镇及列奥纳多受洗的教堂

凯莱在托斯卡纳的芬奇镇做公证员，这个山镇在佛罗伦萨以西十七英里 ①。随着意大利商品经济的发展，公证员在起草商业合同、土地买卖协议、遗嘱及其他拉丁文法律文件方面发挥着越来越重要的作用，他们也因此积累了丰富的历史知识和文化知识。

因为公证员的社会地位，他们可以被冠以塞尔（Ser）的尊称，因此米凯莱也被称为塞尔·米凯莱·达·芬奇。他的儿子和孙子都是比他还要成功的公证员，他的孙子后来在佛罗伦萨共和国担任官员。但是他的曾孙安东尼奥是个异类。虽然他也有塞尔的"头衔"，并和另一位公证员的女儿结了婚，但是他似乎没有继承达·芬奇家族的野心。他的生活主要靠家族拥有的土地来维持，土地由佃农耕种，产出有限的酒、橄榄油和小麦。

安东尼奥的儿子皮耶罗雄心勃勃，完全不似父亲的懒散，他先是在皮斯托拉和比萨两地打拼，然后在大约 1451 年、他二十五岁的时候，到佛罗伦萨开创了自己的事业。在这一年，一份经他公证的合同显示他的办公地点位于总督府（现在的巴杰罗美术馆），它与领主宫——佛罗伦萨当时的市政厅——相对。皮耶罗为很多修道院和宗教裁判做过公证员，他还为佛罗伦萨的犹太人服务，而且至少为美第奇家族做过一次公证员。[1]

皮耶罗在某一次回到芬奇镇的时候，与一位未婚的当地农家女有了肌肤之亲，1452 年春天，他们的儿子出生了。男孩的祖父安东尼奥

---

① 列奥纳多·达·芬奇有时被误称为"达·芬奇"，"达·芬奇"并不是他的姓，它的意思是"来自芬奇镇"。但是这个误会的后果并不像有些人认为的那么严重。列奥纳多在世的时候，意大利人越来越规范地登记和使用那些世代相传的姓氏，而其中很多姓氏都是来自家乡的名字，比如吉诺维斯（Genovese）和迪卡普里奥（DiCaprio）。列奥纳多和他的父亲皮耶罗，经常在他们的名字后面缀上"达·芬奇"。当列奥纳多搬到米兰的时候，他的宫廷诗人朋友伯纳多·贝林乔尼曾在笔下称他为"列奥纳多·芬奇，佛罗伦萨人"。（一英里约为一千六百米。——编者注）

以他很少使用的公证员字体记录了孩子的降生，那几行字写在安东尼奥的祖父用过的笔记本的最后一页下面："1452 年，我的孙子，我儿塞尔·皮耶罗的儿子，于 4 月 15 日，星期六，晚间第三小时（大约晚上十点）出生。他名叫列奥纳多。"[2]

列奥纳多的母亲不仅在安东尼奥的记录中显得不值一提，甚至在所有他出生和受洗的记录中都显得不值一提。从五年后的一份税收记录中，我们只能看到她名叫卡泰丽娜，无从得知她的姓氏。她的身份对于现代学者来说，一直是个谜。有人认为她那时大约二十多岁，还有些研究者曾猜测她可能是外国的奴隶。[3]

事实上，她是一个十六岁的贫困孤儿，叫卡泰丽娜·利皮，来自芬奇镇附近。这一点足以说明关于列奥纳多生平的很多事实仍需考证。2017 年，来自牛津的艺术史学家马丁·肯普和来自佛罗伦萨的档案研究者吉乌斯皮·帕兰提找到了关于卡泰丽娜背景的新证据。[4] 1436 年，卡泰丽娜生于一个贫穷的农民家庭，十四岁时成为孤儿。她和当时尚在襁褓中的弟弟搬到祖母家，一年后（即 1451 年），祖母去世。卡泰丽娜和弟弟只能自谋生路，就在这一年的 7 月，她和二十四岁的皮耶罗·达·芬奇有了肌肤之亲，那时的皮耶罗已是功成名就。

但是，他们不可能结婚。虽然之前有一位传记作者认为卡泰丽娜"血统高贵"[5]，但是她与皮耶罗属于两个社会阶层，而且那时皮耶罗很可能已经与他未来的妻子订婚了。那是一桩门当户对的婚姻：皮耶罗的未婚妻——十六岁的阿尔比拉——是佛罗伦萨一位知名鞋匠的女儿。在列奥纳多出生不到八个月的时候，皮耶罗和阿尔比拉结婚了。无论从社会地位，还是利益交换的角度来看，这桩婚事对双方都有利，婚约（包括嫁妆的协议）可能在列奥纳多出生前就已经确定了。

长话短说，列奥纳多出生没多久，皮耶罗就为卡泰丽娜安排了一桩婚事，让她嫁给一位本地的农民，他是一个烧窑工，一直与达·芬奇家族有关系。他的名字叫安东尼奥·迪·皮耶罗·德尔·瓦查，别人也叫他阿卡塔布里加，意思是"捣蛋鬼"，所幸他并不是惹是生非之人。

列奥纳多的祖父母和他的父亲有一座属于他们家族的房子，这座带小花园的房子与芬奇镇中心的城堡有一墙之隔。那里可能是列奥纳多的出生地，当然，这一点现在依然存疑。因为让一个已怀有身孕、产后还需哺乳的农妇住在拥挤的达·芬奇家宅中，可能既不方便，又不合时宜，因为受人尊敬的塞尔·皮耶罗正在与未婚妻的显赫家族商议婚嫁。

还有一种说法来自传说和当地导游。列奥纳多的出生地是一间紧邻农舍的灰色佃农石屋，位于芬奇镇以北两英里的安奇亚诺村，现在这里是一座小型的列奥纳多博物馆。这里的一部分田产从1412年开始就被皮耶罗·迪·马渥托的家族所有。马渥托是达·芬奇家族的密友，他不仅是皮耶罗·达·芬奇的教父，在1452年，也成了皮耶罗刚出生的儿子列奥纳多的教父，所以列奥纳多出生在他名下的房产里也合乎情理。这两个家族关系密切，列奥纳多的祖父安东尼奥曾为一份涉及皮耶罗·迪·马渥托财产的合同做过见证人。这次交易的记录提到安东尼奥被邀请当见证人的时候，正在附近的房子里玩西洋双陆棋。15世纪80年代，皮耶罗·达·芬奇买下了这里的部分田产。

列奥纳多出生的时候，皮耶罗·迪·马渥托七十岁的母亲寡居于此，她是达·芬奇家族至少两代人共同信任的朋友。如前文所述，这座农舍所在的安奇亚诺村，距离芬奇镇仅有两英里路程，农舍旁边还有一座紧邻的小屋。所以，按照当地传说，这座破旧的小屋（为了避税，被该家族登记为无法居住）可能是卡泰丽娜怀孕后的理想安身之地。[6]

列奥纳多出生在星期六，第二天，当地牧师在芬奇镇的教区教堂为他举行了洗礼。洗礼池至今仍保存在那里。尽管列奥纳多是私生子，洗礼依然称得上盛大。一共有十位教父和教母出席见证，包括皮耶罗·迪·马渥托。不仅出席人数超过了教堂的日常洗礼出席人数，宾客中还有显赫的本地绅士。一周后，皮耶罗·达·芬奇离开了卡泰丽娜和他们刚出生的儿子，回到了佛罗伦萨，接下来的周一，他就开始在办公室为客户进行文件公证了。[7]

列奥纳多并未给我们留下他对于自己出身的任何看法，但是在他的笔记中有一段颇耐人寻味的暗示，他认为大自然会偏爱因爱出生的孩子。"男人若在行房之时充满攻击性和不安，会生出脾气急躁、不值得信任的孩子。"他写道，"如果双方都带着深切的爱和欲望，那么孕育出的孩子将会聪慧伶俐、活泼可爱。"[8] 因此，他应该认为，或者至少希望自己属于后者。

列奥纳多的童年分别在两个家庭中度过。卡泰丽娜和阿卡塔布里加定居在芬奇镇郊外的一个小农场，他们都和皮耶罗·达·芬奇保持着友好的关系。二十年后，阿卡塔布里加在皮耶罗租下的一个石灰窑工作，多年来，他们在彼此的一些合同和其他事务中互相担任见证人。在列奥纳多出生后，卡泰丽娜和阿卡塔布里加生养了四个女儿和一个儿子。皮耶罗和阿尔比拉却一直膝下无子。事实上，直到列奥纳多二十四岁的时候，他的父亲仍然没有其他子嗣。（在第三次和第四次婚姻时，皮耶罗终于弥补了这个遗憾，生育了至少十一个孩子。）

因为父亲大部分时间生活在佛罗伦萨，而母亲又有自己的家庭需要照顾，所以列奥纳多直到五岁，基本上是和喜欢闲适生活的祖父母生活在一起的。在 1457 年的税收普查记录中，在安东尼奥列出的家庭常住人口里，他的孙子位列其中："列奥纳多，塞尔·皮耶罗的儿子，系其与卡泰丽娜（现阿卡塔布里加之妻）非婚生育。"

与列奥纳多和其祖父母一起居住的还有皮耶罗最小的弟弟弗朗切斯科，他只比侄子列奥纳多年长十五岁。弗朗切斯科继承了父亲对田园生活的热爱，在一份税务文件中，他被父亲称为"整日闲逛、无所事事之人"[9]，其实这不过是以五十步笑百步罢了。弗朗切斯科成了列奥纳多心爱的叔叔，有时候还承担了父亲的角色，以至于在瓦萨里最初所写的列奥纳多传记中，他甚至将列奥纳多的亲生父亲皮耶罗当成了他叔叔，后来才被纠正。

"私生子的黄金时代"

出席列奥纳多洗礼的人如此之多，说明当时私生子并不是公众眼中的耻辱。19 世纪的文化历史学家雅各布·布克哈特更激进地将文艺复兴时期的意大利称为"私生子的黄金时代"。[10] 特别是在统治阶层和贵族阶层，私生子的身份并无任何妨碍。庇护二世是列奥纳多出生时在任的教皇，他曾写到自己访问费拉拉的时候，欢迎宴会上有来自当政的埃斯特家族的七位亲王，其中包括在位的公爵，而他们全都是私生子。"这个家族太不可思议了，"庇护二世写道，"从来没有正室的子嗣继承权位，那些情妇所生的儿子比正室所生的更加幸运。"[11]（庇护二世本人至少有两个私生子。）教皇亚历山大六世也与列奥纳多在同时代，他有多名情妇和私生子，其中一个私生子是切萨雷·波吉亚，曾任教皇的军事统帅，波吉亚曾雇用列奥纳多担任军事工程师，马基雅维利的《君主论》就是以波吉亚为原型的。

相比之下，中产阶级对于私生子的宽容度就没有那么高了。为了保护他们刚刚取得的地位，商人和各行业的专业人士成立了同业行会，加强道德约束。虽然有些行会接受私生子成员，但是法官和公证员行会则不然，这个由法官和公证员组成的行会声望显赫（成立于 1197 年），列奥纳多的父亲就是其中一员。"公证员是经过认证的见证者和记录者，"托马斯·库恩在《文艺复兴时期佛罗伦萨的私生子现象》中写道，"他的信誉必须无可指摘。他的言行必须完全符合社会规范。"[12]

但是对私生子的这些限制也有一个好处。它让那些私生子出身的、充满想象力又无拘无束的年轻人不用再子承父业，可以尽情发挥创造力，而他们身处的时代正渴慕这样的创造力。那些私生子出身的诗人、艺术家和工匠中包括彼特拉克、薄伽丘、洛伦佐·吉贝尔蒂、菲利波·利皮和他的儿子菲利皮诺，以及莱昂·巴蒂斯塔·阿尔贝蒂，当然还有列奥纳多。

　　私生子的处境远比局外人要复杂，那是一种模糊的身份感。"私生子的问题在于，他们既属于这个家庭，又不完全属于这个家庭。"库恩写道。这也促使他们中的一些人，或者说是逼迫这些人更加有冒险精神和随机应变的能力。列奥纳多虽是中产阶级出身，却不属于那个家庭。与很多的作家和艺术家一样，他能感觉到自己是这个世界的一部分，同时又有一种疏离感。这种不明朗的状况也延及财产继承问题：对于私生子的继承权，当时的法律规定和法庭判例自相矛盾，莫衷一是。多年后，列奥纳多与同父异母的兄弟因此对簿公堂，最终也是同样的遭遇。"处理这种模棱两可的身份问题是文艺复兴时期城邦生活的标志之一。"库恩解释道，"在像佛罗伦萨这样的城市中，艺术和人文领域日益剧增的创造力也与此有关。"[13]

　　因为佛罗伦萨公证员行会禁止非婚生子加入，列奥纳多才得以把他记笔记的才能用在自己感兴趣的领域中，这一才能在他们的公证员世家中代代相传。这应该说是一种幸运，因为他可能是一位差劲的公证员：他容易厌烦和分心，特别是当一项任务从创造变成重复的时候。[14]

实验的信徒

　　列奥纳多是私生子的另一个好处是，他没有被送进"拉丁语学校"，这些学校主要教授经典典籍和人文学科，学生主要是那些衣着考究、有志成为专业人士的人和文艺复兴早期的商人。[15] 除了在被称为"算盘学校"的地方学了一点儿商业算术，列奥纳多主要是自学成才。他似乎很介怀别人说自己是"没受过教育的人"，但有时候他也用这种形容来揶揄自己。但是，正是因为没有接受过所谓的正规教育，他才能成为实验与经验的信徒，列奥纳多对此感到自豪。有一次他的签名是："列奥纳多·达·芬奇，实验的信徒。"[16] 这样自由思考的态度让他免于成为传统思维的追随者。在笔记里，他称那些贬低他的人为自负的愚人，并对他们进行了回击：

> 我自知仅凭未接受正统教育，就有自以为是者责难我非勤学之人。这些愚蠢的人啊！……他们自夸炫耀的并非自己的辛劳，乃是别人的成果。……仅凭我未从书本学习，他们就料定我会词不达意——他们不知道，我所言之物无须借他人之说，盖由亲身体验。[17]

在古典科学和原创思想衰败后的几百年中，陈腐的经院哲学，或者说是中世纪的教条日积月累。正是因为没有接受那些正统教育，列奥纳多免于被迫吸纳这些糟粕。他不敬畏权威，也愿意去挑战自己接收到的知识，这让他得以用实验法来认识自然，这成为一百多年后培根和伽利略发展出的科学研究方法的前奏。列奥纳多的研究方法植根于实验、好奇心，还有对日常现象感到惊奇的能力，而大多数成年人对于这些现象已经习以为常，不再停下来思考。

列奥纳多不仅对观察奇妙的自然有强烈渴望，他还具备足够敏锐的观察力。他让自己去观察各种形状和阴影，其精确程度让人赞叹。他特别擅长领会和理解各种运动，从扑动的翅膀到脸上闪过的表情。然后，他在观察的基础上进行实验，有些实验在他的头脑中完成，有些是通过绘画，还有一些是用实物完成的。"进行下一步之前，我会先做实验。"他说，"因为我的目的是先从经验中观察，然后推理分析现象背后的机理。"[18]

对于一个充满了如此抱负和才华的孩子来说，他确实生在了一个好时代。1452 年，约翰内斯·古登堡的印刷厂刚刚开张，不久，其他人就开始用他的铅活字印刷术印制图书，这造福了那些像列奥纳多一样没有上过学的求知者。此时的意大利也开始了一段罕有的历史时期，四十年间没有经历城邦战争的摧残。因为受益于法律、会计、信贷和保险业的发展，城市商人和银行家日益强大，随着权力从贵族地主向这些人转移，人们的读写能力、计算能力和收入都出现了极大的增长。奥斯曼土耳其人即将攻占君士坦丁堡，一大批学者逃亡到意大利，他们携带的一捆捆手稿中记录着欧几里得、托勒密、柏拉图和亚里士多德的智慧。克里斯托弗·哥伦布和亚美利哥·韦斯普奇将开启一个探险发现的时代，他们与列奥纳多几乎同龄。此时，蓬勃兴起的佛罗伦萨商人阶层，愿意为了提升社会地位、装点门面而一掷千金，使得这座城市最终成了艺术与人文精神复兴的摇篮。

儿时记忆

在研究鸟类飞行时，五十多岁的列奥纳多记录下了幼年最鲜明的一段记忆。他写到了一种像鹰一样的鸟——鸢——这种鸟的尾部分叉类似燕尾，优雅的长翼让它可以高飞和滑翔。列奥纳多敏锐地观察到它在降落时如何张开翅膀，然后完全伸展翅膀，同时降低尾部。[19] 这唤醒了他婴儿时的一段记忆："作为婴儿时期最初的回忆之一，似乎我命中注定要记录下这只鸢，那时的情景好像是我尚在摇篮中，一只鸢飞过来，它用尾巴撬开我的嘴，还在我唇间扑扇了几下。"[20] 就像列奥纳多脑海里的很多东西一样，这可能是经过了幻想的发酵，也有寓言的意味。因为很难想象一只鸢真的落在摇篮上，并用尾巴撬开了婴儿的嘴，而且列奥纳多也用了"好像"一词，就像它可能部分源自梦境。

　　童年有两位母亲，一位经常缺席的父亲，还有如梦境一般与扇动鸟尾的口唇接触，所有这些足以为弗洛伊德派的精神分析师提供丰富的素材。事实上，在 1910 年，弗洛伊德正是用鸢的故事作为一本小书的素材——《列奥纳多·达·芬奇和他的童年记忆》。[21]

　　但是弗洛伊德一开始就犯了个错误，他参考的德文版列奥纳多笔记中将"鸢"误译为"秃鹫"。他据此解读了古埃及秃鹫的象征意义，以及语源学中"秃鹫"和"母亲"的关联，这让他越来越跑题，后来弗洛伊德自己也承认此事让他感到羞愧。[22] 先把鸟的误译放在一边，弗洛伊德主要分析的是鸟的"尾巴"，这个词在很多语言（包括意大利语）中都是"阴茎"的俚语，据此他推断列奥纳多的记忆和他的同性性取向有关。"这个幻想中提到的情景，是一只秃鹫撬开了婴儿的嘴，然后用强力不断扇动，对应着口交的概念。"弗洛伊德写道。他猜测列奥纳多压抑的欲望，最终升华为狂热的创造力，但是同样因为他的压抑，很多作品都没有完成。

　　这些解读招致了猛烈的批评，其中最著名的来自艺术史学家迈耶·夏皮罗。[23] 至少对我而言，这些解读更能揭示弗洛伊德的内心世界，而非列奥纳多。对生活在五个世纪以前的人进行心理分析充满了不确定性，传记作者应该特别小心。列奥纳多梦境般的记忆可能只是反映出他毕生对鸟类飞行的兴趣，正如他自己所说的那样。我们并不需要借助弗洛伊德才能理解，性驱力有可能升华为野心或者其他热情。列奥纳多自己就在一本笔记中写道："求知欲驱走了感官享受。"[24]

　　对于了解列奥纳多的性格形成和行为动机，另一段回忆是更好的信息来源，这段回忆的内容是他在佛罗伦萨附近的一次徒步旅行。回忆里提到了他在一个黑黢黢的山洞口纠结要不要进去。"我在幽暗的巨石间漫步，走到一个巨大的山洞洞口，我惊讶地站在原地。"他回忆道，"我数次探身，想看看在其中能否有所发现，但是里面一片漆黑。我突然冒出两种互相矛盾的情绪，恐惧和渴望——担心黑暗的山洞里有危险，同时又渴望看清里面有无奇观。"[25]

最终渴望胜出。无法阻挡的好奇取得了胜利，列奥纳多走进了山洞。他发现了洞壁上的鲸鱼骨化石。"哦，神奇的自然生物，"他写道，"你纵有巨力，终也枉然。"[26] 一些学者曾经认为这是一次幻想中的徒步，或者对塞内加诗文的即兴改编。但是在列奥纳多的笔记中，在这段话周围写满了对化石层的描述，而且人们在托斯卡纳的确发现了很多鲸鱼骨化石。[27]

鲸鱼骨化石引发了一种让列奥纳多一生惴惴不安的黑暗景象，那就是世界末日的大洪水。在笔记的另外一面，他详细记述了死去多年的鲸鱼曾经拥有的伟力："你敏捷地摆动身体，展开鳍和叉尾，在海中兴风作浪，船只摇摆，甚至沉没。"然后他突然变得充满哲思："哦，时间，身手敏捷的掠夺者，多少帝王、多少国家已被你消灭，自从这条大鱼死后，又发生了怎样的沧海桑田。"

写到这里，列奥纳多恐惧的对象已经远非危险潜伏的洞窟。面对大自然的破坏力，一直埋藏在内心深处的恐慌已然浮现。他开始用银尖笔在泛红的纸上奋笔疾书，记录着一个以水起始、终止于火的末日预言。"河流日渐干涸，大地草木不生，田地不见麦浪，动物因无草料而死。"他写道，"于是肥沃多产的大地被火毁灭，一切化为灰烬，地上生灵就此终结。"[28]

列奥纳多因为好奇心驱使进入山洞，这不仅带来了科学发现，还激发了他的想象力，二者将在他的一生中相互交织。他将经受自然界和内心的暴风骤雨，他也会遭遇大地与灵魂的幽暗深处。但是无论如何，他对自然的好奇心永远驱动他去探寻。他不羁的幻想和不祥的预感将在他的艺术作品中一一呈现，从圣杰罗姆在山洞口的痛苦开始，最终在那些关于末日洪水的文字和画稿中达到顶峰。

第二章
学徒生活

离家

　　列奥纳多在十二岁之前都生活在芬奇镇，虽然大家庭关系复杂，但是他的生活相当安定。他主要和祖父以及赋闲在家的叔叔弗朗切斯科生活在一起，他们住在位于芬奇镇中心的宅院里。根据记录，列奥纳多五岁的时候，他的父亲和继母也曾居住在那里，但是之后他们主要生活在佛罗伦萨。列奥纳多的母亲和她的丈夫，以及他们不断增加的子女生活在离镇子不远的一座农舍里，同住的还有阿卡塔布里加的父母和他兄弟一家。

　　但是在 1464 年，这样的生活被打乱了。列奥纳多的继母阿尔比拉因难产去世，随她而去的还有未能出世的孩子。列奥纳多的祖父安东尼奥——芬奇家的族长——也刚去世不久。列奥纳多独居的父亲此时可能

图 2_15 世纪 80 年代的佛罗伦萨，中间是大教堂，它的穹顶由布鲁内莱斯基设计建造，它右边是领主宫，市政厅所在地

感到了孤独，而列奥纳多正好到了需要学习一门手艺的年纪，于是父亲把他带到了佛罗伦萨。[1]

　　列奥纳多极少在笔记中提及自己的情绪，所以无从得知他对这次离家有何感受。但是，我们也许能通过他写的那些寓言瞥见他的内心。其中一则寓言描写了一块被美丽的花朵和树丛围绕的山石，列奥纳多在这则寓言中描写的景色就和芬奇镇一样。这块石头望了望山下路边的石头，想加入自己的同类。"我在此和这些花草树木作甚？"石头自问，"我想和那些石头为伴。"于是它滚落到了那些石头边。"过了一会儿，"列奥纳多继续讲道，"它发现自己因为车轮的碾压、马蹄的践踏和路人的踩踏而感到不堪其扰。刚被翻过身，马上又被踩。有时黏上泥巴或者牲畜粪便，石头就努力抬起身，但是仰望着那僻静安宁的来处也是徒然。"列奥纳多从故事中得出一个教训："如果背弃独处沉思的生活，选择充满邪恶之人的城市，也会有此遭遇。"[2]

　　他的笔记中有很多赞美乡村和独居生活的格言。他教导那些有志成为画家的人："离开你的亲朋好友，到野外的山峦峡谷中去。""当你独处时，你才是自己的主人。"[3]这些对田园生活的赞颂充满了浪漫色彩，天才独行的身影对某些人来说也很有吸引力，但它们都融入了列奥纳多的幻想之中。他职业生涯的多数时间都是在佛罗伦萨、米兰和罗马度过的，这些人口拥挤的城市既是商业中心，又是创造力的中心，而且他的身旁总是围绕着学生、同伴和主顾。他很少一个人长时间退居乡野。像很多艺术家一样，他被周围形形色色的人所激发，而且宣称（他在笔记中跟自己唱反调）"与他人一起作画比独自一人好得多"。[4]列奥纳多的祖父和叔叔对恬静乡间生活的喜爱更多停留在他的脑海中，而没有影响他的生活方式。

　　在刚到佛罗伦萨的头几年，列奥纳多和父亲一起生活，接受了一些基础教育，后来父亲又帮助他找到了一份不错的学徒工作和一些创作委托。但是有一件很重要的事情是塞尔·皮耶罗没有做的，那就是通过法律程序给他的儿子一个合法身份，这对一个很有人脉的公证员来说很容易。父子两人只需找到被称为"宫伯"的地方官（这类官员被授权处理此类事务），然后父亲在孩子跪下的时候提出口头申请即可。[5] 皮耶罗决定不为列奥纳多做这件事让人尤为惊讶，因为那时他尚无其他子嗣。

也许皮耶罗这样做的原因之一，是他希望有一个继承家族传统并成为公证员的儿子，而列奥纳多在十二岁的时候就已经明显地表现出对此毫无兴趣。根据瓦萨里的记述，皮耶罗注意到他的儿子"从未停止过绘画和雕塑，这些最适合他发挥想象力"。此外，公证员行会有一个难以逾越的规定，其成员取得合法身份的私生子也不能加入行会，所以皮耶罗很清楚这件事将徒劳无功。不过，他依然期望自己还有儿子能成为公证员，继承家业。一年后，皮耶罗又结婚了，新娘的父亲也是一位身份显赫的佛罗伦萨公证员。但是直到1475年的第三次婚姻，他才有了一位后来成为公证员的合法继承人，这次他娶了一位比列奥纳多还小六岁的女人。

佛罗伦萨

当时的世界上没有哪个地方——从来也没有几个地方——能像15世纪的佛罗伦萨一样，为创造力提供了如此肥沃的土壤。它的经济从过去无须特殊技能的毛纺织业为主，逐渐蓬勃发展为艺术、技术和商业相互交织的形态，正如同我们所处的时代一样。这一点突出体现在工匠、纺绸者和商人一起协作，生产出如艺术品一般的织物上。1472年，佛罗伦萨共有八十四名木刻工匠、八十三名丝绸工匠、三十名绘画师，以及四十四名锁匠和珠宝匠。这里同时也是金融中心，当地的弗罗林金币因为纯度高，成为整个欧洲主要的标准货币，而且商业借助同时记录借方和贷方的复式记账法得以繁荣。引领潮流的思想家开始热情拥抱文艺复兴时期的人文主义精神，主张尊重个人尊严，以及通过知识获取人世的幸福。足足有三分之一的佛罗伦萨人都识字，比例为全欧洲之最。因为鼓励贸易，这里不仅是商业中心，还是各种思想的汇聚之处。

1472 年，当列奥纳多住在佛罗伦萨的时候，散文作家贝内代托·代曾写道："美丽的佛罗伦萨拥有完美城市的七个基本要素。第一，在那里可以享受到充分的自由。第二，那里有一大批衣着优雅的富人。第三，那里有清澈的河水和建在城内的磨坊。第四，城堡、市镇、土地和民众都被管理得井井有条。第五，有一所教授希腊语和会计学的大学。第六，有各行各业的大师。第七，银行和商业的分支机构遍及世界。"[6]上述这些对每一座城市都很重要：不仅要有"自由"和"清澈的河水"，还要有"衣着优雅"的人们，以及因为教授希腊语和会计学而闻名的大学。对于今天来说依然如此。

佛罗伦萨有意大利最美的大教堂。15 世纪 30 年代，建筑师菲利波·布鲁内莱斯基为它建造了世界上最大的穹顶，这是艺术和工程技术的双重成就，这两个领域的结合也是佛罗伦萨创造力勃发的关键。这座城市里的很多艺术家也是建筑师，这里的织造工业也是技术、设计、化学和商业的融合。

因为不同行业的人才经常聚在一起，各领域的思想交汇也成为常态。丝绸工匠和金箔匠人创造出迷人的时尚，建筑师和艺术家一起发展了透视科学，木雕工匠和建筑师一起装饰了这座城市里的一百零八座教堂。商店变成了工作室，商人成了金融家，工匠成了艺术家。[7]

列奥纳多到佛罗伦萨时，这里有四万人，一个世纪以来，这里的人口基本保持在这个规模，但是在黑死病和后续瘟疫爆发前，14 世纪的佛罗伦萨约有十万人口。此时的佛罗伦萨至少有一百个家庭可以称得上非常富有，还有约五千名由各类行会会员、店主和商人组成的日益兴旺的中产阶级。因为其中大多数都是财富新贵，他们需要确立和维护自已的身份与地位。出于这个目的，他们定制独一无二的艺术品，购买奢侈的丝绸服装和金饰，兴建豪宅（从 1450 年到 1470 年，有三十幢宅邸拔地而起），还慷慨地资助文学、诗歌和人文主义哲学。他们花钱虽然是为了炫耀，但是品位还算高雅。列奥纳多到佛罗伦萨的时候，这里的木雕工匠要远多于屠夫。这座城市本身已经成了一件艺术品。"世界上再没有更美的地方了。"乌戈利诺·韦里诺在诗里写道。[8]

佛罗伦萨与意大利其他地方的城邦不同，它并不是由世袭贵族统治的。列奥纳多到的时候，那里的共和制政体已经存在了一个多世纪。一百多年前，最富有的商人和行会领袖共同建立了这一政治体制，他们选举产生的代表在领主宫集会，现在那里被称为旧宫。"每天都有各种演出、节庆和新鲜玩意儿供人们消遣。"15 世纪佛罗伦萨的历史学家弗朗切斯科·圭恰迪尼写道，"这座富足的城市让人们衣食无忧。各行各业兴旺发达。能工巧匠安居乐业，而且教授文学、艺术和各门倡导自由追求真理的学科也备受欢迎。"[9]

然而，所谓的共和制其实并不民主或平等。事实上，它甚至算不上是真正的共和制。幕后的权力操纵者是美第奇家族，虽无世袭封号，也未出任官职，但是作为富甲一方的银行家家族，他们在 15 世纪实际掌控着佛罗伦萨的政治和文化。（在接下来的一个世纪中，他们成了世袭公爵，还有家族成员当上了教皇。）

15 世纪 30 年代，科西莫·德·美第奇接管了家族银行后，在欧洲的银行界无出其右。很多富有的欧洲家族都把财产交由美第奇家族管理，而后者最终成为其中首富。他们在账簿记录方面进行了创新，包括使用复式记账法，这种记账法在文艺复兴期间得到了极大的发展。通过贿赂和密谋，科西莫成为佛罗伦萨事实上的统治者，因为他的支持，这座城市成为文艺复兴时期艺术与人文主义的摇篮。

科西莫学习过古希腊和古罗马文学，作为古代手稿的收藏爱好者，他推崇古典文化的复兴，这也是文艺复兴时期人文主义的核心内容。他资助建立了佛罗伦萨第一个公共图书馆和柏拉图学园，后者虽然是一个非正式的学院，但是有着巨大的影响力，学者和知识分子在那里探讨经典。在艺术上，科西莫是弗拉·安杰利科、菲利普·利皮和多那太罗的赞助人。科西莫卒于 1464 年，而列奥纳多从芬奇镇来到佛罗伦萨就是在那一年。科西莫的儿子继任五年后，前者的孙子——著名的洛伦佐·德·美第奇继位，他也被称为"伟大的洛伦佐"。

洛伦佐的母亲是一位有名的诗人，在她的悉心教育下，洛伦佐接受过人文主义文学和哲学的熏陶，也资助了祖父创办柏拉图学园。洛伦佐还是一名运动健将，他在骑士的长枪比武、狩猎、放鹰捕猎和饲养马匹方面都胜人一筹。所有这些都无法帮助他成为更好的银行家，但是让他成了更好的诗人和赞助人；比起赚钱，花钱更让他快乐。在他二十三年的统治期间，他资助了一些有创新精神的艺术家，包括波提切利和米开朗琪罗；洛伦佐也是一些艺术家作坊的常客，这些艺术家包括安德烈亚·德尔·韦罗基奥、多梅尼科·吉兰达约和安东尼奥·德尔·波拉约洛，这些作坊的绘画和雕塑作品装点了这座繁荣的城市。

洛伦佐·德·美第奇对艺术的慷慨资助、他的专制统治，以及他与敌对城邦保持和平的能力，让佛罗伦萨孕育出蓬勃发展的艺术和商业，而列奥纳多就是在这样的环境中开始了他早期的职业生涯。从基督受难演出到大斋期前的嘉年华，洛伦佐用令人眼花缭乱的公共庆典和规模盛大的娱乐活动供人们取乐。虽然艺术家为这些活动创作的作品昙花一现，但是这些活动不仅报酬丰厚，还激发了他们的创造力和想象力，特别是对于年轻的列奥纳多而言。

佛罗伦萨的庆典文化激发了那些富有创意的人们将不同领域的想法结合在一起，因此这里的庆典也更加精彩纷呈。在狭窄的街道上，染布工隔壁就是金箔匠，金箔匠旁边是眼镜店，休息的时候，店主们聚在露天市场热烈地讨论。在波拉约洛的作坊，年轻的雕塑家和画家在研究解剖学，这能帮助他们更好地理解人体；艺术家学习透视科学，以及光照的角度如何产生阴影和纵深感。佛罗伦萨的整个文化都在鼓励和犒赏那些能够掌握并融合不同学科的人。

布鲁内莱斯基和阿尔贝蒂

　　两位博学多才之士对列奥纳多的成长影响深远。第一位是菲利波·布鲁内莱斯基（1377—1446），是佛罗伦萨圣母百花大教堂穹顶的设计者。与列奥纳多一样，布鲁内莱斯基的父亲也是一位公证员。因为渴望更有创造力的生活，布鲁内莱斯基成了一名金匠。金匠所属的丝绸制造商行会中还有其他行业的工匠，包括雕刻工匠，这对兴趣广泛的布鲁内莱斯基来说是一种幸运。不久，他开始对建筑产生了兴趣，和朋友多那太罗一起到罗马参观古代遗迹。多那太罗也是一位年轻的佛罗伦萨金匠，后来成了著名的雕塑家。他们测量了罗马万神殿的穹顶，研究了其他的伟大建筑，还阅读了古罗马人留下的著作，特别是维特鲁威的《建筑十书》，书中盛赞了依据人体的完美比例。因此，他们二人也成了文艺复兴早期古典知识复兴和跨领域研究的典范。

　　为了建造教堂的穹顶——一个由近四百万块砖构筑的自承重结构，迄今依然是世界上最大的砖石穹顶——布鲁内莱斯基需要建立复杂的数学模型，还要发明一系列起重和施工设备。有些起重设备曾用于洛伦佐·德·美第奇宏大的剧场演出中，它们可以吊起演员、移动布景，这也说明佛罗伦萨生活的方方面面都在激发着人们的创造力。[10]

　　布鲁内莱斯基还重新发现并极大推进了古典透视理论，弥补了中世纪艺术的缺失。他做了一个著名的透视实验，这个实验后来也启发了列奥纳多。布鲁内莱斯基按照透视法，先在一个画板上绘制了从广场对面的大教堂看到的圣若望洗礼堂。然后，他在画板上钻了一个小孔，面对洗礼堂，将画板的背面靠近自己的眼睛。他又拿了一面镜子，放在一臂距离开外，镜子能照见画板上的圣若望洗礼堂。他一边在视线内外移动镜子，一边透过小孔比较镜子中的图像和真实的洗礼堂是否能够重合，据此来验证他的透视法。他认为写实绘画的精髓是，在二维平面上渲染出三维效果。在画板上成功验证了透视法之后，布鲁内莱斯基又演示了什么是灭点，即平行线在无限远处交汇于一点的错觉。他建立的线性透视法改变了艺术，也影响了光学、建筑学和欧几里得几何学的实际应用。[11]

布鲁内莱斯基的后继者莱昂·巴蒂斯塔·阿尔贝蒂（1404—1472）也是文艺复兴时期一位杰出的通才，他对布鲁内莱斯基的很多实验进行了改进，还拓展了后者的透视理论。阿尔贝蒂是一位艺术家、建筑师、工程师和作家，他在很多方面都与列奥纳多有相似之处：他们都是成功人士的私生子，都擅长运动，相貌俊美，终身未婚，而且他们对一切都有兴趣——从数学到艺术。唯一的区别是，阿尔贝蒂的私生子身份并没有妨碍他接受传统教育。当时教会规定私生子不能从事神职工作，但是他的父亲帮助他获得了教会的特许，阿尔贝蒂先在博洛尼亚学习法律，后被委任为牧师，再后来成了教皇的书记官。阿尔贝蒂在三十岁出头的时候完成了《论绘画》，这是一本分析绘画技巧和透视法的杰作，他将此书的意大利文版献给了布鲁内莱斯基。

根据学者安东尼·格拉夫顿所述，阿尔贝蒂有一种工程师的协作能力，他和列奥纳多一样也热衷"广交朋友"，对人"以诚相待"。同时，他在朝廷中也长袖善舞。因为对艺术和技术的广泛兴趣，无论是鞋匠还是学者，他总能从各行各业的人身上搜罗出他们的秘籍。换句话说，他和列奥纳多有诸多相似之处，但是有一点除外：列奥纳多对公开发表、传播自己的发现，增进人类知识并不热衷；而阿尔贝蒂则相反，他一直致力于分享自己的成果，还组织知识分子的社群，鼓励大家在彼此的发现上更进一步。为了促进知识的学习和积累，他提倡公开的讨论和书籍出版。作为一个与他人协作的大师，他信奉格拉夫顿所提到的"与公众分享"。

当列奥纳多才十几岁的时候，阿尔贝蒂已经年过六旬，那时列奥纳多住在佛罗伦萨，而阿尔贝蒂大部分时间住在罗马，所以他们不太可能见过面。但是毋庸置疑，阿尔贝蒂依然对列奥纳多有着深远的影响。列奥纳多曾研读过他的论文，甚至刻意效仿他的字体和举止。阿尔贝蒂的个人魅力远近闻名，他的"每句话或者每个举止都是优雅的化身"，这对于列奥纳多来说很有吸引力。"一个人必须在三件事情上做到风度翩翩，"阿尔贝蒂写道，"走路、骑马和言谈，因为其中的每一样都要让周围的人感到美好。"[12] 后来，列奥纳多在这三件事上都无可挑剔。

阿尔贝蒂的《论绘画》拓展了布鲁内莱斯基的透视分析，前者用几何学的方法计算出如何在二维平面上绘制远处物体的透视线。为了准确记录轮廓，他建议画家在面前悬挂由细线织成的纱幕，这样就可以把纱幕后面物体的轮廓在纱幕的小格子上标画出来。这一新方法不仅方便了绘画，还影响了地图绘制和舞台设计。通过把数学应用于艺术，阿尔贝蒂不仅提升了画家的地位，还有力地支持了视觉艺术应该与其他人文学科拥有平等的地位，后来，列奥纳多在这一点上取得了胜利。[13]

上学

列奥纳多接受的唯一正规教育是在算盘学校，这里是以教授商业算术为主的初等教育机构。课程不教授理论思考，内容主要是实际案例。其中一项重要技能是在案例间找到可比性，后来这一方法被列奥纳多反复用于他的科学研究。类比和找规律成为他形成理论的基本方法。

早期传记作者瓦萨里曾写道，"在算术课上，列奥纳多在几个月间进步神速，因为经常向老师提问而让他的老师感到棘手"。这里有明显的夸张，瓦萨里似乎对笔下的人物过于"热心"了。瓦萨里还写到列奥纳多兴趣点太多，所以很容易分心。列奥纳多的几何成绩很好，但是他从未能掌握当时的数学方程式和基础代数。他也不懂拉丁文。在三十多岁的时候，他仍在努力弥补这一缺憾，他列出拉丁单词表，然后艰难地写下蹩脚的翻译，还要和那些语法规则纠缠。[14]

列奥纳多是一个左撇子，他书写的方向是从右至左，正好与本页或者其他正常印刷的文字相反，而且每个字母都是逆向书写。"除了用镜子，否则无法阅读"，瓦萨里如此描述列奥纳多的字迹。有些人猜测列奥纳多使用这种像密码的书写方式是为了保密，但这不是事实，无论是否用镜子，其实都可以阅读。采用这种书写方式是因为他的手从右边挪动到左边的时候不会涂抹到字迹。这种书写方式并非独树一帜。列奥纳多的朋友、数学家卢卡·帕乔利在描述前者的镜像字体时，还提到其他一些左撇子也这样写字。一本流行于15世纪的书法书甚至向左撇子读者展示了最佳的镜像书写方式。[15]

左撇子也影响了列奥纳多的绘画方式。他画画的时候跟写字一样，为了防止涂抹，也是从右到左绘画。[16] 很多艺术家在画阴影线的时候都是从左下方画向右上方，就像这样：////。但是列奥纳多的方式很特别，他是从右下方画向左上方，就像这样：\\\\。如今他的这种笔法带来了一个额外的好处：它成了确认是否为列奥纳多画作的一个证据。

如果从镜子里看，列奥纳多的字体似乎与他父亲的有点儿相似，也许皮耶罗曾经教过列奥纳多写字。但是，列奥纳多的很多数学计算依然是用传统方式书写的，也许算盘学校不允许他在数学课使用镜像书写。[17] 虽然左撇子不是缺陷，但是依然有点儿特别，过去它经常与"邪恶"和"笨拙"这样的词联系在一起，而不会让人联想到"灵巧"和

"机敏"，这也让列奥纳多眼中的自己与别人眼中的他更显得与众不同。

韦罗基奥

列奥纳多十四岁的时候，父亲为他找到了一份学徒工作，师傅安德烈亚·德尔·韦罗基奥是他父亲的客户，也是一位多才多艺的艺术家和工程师，他的作坊在佛罗伦萨也是首屈一指。瓦萨里写道，"皮耶罗带着儿子的一些画作找到了好友安德烈亚·德尔·韦罗基奥，询问他这孩子学画是否会有前途"。皮耶罗和韦罗基奥很熟，他此时至少为韦罗基奥公证过四份法律协议和租赁文件，但是，韦罗基奥收列奥纳多为徒并不是为了给皮耶罗面子，而是因为欣赏列奥纳多的才华。据瓦萨里说，他对这个孩子的天赋感到"震惊"。[18]

韦罗基奥的作坊离皮耶罗的办公室不远，从各方面来说，这里都非常适合列奥纳多。韦罗基奥有一套严格的培训内容，包括表面解剖学、力学、绘画技巧，以及物体上的光影效应，比如衣褶。

列奥纳多来的时候，韦罗基奥作坊里的人们正忙得不可开交，他们正在为美第奇家族建造一座华丽的坟墓，同时还在铸造一座耶稣和圣托马斯的青铜雕塑，他们为庆典设计装饰有金银花朵的白色塔夫绸旗帜，还为美第奇家族的古董策划展览，此外，他们还给那些想显示自己身份和虔诚的商人绘制圣母像。一份物品目录显示，韦罗基奥的作坊里有一张餐桌、几张床、一个球体模型，以及内容广泛的意大利文藏书，包括翻译的彼特拉克和奥维德的经典诗歌，还有 14 世纪广受欢迎的佛罗伦萨作家佛朗哥·萨凯蒂的短篇幽默故事。数学、解剖、文物、音乐和哲学都是韦罗基奥的作坊里经常讨论的话题。"韦罗基奥致力于科学，特别是几何学。"瓦萨里写道。[19]

韦罗基奥的作坊在佛罗伦萨有五六个主要竞争者，但是包括他的作坊在内，这些作坊都更像商店，而不是精致的艺术工作室，甚至与街上的那些鞋匠和金匠的作坊没什么差别。作坊一层是朝大街敞开的商店和作坊，工匠和学徒们在画架、工作台、窑炉、陶轮和金属磨具上批量生产。很多工人都在楼上的宿舍同吃同住。作品上没有签名，因为是集体劳动的结果。很多后来被认为出自韦罗基奥的画作也是这样生产的。这样做的目的是为了保证能持续制造出畅销的艺术品和工艺品，而不是为了培养那些渴望展示原创性的创作者。[20]

因为没有接受过拉丁文教育，这些作坊里的工匠不被视为文化精英，但是艺术家的地位正在开始发生变化。因为对古罗马经典的再次追捧，人们有机会重温老普林尼的文字，他曾盛赞那些古典画家的妙笔，他们画出来的葡萄连鸟儿都信以为真。再加上阿尔贝蒂著作的影响和透视算法的发展，画家在整个社会和知识分子中的地位也在上升，其中有些人备受青睐。

金匠出身的韦罗基奥把大部分绘画工作都交给了别人，特别是一批年轻的艺术家，包括洛伦佐·迪·克雷迪。韦罗基奥是一位和善的老师，学生的学徒期满后经常继续和他一起工作、生活，列奥纳多也不例外。这个圈子里还有其他的年轻画家，包括桑德罗·波提切利。

韦罗基奥的天性和善也有一个弊端：他不是一个严厉的监工，他的作坊也没有按时交付作品的美誉。瓦萨里注意到韦罗基奥曾为一个裸体的战争场面和其他叙事性作品画过草稿，"但是因为某种原因，无论是什么原因，它们都一直没有完成"。韦罗基奥的几部作品都耗时数年。后来列奥纳多在方方面面都远远超过了自己的老师，其中也包括容易分心、半途而废，还有拖延交付。

韦罗基奥最迷人的雕塑之一是一座四英尺①高的青铜雕像，年轻的

---

① 一英尺约为三十厘米。——编者注

战士大卫以胜利者的姿态站立在巨人歌利亚的头颅旁（图3）。他的微笑撩拨人心，还有点儿神秘——他到底在想什么？——它就像列奥纳多后来画的微笑一样惹人遐想。这个微笑游移在一位少年的荣光与未来领袖的觉醒之间，在骄傲转变为坚定的瞬间被捕捉了下来。在米开朗琪罗标志性的大理石雕塑《大卫》中，他塑造的是一个肌肉健硕的男人，而韦罗基奥的大卫是一个十四岁上下的美少年，还有一点儿女性气质。

韦罗基奥在开始创作这件雕塑时，列奥纳多就是这个年纪，那时他刚刚开始在作坊里当学徒。[21] 在韦罗基奥所处的时代，艺术家们惯于在古典主义中融入更多写实特征，所以韦罗基奥的雕塑不太可能完全依照模特创作。尽管如此，仍然有理由认为列奥纳多曾为韦罗基奥的《大卫》摆过造型。[22] 大卫的脸并不是韦罗基奥之前喜欢的宽脸膛。他显然用了一个新模特，而刚到作坊的男孩很容易成为候选人，特别是根据瓦萨里的说法，少年列奥纳多拥有"无法言表的优美身形，他的光彩使愁容满面者见了也会欢喜"。其他早期传记中对少年列奥纳多的美貌也赞赏有加。大卫的脸（线条硬朗的鼻子、下巴，以及线条柔和的嘴唇与脸颊）和列奥纳多在《博士来拜》旁边画的男孩很像，那个男孩被认为是他的自画像（图4），除此以外，大卫与那个男孩还有其他相似之处。

稍加想象，我们就能一边看着韦罗基奥迷人的《大卫》，一边浮现出年少的列奥纳多站在作坊里做模特的样子。此外，还有一幅韦罗基奥学生的素描，很可能是雕塑草图的临摹作品。素描中的少年模特与大卫的姿势一模一样，比如手指在胯上的摆放位置，颈部与锁骨交接处的窝陷，但是这幅素描中的男孩是裸体（图5）。

韦罗基奥的作品有时被诟病匠气十足。"他的雕塑和绘画风格都显得僵硬粗重，因为那源于勤学苦练，而非与生俱来的禀赋"，瓦萨里写道。但是他的《大卫》堪称美妙的杰作，而且影响了年轻的列奥纳多。大卫的卷发和歌利亚卷曲的须发，这些华丽的螺旋造型后来成为列奥纳

图 3_ 韦罗基奥的雕塑《大卫》

图 4_《博士来拜》局部，图中人物被认为
是列奥纳多的自画像

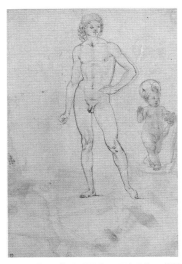

图 5_《大卫》的模特像，图中人物可能是
列奥纳多

多作品的标志性特征。此外，韦罗基奥的雕塑（不同于 1440 年多那太
罗的版本），表明他关注并掌握了许多解剖学细节。比如，大卫右臂上
那两根血管不仅刻画准确，而且它们突起的样子精准地表现出人物看似
漫不经心、实则紧握短剑的状态；还有连接大卫左前臂和肘部的肌肉，

那种屈曲方式也符合扭转的手部姿势。

韦罗基奥能在静止的艺术作品中呈现精妙的动态，这也是他未得到充分认可的才华之一，列奥纳多后来在他的绘画中不仅继承了这一点，还远远超越了他的老师。与之前的大多数艺术家相比，韦罗基奥的雕塑中充满了更多的动感，包括人物的扭转、旋转和动态。在他的青铜雕塑《基督和圣托马斯》中（这也是列奥纳多学徒时期韦罗基奥的作品），圣托马斯身体左转，要去抚摸耶稣的伤口，耶稣举起手臂的时候，身体扭向右侧。流淌的动感让一座静止的雕像变成一种讲述，它不再是一个场景，而是一个故事，这个故事出自《约翰福音》，当托马斯质疑耶稣复活时，耶稣对他说，"伸出你的手来，探入我的肋旁"。肯尼斯·克拉克对这座雕塑的评价是，"文艺复兴时期第一次通过构图展现复杂的动态，这得益于人物轴线的对比，这也成为列奥纳多所有构图的要旨"。[23] 圣托马斯的头发和耶稣的胡须同样体现出韦罗基奥热衷表现动感，那些螺旋的卷曲和密实的缠绕产生了丰富的感官刺激。

列奥纳多虽然在算盘学校学过商用算术，但是他在韦罗基奥这里学到了更重要的一课：几何之美。在科西莫·德·美第奇死后，韦罗基奥为他的墓设计了一块大理石和青铜材质的盖板，这件作品于 1467 年完工，这时列奥纳多已经做了一年的学徒。这块盖板上没有装饰宗教图案，而是几何图形的纹饰，主要是方形内嵌圆形，后来列奥纳多在《维特鲁威人》中也采用了这一构图。韦罗基奥和他的工匠们仔细地雕刻出成比例的彩色矩形和半圆形，它们不仅符合传统的调和比例，还符合毕达哥拉斯音阶的比例原则。[24] 列奥纳多从中学到了比例中有和谐之美，而数学是大自然的画笔。

两年后，几何学与和谐之美再度联姻，韦罗基奥的作坊被委以重任，这一具有里程碑意义的工程是将一个重达两吨的铜球放置在布鲁内莱斯基为百花大教堂建造的穹顶上。这是一次艺术与技术的胜利。1471 年，在热闹的喇叭声和众人的赞美诗中，铜球被成功地安放在穹顶上。那一年列奥纳多十九岁，这项任务让他对艺术与工程的结合有了深切的感受，几十年后，他还在笔记中提起这件事，他满怀深情，一丝不苟地画下了韦罗基奥的作坊曾经使用的起重设施和机械设备，其中一些最初是由布鲁内莱斯基设计发明的。[25]

这个金属球的制作过程是先在石头外面覆上了八层铜板，然后镀金，这点燃了列奥纳多对光学和光线几何学的兴趣。因为那个时候没有焊接设备，所以采用了直径为三英尺的凹面镜汇聚阳光，通过光线焦点的高温将三角形的铜板焊接在一起。这就需要按照几何学计算出光线的准确角度，并据此打磨凹面镜的曲率。列奥纳多对这个被他称为"火镜"的东西非常着迷，有时甚至有点儿走火入魔，在接下来的数年中，他一共在笔记里绘制了将近两百幅草图，都是关于如何制作汇聚各个角度光线的凹面镜。大约四十年后，当他在罗马研究如何用巨型凹面镜将阳光的热量变成武器的时候，他在笔记中写道："还记得圣母百花大教堂的铜球是如何焊接的吗？"[26]

安东尼奥·德尔·波拉约洛是韦罗基奥在佛罗伦萨的主要商业竞争者，他对列奥纳多也有深远的影响。那时，波拉约洛不仅在尝试如何更好地表达人体动态，还为了研究解剖学，对人体进行了表面解剖。瓦萨里写道，波拉约洛是"第一个为了研究肌肉，以及用更现代的方式去认识人体而进行解剖的大师"。在波拉约洛的铜版画《十裸男之战》和铜雕及同名木版画《赫拉克勒斯和安泰俄斯》中，他刻画的那些战士彼此争斗、刺杀，他们扭动的身体充满力量，栩栩如生。正是肌肉和神经解剖学知识让那些扭动的肢体和扭曲的表情更加逼真。[27]

列奥纳多狂热的想象力和融合艺术与自然的能力逐渐得到了他父亲的赏识，后者有一次甚至从中牟利。一位芬奇镇的农民用木头做了一个圆形盾牌，然后托皮耶罗把它拿到佛罗伦萨绘上图案。皮耶罗把这个工作交给了列奥纳多，后者决定在上面画一个恐怖的场景，一只像龙的怪兽喷着火焰和毒液。为了让怪兽看起来更真实，他先做了一个标本模型，把蜥蜴、蟋蟀、蛇、蝴蝶、蚱蜢和蝙蝠的肢体组装在了一起。"他花了太长时间绘制，结果动物尸体的恶臭已经让人难以忍受，但是列奥纳多对此完全没有察觉，因为他已陷入对艺术的狂热追求。"瓦萨里写道。最后当皮耶罗来拿盾牌的时候，被吓了一跳，因为室内光线昏暗，盾牌上的怪兽乍看上去宛如活物。皮耶罗最后决定自己保留儿子的作品，又给那位农民买了一个盾牌。"后来，塞尔·皮耶罗偷偷把列奥纳多绘制的盾牌以一百达克特的价格卖给了几个佛罗伦萨商人，不久之后，那些商人就以三百达克特转手卖给了米兰公爵。"

这个盾牌可能是列奥纳多有据可查的第一件艺术作品，从中可以看到他融合幻想与观察的能力，这种才华将在他的一生中不断展现。后来在一篇为绘画专著所做的笔记中，他写道，"若要让想象中的动物看起来自然真实，譬如龙，你可以参照獒犬或者猎犬的头、猫的眼睛、豪猪的耳朵、灰狗的鼻子、狮子的眉毛、公鸡的太阳穴和乌龟的脖子"。[28]

衣褶、明暗法和晕涂法

"衣褶写生"是韦罗基奥作坊的一项练习，大部分都是用细腻的笔法以黑白两色在亚麻布上绘制而成。根据瓦萨里的记述，列奥纳多"先做出人物的黏土模型，再把蘸过石灰水的软布覆盖在上面，然后用笔尖蘸上黑白两色，非常耐心地在薄薄的麻纱布或亚麻布上作画"。要让画面上的布料褶皱呈现出天鹅绒般的效果并非易事，这需要娴熟地描摹光线和阴影的细微变化，以及局部的光泽（图6）。

在韦罗基奥作坊的衣褶图中，有些似乎是为最终作品画的草图，

图 6_ 列奥纳多在韦罗基奥作坊的衣褶写生，约 1470 年

另外那些可能只是学徒的习作。研究这些"衣褶图"已经变成了学术界的热门领域，研究者们想要分辨出究竟哪些是出自列奥纳多之手，哪些是韦罗基奥、吉兰达约或他们同事的作品。[29] 作品归属难以确定进一步证明了韦罗基奥的作坊是集体工作模式。

　　对于列奥纳多来说，衣褶写生有助于培养他的一项重要的艺术才能：在二维平面上利用光影产生三维效果。这些练习还磨炼了他的另一种能力，那就是观察微妙的光线如何制造出闪亮的光泽与皱褶处的强烈对比，以及阴影深处的一丝反光。"画家的首要意图，"列奥纳多后来写道，"是在平面上展现出立体感，在这方面无出其右者理应得到最高的赞誉。立体感通过光影对比来实现，或者我们称之为明暗法，这是绘画科学的最高成就。"[30] 这个观点可以作为他的艺术宣言，或者至少是其中的重要内容。

明暗法（Chiaroscuro）一词来自意大利文，原意是"明暗"，这里指用光线和阴影的对比在画面中塑造立体感的方法。列奥纳多的明暗技法中还包括在颜料中加入黑色，产生不同的明暗度，而不是调整饱和度或色调。比如，在他的《伯努瓦的圣母》中，圣母马利亚裙子的蓝色是从接近白色过渡到近乎黑色。

列奥纳多在韦罗基奥的作坊中学习衣褶画法的时候，还探索了晕涂法。这是一种模糊物体轮廓和边界的技法，它让艺术家可以将物体渲染得就如同我们用肉眼直接观察一样，不会有生硬的轮廓。这一进步让列奥纳多被瓦萨里称赞为"现代风格"绘画的发明者，而艺术史学家恩斯特·冈布里奇则称晕涂法是"列奥纳多的著名发明，模糊的轮廓和柔和的色彩让不同形体相互融合，给我们留下了想象的空间"。[31]

晕染法（Sfumato）源于意大利文"烟雾"，或者更准确地说，是指烟雾弥漫消散在空气中。"你所画的阴影和光线应该像消散在空气中的烟一样没有轮廓和界限。"这是列奥纳多写给年轻画家的准则。[32] 从《基督受洗》中天使的眼睛到《蒙娜丽莎》的笑容，如烟笼罩的柔和轮廓也让我们的想象力不再受限。因为没有锐利生硬的线条，神秘的眼神和笑容才那么让人难以捉摸。

戴头盔的武士

1471 年，大约在安装完大教堂穹顶的铜球后，韦罗基奥的作坊和其他大部分佛罗伦萨工匠都参与了洛伦佐·德·美第奇组织的一次庆典，这次庆典是为了欢迎到访的米兰公爵加莱亚佐·马里亚·斯福尔扎，他是一位残暴的独裁者（不久即遇刺身亡）。和加莱亚佐同行的还有他的弟弟卢多维科·斯福尔扎，他皮肤黝黑，颇具魅力，当时十九岁，与列奥纳多同龄。（十一年后，列奥纳多那封著名的求职信就是写给卢多维科的。）在庆典筹备过程中，韦罗基奥的作坊有两项主要任务：一项是将美第奇家族为宾客准备的客房装饰一新，另外一项是制作一套盔甲和一个华丽的头盔，这是送给来访者的礼物。

米兰公爵的队伍浩浩荡荡，就连看惯了美第奇家族庆典的佛罗伦萨人都觉得眼花缭乱。随行的队伍包括两千匹马、六百名士兵、一千只猎犬，还有猎鹰、驯鹰人、号手、风笛手、理发师、驯犬师、乐师和诗人。[33] 随行人员中居然还有理发师和诗人，仅凭这一点就足以让人赞叹。因为适逢大斋期，一共有三出"圣剧"在公共竞技场上演。但是，佛罗伦萨的气氛一点儿也不像在斋戒期。这次米兰公爵的到访也是美第奇家族公众庆典的巅峰之作，他们通过举办这些活动来消弭人们的不满情绪。

除了著名的《君主论》，马基雅维利也是佛罗伦萨历史的记录者，他认为处于相对和平时期的佛罗伦萨已经开始堕落，这和人们对庆典的痴迷有关。那时年轻的列奥纳多也在佛罗伦萨。马基雅维利写道："年轻人变得愈加放荡，不仅醉心于奢侈的衣着和宴席，还纵情声色，他们游手好闲，浪费年华和金钱在玩乐和女人身上。他们还争相效仿光鲜的打扮和油嘴滑舌的风格。米兰公爵一行让此种堕落之风更甚。他带着家眷和所有宫廷成员来到佛罗伦萨，还受到隆重的款待。"一座教堂在庆典中被烧成灰烬，这被认为是神的惩罚，就像马基雅维利写的那样，"在大斋期，教会令我们戒除荤腥，那些米兰人对上帝和他们的教会毫无敬畏之心，照食不误"。[34]

列奥纳多最著名的早期作品的灵感可能来自米兰公爵此行，或者至少与此有关。[35] 这是一幅罗马武士的侧面像，他棱角分明，头戴华丽

图 7_ 一名武士

的头盔（图 7），它临摹自韦罗基奥的一幅画作——他的作坊设计了一个头盔，那是佛罗伦萨送给米兰公爵的礼物之一。这幅精致的画作是用银尖笔在略带颜色的纸上绘制的，列奥纳多笔下的武士骄傲地戴着头盔，上面装饰着逼真的鸟翅膀，还有他偏爱的卷曲和螺旋花饰。胸甲上正在咆哮的狮子显得即滑稽又可爱。繁复的阴影线勾勒出精细的脸部轮廓，但是人物的下巴、眉毛和下唇却像讽刺漫画一样夸张。鹰钩鼻和突出的下巴后来构成了在列奥纳多的绘画中反复出现的一个形象——一位脾气暴躁又饱经风霜的武士，充满贵族气又显得有点儿荒唐可笑——这也是列奥纳多喜欢的主题之一。

一看便知这幅画中有韦罗基奥的影响。从瓦萨里的《意大利艺苑名人传》中，我们得知韦罗基奥创作的浮雕作品中还有"两个金属头像，一个是亚历山大大帝的侧面像，另外一个是想象中的古波斯国王大流士"。虽然这些作品现已失传，但是当时有很多复制品，特别是在华盛顿的国家美术馆，有一座年轻时的亚历山大大帝的大理石浮雕，被认为是韦罗基奥和他作坊的作品。浮雕中的人物也戴着一个类似的头盔，上面装饰着带翅膀的龙，胸甲上饰有张口咆哮的人头，上面还有密实的卷发和摆动的卷曲造型，韦罗基奥应该把这些也传给了自己的学徒。在列奥纳多的作品中，他略去了韦罗基奥装饰在头盔顶上的长着巨颚的动物，换成了卷曲的植物，让设计变得更加简洁。马丁·肯普和朱丽安娜·巴罗内认为，"列奥纳多之所以这样简化，是为了让观看者的眼光集中于武士的头部和他胸前的狮子，即人与动物的关系"。[36]

就像那对大流士王和亚历山大大帝的浮雕一样，韦罗基奥有时会把一个饱经风霜的武士和一个漂亮的男孩并排放在一起，后来这个主题也成为列奥纳多的心头好，这一点在他的画作和笔记的涂鸦中都有体现。其中的一个例子是韦罗基奥的《施洗者圣约翰被斩首》，这是一幅为佛罗伦萨的洗礼堂制作的银质浮雕，浮雕中年轻的武士和年迈的武士一起站在最右边。这个浮雕始创于1477年左右，那时列奥纳多已经二十五岁了，从时间上很难判断他们两个究竟是谁影响了对方；浮雕右侧年轻和年老的武士相向而立，最左边还有一个天使般的男孩，那个男孩不仅动作鲜活生动，而且面容洋溢着感情，这说明列奥纳多有可能也参与了创作。[37]

庆典和演出

对于佛罗伦萨作坊里的艺术家和工程师来说，为美第奇家族的庆典表演服务是他们工作的重要组成部分。列奥纳多也乐在其中，他喜欢颜色鲜艳的衣着，这一点已为人所共知；他还喜欢由锦缎制成的紧身上衣和玫瑰色的束腰短袍，同时，作为一名演出制作人，他还擅长制造富有想象力的舞台效果。在之后的那些年中，不仅在佛罗伦萨，特别是移居米兰后，列奥纳多都花了不少时间设计演出服装、剧场布景、舞台机械、特效、飞行特技、横幅旗帜，以及各种娱乐项目。因为戏剧演出昙花一现，只能从他笔记本里的草图中依稀得见。有人可能认为这些是不务正业，但是对列奥纳多来说，其中同样有将艺术与工程技术结合的乐趣，因此这也对他的成长产生了影响。[38]

透视理论在 15 世纪被进一步发展、完善，那些为演出制作布景的工匠们最终都成为个中高手。所有绘制布景和背景都必须与三维的舞台环境、道具、移动的物体和演员们协调统一，这样，现实与虚幻才能融为一体。从列奥纳多的绘画作品和工程设计中，我们都能看出这些演出和庆典对他产生的影响。他研究了如何让不同位置的观众都能看出透视效果，还热衷于将幻觉与现实融合在一起，设计特效、服装、布景和舞台机械也让他乐此不疲。上述这些有助于解开一个谜团，那就是列奥纳多笔记中那些让学者们感到困惑不已的草图和充满幻想的文字，大部分可能和这些庆典演出有关。

例如，列奥纳多在他的笔记中所绘制的一些齿轮、曲柄和机械装置，我认为是他看到或设想的舞台机械。佛罗伦萨的演出商们发明了一种巧妙的装置，它可以更换布景，推动让人眼花缭乱的道具，还可以让舞台变成活动的绘画。瓦萨里曾对一位佛罗伦萨的木匠兼工程师赞赏有加，因为在一次节庆演出中，他用一个场景将演出推向了高潮，"基督从一座木刻的山上升起，然后被一团满载天使的云彩带到了天堂"。

与此类似，列奥纳多笔记里的一些飞行装置很可能也是为了娱乐观众。佛罗伦萨人的演出中经常有人物或道具从天而降，或者如魔术般的悬在半空。我们将会看到，列奥纳多的一些飞行器确实是为了载人飞行而设计。但是 15 世纪 80 年代，他在笔记中设计的那些飞行装置应该是为了演出而设想的。飞行装置翅膀的运动幅度有限，靠曲柄装置驱动，不可能通过人类驾驶飞上天空。类似的笔记页中还有一些跟演出相关的内容，包括如何将光投射到布景上的注解，以及抬升演员的吊钩滑轮系统的草图。[39]

　　我认为，甚至连列奥纳多著名的飞机螺旋桨草图（图8）其实也属于演出装置，虽然它经常被称为直升机设计的鼻祖。理论上，这个由亚麻布、绳索和支架构成的螺旋装置可以通过旋转升空。虽然列奥纳多提出了一些细节，比如一定要给亚麻布"用淀粉上浆，封住所有的孔隙"，但是他却没有写出人该如何驾驶。这个装置的大小足以取得演出效果，但是很可能无法产生足够的抬升力，也不能将人带向空中。列奥纳多在一个模型制作说明中写道，"发条要用上好的钢片，用力拧紧后再松开，就会驱动螺旋桨"。那时候，有些玩具就是采用类似的机械原理。就像列奥纳多设计的一些机械鸟一样，这个飞行螺旋桨很可能是用来承载观

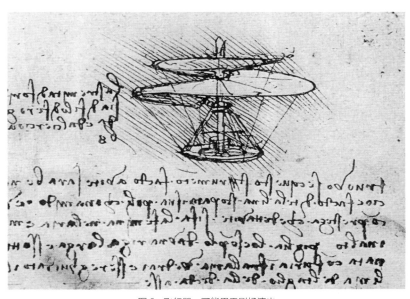

图8_飞行器，可能用于剧场演出

众的想象，而非他们的身体。[40]

亚诺河的风景

列奥纳多很享受韦罗基奥作坊里家庭般的集体氛围，所以在1472年，当二十岁的他结束学徒生涯时，决定继续留在那里工作和生活。他和父亲保持着友好的关系，那时他的父亲和其第二任妻子就住在附近，他们依然没有生育。当列奥纳多注册为佛罗伦萨画家协会"圣路加社"成员的时候，他的签名是"列奥纳多·迪·塞尔·皮耶罗·达·芬奇"，这也是对他们父子关系的认可。

圣路加社并非行会组织，它更像一个互助的俱乐部或者兄弟会。在1472年，其他注册登记或者缴纳会费的成员还包括：波提切利、彼得罗·佩鲁吉诺、吉兰达约、波拉约洛、菲利皮诺·利皮和韦罗基奥。[41]圣路加社的历史已经有一个世纪，当时它正在经历一次复兴，部分原因是画家正在反抗佛罗伦萨陈旧的行会体系。在既有的行会体系中，画家归属于1197年成立的美第奇医生和药剂师行会，其主要成员是医生和药剂师；而在15世纪末，艺术家们渴望为自己争取到独立的社会地位。

在结束学徒生涯，正式成为画师数月后，列奥纳多离开了佛罗伦萨热闹狭窄的街道和鳞次栉比的作坊，回到了芬奇镇附近连绵起伏的绿色山丘中。那是1473年的夏天，二十一岁的他在笔记里写道，"我，与安东尼奥在一起，心满意足"。[42]因为他的祖父安东尼奥已经去世，所以这里的安东尼奥可能是指他母亲的丈夫，安东尼奥·布蒂（即阿卡塔布里加）。我们可以想象出他和自己的母亲以及她的大家庭一起在芬奇镇外的山上生活，此情此景又让人想起了他写的那个故事，一个石块自己滚到热闹的山下，后来又想回到僻静的山上。

图 9_ 亚诺河谷风景，列奥纳多作，1473 年

在那页笔记的背面有一幅画稿，它可能是列奥纳多现存最早的艺术作品，这幅作品也是一个闪光的开始，从此他将终生致力于将科学观察与艺术敏感融汇在一起（图 9）。他用镜像体写下了日期，"雪地圣母日，1473 年 8 月 5 日"。[43] 这是一幅凭印象绘制的全景图，急促的笔触描绘出嶙峋的小山和翠绿的山谷，芬奇镇旁边的亚诺河就被这种景色所环绕。虽然其中有几个本地的地标性景观——一座圆锥形的山和一座像城堡的建筑——但是这幅鸟瞰图似乎并非完全依照现实，而是结合了他的想象，这也是列奥纳多一贯的风格。他已经意识到艺术家的杰出在于以现实丰富创作，而不是被现实限制了创作。"如果画家想见到让他陶醉的美景，他就应该是美景的创造者。"他写道，"如果他想画出山谷，如果他想展现从山顶俯瞰的广阔田园，如果他想望见海平面，他尽可以成为它们的造物主。"[44]

有的艺术家将风景当作画中的背景，但是列奥纳多有所不同，对他来说，描绘自然本身就是目的。因此，他画的亚诺河山谷极有可能是欧洲艺术史上此类风景作品的鼻祖。这幅作品对地质地貌的写实性让人震惊：陡峭的岩石上层层叠叠的痕迹准确地体现了裸露在地表的岩石被河水侵蚀的样子，这也是令列奥纳多终生着迷的主题。这幅画稿的写实之处还包括：近处景物因为线性透视的关系显得更加清晰，而远处的地平线则因为大气层而变得模糊。后来这一光学现象被他称为"空气透视"。

更引人注意的是他作为年轻艺术家对运动的描摹能力。他用急促的曲线勾勒出树叶和它们的阴影，让人感觉树叶正在风中摇摆。快速跃动的笔触还让流水下落到池中的瞬间动感十足。最终，他观察运动的超群技艺跃然纸上。

《托比亚斯与天使》

列奥纳多在韦罗基奥的作坊里成为正式画家后，在二十岁左右的时候参与过两幅画的创作：《托比亚斯与天使》中蹦蹦跳跳的小狗和鳞光闪闪的鱼（图 10），以及《基督受洗》中最左边的天使都是出自他的手笔。这些合作的作品既展现了他师从韦罗基奥的收获，也显示出他如何超越了自己的老师。

15 世纪晚期，《圣经》中托比亚斯的故事是佛罗伦萨非常流行的绘画题材，故事中的男孩被双目失明的父亲派去收债，一路上他的守护天使拉斐尔都与他相伴。他们在路上捕到了一条鱼，这条鱼的内脏有医治病痛的功效，能让男孩的父亲重见光明。拉斐尔是旅人的守护天使，也是医生和药剂师行会的守护神。拉斐尔和托比亚斯的故事很受佛罗伦萨富商的欢迎，特别是那些儿子在外旅行的商人，这些富商同时也是艺术家的主顾。[45] 绘制过这一主题的佛罗伦萨画家包括波拉约洛、韦罗基奥、

图 10_《托比亚斯与天使》，韦罗基奥与列奥纳多合作

菲利皮诺·利皮和弗朗切斯科·博蒂奇尼（画过 7 次）。

波拉约洛的版本（图 11）是 15 世纪 60 年代为佛罗伦萨圣弥额尔教堂所绘。列奥纳多和韦罗基奥对这幅画都很熟悉，因为那时韦罗基奥正在为这座教堂的一个壁龛创作雕塑《基督和圣托马斯》。几年以后，韦罗基奥在绘制他的《托比亚斯与天使》时，很明显是想与波拉约洛一较高下。[46]

在韦罗基奥作坊的版本中，画面的主要内容与波拉约洛的版本一模一样：托比亚斯和天使牵手同行，一只博洛尼亚小猎犬在旁边奔跑，托比亚斯手拿一根小木棍，拎着拴在绳子上的鲤鱼，而拉斐尔拿着一个盛有鱼内脏的小罐，他们身后的背景是蜿蜒的河流和稀疏的草丛。但是，无论是视觉冲击力还是画面细节，它都与波拉约洛的版本截然不同，这些差异也揭示了列奥纳多当时的学习收获。

差别之一是波拉约洛的版本呆板僵硬，而韦罗基奥的版本充满动感。作为一个雕塑家，他深谙扭转和发力能给身体带来的动感。他笔下的托比亚斯迈步的时候身体前倾，披风在身后迎风翻动，流苏和细线也在摆动。他和拉斐尔都自然地朝向对方。连他们拉手的方式都更富有动感。波拉约洛笔下的人物表情空洞，而韦罗基奥则通过身体动作来表达人物的情绪，同时呈现人物的身体和心理活动。

与其说韦罗基奥是画家，不如说他是雕塑家，众所周知，他不擅长描绘自然景色。诚然，他在《基督受洗》中画的那只俯冲下来的鸟还算尚可，但是他描绘动物的方式通常被评价为"平庸"和"有缺陷"。[47]

所以他让自己的学生画鱼和小狗也不足为奇，因为列奥纳多对自然有惊人的观察力。这两只动物都是在已经完成的背景上绘制的，因为它们的色彩已经变得有些透明，可以依稀看到背景，这种情况在列奥纳多实验性的调色方法中并不鲜见。

画中的鱼鳞光闪闪，这足以说明列奥纳多已经通晓了光线的魔法：

图 11_《托比亚斯与天使》，安东尼奥·波拉约洛作

它是如何照射在物体表面，又是如何跃入我们眼中的。每一片鱼鳞都像一块宝石。来自画面左上方的阳光不仅带来了丰富的光影层次，还有闪烁的光芒。在鱼眼前面和鱼鳃后方都有光闪闪的地方。与其他画家不同，列奥纳多甚至还精心描绘了从鱼腹剖开处滴下的血迹。

至于那只在拉斐尔脚旁跳跃的小狗，它的表情和个性与托比亚斯非常相配。列奥纳多笔下的小狗不仅跑动自然，而且眼神警觉，这和波拉约洛画中呆板的小狗形成鲜明的对比。最引人注意的是它的卷毛。这些精心设计、富有光泽的卷毛很像托比亚斯覆在耳上的卷发，后者也是列奥纳多的手笔（通过对左手用笔习惯的分析得知）。[48] 那些有着完美光泽和造型、翻卷飘动的卷发逐渐成为列奥纳多作品的标志之一。

在这幅既活泼又令人愉悦的作品中，我们看到了师徒联手的力量。列奥纳多对大自然的观察堪称登峰造极，他展现光影的能力也日臻完善。除此之外，他还从韦罗基奥这位雕塑大师那里继承了一种热情，那就是通过作品传达动感，讲述故事。

《基督受洗》

《基督受洗》是列奥纳多和韦罗基奥合作的巅峰，这幅作品完成于 15 世纪 70 年代中期，在画面中，施洗者约翰把水浇在耶稣的头上，两只天使跪在约旦河边观看（图 12）。画面最左边跪着转过身、容光焕发的天使是列奥纳多所绘，韦罗基奥看到之后充满敬畏，他一边端详，一边"决定再也不碰画笔了"——至少瓦萨里是这么说的。就算瓦萨里喜欢故弄玄虚，卖弄那些陈词滥调的俗套，这个故事也很可能并非完全虚构。在这次合作之后，韦罗基奥自己再也没有完成过新的绘画作品。[49] 更确切地说，在《基督受洗》中二人手笔的两相对照之下，这位年长的艺术家为何甘心臣服，似乎也不言自明。

图 12_《基督受洗》，韦罗基奥与列奥纳多合作

经 X 射线分析确认，左边的天使、大部分的背景和耶稣的身体都是由多层的薄油彩绘制，颜料经过高度稀释，笔触非常细腻，而且有些部分用手指涂抹过，这也是列奥纳多在 15 世纪 70 年代发展出来的一种技法。油画是从荷兰传到意大利的，波拉约洛的作坊里就使用油彩，列奥纳多也用油彩作画。相反，韦罗基奥从不使用油画颜料，他继续用蛋彩画法——用蛋黄调和水溶性的颜料——作画。[50]

列奥纳多笔下的天使最突出的特点，是他的姿势充满了动感。在这个四分之三侧面像中，从天使的背面看过去，他的身体稍稍扭转，颈部向右转而身体略微向左。"既然自然赐予我们灵活的颈项，画中人物转头的方向就不要与胸部的朝向一致。"列奥纳多在笔记里写道。[51] 在《基督受洗》中可以很明显地看出，韦罗基奥是用雕塑刻画运动的大师，而列奥纳多可以在绘画中体现运动。

对比两个天使，不难看出列奥纳多如何超越了自己的老师。韦罗基奥的天使看上去显得空洞乏味，他的脸平淡无奇，仅有的情绪好像就是惊讶于身边这位天使如此富有表现力。"他似乎惊奇地看着身边的同伴，就好像他来自另一个世界。"肯尼斯·克拉克写道，"事实上，列奥纳多的天使来自一个充满想象力的世界，而这个世界是韦罗基奥从未涉足的。"[52]

和大多数画家一样，韦罗基奥用线条来勾勒天使头部、脸部和眼睛的轮廓。但是在列奥纳多的天使中，这些部分并没有清晰的边缘。卷曲的头发层次柔和，自然贴合在脸部，没有分明的发际线。再看看韦罗基奥画的那个天使，在下颌的阴影区蘸了蛋彩的笔触清晰可见，因此下颌的轮廓也显得锐利生硬。列奥纳多的天使不仅下颌的阴影更加通透，与画面融合得也更自然，用油彩比用蛋彩更容易产生这样的效果。列奥纳多的笔法浑然一体，流畅优美，每一笔仅施以薄彩，偶尔还用手加以涂抹。因此，天使的脸部轮廓柔和，看不到明显的边缘。

我们在耶稣的身上也能看到这样的美感。耶稣的双腿也出自列奥纳多之手，与韦罗基奥画的施洗者约翰的双腿对比，后者线条也显得锐利生硬，好像对现实缺乏细心的观察；而列奥纳多甚至仔细地让耶稣露出来的耻毛稍显模糊，这样更接近真实。

此时，通过晕涂法模糊轮廓已经成了列奥纳多作品的标志之一。阿尔贝蒂在他的《论绘画》中建议用线条来勾画轮廓，韦罗基奥遵从了这一点。列奥纳多仔细观察了真实的世界，他发现情况正好相反：当我们观察三维物体的时候，看不到锐利的边缘。"不要让轮廓和形象突兀生硬，而要画出烟雾迷蒙的效果。"他写道，"画阴影及其轮廓时，应该让它们隐约可见，不要过于锐利或清晰可辨，否则你的作品就会显得呆板。"[53] 韦罗基奥的天使就显得呆板，列奥纳多的则不然。

人们通过 X 射线分析发现，因为韦罗基奥缺乏对自然的感知，他一开始在背景上画的圆形树丛和灌木丛看起来比树木还像木头。列奥纳多接手以后，用油彩描绘了一幅极富自然气息的画面，一条波光粼粼的河流慵懒地流过岩石峭壁，这不仅与他画的亚诺河风景相互呼应，也预示了后来的《蒙娜丽莎》的绘画风格。与韦罗基奥画的道旁棕榈树不同，列奥纳多笔下的背景呈现出自然写实与创造性幻想结合的神奇魔力。

岩石上的地质纹理（除了最右边那些岩石，它们应为别人所画）也是精心渲染的结果，但是还不及列奥纳多后来的作品那般精妙。背景中远处的景物逐渐消逝在朦胧的地平线上，蔚蓝的天空颜色渐淡，与山上的薄雾融在一起，这一切都跟我们直接用肉眼看到的一样。"雾的边缘应当与天空彼此交融，在接近地表时，它看起来就像吹起来的尘埃。"列奥纳多在一本笔记中这样写道。[54]

在画背景和前景的时候，列奥纳多注入了自己想要表达的主题，他用蜿蜒曲折的河水串联起了一个故事。他笔下河水的流动既符合科学又富有灵性，这条河似乎是连接地球上宏观世界与人体内微观世界的命脉。河水源自天空和远处的湖泊，它从石缝中流出，切削出峭壁，冲刷出卵石，然后又从施洗者约翰的杯中倾倒而出，那水就像与他的血脉相连一样。最后，水流到了耶稣的脚踝，在画面的边缘泛起波纹，那触手可及的感觉让我们也感受到了水的流动。

势不可挡的水流冲击着耶稣的脚踝，泛起旋涡和波纹，然后继续向前流淌。这些合乎科学的旋涡和涟漪都是列奥纳多悉心观察的产物，描绘它们也让他乐在其中，因为大自然中的各种螺旋造型是他偏爱的图案。他画的天使垂到脖颈的卷发也如瀑布一般，就好像河水流经他的头顶，变成了头发。

这幅画的中央是一个小瀑布，在列奥纳多的绘画和笔记中多次出现过这种水落入旋涡或溪流的场景。画面有时是合乎科学的写实，有时是充满黑暗气息的幻觉。在这幅画中，水流显得生气勃勃，溅起的水花在波纹周围跃动，就像《托比亚斯与天使》中那只活泼的小狗一样。

因为《基督受洗》，韦罗基奥从列奥纳多的老师变成了他的合作者。他曾帮助列奥纳多学习与绘画有关的雕塑知识，特别是造型及身体在运动时的扭转。但是列奥纳多正在用超薄的油彩、绝妙的技法，以及他的观察力和想象力，将艺术带入了一个完全不同的境界。从远处地平线的薄雾，到天使下颌的影子，再到基督脚踝的河水，列奥纳多重新定义了一位画家该如何转换和传达他所观察到的世界。

《天使报喜》

除了 15 世纪 70 年代和韦罗基奥合作的作品外，在作坊工作期间，二十多岁的列奥纳多至少是四幅作品的主要作者：一幅《天使报喜》、两张用于供奉的小幅圣母子画像，还有一幅风格前卫的肖像《吉内薇拉·德·本奇》，画的是一位佛罗伦萨女子。

《天使报喜》描绘了天使加百列向马利亚报告了一个令人意外的喜

图 13_《天使报喜》，列奥纳多作

讯——她将成为基督的母亲，这一题材在文艺复兴时期很受欢迎。在列奥纳多的版本中，他以讲故事的方式刻画了天使宣布消息的瞬间，以及马利亚的反应，这个场景发生在一座华丽的乡间别墅的围墙花园中，马利亚从她正在读的书上抬起头（图 13）。尽管这幅作品看上去雄心勃勃，但是因为它有明显的瑕疵，因此对于是否为列奥纳多所绘一直存在争议，有些专家认为这件作品应该出自韦罗基奥和作坊里其他人之间蹩脚的合作。[55] 但是多种证据表明，列奥纳多如果不是独立完成了这幅作品，至少也是主要作者。他曾为加百列的袖子画过草稿，而且这幅画的油彩有他标志性的手指涂抹的痕迹。在非常近距离的观察下，从马利亚的右手和诵经台底部的叶子图案中都能看到这种痕迹。[56]

这幅画的瑕疵之一是笨重的花园围墙，它的视角似乎高于画面中的其他部分，而且干扰了天使伸出的手指与马利亚抬起的手之间的视觉关系。围墙开口处的角度也有点儿奇怪，好像是从右边看过去的样子，而且它和房子的墙相比也显得突兀。马利亚膝盖上的衣物也有些生硬，好像列奥纳多照搬了一丝不苟的衣褶写生。我认为奇怪之处在于，被衣服遮盖的扶手椅让马利亚看上去好像有三条腿。她的姿势让她看起来就像一个人体模型，而面无表情更是雪上加霜。平淡无奇的柏树大小完全一样，但是右边紧挨着房子的那棵应该画得更大一些，因为在视觉中，它离我们更近。有一棵柏树的细长树干似乎是从天使的手指上长出来的，还有天使手里拿着的白百合，它的细致入微与画家对其他植物和草地的一般化处理形成鲜明对比，这也不是典型的列奥纳多风格。[57]

最令人不适的失误是马利亚与那个华丽诵经台的相对位置，这个诵经台参考了韦罗基奥为美第奇家族设计的一个坟墓。从观看者的角度来说，诵经台的底座比马利亚近了几英尺，这让她看起来离书太远，但是她的右手还是碰到了书，这让手臂显得出奇得长。这显然是一位年轻艺术家的手笔。《天使报喜》让我们有机会看到另外一种可能性，如果列奥纳多没有埋头于对透视的观察和对光学的研究，他会成为一个什么样的画家。

不过，如果仔细查看，这幅画并没有看上去那么糟糕。列奥纳多正在试验一种被称为"错觉表现法"的技巧：从正常的视角观看，画中的物像显得畸形；若从其他角度看，画中物像则重归正常。列奥纳多偶尔会在笔记本里练习这种技法。在乌菲齐美术馆中，参观指南会提醒你向《天使报喜》右侧走几步再看看。这会有些帮助，但是作用有限。天使的手臂看起来没那么怪异了，花园墙的开口角度也没有那么奇怪了。如果你蹲下，从稍低的视角观看，效果也会好一点儿。列奥纳多想让从右侧进入教堂的人看到最好的效果。他也在鼓励我们从右侧观看，这样就可以从马利亚的角度看到天使报喜的动作。[58] 这些努力离成功仅一步之遥。他的透视技巧虽初露锋芒，但仍需改进完善。

这幅画最大的亮点是列奥纳多对天使加百列的刻画。列奥纳多将自然与幻想奇妙地结合在一起，努力完美地呈现加百列雌雄莫辨的美，如鸟一般的翅膀从他的肩膀长出（请忽略翅膀上浅棕色的尾部，这令人失望的手笔出自他人）。列奥纳多笔下的加百列充满动感：他身体前倾，就好像刚刚落地一样，他袖子上缠绕的丝带向后飘动（和草图中不一样），降临带来的风吹动了身下的花草。

《天使报喜》中另一个亮点是列奥纳多对阴影的处理。夕阳从画面左边照过来，给花园的矮墙和诵经台都镀上了一层淡黄色的光芒。但是阳光照不到的地方，影子就染上了天空的蓝色色调。白色诵经台的前面泛着轻微的蓝色，因为它不是被落日的余晖照亮，而是被天空折射的光所笼罩。[59]"阴影是各式各样的，"列奥纳多在笔记中解释道，"如果受光面被蓝天的反光照射，它会被微染上天空的色调，这一点在观察白色物体时尤为明显。如果受光面被阳光照射，也会笼罩阳光的色彩。特别是在傍晚，当太阳落入云层之间、变得通红的时候。"[60]

列奥纳多对色彩的精确掌控得益于他日渐精湛的油画技巧。他把颜料高度稀释，这样就可以用薄薄的半透明颜料一层层地描画，阴影会随着每一次精细的笔触或手指的涂抹而发生微妙的变化。最明显的是马利亚的脸部，她沐浴在落日的余晖中，脸上散发出一种加百列身上没有的暖光。虽然面无表情，但是这种光辉还是让她从画面中脱颖而出。[61]

《天使报喜》显示出二十多岁的列奥纳多正在不断进行各种试验，包括光线、透视，还有描绘人物反应的叙事方式。在试验过程中，他犯了一些错误。但是，即便是错误，也是因为勇于实践和创新，它们同样昭示了他的才华。

圣母像

韦罗基奥的作坊有一些定期生产的主要作品，其中包括以圣母怀抱婴儿耶稣为主题的小型画像和雕塑，它们主要用于供奉和祈祷。列奥纳多至少画过两幅此类作品：《持康乃馨的圣母》（图 14），又被称为《慕尼黑圣母》，因为现存于慕尼黑；还有在俄罗斯埃尔米塔日博物馆的《拿着花的圣母子》（图 15），也被称为《伯努瓦的圣母》，因该画曾经的收藏者而得名。

图 14_《持康乃馨的圣母》　　　　　　　　图 15_《拿着花的圣母子》

（又称《慕尼黑圣母》）　　　　　　　（又称《伯努瓦的圣母》）

　　两幅画最有趣的部分都是扭动不安、胖嘟嘟的婴儿耶稣，那些因肥胖产生的皱褶让列奥纳多有机会用造型、光线和阴影制造出逼真的立体感，超越了他之前的衣褶写生。它们是他早期使用明暗法的例子，为了产生鲜明的光影对比，他通过添加黑色，而不是加深颜色，来改变不同区域的色调和亮度。华盛顿国家美术馆的戴维·艾伦·布朗写道，"列奥纳多的明暗法第一次在整幅画中创造出完整的立体感，丰满圆润之处堪比雕塑"。[62]

　　他在每一幅画中对婴儿耶稣的描绘都非常逼真，这说明列奥纳多在艺术创作早期就已经受益于解剖学观察。"婴幼儿的关节纤细，而关节之间的部分肥厚，"他在笔记里写道，"因为覆盖关节的皮肤下面没有肉，只有筋把骨头连接在一起，就像绳索一样，而肥厚的肉在关节之间。"[63] 在两幅画中，从圣母和婴儿耶稣手腕的对比中可以明显看出这一点。

在现存于慕尼黑的《持康乃馨的圣母》中，画面焦点是刚出生的耶稣对圣母手中花朵的反应。他胖胳膊的动作与脸上的表情息息相关。他坐在一个装饰着水晶球的垫子上，这是美第奇家族的象征符号，说明他们可能是这幅画的出资人。从窗户看出去的风景是列奥纳多将观察与幻想结合的作品：那些参差不齐的岩石纯粹来自想象，但是朦胧的空气透视增加了它们的真实感。

在埃尔米塔日博物馆的《拿着花的圣母子》中，列奥纳多同样捕捉到了生动的人物表情和动作反应，从而把一个瞬间变成了一个故事。在这个场景中，婴儿耶稣被马利亚递给他的十字架形的花朵深深吸引，就像布朗说的那样，他就像"处在萌芽期的植物学家"。[64] 列奥纳多一直在研究光学，他笔下的耶稣聚精会神地盯着花朵，就好像刚学会从背景中分辨出物体的形状。他轻轻地将母亲的手引到自己的关注点。耶稣专注于母亲递来的花朵，马利亚因儿子的好奇感到欢喜，母子间的互动就像在讲一个故事，这也让他们融为一体。

这两幅作品的冲击力来自母子两人似乎都已经预知未来的受难。根据一个基督教传说，在耶稣受难时，圣母马利亚流下的眼泪滴落在地上，眼泪掉下的地方长出了康乃馨。在埃尔米塔日博物馆的《伯努瓦的圣母》中，这种象征更加直接，花朵本身的形状就像十字架。即便如此，这两幅画给人带来的心理冲击不免令人失望。除了婴儿耶稣脸上的好奇和马利亚脸上的慈爱，两幅画中再没有表现出其他情绪。列奥纳多后来就这个主题又绘制过多幅画作，特别是《纺车边的圣母》和后来的《圣母子与圣安妮》及其衍生作品，在这些作品中，他把这一场景变成了动人心魄的戏剧和充满感情的故事。

在画这些作品的时候，列奥纳多身边有两个活泼好动的婴儿可供观察。在两次没有子嗣的婚姻后，他的父亲在 1475 年第三次结婚，然后幸运地有了两个儿子，安东尼奥生于 1476 年，朱利亚诺生于 1479 年。列奥纳多在那时的笔记本里画满了各种活动状态的婴儿：在妈妈身上不安地扭动，用手指戳脸，努力抓取东西或者水果，还有（特别是）与猫打闹的各种姿态。在列奥纳多的作品中，描绘圣母想要安抚好动的婴儿是一个重要的主题。

《吉内薇拉·德·本奇》

列奥纳多第一幅非宗教题材的作品画的是一位忧郁的年轻女子，在这幅肖像中，女子月亮般的脸庞在尖尖的杜松的映衬下散发着光芒（图 16）。尽管第一眼看上去有些无精打采，也不引人入胜，《吉内薇拉·德·本奇》依然体现出列奥纳多的精妙之处，比如闪着光泽的紧实卷发，以及非常规的四分之三侧面姿势。更重要的是，这幅画预示了《蒙娜丽莎》的出现。列奥纳多描绘了从云雾缭绕的山上流下来的河水，这条河似乎与人的身体和灵魂相连，这与他在韦罗基奥的《基督受洗》中的做法如出一辙。大地色调的裙子与蓝色系带让吉内薇拉与大地和联系他们的河流成了一体。

吉内薇拉·德·本奇的父亲是一位身份显赫的佛罗伦萨银行家，他的贵族家庭与美第奇家族关系紧密，他们的财富也仅次于美第奇家族。1474 年年初，十六岁的吉内薇拉嫁给了三十二岁的路易吉·尼科利尼，那时他的前妻刚刚去世。路易吉·尼科利尼出身纺织商人家庭，他的家族颇有政治声望，相比之下财富稍逊，不久之后，他就成了佛罗伦萨共和国的首席裁判官，但是在 1480 年的纳税申报单中，他宣称自己"债务多于财产"。申报单中还记载他的妻子有病在身，而且已经"被医生治疗了很长时间"，这可能是画像中吉内薇拉面色苍白的原因。

有可能是列奥纳多的父亲帮他争取到的这份差事，时间大约是在

图 16_《吉内薇拉·德·本奇》

1474 年吉内薇拉婚礼的时候。皮耶罗·达·芬奇为本奇家族做过多次公证员，列奥纳多和本奇的哥哥也是朋友，他不仅借书给列奥纳多，后来还成为未完成的《博士来拜》的临时托管人。但是《吉内薇拉·德·本奇》不像是为婚礼或订婚绘制的画像。它采用了四分之三侧面像，而不是此类画像中常见的侧面像，而且吉内薇拉的衣服是非常朴素的棕色，没有任何珠宝装饰，不像当时上流阶层的婚礼肖像，那时婚礼肖像中的新娘都穿着装饰有珠宝的精致的锦缎礼服，另外，她的黑色围巾也不太可能是婚礼庆典的饰品。

这幅画可能并非由本奇家族委托绘制，而是另有其人，这种情况在文艺复兴时期的奇特文化风俗中并不鲜见，作品的委托人也许是贝尔纳多·本博，他于1475年年初出任威尼斯驻佛罗伦萨大使。当时他四十二岁，除了妻子，还有一位情人，但是他和吉内薇拉之间建立了一种公开的"柏拉图式"的精神恋爱。在那时，这种在纯粹精神层面的浪漫关系不仅不被禁止，反而被诗歌赞美。佛罗伦萨文艺复兴时期的人文主义者克里斯托福罗·兰迪诺曾为赞颂他们的爱情赋诗，"爱与欲望的火焰将本博炙烤，而吉内薇拉长驻其心"。[65]

在画的背面，列奥纳多绘制了一个由月桂和棕榈编织的花环，那是本博的徽章，花环围绕着一根杜松枝，在意大利文中，杜松一词是ginepro，暗指吉内薇拉（Ginevra）的名字。在花环和杜松枝间穿插的横幅上写着，"美貌装点了美德"，这是为了证明她天性美好，另外，一项红外线检测发现，本博的座右铭"美德与荣誉"就写在这条横幅下面。画中弥漫着列奥纳多喜爱的柔和而朦胧的暮光，吉内薇拉看上去苍白而忧郁。她空洞而恍惚的神情与远处梦幻般的风景遥相呼应，这样的表情似乎并不仅仅是因为她丈夫所说的身体疾患。

这幅肖像比同时代的其他作品都更贴近主体，也更有雕塑感，有点儿像韦罗基奥的一座半身塑像《手持花束的女子》。本来可以对这两个作品进行更详尽的对比，但是列奥纳多这幅肖像的底部被截掉了一部分，最多可能截掉了原作的三分之一，据当时作者的记述，那部分描绘了优雅的双手和白如象牙的手指。幸运的是，我们也许可以想象出它们的样子，因为列奥纳多有一幅用银尖笔绘制的画稿，上面画的就是拿着树枝的手交叠在一起，现存于温莎城堡。它可能与这幅作品有关。[66]

与15世纪70年代他在韦罗基奥作坊里的其他作品一样，列奥纳多小心地将稀薄的油彩一层层涂抹在画面上，有时他还直接用手指，由此制造出烟雾般的影调，避免了生硬的轮廓或突兀的变化。到华盛顿的国家美术馆参观这幅画时，只要站得足够近，你就可以看到吉内薇拉下巴右边有列奥纳多的指纹，在这个位置上，吉内薇拉的卷发融入了背景中的杜松，而树上刚好伸出一根尖尖的小树枝。另一个指纹在她的右肩后面。[67]

肖像中最吸引人的地方是吉内薇拉的眼睛。虽然刻意的造型让眼睑显得立体，但是同时也让人感觉沉重，结果她看上去更加忧郁了。她的目光恍惚且冷漠，好像她看穿了我们，却什么也没看见。她的右眼似乎在向远处张望。一开始看上去，她的目光散漫低垂，偏向她的左侧。但是你单独盯着每一只眼睛的时间越久，就越觉得它们也在盯着你。

当你盯着她的眼睛时，还有一个引人注目的地方，那就是列奥纳多用油彩表现出来的液态光泽。每个瞳孔的右侧都有一个小光斑，是阳光从左前方照过来产生的闪光。吉内薇拉的头发上也有类似的闪光。

这种完美的光泽——光线照射到光滑明亮的平面产生的白色闪光——是列奥纳多的另一个标志性技巧。这虽是日常现象，我们却很少仔细思考。这种闪光与很多反射光不同，一般的反射光"会带上物体的色彩"，列奥纳多写道，而闪光点"总是白色"，观察者移动时，它也跟着移动。请看着吉内薇拉·德·本奇头发上闪烁的光泽，然后想象着你在围绕她走动。列奥纳多知道，这些闪光点会移动，"当眼睛的位置改变时，闪光在平面上的位置也会改变"。[68]

如果你观察吉内薇拉·德·本奇足够久，就会发现一开始显得茫然的表情和飘忽的视线开始发生变化，它们好像充满了某种萦绕不散的情绪。她看上去心事重重，也许正在纠结于她的婚姻、本博的离去，或者更深的秘密。她的生活令人沮丧，病恹恹的身体加之膝下无子，但是她也有一种内在的力量——她会写诗，有一句流传至今，"我请求你的原谅，我是山中的老虎"。[69]

在画她的过程中，列奥纳多也在创作一幅心理肖像，他用画笔捕捉隐秘的情感。这将成为他最重要的艺术创新之一。从这幅画开始，列奥纳多将在这条路上越走越远，并在三十年后的《蒙娜丽莎》中达到巅峰，那将是历史上最伟大的心理肖像。吉内薇拉右嘴角的一丝浅笑将被升华为迄今为止最令人难忘的笑容。那来自远方、似与吉内薇拉灵魂连通的河水，将在《蒙娜丽莎》中成为地球与人类力量联系的终极譬喻。《吉内薇拉·德·本奇》不是《蒙娜丽莎》，甚至都谈不上接近。但是可以看得出来，它们出自同一人之手。

第三章
自力更生

"男子之爱"

1476 年 4 月,列奥纳多还有一周就要过二十四岁生日的时候,被指控和一个男妓发生了鸡奸行为。这时他的父亲终于又有了一个孩子,这个婚生子后来成了继承人。那封对列奥纳多的匿名举报信被投入一个鼓形容器中,它是专门接收举报有伤风化行为的信箱。举报信中还涉及一个叫雅各布·萨尔塔雷利的人,那时他十七岁,在举报箱附近的一家金匠店工作。他"穿黑衣服",举报者写道,"参与了多起此类猥亵事件,而且凡是向他提出这种邪恶要求的人,他都来者不拒"。在举报信中,一共有四个年轻人被指控与他有染,其中有"列奥纳多·迪·塞尔·皮耶罗·达·芬奇,他与安德烈亚·德尔·韦罗基奥住在一起"。

专门负责此类指控的"夜巡官"对此进行了调查,列奥纳多和其他人可能还因此被关押了一天左右。如果有人出来做证,这项指控所面临的惩罚会非常严重。所幸,四个年轻人中有一位家世背景显赫,他的家族与美第奇家族有联姻关系。这个案子最终被撤销,因为"没有进一步的指控"。但是几周之后,出现了一个新的指控,这次的举报信是用拉丁文写的。信上说那四个人曾多次与萨尔塔雷利有性行为。但因为同样是一封匿名举报信,没有证人出面指证,指控再次被撤销。到此,事件才算真正了结。[1]

三十年后,列奥纳多在笔记里表达了自己的不满:"我画了一幅年幼的基督,你们把我抓进监狱,现在我画成年的基督,你们更该下狠手了吧。"这一评论有点儿晦涩难懂,可能萨尔塔雷利曾经为他一幅年幼的耶稣像做过模特。那时,列奥纳多感到自己被众人遗弃了。"正如我之前告诉你的,我身边没有任何朋友。"他在笔记中写道。但是在这篇笔记的背面还有一句话:"如果没有爱,还有什么?"[2]

从情感到身体,列奥纳多都被男性所吸引,但是与米开朗琪罗不同，列奥纳多并不纠结，反而非常释然。对此，他从不刻意隐藏，也不主动声明，但是这应该与他一直感觉自己另类有关——他永远无法融入自己的公证员家族。

在之后的人生中，列奥纳多的工作室和家里出现过很多俊美的年轻人。在萨尔塔雷利事件过去两年之后，他在笔记本里画了一幅年长男人和俊美男孩侧脸相对的画像，这样的画像在他的笔记中出现过很多次，他在这幅画像旁边写道："佛罗伦萨的菲奥拉万特·迪·多梅尼科是我最爱的朋友，他就像是我的……"[3]这句话没有写完，但是给人的印象是列奥纳多找到了一个情投意合的伴侣。这则笔记写完没多久，在一封博洛尼亚的统治者写给洛伦佐·德·美第奇的信中，提到了一名曾和列奥纳多一起工作的年轻人，这位年轻人甚至还给自己取了列奥纳多的名字，叫保罗·德·列奥纳多·德·芬奇·达·菲伦泽①。这封信发出时，保罗已被遣送，离开了佛罗伦萨，因为"他在那里生活败坏"。[4]

列奥纳多最早的同性伙伴之一是一位年轻的佛罗伦萨音乐家，他叫阿塔兰特·米廖罗蒂，列奥纳多教过他弹里拉琴。1480年，阿塔兰特十三岁，大约在这个时候，列奥纳多画了两幅画，一幅被他描述为"仰着脸的阿塔兰特肖像"，另外一幅素描画的是弹里拉琴的裸体男孩，这是一幅背面全身像。[5]两年以后，阿塔兰特和列奥纳多一起到了米兰，并最终获得了音乐事业上的成功。1491年，阿塔兰特在曼图亚出演了一部歌剧，后来还为统治该城的家族制作了一把"造型奇特"的十二弦里拉琴。[6]

1490年，一位年轻人搬进了列奥纳多的家里。他有着天使般的面

---

①　这种类型的改名在当时的学徒中并不少见。比如，与列奥纳多同时代的佛罗伦萨画家皮耶罗·迪·科西莫，他的姓名就是取自他的老师，科西莫·罗塞利。很显然，列奥纳多没有这么做，他一直用他父亲的名字作为全名的一部分，列奥纳多·迪·塞尔·皮耶罗·达·芬奇。

孔和恶魔般的天性，也因此得了一个绰号"萨莱"，这个词的意思是小恶魔。他后来成为列奥纳多最正式的一位长期伴侣。瓦萨里描述他是"一位优雅而美丽的年轻人，长着列奥纳多喜欢的漂亮卷发"。稍后我们就能看到，列奥纳多笔下很多关于性的描述和暗示指的都是他。

从未听说过列奥纳多和女人有过亲密关系，偶尔他还会写下对异性交合的厌恶之情。他在一本笔记中写道，"性行为和性器官都是如此让人厌恶，如果不是因为美丽的脸庞、衣着的装点，以及被压抑的冲动，人类可能会在自然界中灭绝"。[7]

无论是在佛罗伦萨的艺术圈，还是在韦罗基奥的周围，同性恋都并不罕见。韦罗基奥自己就终生未婚，波提切利也是，后者也曾被控鸡奸罪。其他同性恋的艺术家还有多那太罗、米开朗琪罗和本韦努托·切利尼（曾两次被控鸡奸）。根据洛马佐的引谕，列奥纳多称同性恋为"男子之爱"，事实上，这种事在佛罗伦萨很常见，以至于德语中的佛罗伦萨（Florenzer）成了"同性恋"的俚语。当列奥纳多还在为韦罗基奥工作的时候，文艺复兴时期的一些人文主义者中出现了对柏拉图的狂热崇拜，其中对美少年的情欲也被赋予理想化的色彩。无论是在昂扬的诗歌里，还是在某些歌曲中，都能见到对同性之爱的颂扬。

尽管如此，列奥纳多依然能痛苦地意识到，鸡奸在当时仍然属于犯罪，有时还会遭到起诉。"夜巡官"制度于 1432 年被建立，在之后的七十年中，平均每年有四百人被控鸡奸，约有六十人被判有罪，他们或锒铛入狱，或被驱逐，甚至是被处以死刑。[8] 教会认为同性恋是一种罪孽。1484 年，教皇在一份训谕中，将鸡奸比作"与魔鬼的性交"，牧师也经常对此进行谴责。但丁的《神曲》深受列奥纳多的喜欢，里面的插图还是波提切利画的。但是，但丁在《神曲》中把鸡奸者、亵渎上帝者和放高利贷者一起打入了"第七层地狱"。不过，但丁的身上也体现出了佛罗伦萨对同性恋问题的矛盾态度，他在诗中赞颂了自己的老师布鲁内托·拉蒂尼，但是拉蒂尼也因为鸡奸罪而被但丁打入了"第七层地狱"。

一些作者沿袭了弗洛伊德未经证实的断言，他们也认为列奥纳多受到压抑的同性恋欲望被"升华"了，还推测他一直在压抑自己的欲望，并通过创作得以宣泄。"不能克制肉欲的人与兽类无异"[9]，虽然列奥纳多的这条格言似乎证明他信奉节制性欲，但是并没有理由因此就认为他一直禁欲。"有些人为了保持列奥纳多的道德清白，想把这位创造力源源不断的人限定为中性或者无性。他们想要借此来维护他的名声，但是这种想法本身就很奇怪。"肯尼斯·克拉克写道。[10]

相反，无论是在列奥纳多的生活中，还是在笔记里，大量的证据都表明他从不因自己的欲望而感到羞耻，反而对此谈笑风生。他的笔记中有一节名字叫"关于阴茎"，他非常诙谐地描述了阴茎好像有自己的大脑，有时并不依照人的意志行事："阴茎有时会表现出自己的智力。想让它勃起的时候，它固执己见，自行其是，但有时它又在没有主人允许的情况下自发自动。无论人是醒着还是睡着，它都自行其是。人想派它上场，它却另有想法；当它跃跃欲试时，人却想要阻止。因此，它好像真的有独立于主人之外的生命和智力。"列奥纳多不能理解，为什么阴茎经常让人感到羞耻，人们也羞于讨论它。"作为男人，无论展示它，还是给它起个名字，都没有必要感到羞愧。"他接着说，"明明应该被好好装饰，用庆典来展示之物，为什么总要遮遮掩掩？"[11]

这一点在他的艺术中又是如何体现的呢？无论是在绘画作品中，还是在笔记本的速写中，他对于男性身体的着迷程度远胜于对于女性身体。他笔下的裸体男性透着柔美，很多都是全身像。相比之下，他画的所有女性，除了现已丢失的《丽达与天鹅》，几乎都是穿着衣服的半身像[①]。

即便如此，列奥纳多在描绘女性方面依然是一位大师，这一点与米开朗琪罗不同。从《吉内薇拉·德·本奇》到《蒙娜丽莎》，列奥纳多的女性肖像中充满了深切的同情和直抵内心的洞察。他画的吉内薇拉至少在意大利绘画中是一种创新——他采用了四分之三侧面像，而不是标准侧面像，这让观看者可以直视她的双眼，就像列奥纳多所说的那样，"眼睛是心灵的窗户"。从《吉内薇拉·德·本奇》开始，女性不再被画成死板的模特，而是活生生的人，有自己的思想和情感。[12]

在内心深处，列奥纳多的性取向好像让他感觉到了自己的与众不同，是一个局外人。列奥纳多三十岁的时候，他日益成功的父亲不仅成了政府的内幕人士，还是美第奇家族、一些顶级行会和教堂的法律顾问。同时，他也是传统男性气概的典型——先后娶过三位妻子，一共有五个孩子，还有至少一位情妇。对比之下，列奥纳多完全是个局外人。他父亲婚内生育的其他子女更加凸显了他的私生子身份。作为一个同性恋，一位私生子出身的艺术家，还两次被控鸡奸罪，他深知被当作异类，或者自认为异类意味着什么。但是，就像很多艺术家一样，这一点最终并没有阻碍他，反而变成了一种财富。

圣塞巴斯蒂安

在萨尔塔雷利事件期间，列奥纳多正在绘制一幅圣塞巴斯蒂安的

---

① 除了《丽达和天鹅》，还可能有一个例外就是一幅半裸的《蒙娜丽莎》。这幅作品虽然没有在列奥纳多手里流传下来，但是从他画室中其他画家的版本中还可以看到。在他一系列的解剖手稿中，有一幅女性解剖图，其中女性生殖器不仅绘制粗糙，还有错误，看起来就像令人生畏的漆黑山洞。这也说明了经验并不总能代表真相，反之亦然。

供奉像。在罗马皇帝戴克里先迫害基督教徒期间，这位公元 3 世纪的殉教者先是被绑在一棵树上被乱箭射穿，后来又被棍棒打死。根据列奥纳多列出的一份财产清单，他为这幅画像画过八幅习作，但是除了这些习作，他并没有真正绘制过这幅画像。

塞巴斯蒂安的形象被认为可以保护人们免遭瘟疫，但是有些 15 世纪的意大利艺术家对他的描绘带有同性恋色彩。瓦萨里曾写到一幅巴尔托洛梅奥·班迪内利所绘的圣塞巴斯蒂安像，因为画像充满了情欲，以至于"教区居民在忏悔中承认画像中美丽的裸体引发了他们不洁的想法"。[13]

列奥纳多留存下来的塞巴斯蒂安画像就属于这一类，美丽而带有情欲。看起来像少年的塞巴斯蒂安全身赤裸，一只手被绑在身后的树上，脸上表情丰富。在一幅现存于汉堡的画像中，列奥纳多给塞巴斯蒂安的脚画了几种不同的位置，可以看出他对人物的动作和身体扭转造型是何等的深思熟虑。[14]

2016 年年底，一位退休的法国医生将他父亲收藏的艺术品拿到拍卖行进行估价，奇迹般的事情发生了，列奥纳多一幅遗失的圣塞巴斯蒂安画稿就在其中。拍卖行的一名主管塔代·普拉特发现这幅画疑似列奥纳多的手笔，后经纽约大都会博物馆策展人卡门·班巴奇确认为列奥纳多的作品。"我当时真是大跌眼镜。"班巴奇说，"作品归属肯定毫无争议。每次想起那幅画，我就心跳不已。"在新发现的画稿中，塞巴斯蒂安的躯干和胸部都是以列奥纳多惯用的左手笔法绘制的，但是和汉堡的那个版本一样，他还在尝试给人物的腿和脚安排不同的位置。"他在探索人物造型时，不仅想法变化多端，还充满活力。"班巴奇说，"他的笔触带有强烈的自发性，就好像是越过他的肩膀瞥见的一样。"[15] 这一发现除了让我们看到列奥纳多在纸上不知疲倦地探索各种奇思妙想，也说明直到今天，关于列奥纳多还有很多事物有待重新发现。

《博士来拜》

根据萨尔塔雷利事件的举报信所述，当时列奥纳多还住在韦罗基奥的作坊里。他已经二十四岁了，之前的大部分学徒到他这个年龄都已离开了自己的老师。但是列奥纳多不仅和老师住在一起，而且还在画着圣母像，那些作品因为没有什么特点，所以很难分辨究竟是出自他手，还是作坊里其他人所绘。

也许是因为萨尔塔雷利事件的影响，1477 年，列奥纳多终于自立门户，开设了自己的作坊。从商业上说，这并不成功。在他去米兰以前的五年中，他只接到了三份委托订单，其中一件从未开始，另外两件半途而废。即便如此，那两幅未完成的作品已经足以让他声名远播，影响了之后的艺术创作。

1478 年，列奥纳多接到了他的第一份委托订单，为领主宫的小教堂绘制一幅祭坛装饰画。领主宫是佛罗伦萨的市政厅，而列奥纳多的父亲是这里的公证员，因此是他父亲的身份帮助他得到了这份委托。从为此作品准备的草图中可以看出，列奥纳多打算画的场景是牧羊人向在伯利恒的婴儿耶稣表达敬意。[16]

没有证据表明他真的开始过这幅画的创作。但是，这些素描成了他后来另一幅与此主题相关的作品的灵感来源，那就是《博士来拜》（图 17）。这幅画注定无法完成，但是它依然成了艺术史上最有影响力的未完成作品，而且肯尼斯·克拉克称之为"15 世纪最具革命性和最反传统的画作"。[17]《博士来拜》集中体现了列奥纳多个性中令人沮丧的一面：那些充满开创性、令人惊奇的才华之作，一旦构思完成，就被抛弃到了一旁。

1481 年 3 月，二十九岁的列奥纳多受圣多纳托修道院委托创作《博士来拜》，这座修道院就在佛罗伦萨城外。他的父亲又一次从中帮了忙。

图 17_《博士来拜》

皮耶罗·达·芬奇是修道士们的公证员，还从他们那里购买柴火。那一年，修道院给了皮耶罗两只鸡作为工作的酬劳，这些工作中包括参与协商了一份与他儿子签订的复杂合同，合同内容是委托列奥纳多绘制一幅《博士来拜》，以及由他负责装饰修道院的钟面。[18]

就像很多二十多岁年轻人的父母一样，皮耶罗也担心自己的孩子，列奥纳多的工作习惯让他忧心忡忡。修道院的修道士们也有同样的担忧。因为众所周知，他容易半途而废，所以这个精心设计的合同旨在迫使列奥纳多能认真完成他被委托的工作。合同规定列奥纳多必须自己先支付"颜料、金料和其他相关费用"，作品必须在"最多不超过三十个月内"交付，否则列奥纳多已经创作完成的部分就会被没收，而且得不到任何补偿。连合同中的付款协议也很奇怪：列奥纳多将得到佛罗伦萨附近的一些房产，这些房产是别人捐给修道院的，他可以把房产再以三百弗罗林的价格卖回给修道院，但是他也必须支付一百五十弗罗林给一位年轻女子，这笔钱将作为她的嫁妆，这是当时土地遗赠协议中的规定。

三个月不到，这个糟糕的计划就出了岔子。列奥纳多无法支付那位女子嫁妆的第一笔款项，因此他选择了向修道院借贷。他还需要借钱买颜料。他因为装饰修道院的钟面，得到了一堆木柴和圆木作为酬劳，但是他在修道院的账户上写着他欠了"一桶红葡萄酒"。[19] 此时，作为历史上最具创造力的艺术家之一，他发现自己为了柴火装饰钟面，为了颜料向人借贷，连葡萄酒都要赊账。

在《博士来拜》中，列奥纳多将要着手绘制的场景是在文艺复兴时期的佛罗伦萨最受欢迎的绘画主题之一：三位智者或称国王，跟随一颗星星的指引来到伯利恒，向刚出生的耶稣献上黄金、乳香和没药作为礼物。主显节是为了纪念耶稣基督降生为人后首次显现，以及东方三博士的朝拜，在每年 1 月主显节那天，佛罗伦萨都会有庆典和游行。1468 年，主显节的庆祝达到顶峰，那时十五岁的列奥纳多还是一名学徒，他正在为美第奇家族的华丽盛典忙碌着。整座城市变成了一个舞台，游行队伍中有将近七百名骑手，队伍中的年轻人都戴着面具，面具上雕刻着他们父亲的脸。[20]

很多画家都画过三博士来拜的场景，特别是波提切利，他至少画过七个不同的版本。他最著名的一幅完成于 1475 年，是为了一座教堂所作，那座教堂离列奥纳多住的地方不远。波提切利笔下的场景氛围庄严，里面有高贵的国王和彬彬有礼的王子，他们的举止透着崇敬和庄重。在列奥纳多的作品出现之前，大多数此类画作都是这种风格。

波提切利的作坊生产圣母像的速度比韦罗基奥的作坊还快。波提切利不仅比列奥纳多大七岁，他从美第奇家族那里获取的资助也远多于列奥纳多。他很善于献殷勤，在他最著名的一幅以博士朝拜为题的作品中，他把科西莫·德·美第奇、他的儿子皮耶罗和乔瓦尼，以及他的孙子洛伦佐和朱利亚诺全都画了进去。

列奥纳多对波提切利的作品多有指摘。波提切利一幅画于 1481 年的《天使报喜》很可能激发了列奥纳多写出下面的评论，"我最近看到了一幅《天使报喜》，那里面的天使好像要将圣母赶出房间，其动作之激烈犹如面对仇敌；而我们的圣母是如此绝望，她好像要跳窗而逃"。[21] 列奥纳多后来指出，波提切利"所画的风景非常呆板"，而且缺少空气透视感，树木无论远近都是一样的绿色。事实上的确如此。[22]

虽有鄙夷，列奥纳多还是仔细研究了波提切利的几幅《博士来拜》，并吸收了他的一些想法。[23] 但是列奥纳多将要着手创作的场景中充满了力量、情绪、躁动和混乱的场景，完全不像波提切利的版本。他的构思是营造一个旋涡般的场景，旋涡的中心是婴儿耶稣，围绕他旋转、包围着他的至少有六十个人物和动物。这样的构思不仅出于列奥纳多对螺旋造型的钟爱，还有那些游行庆典对他的影响。毕竟这是关于主显节的故事，列奥纳多想充分地表现出三博士和周围人的惊讶和敬畏之情，因为他们发现耶稣就是圣子，是上帝的化身。

列奥纳多为此准备了多张草图，先是用铁笔画，然后再用羽毛笔和墨水进一步完善。在这些草图中，他在人物身上探索了各种不同的手势、身体扭转方式和表情，希望情绪能够在画面中像涟漪一样扩散开去。草图中的大多数人物都是裸体，因为他开始遵从阿尔贝蒂的建议，艺术家在勾画人体时应该由内而外，首先构想出骨骼，然后是皮肤，最后是服饰。[24]

其中最著名的一幅草图上有列奥纳多最初的整体构思（图 18）。他按照布鲁内莱斯基和阿尔贝蒂的方法勾画了透视线。随着场景后退到灭点，那些他用尺子画的水平线也在不断地压缩，其精确程度简直不可思议，就算一幅正式完成的作品也无须如此。

在这些精细的网格上面，他用急促的、幽灵般的笔触描绘了匆匆忙忙、身体扭曲的人物和仰首站立、神态狂乱的马匹，其中还有一点儿列奥纳多的幻想：一匹卧在地上的骆驼，转过头看着眼前的场景，好像在胡乱猜想究竟发生了什么。按照数学原理精确描画的网格线与狂乱的动作和情绪互相配合，这是充满想象力的艺术与光学科学的非凡结合，它展示了列奥纳多是如何在科学框架上建构他的艺术的。[25]

列奥纳多完成了这幅草图后，就让他的助手组装了一个八平方英尺的大画板，一共用了十块杨木木板。传统的方法是通过刺孔将草图拓

图 18_《博士来拜》的草图

070

印到画板上，但是列奥纳多并没有这么做，他对原来的设计做了很多修改，然后直接在涂有白垩的画板上绘制了新草图。这就是他的底稿。[26]

2002 年，应乌菲齐美术馆的要求，艺术品鉴定专家毛里齐奥·塞拉奇尼使用高分辨率扫描仪，以及超声波、紫外线和红外线成像技术，对此画进行了技术分析。[27] 分析结果让我们得以欣赏到这幅杰出的底稿，以及该戏剧性场景的创作步骤。

列奥纳多先在画板中央钉了一根钉子，就是后来画树干的位置，然后在钉子上系了一根绳子，这样方便他用细笔在白底板上绘制透视线。随后他画了背景中的建筑，包括一部楼梯，楼梯通向一座被毁的古罗马宫殿，损毁的宫殿代表着传统"异教"的崩塌。科学分析发现，底稿中曾一度绘有建筑工人在修复背景中的废墟。[28] 这个小场景是一种隐喻，象征着基督将重建大卫倒塌的帐幕，以及古典文化的重生。

背景创作完成后，列奥纳多开始画人物。他用尖头的黑色粉笔轻轻地描画，这样可以随时修改，让人物的姿态更加完美，直到他们能传达出令他满意的情绪为止。

幸亏列奥纳多会在笔记中记录他创作艺术的原则，我们才得以知晓在这幅画中，他遵循的原则是以轻描淡写的底稿为基础，不断修正，直至能捕捉人物的精神状态。这有助于我们更好地理解他的作品和背后的思考。"不要给人物画出僵硬的肢体轮廓，否则你的命运就会跟很多想要每一笔都准确无误的画家一样。"他建议道。这些艺术家用死板的线条描画人物，结果"他们的肢体动作无法反映出他们的心理活动"。一位好的画家应该"不拘泥于肢体的具体位置，而首先关注什么样的动作能与人物在情境中的精神状态协调一致"，他继续写道。[29]

对自己的粉笔底稿满意后，列奥纳多开始用细笔刷沾上墨水来勾勒轮廓，在阴影部分涂上了淡蓝色。他对阴影颜色的处理很特别，很多画家——包括他自己——之前用的都是传统的棕色。通过对光学的研究，他知道充满灰尘和雾气的大气层会让阴影略带蓝色。在完成这一层底稿后，他又涂上了薄薄的一层白色底漆，这样底稿就变得依稀可见。然后，他开始了非常缓慢的绘画过程。

在《博士来拜》中，列奥纳多把圣母马利亚和她膝盖上扭动的婴儿耶稣放在了构图中心。从耶稣伸出的手开始，画面的叙事按照顺时针方向螺旋展开。随着观看者的眼睛在这个纷乱的旋涡中移动，这幅画不再是一个瞬间，而是一出戏剧故事。耶稣正在接受其中一位国王的礼物，其他已经送完礼物的国王在旁边俯首致敬。

马利亚的丈夫约瑟夫很少出现在列奥纳多的画中，甚至在那些描绘圣家族的作品中也是如此，在《博士来拜》中也无法马上辨认出究竟有没有约瑟夫，或者谁是约瑟夫。但是在列奥纳多的一幅草稿中确实有约瑟夫，在我看来，草图中的约瑟夫有点儿像站在马利亚肩膀后的那个男人，他秃顶、有胡须，手里还拿着一个盖子，正凝视着装第一个礼物的器皿。[30]

画中人物的姿态有递给礼物、打开礼物、俯身鞠躬、惊讶地拍打前额、指向天空，包括婴儿耶稣在内的所有人物的动作都和他们的情绪有关，这一点与《最后的晚餐》如出一辙。倚在石头上的是几位年轻的旅行者，他们正在热烈地交谈，而在他们的前面是一个充满敬畏的旁观者，他的手掌指向天空。我们看到了人们对"救世主"现身的身体和心理反应，包括惊讶、崇敬和好奇。只有圣母似乎静止不动，成为旋涡平静的中心。

绘制这些沿着叙事螺旋次第展现的人物是一项艰巨的任务，也许已经过于艰巨。因为每个人姿态各异，表情也不同。正如列奥纳多后来在笔记里写的那样，"无论是四肢、手或手指，同一个人物身上不要重复相同的动作，在一幅画中也不要重复同样的姿态"。[31] 在他最开始构思的人物中，有一群骑马的战士在画面上方。在草图和底稿中，列奥纳多用细致的阴影精心地描画出了他们的造型，但是他无法把他们融入画面中螺旋展开的故事里。在未完成的作品中，他们被部分放弃了，不过那些马匹预示了列奥纳多后来在《安吉亚里之战》（也未能完成）中战马的造型。

最终的效果是，这幅作品制造出一股情节与情绪的旋风。列奥纳多不只刻画出每个人物第一次看到圣子时的反应，他还将主显日的场景变成了一个旋涡，每一个人物都被其他人的情绪所席卷，最终连观看者也被卷入其中。

半途而废

列奥纳多又继续画了《博士来拜》中的天空、一些人物的重点部分，还有建筑废墟的局部。然后，他就中途辍笔了。

这是为什么？一个可能的原因是，这项任务对一个完美主义者来说太过艰巨。正如瓦萨里对列奥纳多那些未完成作品的解释一样，他之所以遇到阻碍，是因为他的构思是"如此微妙又如此美妙"，以至于无法完美地实现。"在列奥纳多看来，手根本无法完美地呈现他头脑中的那些想象。"另一位早期传记作者洛伦佐说，"他从未完成他开始的任何工作，因为他的艺术理想是如此崇高，他甚至能从别人眼中的奇迹里看到瑕疵。"[32]

让《博士来拜》变得完美更是一件令人却步的任务。在底稿中，最初有超过六十个人物。随着创作的进行，列奥纳多减少了背景中的人物数量，把战士或者建筑工人的群像缩减为几个比例更大的人物，即便如此，依然还需要绘制超过三十个人物。他本意是想确保能显出每个人对其他人的情绪反应，这样整个画面才像一个协调一致的故事，而不是一群孤立的人物随便组合在一起。

　　更加复杂的挑战是如何处理画面中的光线，列奥纳多对光学的执着让这个问题变得越发困难。在 1480 年左右的一页笔记中，列奥纳多绘制了布鲁内莱斯基用来建造佛罗伦萨大教堂穹顶的起重机械，就在这页笔记下方，列奥纳多还画了一幅示意图，想说明光线是如何照射到眼睛表面，然后又在眼球内聚焦的。[33] 在画《博士来拜》的时候，他想表现的是耶稣显现时，从天堂照耀下来的光亮，以及反射光的每一次再反射对每一处阴影颜色和层次的影响。"如何平衡那些人物彼此之间的反光，如何在这么大的范围内控制无数的光线、阴影和情绪变化，这些一定曾让他很踌躇。"艺术史学家弗朗西丝卡·菲奥拉尼认为。"与其他艺术家不同，他不能忽略任何一个光学问题。"[34]

　　这是一件令人气馁的任务，因为要反复考虑新的因素。全部三十个人物不仅会反射光线，还会投射阴影，不仅如此，他们还会被周围人物的反光和阴影所影响。另外，人物不仅有自己的情绪，还会被他人的情绪所影响，于是每个人既被别人影响，又影响着别人。

　　列奥纳多没有完成这幅作品还有另一个更根本的原因：他更喜欢构思，而不是执行。在他们起草那份严格的合同时，他父亲和其他人就已经知道，比起专注当下，二十九岁的列奥纳多更容易被未来吸引。他是天才，并不受勤勉刻苦的约束。

　　他似乎已经有意无意地在自画像中描绘出了这个性格特点，画面最右边明显是他画的自己（图 4 和图 17）。那个人物看起来像个男孩，他用手指着耶稣，脸却转向别处，文艺复兴时期的艺术家经常把自己画在这个位置。（波提切利在他 1475 年的《博士来拜》中就把自己画在这里。）男孩的鼻子、卷发和其他特征都符合对列奥纳多外貌的那些描述或推测。[35]

　　这个男孩在画中的角色被阿尔贝蒂称为"目击者"，他既在画中，又在画外，他不属于情节构成，但是他连接了画框内外的世界。他的身体朝向耶稣，胳膊也是指向那里；而他的右脚转了方向，好像他在往那个方向移动；但是他的头径直转到了左边，似乎在看着什么别的东西，好像注意力被吸引走了。他在进入这个场景前暂停了脚步，眼睛看着远处。他是场景的一部分，但是又游离于场景之外；他是一个观察者和目击者，身陷其中却又处于边缘——就像列奥纳多与这个世界的关系一样。

列奥纳多被委托创作这幅作品七个月后，修道院不再支付他酬劳，他也停止了工作。此后不久，当他离开佛罗伦萨、前往米兰时，他把未完成的作品留给了吉内薇拉的哥哥乔瓦尼·德·本奇。

圣多纳托修道院的修道士后来委托波提切利的门徒菲利皮诺·利皮画了一幅替代作品。年轻的利皮从波提切利那里学会了谄媚的艺术，跟波提切利之前的版本一样，利皮的《博士来拜》中同样出现了很多来自美第奇家族的熟悉的面孔。列奥纳多则缺乏用画作讨好赞助人的能力，不仅在未完成的《博士来拜》中，他在任何其他作品中都没有向美第奇家族表达过敬意。波提切利、菲利皮诺·利皮和他的父亲菲利波·利皮都享受到了美第奇家族的慷慨赞助，而列奥纳多与此无缘，这可能是原因之一。

在某种程度上，菲利皮诺·利皮想试着按照列奥纳多最初的设计来完成自己那幅作为替代品的《博士来拜》。国王们拿着礼物跪在圣家族面前，而一群围观者环绕着他们。利皮甚至也在最右边画了目击者的肖像，连姿势都跟列奥纳多的一模一样。但是利皮笔下的目击者不是一个神情恍惚、心不在焉的年轻人，而是一个年长安静的智者。虽然利皮试着给这个人物设计了一些有趣的手势，但是人物几乎没有什么活力、能量和激情，人物动作也无法像列奥纳多当初设想的那样体现出内在精神。

《荒野中的圣杰罗姆》

在另一幅可能于同一时期开始绘制的杰作中，[36] 也可以看出列奥纳多一直致力于将身体运动和心理活动联系在一起，它就是《荒野中的圣杰罗姆》（后简称《圣杰罗姆》，见图 19）。圣杰罗姆是公元 4 世纪的学者，他把《圣经》翻译成了拉丁文，这幅未完成作品画的是他在沙漠中隐居的一个场景。他的右臂扭转伸展，手里拿着将要砸向胸口的石块，这是他为了忏悔而自我惩罚。在他的脚边有一头狮子，他曾帮这头狮子拔除爪子上的刺，后来狮子就成了他的伙伴。这位圣人形容枯槁，面露羞愧的同时也在祈求宽恕，但是他的眼中依然透露出内在的力量。背景中充满了列奥纳多标志性的构思：裸露的岩石和雾蒙蒙的风景。

虽然列奥纳多所有的作品都在展现内心世界，都在表达他对描绘情绪的渴望，但是这一点在圣杰罗姆身上表现得尤为突出。圣人扭曲的身体和痛苦的跪姿传达出内心的热忱。这幅画也可以说是列奥纳多的第一幅解剖学绘稿，他在此后多年反复进行修改，从中可以看到他的解剖学研究与艺术追求之间的紧密联系。他继承和发扬了阿尔贝蒂的训示，即应由内而外构思人物，在这点上，他显得特别执着。列奥纳多写道，"画家要想善于设计人体的姿势和手势，有必要了解肌腱、骨骼和肌肉的解剖学"。[37]

在圣杰罗姆身上有一个令人疑惑的细节，解开这个谜团有助于我们更好地理解列奥纳多的艺术创作。他大约在 1480 年开始绘制这幅作品，但是画中的解剖学知识是他后来才掌握的，有些还是 1510 年他在尸体解剖中学到的。特别值得注意的是圣杰罗姆的颈部，无论是在列奥纳多早期的解剖学手稿中，还是在 1495 年左右他为准备《最后的晚餐》

图 19_《荒野中的圣杰罗姆》

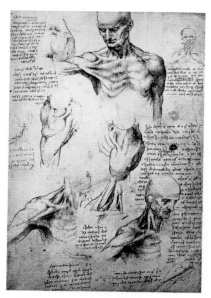

图 20_ 颈部肌肉错误的草图，1495 年

图 21_ 颈部肌肉正确的解剖手稿，
约 1510 年

而画的一幅犹大像中（图 20），他都把胸锁乳突肌画错了，本来应该是两块从锁骨上行到颈部外侧的肌肉，结果他画成了一块肌肉。但是在他1510 年根据人体解剖绘制的图谱中，他画的是两块肌肉，该图现存于温莎城堡的皇室收藏（图 21）。[38] 可是圣杰罗姆颈部的胸锁乳突肌也是两块，这多少让人有些疑惑，他画于 15 世纪 80 年代的作品中怎么会出现他在 1510 年才发现的解剖细节。[39]

温莎城堡的绘画策展人马丁·克莱顿给出了最令人信服的解释。他认为这幅作品是分两个阶段绘制的，第一阶段是在 1480 年左右，第二阶段是在他 1510 年的解剖学研究之后。红外线分析的结果也支持克莱顿的理论，分析发现原来的底稿上没有那两块颈部肌肉，而且它们的绘制技法也和画面的其他部分不同。"在完成最初的人物勾勒二十年后，圣杰罗姆造型的一些重要部分才被添加上去。"克莱顿说，"这些部分的造型结合了列奥纳多在 1510 年冬天的解剖学发现。"[40]

　　解开这个谜团的意义不仅在于帮助我们理解圣杰罗姆的解剖学知识，它还说明列奥纳多半途而废的不良记录并非仅因为他决定放弃某些作品。他其实是想让它们变得更加完美，所以他才一直把它们带在身边，不断完善。

　　即使是那些他已经完成或几乎完成的委托创作，比如《吉内薇拉·德·本奇》和《蒙娜丽莎》，他也从来没有交给过委托人。列奥纳多对自己喜欢的作品紧抓不放，走到哪里就带到哪里，只要有了新想法，马上就会再修改。他就是如此对待《圣杰罗姆》的，而且他可能也想对《博士来拜》如法炮制，所以他只是把这幅画交给吉内薇拉的哥哥代为保管，而从未打算卖掉或送人。他从不想放手。这就是为什么当他去世的时候，一些杰作仍在他的床边。这虽然让今天的我们有些沮丧，但是列奥纳多不愿宣布一幅作品完成并放手与人，其中也有深刻和富有启发性的一面：因为他知道自己总可以再学到一些新东西，掌握一些新技巧，或者被新的灵感击中——他是对的。

心理活动

　　虽然《博士来拜》和《圣杰罗姆》都没有完成，但是这两幅作品显示出列奥纳多正在开创一种新的绘画风格，用叙事甚至肖像来展现心理活动。他从自己热爱的庆典、戏剧制作和宫廷娱乐中获得启发，知道演员如何佯装感情，还能从观众的眼睛和嘴角泄露的玄机中看出他们的反应。还有一点可能对列奥纳多也有帮助，那就是意大利人一直都很喜欢使用手势，他也爱在笔记本里记录这些手势。

　　他不仅想描绘身体运动，还想传达他所谓的心态和心理活动。[41] 更重要的是，他是一位将二者结合的大师。这一点在那些有丰富动作和手势的叙事作品中尤为明显，比如《博士来拜》和《最后的晚餐》。不过，即便在他最平静安详的肖像作品中也透露出这样的才华，其中最引人瞩目的就是《蒙娜丽莎》。

描绘"心理活动"并不是一个新概念。阿里斯蒂德是公元前4世纪底比斯城的一位画家，老普林尼曾称赞他是"第一位表现出人物的精神、情感、性格和激情"的画家。[42] 阿尔贝蒂在《论绘画》中用简单明了的语言强调了这一概念的重要性："通过身体的运动获知灵魂的活动。"[43]

阿尔贝蒂的书深深地影响了列奥纳多，他反复在自己的笔记本里重复这一训示。"优秀的画家必须画出两个最主要的元素：人和他的心理动机。"他写道。"画前者易，画后者难，因为后者必须通过肢体的姿态和运动呈现。"[44] 在为计划中的绘画专著所做的笔记里，他用了一大段文字详述了这一概念："动作刻画必须适合人物的精神状态。动作和姿势应该毫无歧义地表达出人物的真实内心。躯体运动应该披露心理活动。"[45]

列奥纳多致力于描绘内心情感的外在表现，这不仅推动了他的艺术，还促使他进行了一些解剖学研究。他需要知道哪些神经来自大脑，哪些来自脊髓，它们都激活哪些肌肉，哪些面部活动彼此有联系。他在解剖大脑时，甚至试着找出感知觉、情绪和运动之间神经联系的精确位置。在他的事业接近终点时，他几乎执迷于探索大脑和神经如何将情绪转化为运动。蒙娜丽莎的微笑就来源于此。

绝望

列奥纳多的内心挣扎可能加深了他对情绪的刻画能力。他未能完成《博士来拜》和《圣杰罗姆》可能是因为情绪低落或者抑郁，然后这一结果又加深了他内心的痛苦。在他1480年左右的笔记中，字里行间充满了失望，有时甚至是痛苦万分。在其中绘有水钟和日晷的一页里，他宣泄了那些未完成作品给他带来的沮丧之情："我们从不缺少计量这些苦日子的工具，如果这些时光给世人留下任何关于我们的记忆，它们就没有被虚度，我们也应该为此感到庆幸。"[46] 每次他试新笔尖或者打发时间的时候，就一遍遍重复写下同一个短语："告诉我究竟做成过什么……告诉我……告诉我。"[47] 而且他一度写下了自己痛苦的呐喊："我原以为我在学习如何生活，其实我一直在学习如何死亡。"[48]

在这段时间里，列奥纳多还把一些别人说过的、他认为有价值的话写在了笔记里。其中一条来自朋友为他写的诗，这首诗很私人化。"列奥纳多，你为什么如此烦恼？"他的朋友写道。[49] 在另外一页上，一个叫约翰内斯的人说："没有巨大的磨难，就没有完美的礼物。我们的荣耀和我们的胜利终将消逝。"[50] 在同一页，列奥纳多还抄写了一段但丁的《神曲·地狱篇》：

> "改掉这懒散的毛病吧，"老师说，
> "没羞耻的人！坐在羽绒垫子上，躺在毯子下面，如何扬名天下；没有声名，人生就是虚度，在世上留下的尾迹，犹如水中的泡沫或风中的烟雾。"[51]

列奥纳多认为自己就像诗中写的那样，坐在羽绒垫子上，躺在毯子下面，没有留下任何比风中的烟雾更长久的遗产，就在他为此感到绝望的时候，他的对手却正在享受着巨大的成功。波提切利显然不会因为不能大量炮制作品而苦恼，他已经成为美第奇家族青睐的画家，被委托创作两幅重要的作品，《春》和《帕拉斯和肯陶洛斯》。1478 年，有人刺杀了朱利

图 22_ 被绞死的贝尔纳多·巴龙切利

亚诺·德·美第奇，他的哥哥洛伦佐也被刺伤，同年，波提切利受委托创作了一幅公开谴责暗杀者的作品。一年后，当最后一名密谋者被捕时，列奥纳多在笔记本里画了一幅速写，细致地描绘了这名密谋者被吊死的场景，还粗略地记录下了一些细节说明，好像他希望能为此画一幅配图（图22），但是美第奇家族委托了别人。1481年，教皇西克斯图斯四世召集佛罗伦萨和其他地方的知名艺术家到罗马，让他们绘制西斯廷教堂的壁画，波提切利再次入选，而列奥纳多又没有被选中。

当列奥纳多快过三十岁生日的时候，虽然他才华已成，却没有什么可以示人的代表作。他为人所知的艺术成就寥寥可数，其中包括：为两幅韦罗基奥作品贡献的几处点睛之笔，但都是在次要的局部；几幅供奉用的圣母像，这几幅作品和作坊里其他人的作品区别不大；一幅他没有交付的少女像，还有两件未完成的作品，虽然后来它们成了美术史上的杰作。

"当一个人在佛罗伦萨已经学无可学，如果他不想如牲畜一般日复一日地苟活，如果他想变得富有，那么他必须离开那里。"瓦萨里写道，"因为佛罗伦萨对待她的工匠就像时间对待它的作品，一旦完美，就开始一点点将其销毁。"[52] 列奥纳多离开的时候到了。他觉得自己被一点点消耗，他的精神脆弱，充满了幻想和恐惧，他离开佛罗伦萨的强烈意愿和他将要写的一封信都透露出了这一点，那封信是写给他期望中的下一位赞助人的。

第四章
初到米兰

文化外交官

1482 年，三十岁的列奥纳多·达·芬奇离开佛罗伦萨，前往米兰，在那里一待就是十七年。同行的还有他的同伴阿塔兰特·米廖罗蒂，他曾跟列奥纳多学弹里拉琴，十五岁的他已经是一名有抱负的音乐家，在列奥纳多的扈从中，有很多像他一样来来去去的年轻人。[1] 列奥纳多在笔记里估算出此次行程有一百八十英里，这一结果相当精确；他设计过一个里程表，可以通过计算车轮转数来测量距离，可能他在路上就试用了这种里程表。他和随从们在路上大约花了一周时间。

他带了一把臂上式里拉琴，大概类似于现在的小提琴。《加迪亚诺匿名者书》中写道，"他是被伟大的洛伦佐派去的，同去的还有阿塔兰特·米廖罗蒂，他们将向米兰公爵献上一把里拉琴，因为公爵弹奏的里拉琴美妙无比"。这把里拉琴部分是银制的，列奥纳多把它做成了马头骨的形状。

里拉琴和列奥纳多的服务都是外交礼物。洛伦佐·德·美第奇急于在意大利城邦间敌对与联盟的旋涡中取得有利位置，他发现佛罗伦萨的艺术文化是他扩大影响力的机会。波提切利和洛伦佐喜欢的其他一些艺术家去了罗马取悦教皇，韦罗基奥和另外一些人去了威尼斯。

列奥纳多和阿塔兰特很可能是 1482 年 2 月一个外交代表团的成员，这个代表团由贝尔纳多·鲁切拉伊率领，他是一名富有的银行家，也是一位艺术赞助人和哲学爱好者，他娶了洛伦佐的姐姐，并刚刚被委任为佛罗伦萨驻米兰的大使。[2] 在他的著作中，鲁切拉伊引入了"势力均衡"这个术语，它是指各方之间持续的冲突和不断变化的结盟关系，其中所指的各方包括佛罗伦萨、米兰和意大利其他城邦，再加上教皇的势力、法国国王和神圣罗马帝国的皇帝们。统治者间的竞争不只体现在军事上，还体现在文化上。列奥纳多试图在两方面都找到用武之地。

列奥纳多动身前往米兰的时候，认为自己也许会无限期地待在那里，所以几乎把所有的财产都打包了。他抵达米兰后，列了一张财产清单，从中可以看出他似乎把自己能带的大部分作品都带上了。除了那幅仰着脸的阿塔兰特肖像，还有其他画稿，包括"从自然中临摹的很多花朵……几幅圣杰罗姆……暖气炉的设计图……墨水笔画的基督头像……八幅圣塞巴斯蒂安画像……多幅天使作品……侧面头像，一头秀发……船舶机械图……水利机械图……多幅老妇人颈部和老年男性头部画像……多幅全裸人体像……一幅完成的圣母像……另一幅接近完成的圣母侧面像……有着巨大下巴的老人头像……一幅耶稣受难记的浮雕图"，除此之外，清单上还有很多东西。[3]清单上的暖炉设计图和船舶水利机械图说明他不仅投身艺术，而且已经开始进行工程设计了。

当时米兰有十二万五千人，人口是佛罗伦萨的三倍。对于列奥纳多来说，更重要的一点是，米兰是宫廷统治。表面上，佛罗伦萨的美第奇家族是慷慨的艺术支持者，但是他们其实是幕后操纵政权的银行家。米兰就不是这样。两百年来，它一直是军事强人统治下的城邦，而不是商人执政的共和国，那些统治者把自己加冕为世袭的公爵，首先是维斯孔蒂家族的首领，然后是斯福尔扎家族。虽然他们的野心很大，但是他们自封的头衔却很脆弱，为了提升自己的威望，巩固统治的合法性，他们的城堡中聚集了侍臣、艺术家、各种表演者、音乐家、狩猎高手、治国谋士、驯兽师、工程师，以及其他任何可以服务宫廷或装点门面的人才。换句话说，米兰的城堡为列奥纳多提供了一个完美的环境，因为他喜欢强有力的领袖，热爱他们身边聚拢的各种人才，并渴望得到优厚的待遇。

当列奥纳多到达米兰的时候，米兰的统治者是卢多维科·斯福尔扎，他当时也是三十岁。他皮肤黝黑，身材魁梧，又被人称为"摩尔人"，虽然大权在握，但是当时他还不是米兰公爵，不久他就夺取了这个头衔。他的父亲弗朗切斯科·斯福尔扎是一名雇佣军的七个私生子之一，维斯孔蒂王朝覆灭后，1450年，弗朗切斯科夺取了政权并自封为公爵。他去世之后，卢多维科的哥哥成了公爵，但是不久就被刺杀了，爵位由七岁的儿子继承。卢多维科撇开了哥哥身为摄政王的遗孀，并于1479年控制了米兰政权。他开始欺负他不幸的侄子，夺取他的权力，处决他的支持者，而且还很可能给他下了毒。在1494年，卢多维科正式加冕自己为米兰公爵。

卢多维科的残忍充满实用主义，他用虚情假意、文化及礼仪来掩盖自己充满心机的冷酷。卢多维科在绘画和写作方面师从于文艺复兴时期杰出的人文主义者弗朗切斯科·费利尔福，因此他想要吸引伟大的学者和艺术家来他的宫廷效力，借此巩固自己及米兰的政权和声望。他一直梦想着为自己的父亲建造一座巨大的骑士纪念碑，部分原因也是为了彰显他们家族的势力。

与佛罗伦萨不同，米兰没有那么多艺术大师，这让它成为列奥纳多的风水宝地。作为一位心怀抱负的通才，他也很喜欢众多领域的学者和知识分子在米兰济济一堂，其中部分原因是帕维亚附近有一所著名的大学，它正式成立于1361年，但是其渊源可以追溯到825年。它号称有欧洲最好的律师、哲学家、医学研究者和数学家。

卢多维科在满足个人欲望时惯于挥霍：他为重新装修王宫的房间花费了十四万达克特，为他的猎鹰、猎犬和马匹花费了一万六千达克特[①]。但是他对为宫廷效力的知识分子和演出者却很吝啬：他的占星师每年的薪金是二百九十达克特，高级政府官员的年薪是一百五十达克特，而后来成为列奥纳多朋友的艺术家兼建筑师多纳托·布拉曼特则抱怨自己每年只能得到六十二达克特。[4]

[①] 在2017年，这些金币大约相当于价值一亿九千万美元的黄金。

求职信

很可能到达米兰后不久，列奥纳多就起草了本书开头提到的那封给卢多维科的求职信。一些历史学家曾认为他是在佛罗伦萨写的信，但这似乎不太可能。他提到了毗邻卢多维科城堡的公园，以及卢多维科提议建造父亲的骑士纪念碑，这些都表明列奥纳多在写这封信之前，已经在米兰待过一段时间了。[5]

当然，列奥纳多没有以他惯用的镜像体写信。在他笔记中留存下来的是信的草稿，上面标记了一些改动，信上的字是由抄写员或者擅长书法的助手按照从左到右的方向书写的。[6]上面写道：

最伟大的阁下：

　　我已经仔细研究了所有那些自称精通武器制造的人所发明出来的东西，我发现这些武器与那些常用的武器相比并无不同。所以在充分尊重他人的前提下，恕我冒昧地向阁下献出我的秘密，并在您方便的时候为您演示。

　　（1）我设计了极为轻便和坚固的桥梁，而且非常便携，无论进攻还是撤退都非常方便；还有其他的桥梁，它们禁得起战火的摧毁，很容易被架起和放置。我还有烧毁敌军桥梁的方法。

　　（2）我知道在围攻城池时，如何排出壕沟里的积水，如何建造各种桥梁、暗道和云梯，以及其他适合此类任务的机械。

　　（3）如果因为堤防过高或者地势坚固，某些被围困的地点无法用炮火攻陷，我有办法摧毁任何堡垒，即使它建筑在坚固的岩石上。

　　（4）我设计的炮喷射出的石子就像雹暴一般，这种炮不仅便携，而且喷出的浓烟将使敌人惊恐万状，让他们损失惨重并陷于混乱。

（5）（列奥纳多在草稿中将这一条挪到了前面）如果战斗发生在海上，我有很多种高效的武器用于攻防，还有可以抵抗最猛烈枪炮袭击的舰船。

（6）我还有办法悄无声息地挖掘地道和蜿蜒曲折的秘密通道，它们可以通达任何指定地点，哪怕要从战壕或河流下面穿过。

（7）我还会制造坚不可摧的装甲战车，它们可以用大炮摧毁敌人，多少军队也无法阻止它们，而且步兵跟在它们后面可以免受伤害。

（8）如果需要，我还可以设计、制造美观实用的大炮，和现在常用的都不一样。

（9）在炮轰无效的时候，我可以设计弩炮、投石机和三角钉等不常用的有效武器。

（10）在和平时期，我能和其他任何建筑师一样，设计建造公共建筑和私人建筑，我还能规划引流水道。我的作品一定会令人满意。

而且，我还能用大理石、青铜和黏土创作雕塑。在绘画领域，我也无所不能，不逊于任何人，无论他是谁。

此外，我还能铸造青铜马，它将彰显令尊和伟大的斯福尔扎家族的不朽荣誉和永恒荣光。如果上面所述的任何事情看起来不可能或不切实际，我都非常愿意在您的花园或您选定的任何地点向您演示。

列奥纳多没有提到他的任何画作，也没有提到被派到米兰的表面原因，即他的另一项才能：设计和演奏乐器。他在信中大肆妄称自己的军事工程技术专长，部分原因是他觉得这会吸引卢多维科，因为斯福尔扎王朝就是用武力取得的政权，而且经常面临当地叛乱的威胁，还有法国的入侵。此外，列奥纳多把自己塑造成一位工程师，因为他正处于对执笔作画的厌倦中，这种情况在他身上每过一段时间就会出现。随着情绪在忧郁和狂喜之间摇摆，他有时会幻想和夸口自己是一位才华横溢的武器设计师。

这种自夸更多代表的是一种抱负。列奥纳多从来没有参加过战斗，也没有实际制造过他提到的任何武器。他所制作的最多不过是一些关于武器构想的精美草图，其中很多都更像是不切实际的空想。

他给卢多维科的信最好被当作他的希望和志向的写照，而不是实际工程成就的清单。即便如此，他的自夸也不完全是自说自话的空想。如果真是这样的话，他很容易就会被识破，因为武器设计在这里是一项性命攸关的工作，并非儿戏。事实上，在定居米兰后，列奥纳多开始认真地研究军事工程，尽管仍在巧思与幻想间来回游移，他还是提出了一些创新性的武器概念。[7]

军事工程师

住在佛罗伦萨的时候，列奥纳多曾经画过一些构思巧妙的军事设备。其中有一台装置能推倒敌人的攻城梯（图 23）。[8] 城堡内的守卫者拉动巨大的杠杆，杠杆的另外一头连接木架，这些木架通过城墙上的孔穿到墙外。他的画稿中包括了放大的细节，用以说明如何将木架连接到杠杆上，他还画了四名士兵，他们一边盯着敌人，一边拉动绳索，显得十分生动。与此相关的另一个构思是一个像螺旋桨的装置，它可以砍伤和击退那些已经爬到城墙顶上的士兵。齿轮和转轴带动刀片旋转，就像螺旋桨一样，它在城墙上一边旋转，一边砍倒那些爬到顶上的士兵，等待他们的将是不幸。为了进攻的需要，列奥纳多设计了一台能滚动的装甲攻城装置，它可以将一座有顶棚的栈桥架设在城墙上。[9]

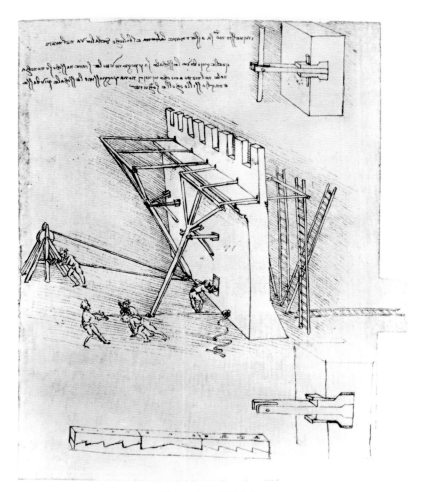

图 23_ 推开攻城梯的装置

列奥纳多来到米兰后，印刷出版的普及帮助他了解到更多的军事知识。他从 13 世纪科学家罗吉尔·培根的一本书中借用了一些概念，这本书中列出了一些设计巧妙的武器，包括"不需要畜力就可以移动的大车，供水上行走和水下移动使用的设备，还有能让人飞行的复杂装置，这个装置有人造的翅膀，驾驶者坐在中央"。[10] 列奥纳多进一步完善了这些构思。他还研究了罗伯托·瓦初里奥的《军事艺术》，这本专著中有很多木版画都是设计巧妙的武器。这本书的拉丁文版于 1472 年出版，1483 年意大利文版出版，正好是列奥纳多到米兰的第二年。他买了这两个版本，不仅添加了注释，还一边看拉丁文版，一边列出书中的术语，然后再对照它们的意大利文翻译——他在努力提高自己粗浅的拉丁语水平。

瓦初里奥的书成了列奥纳多创造力的跳板。比如，在瓦初里奥的书中有一辆战车，战车上有旋转的镰刀，但是显得没有多大杀伤力，因为每个轮子上只有一把小刀，毫不令人生畏。[11] 列奥纳多按捺不住亢奋的想象力，在此基础上更进一步，设计出了一辆令人毛骨悚然的刀轮战车，车上装有多把镰刀，这也成为他最著名也是最令人惊惶的军事设计之一。[12]

他到米兰后不久就绘制了这辆刀轮战车，从车轮上突出的旋转利刃十分骇人。这辆车还包含一个有四个刀刃的转轴装置，它可以被放置在车前，也可以拖在车尾。列奥纳多非常细致地画出了齿轮与轮轴的传

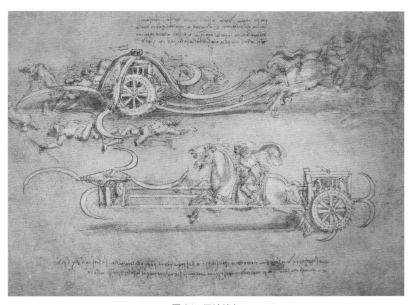

图 24_ 刀轮战车

动系统，既精美，又有些刺目。飞奔的战马和披风被吹起的士兵，其动态描摹令人赞叹。他用阴影线描画出的暗影和造型堪称博物馆的典藏之作。

有一幅刀轮战车图异常逼真（图24）。[13] 在飞奔的战车附近躺着两具尸体，他们的腿被刀割断，肢体散落在地上。在远一点儿的地方，有两名士兵正在被切成两段。这就是我们既可爱又温柔的列奥纳多，那个因爱护众生而成为素食者的列奥纳多，此时却沉湎于令人惊骇地描绘死亡。我们又一次瞥见了他内心的骚动，在他的黑暗山洞中藏着对"恶魔"的想象。

他设想中的另外一件武器是一张巨大的弩，这个从未实现的设计同样模糊了幻想与现实的界限（图25），这幅手稿大约在1485年绘制

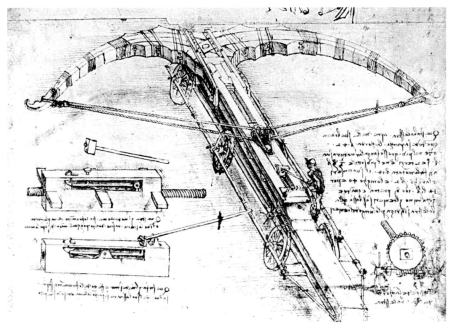

图25_巨弩

于米兰。[14] 这件武器非常巨大：弩弓有八十英尺宽，运送它的车架[①]也是这个长度。为了显示出它的真实大小，列奥纳多画了一名正准备释放扳机的士兵，相比之下，士兵显得非常矮小。

列奥纳多率先考虑了比例原则：一种变量（比如力）如何与另外一种变量（比如杠杆）的长度成正比。他猜测这张超级巨大的弩应该能弹射更大的发射物，或者射程更远。他试图找出弓弦拉伸的距离与弹射力之间的关系。一开始他认为两倍的距离就产生两倍的弹射力，但是后来他意识到这个比例会受到弩弓的影响，因为弦被拉伸的时候，弩弓也会变形，弹射力会被减弱。在多次计算后，他最后的结论是，弩弓的弹射力与弓弦被拉伸的角度成比例。比如，根据他的理论，弓弦被拉到45度时的弹射力是被拉到90度的两倍。这个推论不完全正确，但是因为列奥纳多不懂得三角学，所以他也无法完善自己的理论。但是从概念上说，他已经很接近正确答案了。他正在学习用几何形状与自然中的各种力进行类比。

在列奥纳多的设计中，弩弓用彼此联结的木材制成，这也是层压板的一个早期先例。这样的结构会使弓体更柔韧，更富弹性，也更不容易断裂。在旁边的示意图中，他详细画出了弓弦的牵拉机制，弓弦上系有绳索，绳索连着一台巨大的螺旋齿轮装置。他写道，用这种发射方式，这台装置应该能投掷"一百磅[②]的石头"。在那时，火药的使用已经很普遍了，所以机械弩已几乎被淘汰。不过，如果这个设计真成功了，它会比使用火药的大炮更便宜、更方便，当然也会更安静。

就像那辆刀轮战车一样，它禁不住让人再次产生疑问：列奥纳多是不是把这些设计当真了？还是只想纸上谈兵，卖弄聪明，仅仅为了让

---

① 原著用词为"四轮车"，表述有误，经与作者确认，此处应改为"车架"。——译者注

② 一磅约为四百五十克。——编者注

卢多维科印象深刻？又或者这张巨弩再次说明他已经无法分清巧思与幻想的界限了呢？不过，我相信他的设计是认真的。他画了超过三十张草图，而且细致、精确地画出了齿轮、蜗杆、轴、扳机和其他构件。即便如此，这张巨弩还是应该被看作想象力的产物，而不是发明创造。卢多维科·斯福尔扎从未让人制造过这件武器。它最终被制造出来还是在2002年的一档电视特别节目中，可惜当代的工程师也无法让它正常工作。在列奥纳多的职业生涯中，众所周知，他有很多从未完成的作品只停留在构思阶段，包括绘画、纪念碑和发明。这张巨弩也属于这一类。[15]

在15世纪80年代，列奥纳多所构想和绘制的大部分军事机械也都属于这种情况。"我还会制造坚不可摧的装甲战车。"这是他在信中给卢多维科的承诺。他的确设计了一辆，至少是在纸上。他画的装甲坦克看起来像乌龟和飞碟的混合体，上面有倾斜的金属片抵挡敌人的炮火。坦克里共有八人，有几个人转动曲柄让坦克缓慢前进，其他人负责发射朝向四面八方的大炮。这辆坦克有一个设计缺陷：如果仔细观察曲柄和齿轮，就会发现它们会让前后轮朝着相反的方向转动。难道列奥纳多是故意为之，这样不经他的修正，别人就无法随意制造？也许有这个可能。但是这种担心纯属多余，因为这种坦克从未被制造过。

列奥纳多还向卢多维科承诺，"我还可以设计、制造美观实用的大炮，和现在常用的都不一样"。他尝试设计过一门蒸汽炮，或者被他称为阿基米德之雷，因为列奥纳多将这个主意归功于阿基米德，这个想法在瓦初里奥的书中也有提及。蒸汽炮设计的理念是炮体后膛被炭火加到高温以后，把少量的水注入炮弹后面。如果让炮弹在原位停留一秒钟左右，蒸气压力就足以将它发射到几百码①以外。[16]列奥纳多还构思了一

---

① 一码约为九十一厘米。——编者注

种有很多门炮的武器，它的每个架子上都有十一门炮。当一批炮冷却和重新装弹的时候，其他的可以继续发射。它就是机关枪的前身。[17]

在列奥纳多构思的武器中，只有一件最终从他的笔记本走上了战场，而且他极有可能就是最初的发明者。那是他在 15 世纪 90 年代设计的簧轮点火装置，它可以在步枪或者类似的手持武器中产生火花，点燃火药。当扳机被拉动的时候，弹簧驱动金属轮旋转。旋转的金属轮与矿石摩擦，产生的火花足以点燃火药。列奥纳多在其中采用了他之前设计的一些部件，包括弹簧驱动的转轮。当时住在列奥纳多家的助手中，有一个人叫朱利奥·泰代斯科，也被称为德国人朱尔斯，他既是一名技工，又是一名锁匠。1499 年，他回到德国，在那里传播了列奥纳多的创意。大约在那个时候，簧轮点火装置在意大利和德国开始被广泛应用，这一发明让枪械的使用更加便利，无论用于战争，还是个人使用。[18]

无论是巨弩，还是龟形坦克，都充满了奇妙的想象力，它们都显示出列奥纳多能用幻想驱动发明创造，但是他并没有把自己的想象力用在如何提高可行性上面。卢多维科·斯福尔扎并未在战斗中使用过列奥纳多设计的任何大型武器装备，直至 1499 年，法国入侵米兰，他遭遇严重威胁时依然如此——他直接逃走了。一直到 1502 年，列奥纳多才有机会再次参与了军事活动，那时他为另一位更加难以相处，也更残暴的铁腕人物工作，那就是切萨雷·波吉亚。[19]

列奥纳多为卢多维科完成的唯一一项军事任务是调查城堡的防御系统。他认为城墙的厚度合适，但是警告说那些城墙上的小孔连接着城堡内的秘道，如被攻破，攻城者可能会蜂拥而入。在调查记录中，他还写到了如何为卢多维科刚娶的年轻妻子准备热水浴："在三份热水中加入四份冷水。"[20]

理想城市

在列奥纳多写给卢多维科·斯福尔扎求职信的末尾，他推销自己说，"我能和其他任何建筑师一样，设计建造公共建筑和私人建筑"。但是在米兰的最初几年中，列奥纳多很难得到这样的委托。所以对于建筑领域的兴趣，他暂时只能像对待自己在军事领域的兴趣一样，在纸上展开想象，而一直无法真正实现。

最好的例子是他为一座乌托邦式的城市所做的一系列规划，这种对理想城市的规划也是意大利文艺复兴时期很多艺术家和建筑师们喜欢的主题。15 世纪 80 年代早期，在黑死病肆虐米兰的三年中，有三分之一的米兰人口死亡。出于自己的科学直觉，列奥纳多意识到瘟疫的传播主要是通过不洁的环境，而且居民健康与城市卫生息息相关。

他并不关注工程和设计中那些微小的改进。相反，他于 1487 年提出了一个激进的概念，那就是为了卫生和美观，建造全新的"理想城市"，这个想法结合了他对艺术的敏感和身为城市工程师的远见。他为此专门写了很多页笔记。按照他的构想，米兰的人口将被分配到十座新的城镇，这些城镇全部都是沿着河边新建的，目的是为了"疏散太过集中的人口，因为人们就像首尾相接的山羊一样拥挤，他们不仅让各处臭气熏天，还播撒着瘟疫和死亡的种子"。[21]

他采用了人体微观世界和地球宏观世界的经典类比：城市也是会呼吸的生命体，有不断循环的体液，也有需要运输的废物。他那时已开始研究血液和体内其他液体的循环了。通过类比思维，他在认真思考什么样的循环系统最适合城市，最能满足从商业活动到垃圾清除等方方面面的需要。

米兰的兴盛在于它充足的水源供给，以及引流山涧和融化的雪水的悠久传统。列奥纳多的想法是将街道和运河整合为一个统一的循环系统。他设想中的理想城市分为两层：上面一层是美丽的景观和行人区，下面隐藏起来的那层是运河、商业设施、公共卫生设施和下水道。

他规定，"只把美好的部分显露在城市的上层"。这一层宽阔的街道和有拱廊的行道专供行人之用，两侧会有漂亮的房屋和花园。列奥纳多认为拥挤的米兰街道是传播疾病的温床，所以在新规划的城镇中，那些林荫大道的宽度至少和房屋的高度一样。为了保持街道的清洁，它们的表面应该向中央倾斜，这样雨水就可以从路中间的缝隙排出，汇入下一层的下水道循环系统。列奥纳多不仅提出了指导性建议，还做了非常具体的规划。"每条道路必须有二十臂长宽，而路两边要高于中央二分之一臂长，形成由两侧向中间倾斜的斜坡。"他写道，"然后在路中央，每隔一臂长就有一个开口，开口长度是一臂长、宽度是一指宽，雨水可以从这里流下去。"①

在可见层下面的那一层有运河、货运道路、仓库、马车道，还有带走垃圾和"恶臭物质"的下水道系统。住宅的大门在上面一层，而各行各业的人走下面一层的入口，可以经通风井采光，而且由"每个拱廊的螺旋楼梯"与上层相连。列奥纳多特别说明这些楼梯应该是螺旋式的，除了因为他喜欢这个形状外，还因为他是个讲究整洁的人。那时方形楼梯的拐角常沦为男人的便所。"方形楼梯的角落总是污秽难闻。"他写道，"在第一道拱门处，必须有一扇门通向公共厕所。"这一次，他又开始钻研细节了："厕所便器的座位应该跟女修道院的十字转门一样，依靠重力平衡回到原位。天花板上应该多开小孔，这样人才能顺畅呼吸。"[22]

就像他很多充满前瞻性的设计一样，列奥纳多超越了那个时代的实际情况。虽然卢多维科没有采纳他的城市规划，但是这一次，列奥纳多的提议不仅实用，而且相当高明。就算他的规划得到部分实施，都可能会改变城市的属性，阻止瘟疫肆虐，并改写历史。

---

①　一臂长约等于七十厘米。

第五章
列奥纳多·达·芬奇的笔记本

收集的习惯

作为世袭公证员家族的后代，列奥纳多·达·芬奇有一种做记录的本能。写下自己的观察、列出清单、记录各种想法，以及随手画上几笔，一切对他来说都是那么自然。15 世纪 80 年代早期，他到米兰后不久就开始定期记笔记，这个习惯伴随他终生。其中一些笔记开始是活页，纸张大小跟街头小报差不多；另一些则是装订好的小册子，用皮革或羊皮纸做封面，大小跟平装书差不多，甚至更小，他随身携带，用来做田野笔记。

这些笔记本的其中一个目的是记录有趣的场景，特别是那些涉及人和情感的场景。"当你在城里四处逛的时候，"他在一个笔记本中写道，"看到人们在交谈、争吵或大笑，甚至大打出手的话，别忘了观察、记录和思考他们的行为与周围的环境。"[1] 正是因为这个原因，他在腰带上挂了一个小本子。诗人乔瓦尼·巴蒂斯塔·吉拉尔迪的父亲认识列奥纳多，据乔瓦尼所说：

> 当列奥纳多想画一个人物的时候，他首先会考虑那个人的社会地位和流露出的情绪：那个人是贵族还是平民，快乐还是严肃，不安还是安详，年老还是年少，愤怒还是安静，善良还是邪恶。当他决定以后，就会去他认为那类人会集中出现的地方，观察他们的表情、举止、衣着和姿态。一旦发现合他心意的素材，他就会记在一直挂在腰间的小本子上。[2]

这些挂在列奥纳多腰带上的小本子和那些放在工作室的大开本笔记成了一座宝库，里面存放着他感兴趣和痴迷的所有东西，五花八门的内容常常会出现在同一页笔记里。作为一名工程师，列奥纳多通过绘制他见到或想象出的各种机械装置来磨炼自己的技能；作为艺术家，他会用速写记录自己的想法，还会画出草稿；作为一位宫廷演出制作人，他会记录服装设计、移动场景及舞台的装置、可供表演的寓言故事，还有那些妙趣横生的台词。在页边上的空白处，还有他记下的待办事项、账单，以及那些激发他的想象的人物速写。多年来，随着列奥纳多的科学研究愈加深入，他的笔记中也充满了相关内容，无论是大纲，还是成段的笔记，都是在为写作专著积累材料，涉及的主题包括飞行、水利、解剖学、艺术、马匹、力学和地质学等。不过，笔记中完全看不到他内心世界或亲密关系的剖白，这些笔记不似圣奥古斯丁充满内省的《忏悔录》，而更像是一本沉迷录，记录了一位极富好奇心的探险者醉心于不断向外探索的旅程。

列奥纳多这种收集各种想法的习惯在文艺复兴时期的意大利很流行，那时的人们有摘抄簿或速记本。但是就内容来说，列奥纳多的笔记不仅在当时可谓前所未有，就算现在看来也可能是绝无仅有的。他的笔记本曾被恰如其分地称为"有史以来见诸纸上的、关于人类观察力和想象力最令人惊叹的证据"。[3]

现存的超过七千二百页笔记可能只是他全部笔记的四分之一，[4] 但是历经五百年还能有如此留存，已属不易。我和史蒂夫·乔布斯曾努力找回他在 20 世纪 90 年代的电子邮件和文档，但是最终找回的比例还不到四分之一。列奥纳多留下的那些笔记简直就是一笔意外之财，它们是对创造力实践的书面记录。

但凡与列奥纳多有关的事情，总带有一丝神秘气息。他很少在笔记里写日期，而且很多笔记的顺序也已经无从知晓。在他死后，很多卷册都被拆散，一些有趣的散页被卖掉，或者被不同的收藏者与新的手稿整理在一起，其中一位著名的收藏者是生于 1533 年的雕塑家蓬佩奥·莱昂尼。

比如，《大西洋手稿》就是很多重新整理的笔记之一，它现存于米兰的安波罗修图书馆，其中包含了莱昂尼收集的两千二百三十八页笔记，这些笔记来自列奥纳多从 15 世纪 80 年代至 1518 年使用的多个笔记本。《阿伦德尔手稿》现存于大英图书馆，其中包含了五百七十页列奥纳多的笔记，这些笔记由一位不知名的收藏者于 17 世纪整理在一起，内容的时间跨度与《大西洋手稿》类似。相比之下，《莱斯特手稿》更加完整，里面的七十二页笔记从未散失过，内容主要是关于地质和水利方面的研究，笔记的写作时间约为 1508—1510 年，现在它属于比尔·盖茨的私人收藏。目前有二十五份手稿和笔记合集分别保存在意大利、法国、英国、西班牙和美国（参见本书常用参考文献中列出的列奥纳多的笔记）。一些当代学者试图确定这些手稿页的顺序和时间，其中最著名的是卡洛·佩德雷蒂，但是因为列奥纳多有时会翻回来在之前的空白处书写，或者在已经完成的笔记上增加内容，所以使这个工作变得越发困难。[5]

起初，列奥纳多主要记录那些对他的艺术和工程设计有价值的想法。比如，在被称为《巴黎手稿 B》的一本早期笔记中，有看起来像潜水艇的草图、黑色船帆的隐形船只、蒸汽大炮，还有一些教堂和理想城市的建筑设计，这些笔记起始于 1487 年左右。列奥纳多后来的笔记内容纯粹是为了满足自己的好奇心，那些看似不经意的好奇最终发展为深入的科学探索。他不仅对万物的运作方式感兴趣，更想知道背后的原因。[6]

因为那时的优质纸张价格昂贵，列奥纳多设法充分利用每一个边边角角，尽可能在每一页记下更多内容。他还把来自不同领域、看似随机的内容堆放在一起。他经常会在几个月或者数年后再返回到某一页笔记，写下新的想法，就像他翻回头去修改圣杰罗姆或后来其他作品那样，随着技巧或想法的发展成熟，不断完善之前的工作。

在某种程度上，那些不同主题的内容似乎是被随机拼排在某一页笔记里，从中我们看到他的思维和笔端不断地跳跃，从对力学的洞见跳转到卷发和旋涡的涂鸦、面部画像、精妙新奇的装置和解剖学素描，所有这些都配有用镜像体写下的注解和想法。但是，这样的杂然并列也有其美妙之处，它让我们有机会看到让人惊叹的一幕：一种宇宙意识无拘无束，兴致勃勃地徜徉于艺术与科学之间，感受着宇宙万物间的联结。他的笔记启发我们看到那些看似彼此割裂现象背后的共同规律，这也是他观察自然的心得。

　　笔记本的美妙之处就在于它允许一切自由驰骋，无论是即兴的想法、不完整的构思、未经打磨的草图，还是尚未完善的论文草稿。这也很适合列奥纳多充满跳跃性的想象力，他那些绝妙的想法既不受条条框框的限制，又不受勤勉刻苦的约束。他偶尔会宣称自己打算整理完善那些笔记，将其内容编辑出版，但是那些最终也没能出版的笔记与他未完成的艺术作品如出一辙。他从不肯放手那些草拟中的论文，就像他对待自己的艺术作品一样，偶尔会添几笔新内容，或者略做修订，但是从来没能让它们顺利通过，并完整地公之于世。

一页笔记

　　欣赏这些笔记的方法之一是拿出一页仔细研究。我们在这里选择了一页大开本的笔记，这页笔记的大小是 12 英寸 ×18 英寸①，上面的内容记录于 1490 年左右，佩德雷蒂给它配了一个标题"主题页"，因为上面包含了列奥纳多的很多兴趣点[7]（见图 26）。

　　在中央偏左是列奥纳多喜欢画的一类人物：一个满脸皱纹的老人，长着长鼻子和突出的下巴，看起来有点儿像英雄人物。他穿着托加袍，

---

① 一英寸约为二至三厘米。——编者注

图 26_ 一页笔记，约 1490 年

看起来既高贵，又有点儿滑稽。在列奥纳多 1482 年到米兰时列出的财产清单中，也有一幅"有着巨大下巴的老人头像"，我们会看到他的笔记中经常出现类似的人物。

老人的下方紧挨着一棵枯树的树干和树枝，它们与老人的袍子叠加在一起，象征了他血管系统的主动脉及其分支。列奥纳多相信类比是一种认识自然统一性的方法，分支模式是他研究的类比之一，他发现在树木、人体的动脉系统、河流及其支流中都存在这样的模式。他认真研究了这些分支系统的规则，比如每一个分支的大小与主干、主动脉或干流大小之间的关系。在这页笔记里，他提示了人体和植物可能存在相似的分支模式。

在老人身后有一个几何图形，画的是内含几个等边三角形的圆锥形。列奥纳多刚开始试着解决"化圆为方"这个古代数学难题，即只用圆规和直尺画出一个和已知圆面积相等的正方形，后来他为此花费了多

104

年时间。他不擅长代数，甚至连算术也不擅长，但是他对如何运用几何学让不同形状在相互转换时保持面积不变颇有心得。在这一页上还散布着一些几何图形，它们阴影部分的面积相等。

老人背后的那个圆锥形像一座小山，列奥纳多就顺势画了一幅山景的速写。于是几何图形就与自然有了流畅的无缝连接，从中也能瞥见列奥纳多空间思维的艺术。

如果我们从右到左（列奥纳多绘画的方向）连贯地来看这一部分，主题就会清晰地浮现出来。光秃秃的枯树枝丫融入老人的身体，它们一起融入圆锥形的几何图形，最后都融入山峦景色。列奥纳多可能开始创作的是四个独立的元素，它们最后相互交织连成一体，传达出他在艺术和科学中探索的一个基本主题：自然万物彼此联结，它们有统一的规律，而人体与地球的运转机制可以相互类比。

相比之下，在这几幅图下面的内容更容易理解。有一幅草图是他设想的卢多维科·斯福尔扎的骑士纪念碑，虽然笔触急促，但是画面充满力量。寥寥数笔就显出十足的动感和活力。再往下是两台看起来有些笨重的机械装置，没有任何注解说明，可能是为了铸造骑士的铜马而设计的。在这一页的右下方，有一小幅依稀可见的素描，画的是一匹行进中的马。

紧挨着中央折痕底部，有两根带叶子的茎秆，植物的细节特征描绘得十分精准，就像是一边观察，一边画出来的一样。瓦萨里写到过列奥纳多绘制植物时十分用心，那些留存下来的作品也显示出后者观察自然时的敏锐眼光。从列奥纳多的作品中可以看出，他很注重植物细节的科学性，最明显的例子是卢浮宫收藏的那幅《岩间圣母》。[8] 在这页笔记里，他继续将自然图案与几何图形融合在一起，从茎秆底部发出的弯曲叶牙与用圆规画的半圆交叠在一起。

页面的最右边是蓬松的云朵，它们光影各异。云朵下面有一幅图，画的是水流落到平静的池塘中激起水花，直到生命将尽的时候，他还在画这个主题。在笔记中还散落着一些涂鸦，也都是他经常画的主题：教堂的钟楼、卷曲的头发、闪着微光的枝叶，还有从旋涡般的草丛中冒出的百合花。

这一页中有一处笔记似乎与其他内容都毫无关系，那是一个把头发染成黄褐色的染发配方："要把头发染成黄褐色，先把坚果放在碱液里煮，然后把梳子浸在里面，再用梳子梳头发，最后让头发在阳光下晒干。"这可能是为宫廷表演做准备时的笔记注释。不过，我认为这个配方更可能是罕见的私人信息。列奥纳多当时已经年近四十，也许他正在阻止头发变得灰白。

第六章
宫廷艺人

演出与庆典

列奥纳多·达·芬奇进入卢多维科·斯福尔扎的宫廷，并不是以建筑师或工程师的身份，而是作为一位演出制作人。还在韦罗基奥的作坊里当学徒时，他就爱上了佛罗伦萨的各种盛大表演。列奥纳多对舞台演出痴迷不已，而米兰的斯福尔扎宫廷亟须这样的人才，因为这里盛行各种戏剧和公众演出。这些庆典表演在制作过程中涉及很多艺术和技术元素，所有这些都对列奥纳多有着巨大的吸引力，比如舞台设计、服装、布景、音乐、机械装置、编舞、寓言典故、自动装置和小巧的机械。

当我们站在几个世纪之后回望时发现，列奥纳多为这些事情所花费的时间和创造力似乎是一种浪费，因为这些演出都如昙花一现。多年后，除了记录辉煌瞬间的只言片语，那些令人炫目的演出再无可示人之处。似乎他为此耗去的那些时间原本可以用在更实用的事情上，比如完成《博士来拜》或者《圣杰罗姆》。但是，就像我们今天热衷于体育比赛的中场秀、百老汇的华丽演出、烟花会演和舞蹈表演一样，在斯福尔扎宫廷中，舞台表演也被视为不可或缺的元素，而像列奥纳多这样的制作人更是得到了高度重视。

这些娱乐活动有时还有教育意义，就像一个展示各种知识和思想的节日，其中包括演示科学知识、辩论各种艺术形式的优劣，以及展示精巧的机械装置，所有这些都是大众科学和教化公众的先驱，并在后来的启蒙运动中得以发扬光大。

卢多维科之所以把这些演出发展成一项事业，是因为它们可以被当作象征手法宣传历史和宗教，帮助斯福尔扎家族将自己的统治合法化。建筑师、机械师、音乐家、诗人、表演者和军事工程师全都参与这些演出的执行。因为列奥纳多自认是上述所有领域中的一员，这也让他在斯福尔扎宫廷中得到了完美发挥自己才能的角色。

通过盛大的演出庆典，卢多维科想要娱乐和迷惑的不只有米兰民众，还有他年轻的侄子吉安·加莱亚佐·斯福尔扎，直到 1494 年神秘死亡前，吉安一直都是名义上的米兰公爵。卢多维科对自己的侄子一边假装关心，一边威逼恐吓，借此诱使侄子对他依赖顺从。他纵容侄子骄奢淫逸、酗酒成性，还让侄子主持宫廷演出。1490 年，卢多维科为侄子的婚礼精心策划了一场盛大演出，他二十岁的侄子迎娶的是那不勒斯的公主——来自阿拉贡的伊莎贝拉，列奥纳多也参与了这次演出。

婚礼庆典的重头戏是一场宴会演出，这出奢华的表演名为《天堂盛宴》，演出现场充满了各种声光效果，华丽壮观。演出的高潮部分是一场"行星假面舞会"，其中歌剧的剧本来自卢多维科最喜欢的诗人之一伯纳多·贝林乔尼，后来贝林乔尼还写到演出场景"由来自佛罗伦萨的大师列奥纳多·芬奇，凭借其杰出的才华和精湛的技艺制作"。列奥纳多创作了一些演出背板，上面描绘了斯福尔扎家族统治时期里的一些光辉时刻，他还在斯福尔扎城堡覆满丝绸的长厅上装饰了有象征意义的树叶，除此之外，他还设计了奇特的演出服装。

这出戏剧是一场充满寓意的典礼表演，一开始，戴着面具的演员列队出场，演员介绍完毕后，土耳其骑兵列队欢迎。新娘被一群向她献唱的演员围绕，他们装扮成各国大使，分别来自西班牙、波兰、匈牙利和其他异域国度，每一位大使的出现都会带动一轮舞蹈。音乐淹没了大部分换景机械的噪声。

午夜时分，在观众和演员尽情舞蹈之后，音乐停止了，帷幕升起，露出天堂的穹顶，这是列奥纳多根据半个鸡蛋的形状建造的，里面还镀了金。天堂的星星用火把代表，背景中黄道十二宫的标志被点亮。演员们扮演已知的七大行星，他们一边自转，一边沿着轨道公转。一位天使宣布："接下来的伟大景象都是向伊莎贝拉和她的美德致敬。"在笔记本中，列奥纳多记录了一些道具制作的费用，包括"金子和黏贴金子的胶水"以及"制作星星"的二十五磅蜡。演出尾声是众神从神位上降临，由朱庇特和阿波罗带领，后面跟着美惠三女神和美德天使，他们将赞美之词洒向新婚的公爵夫人。[1]

"行星假面舞会"的成功为列奥纳多带来了一定的名望，这已经超过了那几件未完成画作给他带来的名气，更超过了他作为军事工程师所得到的认可；而且，他也喜欢这个工作。他在笔记中对自动更换道具布景的装置很感兴趣。他天生就是幻想与机械之舞的编舞。

另一场华丽的演出是在一年后，卢多维科迎娶比阿特丽斯·德斯特的时候，新娘有着深厚的政治背景和文化修养，来自意大利最显赫的家族之一。婚礼期间，他们计划举行一场骑马比武大赛，列奥纳多负责组织大赛庆典。他在笔记中记录了自己亲临演出现场，帮助扮演原始野人的男仆试穿演出服装——他设计的围腰布。

在这次表演中，列奥纳多再次将他的剧场技术和他热爱的象征手法结合在了一起。"首先出场的是一匹骏马，它浑身披满金鳞，鳞片被艺术家染得像孔雀羽毛上的眼睛。"卢多维科的秘书写道。"武士的金头盔上有一条长翼的蛇，蛇的尾巴从头盔一直垂到马背。"列奥纳多在一篇笔记中描述了自己打算呈现的寓意："头盔的上方有一个半球，它代表了我们所处的半球。马匹所有的装饰都是金色背景上的孔雀羽毛图案，这表示了对尽职仆从的美好恩典。"[2]骏马后面跟着一群洞穴人和野人。这是列奥纳多的典型手法，他渴望制造一种既能让人生畏，又有异域情调的氛围。那些奇异的恶魔和龙一直吸引着他。

1496 年 1 月，列奥纳多的技术才能与艺术才华再次熔于一炉，他将那个时代最辉煌的剧作之一搬上了舞台，这是由卢多维科的大臣兼宫廷诗人巴尔达萨雷·塔科内创作的五幕喜剧《达那厄》。列奥纳多为此所做的笔记中包括了一份演员表和他们参演的场景清单，还有换景和特效装置的机械示意图。在他画的舞台平面图中，有两幅仰角的透视图，而且他还为一个场景画了速写，画面中一位神祇坐在燃烧的壁龛里。演出中到处都是列奥纳多设计的特效和机械绝技：通过复杂的绳索和滑轮系统，水星从上面坠落下来；朱庇特变成了金粉雨，让达那厄怀孕；在某一刻，天空突然被"无数盏如繁星般的灯"点亮。[3]

他最复杂的机械设计是一个旋转舞台，这是为一幕被他称为"冥王的天堂"的场景所设计的。一座山裂成两半，冥界显现。"冥王的天堂被打开，十二口大锅里有恶魔在玩耍，就像地狱的入口，同时他们还发出阴间的声响。"列奥纳多写道，"这里会有死亡、仇恨、灰烬、很多赤身裸体哭泣的孩子，还有各种颜色的火焰。"然后出现了一句简练的舞台调度："舞蹈起。"[4] 他的活动舞台由两个半圆形剧场组成，一开始它们拼成一个封闭的球体，然后它们打开并旋转，变成两个背靠背的半圆形剧场。

戏剧演出中的机械元素与艺术元素同样让列奥纳多着迷，在他看来，它们之间彼此联系。他以制作新奇的装置为乐，它们通过飞行、升降和各种运动让观众兴奋不已。在他真正开始记录对鸟类飞行的研究之前，他在笔记本里画了一只机械鸟的草图，它的翅膀向外伸展，附着在一根引导绳上，上面的标题是"为喜剧设计的鸟"。[5]

制作戏剧演出不仅令列奥纳多感到愉快，而且报酬丰厚，但是与此同时，它还有更深远的意义。这项工作需要他将自己的想象落到实处。与绘画不同，演出有严格的最后期限。当大幕拉开时，一切必须准备就绪。他不能再对细节紧抓不放，无限期地完善下去。

他制作的一些装置，尤其是机械鸟和悬空演员身上的翅膀，促使他进行更认真的科学研究，包括观察鸟类和设计真正的飞行器。此外，他对演员姿态的着迷也反映在他叙事性的绘画作品中。那些花在戏剧娱乐上的心思激发了他在艺术和工程领域的想象力。

音乐

列奥纳多来到斯福尔扎宫廷的最初身份之一是音乐使者，他带了一件当时宫廷中很流行的乐器，不过他带的这把琴是自己专门设计的。它是一种里拉琴，但是可以像小提琴一样演奏，它有五根用琴弓演奏的弦，还有两根弹拨弦。"它的设计非常奇特、罕见，是由列奥纳多亲手制作的。"瓦萨里写道，"主要是以银子为材料，造型像马头骨，这样共鸣更饱满，音色也更浑厚。"臂上式里拉琴被诗人用来为自己的唱诵伴奏，拉斐尔和其他人都画过演奏这种里拉琴的天使。

根据《加迪亚诺匿名者书》记载，列奥纳多弹奏的里拉琴"非同寻常"，而且"他还教阿塔兰特·米廖罗蒂弹里拉琴"。从彼特拉克的古典爱情诗歌到自编的诙谐唱词都是列奥纳多经常弹唱的曲目，他还在佛罗伦萨赢得过比赛。人文主义者和医生保罗·焦维奥和列奥纳多几乎是同时代人，他们在米兰见过面。焦维奥写道，"列奥纳多不仅是一切美好事物的鉴赏家，还是它们杰出的创造者，特别是在舞台表演领域，他会用里拉琴为自己精彩的演唱伴奏。当弓弦奏响里拉琴的时候，他奇迹般地征服了所有的王公贵族"。[6]

列奥纳多的笔记里没有音乐作品。比起看乐谱或写歌词，在斯福尔扎宫廷的表演中，他更喜欢即兴创作。"因为他天生就拥有高尚和优雅的灵魂，"瓦萨里解释说，"他的歌声犹如神赐，他用里拉琴为自己即兴伴奏。"

瓦萨里详细描述了 1494 年列奥纳多在米兰宫廷的一次特别演出，那时卢多维科在他侄子死后，已正式被加冕为公爵。瓦萨里写道："列奥纳多被隆重地邀请去为公爵演奏，因为公爵很喜欢里拉琴的声音，而列奥纳多带去的是自己制作的乐器。他借此胜过了所有去演奏的音乐家。此外，他还是当时最好的即兴诗人。"

作为庆典演出的制作人，列奥纳多还设想了一些新型乐器。他的笔记本中有很多既富创新又充满想象力的设计图。像以往一样，他的创造力来自他热衷排列组合的想象力。他先是在一页笔记中画了几样传统乐器，然后他把各种动物的不同部位组合起来，炮制了一个外形像龙的乐器。在另一页上，有一个像小提琴的三弦乐器，上面有一个山羊头骨、一只鸟喙，还有一些羽毛，琴的一端雕有牙齿，琴弦就固定在这里。[7]

这些乐器发明结合了列奥纳多的工程技术才能和对娱乐表演的想象力。他想出了新方法来控制物体的振动，这样就可以更好地调节铃、鼓、弦的音高和音调。比如，他在一页笔记中画了一个机械振铃（图27），它由一个固定的金属铃和侧面的两个音锤、四个弱音器构成，这四个弱音器通过杠杆与键盘相连，这样通过按动按键，就可以控制不同位置的弱音器了。列奥纳多知道铃在不同位置的厚度和形状不同，发出的音调也不同。所以，通过组合使用四个弱音器，他让铃变成了一架可以发出不同音调的键盘乐器。"被音锤击打的时候，它能发出有变化的音调，就像管风琴一样。"他写道。[8]

他还尝试用不同音高的鼓来创造新的乐器。他在一些草图中将拉伸到不同松紧程度的鼓面组合在一起。他在另外的草图中提出，在演奏时用杠杆和螺丝来改变鼓面的松紧。[9]他还画了一面鼓身很长的小军鼓，鼓身的侧面有孔，与长笛类似。他解释说，"敲击鼓面的时候，堵住不同的孔会产生明显的音高变化"。[10]另外一个创意更简单：他将十二面不同大小的定音鼓绑在一起，然后设计了一个键盘，可以通过机械锤敲击每一面定音鼓，最终实现了鼓与大键琴的融合。[11]

列奥纳多设计过的最复杂的乐器是viola organista[①]，这是一种提琴与

---

① 意大利文，中提琴（viola）和风琴（organista）。这个乐器是由列奥纳多自己命名的。——译者注

图 27_ 用键盘演奏的铃

管风琴的结合体，他分别在十页笔记中画过不同的设计。[12] 这件乐器和提琴一样，通过弓在弦上来回移动发声，但是在他的设计中，弓依靠机械移动；它又与管风琴类似，通过键盘来演奏，不同按键对应不同的音符。在最终也是最复杂的版本中，一组转轮转动弓弦，弓弦围绕在轮子上，就像汽车上的风扇皮带一样，按下琴键的时候，一根提琴弦会被压到环形的琴弓上发出相应的音调；按下多个键时，有多根弦同时发声，产生和弦。与长度有限的琴弓不同，这种像风扇皮带一样的转弓可以让声音一直持续下去。这种乐器是一个绝妙的创意，它试图将键盘乐器与弦乐器的特点结合在一起，前者可演奏数量众多的单音与和弦，而后者有特别的音色，这一点到现在也未能实现。[13]

起初制作更好的乐器只是为了斯福尔扎宫廷的娱乐消遣，但是不久之后，这就变成了一项严肃的工作。"列奥纳多的乐器不只是要把戏用的趣味道具。"纽约大都会博物馆的乐器策展人伊曼纽尔·温特尼茨认为，"相反，列奥纳多所做的这一系列努力都是为了实现某些基本目标。"[14] 这些目标包括：使用键盘的新方法、如何提高弹奏速度、如何丰富声音的种类和扩展音域。除了让他获得报酬和宫廷地位，对乐器的探索还让他开始投身于更重要的工作：研究敲击背后的科学原理——敲击一个物体为什么可以产生振动、波和混响，还有声波与水波的相似性。之前他对乐器的研究为这些工作奠定了基础。

寓意画

卢多维科·斯福尔扎喜爱花样复杂的盾徽、构思巧妙的纹章图案，以及有比喻意义的族徽。他拥有华丽的头盔和装饰有个人象征的盾牌，他的朝臣们为了歌功颂德费尽心机，不仅想出各种别出心裁的设计，还经常用双关语提到他的名字。列奥纳多也因此绘制了一系列寓意画，我认为他在宫廷中一边展示这些画，一边会加以口头讲解。其中一些是为卢多维科辩护，支持他作为事实上的统治者，以及他软弱侄儿的保护者。在一幅画里，徒有其名的小公爵被画成了一只小公鸡（小公鸡在意大利语中被称为 galleto，暗指他的名字 Galeazzo，即加莱亚佐），它被一群鸟、狐狸和传说中长着两只角的怪物萨堤尔围攻。保护小公爵的是正义和审慎这两种美德的化身，它们也代表了卢多维科。正义的化身手里拿着一把刷子和一条巨蛇，它们是斯福尔扎家族纹章里的象征符号，而审慎的化身拿着一面镜子。[15]

在为卢多维科服务期间，列奥纳多的寓意画在表面上描绘的都是别人的性格特点，但是其中一些似乎也揭示了他自己的内心冲突。最明显的是他画的十几张关于嫉妒的作品。"美德一出生，嫉妒就来到世上攻击它。"他在其中一幅作品上这样写道。在他关于嫉妒的笔记中，可以看出他似乎面对过自己的和来自竞争者的嫉妒："应该用一个对上天不敬的手势代表嫉妒，"他写道，"胜利和真理让她难以忍受。雷电应从她身上发出，代表了她邪恶的话语。她活该枯瘦憔悴，因为她身陷永恒的自我折磨。应让她的心被巨蛇啃噬。"[16]

列奥纳多在几幅寓意画中都描绘了嫉妒，并写下了上面的文字。他把嫉妒描绘成一个胸部下垂的干瘪巫婆，她骑在爬行的骷髅背上，他还在旁边写了注释，"让她骑在死亡身上，因为嫉妒从来不会消亡"。[17]在同一页的另一幅画中，嫉妒和美德缠绕在一起，从舌头上伸出一条巨蛇，而美德努力用橄榄枝戳嫉妒的眼。毫不奇怪，有时卢多维科就被描绘成嫉妒的克星。在列奥纳多笔下，卢多维科伸出手里的一副眼镜，这副眼镜可以看穿嫉妒的谎言，嫉妒因此落荒而逃。列奥纳多在一幅图下面的注释中写道，"拿着眼镜的摩尔人和带着假消息的嫉妒"。[18]

怪诞画

列奥纳多还为斯福尔扎宫廷的娱乐消遣创作了另一类绘画作品，它们是用墨水笔画的夸张漫画，漫画中人物的长相都非常可笑，列奥纳多称之为"怪异的脸"，现在通常被称为他的"怪诞画"。它们中的大多数画幅都较小，不超过一张信用卡大小。这些画的目的是讽刺，就像他那些寓意画一样，很可能他一边展示，一边讲故事、说笑话，或者还伴有城堡里的表演。有二十多幅原作留存了下来（图28），还有很多十分接近的仿作出自他工作室的学生之手（图29）。[19]这些怪诞画被后来的艺术家复制或模仿，其中最著名的是17世纪波希米亚的铜版画家文策斯劳斯·霍拉和19世纪英国的插画家约翰·坦尼尔，他们分别把这些怪诞画中的人物作为了《丑陋的公爵夫人》和《爱丽丝梦游仙境》中人物的模特。

通过精心磨炼对美丑的观察能力，列奥纳多在他的怪诞画中创造出

图 28_ 满脸皱纹的武士和一幅怪诞画，列奥纳多作　　　图 29_ 一幅怪诞画的仿作，来自列奥纳多的工作室

了一种讽刺性的美丑对比。正如他为绘画专著准备的笔记中所写的那样，"如果画家想看到让他着迷的美，他有能力创造它们；如果他想看到可怕的、滑稽可笑的或可怜的庞然怪物，他就是它们的造物主"。[20]

　　这些怪诞画说明列奥纳多的观察能力滋养了他的想象力。他在街上走的时候，腰带上挂着一个小本子，一旦发现长相夸张、适合做模特的人，就邀请他们到家里吃晚饭。"他和他们坐得很近，"早期的传记作者洛马佐写道，"然后列奥纳多开始讲他能想象到的最疯狂可笑的故事，逗得大家哄堂大笑。他非常仔细地观察他们的姿态以及可笑的举动，努力把这些印在自己的脑海中。等他们走了以后，他回到自己的房间，然后画出完美的作品。"洛马佐指出，列奥纳多画这些作品的目的之一，是供斯福尔扎宫廷里的那些赞助人取乐。这些画"让看到的人忍俊不禁，就像那些被列奥纳多的晚餐故事逗乐的人一样！"[21]

　　在列奥纳多为绘画专著所做的笔记中，他建议年轻艺术家在城里闲逛时注意搜寻适合做模特的人，然后把最有趣的人记录在便携的小本子里："你应该始终随身携带这样的小本子，这样就能用寥寥数笔把人物记录下来。"他写道，"人的姿势无穷无尽，无法全部记住，所以你应该保存这些速写，作为日后的指南。"[22]

搜寻那些相貌奇特的人时，列奥纳多有时用墨水笔记录，如果在户外无法使用墨水笔，他就用银尖笔。尖锐的银尖会在纸上留下划痕，纸上面覆以研磨过的鸡骨粉、煤烟灰或其他类似白垩的粉末，有时候还会添加一些矿石粉来染色。金属尖在涂层上的痕迹会发生氧化，产生银灰色的线条。他偶尔也会用粉笔、木炭或铅。因为天性使然，他总在不断尝试不同的绘画方法。[23]

寻找和描绘那些奇特的面孔，帮助列奥纳多找到了将面部特征与内在情绪联系起来的方法。至少从亚里士多德宣称"可以从相貌特征推断性格"以来[24]，人们就试图寻找从颅相和面相中推测性格的方法，这也被称为相面术。基于实证思维，列奥纳多驳斥了这种方法的科学性，并把它与占星学和炼金术归为一流。他坚称，"我不愿意纠缠于虚假的面相和手相，因为其中根本没有事实真相，这种幻术没有科学根据"。

不过，尽管他不认为相面术是一门科学，他依然相信面部表情暗示着内心世界。"脸部特征部分揭示出人的性格、缺点和性情。"他写道，"如果脸颊与嘴唇或者鼻孔与眼窝之间的分隔部分轮廓鲜明，这样的人往往快乐而有幽默感。"那些没有这些鲜明轮廓的人更沉静内敛，而那些"面部特征过于凹凸有致的人则是野蛮、脾气暴躁和缺乏理性的"。他还认为眉间的皱纹和坏脾气有关，前额皱纹很深的人内心充满懊悔，他总结道，"很多面部特征都可以用这种方式加以探讨"。[25]

为了记录人物的面部特征供以后绘画之用，列奥纳多发明了一个小技巧。其中有各种便于速记的缩略语，包括十种鼻型（笔直、圆头、塌陷等）、十一种脸型，以及其他各种可以归类的特征。他一旦发现自己想画的人，就会用这些缩略语记下对方的特征，这样回到工作室就可以用笔复现出来。对于那些特别怪异的长相，他无须记录，因为它们令人过目不忘。"对于那些奇特的相貌，我无须多言，因为记住它们轻而易举。"他写道。[26]

　　列奥纳多最让人难忘的一幅怪诞画作于 1494 年左右，上面画了五个头像（图 30）。画面中间的人物是一位老人，他长着鹰钩鼻和突出的下巴，在列奥纳多喜爱的年老武士造型中，也能见到这些典型特征。他头戴橡树叶花环，想要保持一种庄重的姿态，不过实际看上去却显得有些容易受骗和愚蠢。围绕着他的四个人物露出或疯狂或诡秘的笑。

图 30_ 五个头像

列奥纳多画的这个场景可能是他在斯福尔扎宫廷里讲滑稽故事的配图，不过没有留下来任何有关的笔记。这也算是一种幸运，我们可以用自己的想象力去解读这幅画和作者的初衷。可能中间的老人正要娶列奥纳多同时期另一幅绘稿里"长得像哈巴狗的丑老太婆"，所以他的朋友们显出了既嘲笑又同情的表情；也可能这幅画是为了夸张地表现某些人类的行为举止，比如疯癫、痴呆和狂妄。

因为这幅画很有可能是为宫廷表演而作，所以更合理的解释是它在讲述一个故事。右边的人物似乎握着中间头戴花环老人的手，而左边的人把手从老人背后伸向了他的口袋。这个场景会不会像温莎城堡的策展人马丁·克莱顿认为的那样，其实是老人让吉卜赛人看手相，结果被他们扒窃了？[27] 来自巴尔干地区的吉卜赛人在 15 世纪遍布整个欧洲，因为他们在米兰严重的滋扰行为，1493 年，当局颁布了对他们的驱逐令。列奥纳多在笔记中提到他画过一幅吉卜赛人肖像，还记录了自己花六个索尔多找人算命。所有这些都只是猜测，不过正是这些猜测让列奥纳多的作品，包括那些本来就有点儿神秘的作品如此美妙：他的想象力让我们也不禁浮想联翩。

文学消遣

列奥纳多对斯福尔扎宫廷生活的另外一个贡献，是一些供消遣娱乐的文学小品，它们主要是为了朗诵或者表演而作。在他的笔记中，至少有三百篇这样的作品，这些作品形式各异：寓言、滑稽故事、预言、恶作剧和谜语。它们散布于笔记的页边，或者挨着毫不相关的内容，可以看出它们并非有意的专题创作，而是根据当时情况需要的应景之作。

在文艺复兴时期的宫廷中，用口头表演的方式讲述谜语和寓言是一种流行的娱乐。列奥纳多甚至为此写下了一些舞台指导，在一则神秘的预言旁边，他写下了这样的表演指令，"用疯狂或狂暴的方式，就好像精神错乱一样"。[28] 据瓦萨里说，列奥纳多既聪明健谈，又擅长讲故事，所以这些小把戏对他来说信手拈来，不过现在看起来这些工作似乎无足轻重。他当时还没被公认为史上伟大的天才之一，所以还得忙着在人才济济的宫廷中讨好巴结。[29]

这些寓言都是简短的道德故事，其中有动物或其他拟人之物。它们有共同的主题，最常见的是对美德和审慎的奖赏，以及对贪婪和鲁莽的惩罚。列奥纳多的寓言与《伊索寓言》有相似之处，但是它们篇幅较短，其中大部分都不算特别高明，如果不知道当晚宫廷里发生了什么，还会让人感到有些费解。例如，"鼹鼠的眼睛很小，总是住在地下；它只能生活在黑暗之中，见到光明就立刻死去，因为它暴露无遗了——谎言亦如此"。[30] 在米兰度过的十七年中，他一共在笔记本里写下了五十多篇这样的寓言。

列奥纳多的动物寓言中包含了短篇动物故事，以及跟这些动物特点有关的道德训诫。这类动物寓言集在古代和中世纪非常流行，因为印刷术的普及，从 15 世纪 70 年代开始，很多这类作品在意大利被重印。列奥纳多有一本老普林尼写的动物寓言集，还有三本出自中世纪的编纂者。与这些作品不同，列奥纳多的寓言故事不仅简洁，而且没有宗教色彩，里面提到的内容可能与他为斯福尔扎圈子里的人所创作的徽章、盾徽和演出有关。"天鹅洁白无瑕，它面对死亡唱出甜美的歌声，高歌是它生命的终曲"，这是其中的一篇。有时候，列奥纳多也会附上一篇道德教育的寓言，比如："满月的时候，牡蛎敞开自己，螃蟹扔进石头或海草，牡蛎再也闭不拢，成了螃蟹的美食。把秘密告诉别人，就会有这样的下场。他会沦为背叛者的猎物。"[31]

15 世纪 90 年代，列奥纳多开创了第三种供宫廷娱乐的文学形式。他称之为"预言"，它们通常是小谜语或机智问答。他特别喜欢先煞有介事地描绘一些黑暗毁灭的场景，用以模仿和嘲弄宫廷里的预言家们，然后他会自己揭穿刚才是在故弄玄虚。比如，一则预言的开头是，"很多人急匆匆地吹了口气以后，就什么也看不见了，不久他们还陷入了昏迷中"，随后列奥纳多揭开了谜底，刚才说的是"人们在上床睡觉前吹灭了蜡烛"。

很多预言式谜语都反映出列奥纳多对动物的关爱。"无数父母的子女都将被带走，他们的喉咙会被割开"，是其中一则预言，看上去好像在描述残酷的战争和种族灭绝。但是，后来列奥纳多解释说，这个预言指的是人们吃的牛和羊，那时他已经是一位素食主义者了。他在另外一篇中写道，"长翅膀的动物用它们的羽毛将人托起"，他的答案不是飞行器，而是"填充坐垫的羽毛"。[32] 不过，就像演艺界人士说的那样，你必须亲临现场，否则无法体会这些预言的妙处。

列奥纳多有时候还用恶作剧和小把戏配合这些文学娱乐，比如闪光爆炸。"把房间完全密封，将十磅白兰地煮沸蒸发，往蒸气中扬撒一些清漆粉。"他在笔记里写道，"然后带着一把点燃的火炬突然冲进房间，整个房间立刻熠熠生辉。"[33] 瓦萨里曾写到列奥纳多的两个恶作剧：他给助手捉到的蜥蜴黏上胡须和翅膀，再把它放在盒子里吓唬朋友；他把一段牛肠"加工得又薄又软，可以攥在一只手里，然后把肠衣的一端固定在别的房间的一对风箱上，肠衣被充气后，胀满了所在的房间，迫使房间里的所有人都退后到角落里"。[34]

双关语在那时也很流行，列奥纳多经常创造一些视觉上的双关暗示，比如他在《吉内薇拉·德·本奇》中画的杜松。他在宫廷里通过编制密码、象形文字和字画谜把双关变成一种娱乐形式，还会在现场要求大家解码暗语图片组成的信息。比如，他画了一粒谷穗代表谷物（意大利文，grano），然后画了一块磁石（意大利文，calamita），组合在一起就是"大灾难"的双关语（意大利文，gran calimità）。在一页大开本的笔记里，他在正反两面一共画了一百五十多个小字谜，他的笔触很急促，好像是在观众面前现场创作的一样。[35]

在列奥纳多的笔记本中，还有一些奇幻小说的草稿，其中有些是用书信体形式描写的神秘之境和神奇历险。一个多世纪前，佛罗伦萨作家和人文主义者乔瓦尼·薄伽丘让游走于幻想与现实之间的文学作品大受欢迎，特别是他的《十日谈》。列奥纳多至少在两篇他持续写作的长篇故事中也尝试了这种风格。

其中一篇很可能在1487年为贝内代托·代举办的欢送会上表演过，代是供职于米兰斯福尔扎宫廷的佛罗伦萨人。他曾到处旅行，还编了很多奇妙（偶尔经过添油加醋）的故事。在演出中，列奥纳多的这篇小说作为给他的一封信，其中写道，在北非有一个恶棍，他是一个黑色巨人，长着充血的眼睛和"最恐怖的脸"，当地居民一直生活在他的恐吓之中。"他生活在大海里，以捕食鲸鱼、海怪和船只为生。"列奥纳多写道。当地人像蚂蚁一样聚集在巨人身上，却徒劳无功。"他摇了摇头，爬到他身上的人就像冰雹一样飞向空中。"[36]

作为一个早期的例子，这个故事体现了列奥纳多直到去世前都在反复涉及的一个主题：毁灭性的灾难场景和吞没地上所有生灵的大洪水。列奥纳多笔下的故事讲述者被巨人吞下，他发现自己在黑暗的虚空中游泳。在令人悲叹的故事结尾，列奥纳多描绘了那些被从阴暗洞穴释放出来的梦魇般的恶魔，他终其一生都在被它们烦扰、驱赶和围困。"我不知道该说什么或者该做什么，我发现自己要头朝下游过巨大的喉咙，然后埋葬在他硕大的肚子里，被生死未卜的恐慌包围。"

在米兰宫廷效力时，列奥纳多还写了另一篇奇幻小说，从中也能看到他天赋里的黑暗面，这篇小说也预示着在生命的最后时刻，他对大洪水的描绘与叙述。它以书信体写作，信来自一位先知兼水利工程师，很明显，这个人就是列奥纳多自己，收信人是"叙利亚的财务官、巴比伦神圣苏丹的大臣"[37]，信中又一次提到了洪水和毁灭：

> 我们先遭遇狂风袭击，然后大山发生雪崩，积雪填满山谷，摧毁了大片城市。似乎老天仍不满意，风暴带着突发的洪水淹没了城市的低洼地带。接着，突降骤雨，更确切地说，是毁灭性的暴风雨，它将水泥沙石与树木的根茎枝干全部裹挟在一起，所有东西都从空中猛砸到我们身上。最后，地上燃起大火——大火不像借风势而来，而好似借助了三万妖魔之力——于是一切化为焦土。[38]

最终这个故事体现出列奥纳多想成为一名水利工程师的梦想。据他文中的这位叙述者所说，在金牛山修建了一个巨大的排水隧道后，叙利亚的风暴才被制服。

列奥纳多的一些研究者认为，这些文字说明他在经历阵发性的精神失常。其他学者则认为他确实去过亚美尼亚地区，而且亲身经历过他所描绘的大洪水。我认为更合理的一个解释是，这些故事就像列奥纳多笔下很多离奇的内容一样，初衷都是为了宫廷表演之用。不过，就算这些作品原本只是为了供他的赞助人取乐，字里行间依然透露出他内心的端倪，从中可以瞥见一位扮演成艺人的艺术家心头徘徊不去的苦闷。[39]

第七章
令人着迷的人

不凡的美貌与无尽的优雅

在米兰，列奥纳多为人称颂的不仅有他的才华，还有他的外表，他长相俊美、体格强健，而且温柔亲切。"他集不凡的美貌与无尽的优雅于一身。"瓦萨里如此形容他，"他相貌俊美出众，翩翩的风度能慰藉最忧伤的灵魂。"

虽然16世纪的传记作者们有过誉之嫌，但是列奥纳多确实很有魅力和吸引力，而且他朋友众多。"他为人如此可亲，赢得了所有人的爱戴。"瓦萨里写道，"与他交谈令人愉悦，人们的心被他俘获。"列奥纳多的怡人天性同样让保罗·焦维奥印象深刻。"他为人友善，严谨又慷慨大方，他的表情优雅，光彩照人。"焦维奥写道，"他的发明天才令人震惊，他对所有涉及美和高雅的问题拥有绝对的发言权，特别是对于庆典演出而言。"[1] 上述种种优点让列奥纳多结交了很多亲密的朋友。从数学家卢卡·帕乔利到建筑师多纳托·布拉曼特和诗人皮亚蒂诺·皮亚蒂，很多米兰和佛罗伦萨的杰出知识分子都在他们的书信和作品中提到过列奥纳多，认为他是一位受他们尊重和爱戴的伙伴。

列奥纳多喜欢穿颜色鲜艳的衣服，有时是为了炫耀。根据《加迪亚诺匿名者书》所述，"他穿着只能及膝的玫瑰色短袍，而那时候的风俗是穿长衫"。随着年纪的增长，列奥纳多开始蓄须，他的胡子"一直垂到胸前，卷曲的胡须修剪得体"。

最令人称道的是他乐于分享。"他是如此慷慨，朋友无论贫富，他都提供衣食住所。"瓦萨里写道。列奥纳多不为财富或物质所动。在笔记中，他曾公开谴责道："有些人只追求物质财富，毫不渴求智慧，可是智慧不仅是精神的养料，更是真正的精神财富。"[2] 因此，只要足够维持自己和身边人的生计，他就不会马不停蹄地工作赚钱，而是把更多时间花在了追寻智慧上。"他没有什么财产，也很少工作，但是他一直都有仆人和马匹。"瓦萨里写道。

　　马和所有动物都带给他"很多乐趣"，瓦萨里写道，"经过卖鸟的地方，他先照价付钱给卖家，然后亲手把鸟从笼子里放出来，让它们飞向天空，恢复失去的自由"。

　　因为热爱动物，列奥纳多有生之年的大部分时间都是素食者，虽然他的购物单显示，他经常为家里住的其他人购买肉食。"他不会因为任何原因杀死一只跳蚤。"一位朋友写道，"他喜欢穿亚麻布的衣服，因为不想穿戴任何与尸体有关的东西。"一位去过印度的佛罗伦萨旅行者曾写道，当地人"不吃任何带血的食物，他们也不允许别人杀生，就像我们的列奥纳多·达·芬奇那样"。[3]

　　除了在预言故事中描写了屠杀动物取食的悲惨场面，列奥纳多的笔记中还有其他抨击肉食者的文字。"如果你真像自诩的那样是百兽之王，"他写到对人类的看法时说，"那为什么你驯养动物只是为了让它们献出后代，成为你的盘中餐？"他提出素食是一种"简单"的食物，还督促更多的人吃素。"大自然为了满足你的口腹之欲，不是已经提供了很多简单的食物吗？或者就算你无法满足于这些简单的食物，但是它们可以搭配出无数种组合，你为什么不试试呢？"[4]

　　他戒荤是出于一种基于科学的道德感。列奥纳多发现，动物与植物不同，它们能感觉到疼痛。通过研究，他确认了动物能感受疼痛是因为它们有运动能力。"自然让有运动能力的生物有痛觉，这样就可以保护那些可能因为运动受到损伤的部位。"他推测道，"所以，植物无须痛觉。"[5]

萨莱

　　在那些成为列奥纳多同伴的年轻人中，最重要的要属一位被称为萨莱的顽劣少年，他到列奥纳多家的那天是 1490 年 7 月 22 日，当时列奥纳多三十八岁。"贾科莫搬来和我一起住了"，这是列奥纳多笔记中对此事的记录方式。[6] 奇怪的是，他并没有写明这是一位学生还是助手，不仅是这种表述方式有些扑朔迷离，这段关系本身也让人难以捉摸。

吉安·贾科莫·卡普罗蒂那时十岁，是一位贫穷农民的儿子，他们家就在附近的奥雷诺村。不久，列奥纳多就开始称他为萨莱或者"小恶魔"，当然这些称呼都是爱称。[7] 他的形象出现在列奥纳多的几十幅画稿和笔记素描中，既温柔又有点儿慵懒，有着天使般的卷发和一丝坏坏的笑容，在列奥纳多接下来的大部分人生里，萨莱都是他的伴侣。他就是瓦萨里之前描述的那位"优雅而美丽的年轻人，长着列奥纳多喜欢的漂亮卷发"。

那时一个十岁的男孩做仆人并不少见，但是萨莱的身份并不止于此。列奥纳多后来偶尔会称他为"我的学生"，但这容易让人产生误解；萨莱最多只能算是一位平庸的艺术家，也没有创作过几件原创作品。他一开始是列奥纳多的助手、同伴和文书，后来很可能变成了他的爱人。在列奥纳多的一个笔记本中，他工作室的一个学生画了一幅粗俗的漫画，一个长着双腿的巨大阴茎戳向了一个物体，物体上潦草地写着"萨莱"，这个学生可能是萨莱的对头。

洛马佐在 1560 年写了一本未出版的《梦之书》，他认识列奥纳多的一个学生。洛马佐在书中虚构了一段古希腊雕塑家菲迪亚斯和列奥纳多的对话，在他们的对话中，列奥纳多承认了自己爱慕萨莱。菲迪亚斯隐晦地问他们是否有过肌肤之亲，他问道："你有没有和他玩过佛罗伦萨人热衷的背后游戏呢？"

"很多次！"列奥纳多愉快地回应道，"你知道他是一个非常俊美的年轻人，尤其是在十五岁左右。"列奥纳多的话可能说明他们已经有了亲密接触。

"你这么说不感到羞耻吗？"菲迪亚斯问道。

列奥纳多，或者至少在洛马佐笔下的他并不感到羞耻。"为什么要羞耻？在君子中，没有比这更值得骄傲的了……男子之爱完全是美德的产物，美德的吸引让男人以各种友情联系在一起，这样从年轻时开始，随着他们的成熟，友谊也变得更加牢固。"[8]

刚一搬到列奥纳多那里，萨莱就开始履行他的绰号了。"第二天，我给他裁了两件衬衣，一双长袜和一件皮衣，当我准备付账的时候，他把钱偷走了。"列奥纳多写道，"我永远没法让他承认，尽管我确定是他所为。"即便如此，他还是让萨莱陪着自己去参加宴会，这说明他绝不只是一个手脚不干净的助手或学生。萨莱搬来两天后，列奥纳多带着他去参加了一场宴会，那是建筑师贾科莫·安德烈亚·达·费拉拉的家宴，萨莱在那里也很失礼。"（萨莱）吃了两份晚饭，干了四件坏事，因为他打碎了三个调味瓶，还把酒弄洒了。"这是列奥纳多在笔记本里的记录。

列奥纳多很少在笔记本里透露私人信息，但是他提到过几十次萨莱，经常是用一种恼怒的语气，但是话里话外也透露出他的忍俊不禁和宠爱之情。这里面有至少五次提到了萨莱偷东西。"9月7日，他偷走了一支价值二十二索尔多的笔，那支笔属于与我同住的马尔科。他从马尔科的画室偷走了这支银尖笔，马尔科找了很久，最后发现它藏在贾科莫的盒子里。"在1491年卢多维科·斯福尔扎和比阿特丽斯·德斯特的婚礼庆典期间，列奥纳多写道："我在梅瑟·加莱亚佐·达·圣·塞韦里诺的家里，准备为他的比武组织一场庆典，一些男仆将要在庆典上扮演野人，他们脱了衣服准备试穿演出服，其中一个人的钱包和其他衣服一起放在床上，贾科莫走过去，偷走了钱包里所有的钱。"[9]

这些事情一件接着一件，不仅萨莱的行为让人发笑，就连列奥纳多的表现也让人觉得好笑，他一边如此纵容萨莱，一边又如此认真地记录着他的种种不端行为。"来自帕维亚的阿戈斯蒂诺师傅给了我一张土耳其兽皮做靴子，不到一个月就被贾科莫偷走了，以二十索尔多的价格卖给了鞋匠。他自己承认钱都拿去买了茴香糖。"这是另外一个例子。这些记录都是用小字工工整整地书写在笔记本里的，但是在其中一条记录旁边，列奥纳多的字体变成两倍大，潦草的字迹明显带着怒气："小偷、骗子、顽固、贪婪。"

他们的争吵持续多年。在1508年列奥纳多口述给助手的一份购物清单中，出现了这样一句话，"萨莱，我想要和平，不要战争。不要再吵了，我投降"。[10] 尽管这样，列奥纳多仍继续放纵萨莱，其实终其一生他都如此。他给萨莱穿鲜艳的华服，其中很多都是粉红色的，这些开销（包括至少二十四双精美的鞋子和一双相当昂贵的长袜，依照价格推测，上面一定饰有珠宝）经常出现在他的笔记里。

老人和年轻人的绘稿

在萨莱搬来同住以前，列奥纳多就已经开始了一种他毕生都在重复的绘画形式，将一个中性化、长着卷发的美少年与一个老人面对面画在一起，老人通常满面沧桑，长着突出的下巴和鹰钩鼻，就像"主题页"笔记中的那位长者一样（图26）。正如列奥纳多后来写的创作原则所述，"在叙事性的绘画作品中，你应该让截然相反的事物紧密排列在一起，因为它们可以互相对照，特别是靠近彼此的时候。所以，要让丑的紧挨着美的，大的紧挨着小的，年老的紧挨着年轻的"。[11]

他从导师韦罗基奥那里学到了这种并排的形式。韦罗基奥善于塑造刚健的老年武士和美少年，在素描本中也经常让这两类人物彼此相对。肯尼斯·克拉克对此有如下描述：

最典型的老人造型是光头，胡须剃光，眉头紧锁，长着像胡桃夹子玩偶一样的鼻子和下巴，有时他的样子看上去像讽刺漫画，更多的时候其实是一种理想中的形象。他身上的特征代表了列奥纳多的力量和决心，这让他成为另外一种形象的对照——有阴柔之气的年轻人。列奥纳多对这一形象同样信手拈来。事实上，这些是列奥纳多潜意识的两个象形符号，当他心不在焉的时候，他在纸上信笔画出这两个形象……男子气概和女性气质，他们象征了列奥纳多天性中的两面。[12]

列奥纳多最早为人所知的此类作品出现在 1478 年的一页笔记中，那时他还在佛罗伦萨（图 31）。画面中的老人长着长长的鹰钩鼻，上唇凹陷，夸张的下巴向上翘起，这就是列奥纳多经常画的胡桃夹子脸型。人物头上的卷发提示这可能是列奥纳多画的自己年老时的漫画像。和他

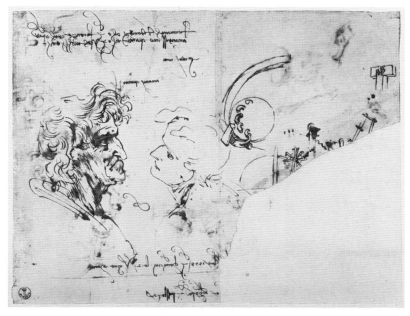

图 31_ 脸型像胡桃夹子的人和年轻人，1478 年

131

面对面的是一个寥寥数笔勾勒出来的男孩，这个纤弱的男孩没有什么特征，他弓着身子，稍稍扭着脖子，无精打采地抬头凝视。柔弱的男孩形象让人联想起韦罗基奥的雕塑《大卫》，列奥纳多可能为它做过模特，也许他自己都没有意识到，这幅画似乎是在回忆年少时光，让年少的自己与成年的自己相互对视。这幅对面像还可能表现了一种同伴关系。在这页笔记里，列奥纳多写道，"佛罗伦萨的菲奥拉万特·迪·多梅尼科是我最爱的朋友，他就像是我的……" [13]

图 32_ 老人和年轻人（很可能是萨莱），
15 世纪 90 年代

132

　　1490 年，萨莱搬来同住后，列奥纳多笔下的男孩开始变得更加温柔、丰满，甚至有点儿撩人。这个男孩应该就是萨莱，他的形象也随着时间流逝，日渐成熟。列奥纳多在 15 世纪 90 年代画的一幅老人与男孩对视的画稿就是一个很好的例子（图 32）。与他在 1478 年画的那幅不同，这幅画中的男孩有着茂密的卷发，像洪水一般从头上倾泻到修长的脖颈；眼睛也显得更大，但是也更加茫然空洞；他的下巴很丰满，仔细端详之下，饱满嘴唇的造型似乎与蒙娜丽莎的微笑相近，但是显得更加调皮。他看着既像天使，又有点儿邪恶。老人的手伸向了男孩的肩膀，但是前臂和身体在画中都被部分隐去，就好像两个人的身体融合在一起一样。虽然这不是列奥纳多的自画像，毕竟那时他才四十多岁，但是多年来，似乎他一直在用老人的漫画形象传达他自己面对衰老的感受。[14]

　　在整个职业生涯中，列奥纳多一再深情地描绘萨莱。我们能看到萨莱慢慢成熟，但是依然保持着温柔和性感。萨莱二十多岁的时候，列奥纳多用红粉笔和墨水笔为他画了一幅站立姿势的裸体像（图 33）。他的嘴唇和下巴仍显得孩子气，他还留着华丽的卷发，但是他的身体和略微伸开的手臂肌肉发达，我们在后面的《维特鲁威人》和一些解剖绘稿中也将看到这样的肌肉线条。另一幅全身裸体像是一幅背面像，他四肢伸展，略微丰满的身体非常强壮（图 34）。

　　几年后，大约在 1510 年，列奥纳多又画了一幅萨莱的侧面头像，在这幅粉笔画中，他面朝我们的右侧（图 35）。人物依然保留了之前所有的特征，从天鹅般的脖颈到丰满的下巴，以及慵懒的眼神，但是那时列奥纳多笔下的他有了些许老态，然而在列奥纳多的记忆中，萨莱一直像个孩子。他的上唇饱满突出，下唇柔软内收，再次露出坏坏的笑。

　　即使在生命的最后几年中，列奥纳多似乎仍旧着迷于萨莱的形象。在 1517 年左右的一幅素描中，他用温柔的笔触画出了记忆中年轻的萨莱（图 36）。他双眼略带茫然，眼睑松弛，但是依然撩人，他的头发依

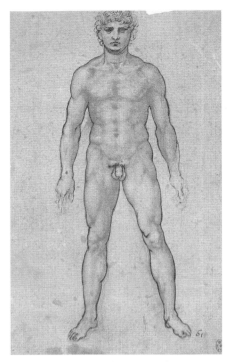

图 33_ 萨莱，约 1504 年

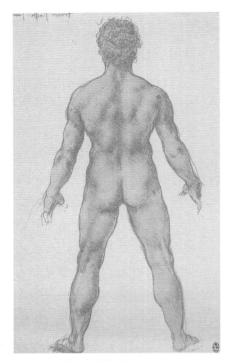

图 34_ 萨莱，约 1504 年

图 35_ 萨莱，约 1510 年

图 36_ 萨莱，约 1517 年

旧密实地卷曲着，就像瓦萨里所说，那是"列奥纳多喜欢的"。[15]

　　列奥纳多的一幅寓言式作品很容易让人想到这些老少相对的画像，那幅作品中的两个人物分别代表享乐与痛苦（图 37）。代表享乐的年轻人长相有些像萨莱，他和一个老人背对背站立，两个人的身体交织在一起。老人代表痛苦。两人的身体在手臂交叉的位置融为一体。"享乐和痛苦就像孪生子，"列奥纳多在画上写道，"因为它们相互依存。"

　　这幅画就像列奥纳多其他的寓言画一样，也有象征意义和双关。

图 37_ 享乐与痛苦的寓言画

135

痛苦站在淤泥里，而享乐站在金子上。痛苦的手里掉下来长着棘刺的小球，它被称为 tribolo，是 tribolatione（苦难）的双关语。享乐手中落下的是钱币，手里还拿着一根芦苇。列奥纳多解释了为什么芦苇代表痛苦之源——"罪恶的享乐"："右手的那根芦苇代表享乐，它不堪一击，毫无用处，但是它能割出染毒的伤口。在托斯卡纳，芦苇被用来垫床，意味着这里也是梦幻泡影的温床。"

他所指的"梦幻泡影"似乎也包括了那些性幻想，他在后面还哀叹它们让人不务正业。"很多宝贵的时光在这里虚度，很多虚妄的享乐让人流连。"他写到对床的看法，"心灵沉湎于不切实际的幻想，身体沉浸于那些享乐，都是人生败局的成因。"这是否意味着列奥纳多认为自己未有所成与那些在床上的享乐和幻想有关？正如他在描写享乐手里那根象征阴茎、"毫无用处"的芦苇时留下的警语，"如果你选择了享乐，请记住他背后的那个人会给予你痛苦和悔恨"。[16]

136

第八章
《维特鲁威人》

米兰大教堂的塔楼

　　米兰当局想在他们的大教堂顶上修建一座穹顶塔楼，并于 1487 年为此征集设计方案，列奥纳多抓住了这个机会，想要证明自己也是一名建筑师。那一年，他已经完成了理想城市的设计方案，但是并没有引起什么关注。通过这次塔楼设计比赛，他可以向别人展示自己有能力解决实际问题。

　　那时米兰的大教堂（图 38）已经建成了一个世纪，但是在中殿与耳堂的交叉处，屋顶上依然没有传统的塔楼。这项工程的挑战在于，既要符合原有建筑的哥特式风格，又要适应交叉处脆弱的房屋结构。之前有几位建筑师都铩羽而归。1487 年的这次比赛，至少有九位建筑师参加，他们完成任务的方式有点儿合作性质，会分享各自的想法。[1]

图 38_ 带穹顶塔楼的米兰大教堂

继布鲁内莱斯基和阿尔贝蒂之后，意大利文艺复兴时期又涌现出了一批集艺术家、工程师和建筑师于一身的跨界人才，米兰大教堂的塔楼项目让列奥纳多有机会和其中的两位翘楚一起工作，他们是多纳托·布拉曼特和弗朗切斯科·迪·乔治。后来这两位都成了列奥纳多的密友，他们合作了一些颇有意思的教堂设计。更重要的是，列奥纳多在这个过程中绘制了一系列手稿，它们都是以一位古罗马建筑学家的著作为基础的，列奥纳多在这些手稿中试图让教堂建筑与人体的比例和谐一致，这一点最终在他一幅标志性的手稿中发展到了极致，那幅手稿象征了人与宇宙的和谐关系。

布拉曼特是塔楼设计方案的初审专家。他比列奥纳多大八岁，来自乌尔比诺附近的农民家庭，他志向远大、野心勃勃。在15世纪70年代早期，他为了扬名立万搬到了米兰，从艺人到工程师，努力为自己争取各种机会。与列奥纳多一样，布拉曼特一开始也是在斯福尔扎宫廷中负责庆典和演出。他还创作了诙谐的诗词和机智的谜语，有时他还用里拉琴或者鲁特琴为自己的表演伴奏。

列奥纳多创作的一些寓言和预言就是为了配合布拉曼特的作品，在15世纪80年代末期，他们共同参与了一些为特别场合演出的幻想作品，以及斯福尔扎宫廷的其他娱乐事务。尽管两人都表现出耀眼的才华和天生的魅力，但是这些并没有妨碍他们成为亲密朋友。列奥纳多在笔记中亲切地称布拉曼特为"唐尼诺"[①]，而布拉曼特把一本关于罗马古迹的诗集献给了列奥纳多，并称他为"热忱的、亲爱的、令人愉快的伙伴"。[2]

在与列奥纳多成为朋友几年后，[3]布拉曼特用湿壁画技法绘制了一

---

① 唐尼诺（Donnino）是多纳托·布拉曼特（Donato Bramante）名字的另外一种拼写形式，此处表示昵称。——译者注

幅壁画，其中的人物是两位古代哲学家，赫拉克利特和德谟克利特（图39）。壁画中的德谟克利特被人类的处境逗乐了，他在大笑，而赫拉克利特则在哭泣。圆脸谢顶的德谟克利特好像是布拉曼特根据自己的形象画的，而赫拉克利特看起来像列奥纳多。他穿着玫红色的袍子，浓密紧实的卷发披散下来，眉毛和下巴都很突出，在他面前还有一本手稿，里面的字都是从右到左的镜像体。从中我们可以想象出盛年的列奥纳多还未蓄须的样子。

在斯福尔扎宫廷中，布拉曼特逐渐从负责演出娱乐变成了集艺术家、工程师和建筑师于一身的家臣，这不仅为列奥纳多树立了榜样，也

图 39_ 赫拉克利特与德谟克利特，左边是列奥纳多，布拉曼特作

为他的转型铺平了道路。15 世纪 80 年代中期，布拉曼特和列奥纳多一起工作时，已经将艺术与建筑才能结合在了一起，他在米兰的圣沙弟乐圣母堂设计了一座假的后堂，即教堂唱诗班所在的位置。这么做的原因是教堂的后部空间过于狭小，无法容纳一座完整的半圆形后堂。文艺复兴时期，越来越多的画家掌握了透视知识，布拉曼特利用透视原理，通过绘画制造出一个视觉假象，增加了空间的纵深感。

　　数年后，他将和列奥纳多一起完成一项类似的工作，那项工作无论是从工程学还是透视学的角度来说，都堪称杰作，那时卢多维科·斯福尔扎委托布拉曼特在圣马利亚感恩教堂的修道院中增建一座餐厅，而列奥纳

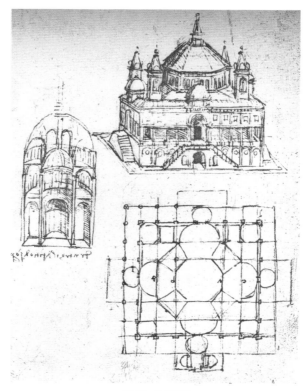

图 40_ 教堂草图

多则受雇在餐厅墙上绘制一幅以《最后的晚餐》为题的壁画。布拉曼特和列奥纳多都喜欢严格对称的教堂设计。因此，他们偏爱正殿位于中央的设计方案，其中还有交叠在一起的正方形、圆形和其他规则的几何图形，在列奥纳多的很多教堂设计草图中，也可以看出这种偏好（图40）。

1487年9月，布拉曼特提出了他对塔楼设计构思的书面建议。其中涉及塔楼究竟应该是四面还是八面，四面塔楼能更安全稳固地矗立在房顶的支撑梁上。"我坚持认为正方形远优于八边形，而且也坚固得多，因为它与建筑的其他部分更加匹配。"他总结道。

从1487年7月到9月，列奥纳多因为塔楼项目的工作收到了六笔酬劳，在进行这些工作时，他很可能与布拉曼特商议并写出了书面建议。在一篇演讲稿中，列奥纳多用他喜欢的类比法将人体与建筑进行了类比，进行了一番充满哲思的游说。"药物如果使用得当，可以让病弱者恢复健康，只有医生了解人体的特性，才能正确用药。"他写道，"这座'患疾'的大教堂也一样——它需要一位像医生般的建筑师，他懂得建筑的特性和正确建造的准则。"[4]

为了讨论建筑结构性缺陷的肇因，列奥纳多写了很多笔记，还画了不少草图，他也是第一个系统研究墙体裂缝成因的人。"垂直裂缝是因为原有的墙体受到新建墙体的挤压，"他写道，"因为墙缝无法再承载新增墙体的巨大重量，所以不可避免地裂开了。"[5]

为了支撑米兰大教堂部分不太稳固的结构，列奥纳多设计了一个拱形扶壁系统，这个系统可以用来加固他要建的那座塔楼的周边区域。此外，作为实验的信徒，列奥纳多还设计了一个简单的实验，来演示那个系统如何发挥作用：

> 这个实验是为了说明拱形结构承受的重量并未完全传递给下面的支柱，相反，拱形结构承受的重量越大，下面柱子受到的压

力越小：将一个人置于竖井中间的提秤上，然后让他用四肢撑在井壁上——你会发现秤上显示的重量少了很多。如果你在他的肩膀上增加重量，增加的重量越多，他的四肢挤压井壁的力量也就越大，而秤上读数就越小。[6]

列奥纳多雇了一位木匠的助手，在这位助手的帮助下，他制作了一个木制的塔楼设计模型，也因为这个模型，在1488年年初收到过几次酬劳。列奥纳多并没有企图让自己的塔楼与米兰大教堂的哥特式风格及华丽的外表融为一体，相反，他毫不掩饰与生俱来的对佛罗伦萨意式大教堂的偏爱。他为一座托斯卡纳风格的穹顶绘制过很多草图，它们的灵感明显来自布鲁内莱斯基设计的那座穹顶，而不是米兰大教堂的哥特式飞扶壁。列奥纳多最巧妙的设计提案是建造一座双层的塔楼，就像布鲁内莱斯基的穹顶那样。这个塔楼从外面看有四个面，跟布拉曼特建议的一样，但是里面有八个面。[7]

召唤弗朗切斯科·迪·乔治

在收到布拉曼特的建议及列奥纳多和其他建筑师的提案后，米兰当局对于下一步该如何进行有些不知所措，于是他们在1490年4月召集所有参与者开会。结果是再邀请另外一位专家加入，他就是来自锡耶纳的弗朗切斯科·迪·乔治。[8]

他比列奥纳多年长十三岁，也是一位集艺术、工程和建筑才能于一身的典范。他起初是一位画家，年轻的时候到了乌尔比诺，从事建筑师工作，后来又回到了锡耶纳，负责管理地下暗渠，在闲暇时间，他还是一位雕塑家。他也对军事武器和防御工事感兴趣。换句话说，他就是锡耶纳的列奥纳多。

143

跟列奥纳多一样，弗朗切斯科也有一个用来记录各种设计构思的袖珍笔记本，他从 1475 年开始为一本建筑专著收集想法，他希望这本书能成为阿尔贝蒂那部建筑著作的续篇。因为这是一本面向建筑者的手册，而非学术专著，所以弗朗切斯科用了粗浅的意大利文写作，而不是拉丁文。他试图将数学和艺术作为建筑设计的基础。他在书中涉猎之广就像列奥纳多天马行空的笔记本一样。在这本书的各页上散布着各种主题的讨论和图示，包括机械、庙宇一般的教堂、武器、抽水设备、起重设备、城市设计和防御堡垒。在教堂设计中，他与列奥纳多和布拉曼特一样，都偏爱对称的希腊十字式内部结构，在这种集中式布局中，耳堂与中殿的长度相等。

米兰公爵的朝廷向锡耶纳议会正式提出了文化交流的外交请求，他们陈述了大教堂塔楼工程的重要性，并请求批准弗朗切斯科参与这个项目。锡耶纳的议会勉强答应了这一请求，但是他们坚持弗朗切斯科必须尽快完成在米兰的工作，因为他在这里还有很多未完成的项目。6 月初，弗朗切斯科已经到了米兰，正在制作一个新的塔楼模型。

当月晚些时候，人们就此项目召开了一次大会，卢多维科·斯福尔扎和教堂的代表都出席了这次会议。在审查了三个备选方案后，他们接受了弗朗切斯科的建议，并选中了两名参与比赛的当地建筑工程师。最终方案是一个华丽的哥特式八面塔楼（图 38）。这与列奥纳多设想的更加优雅的佛罗伦萨风格相去甚远，于是他退出了这个项目。

但是列奥纳多依然对教堂设计颇感兴趣，在他研究图形变换及"化圆为方"的问题时，又画了超过七十幅与教堂有关的绘稿，内容包括优美的穹顶和理想中的教堂内部设计。在他最有趣的那些教堂设计平面图中，正方形里嵌入了圆形，从而组合出各种不同的几何形状，而祭坛摆放在正中央，这些设计意在象征人与世界的和谐关系。[9]

与弗朗切斯科的帕维亚之行

1490 年 6 月，当列奥纳多和弗朗切斯科·迪·乔治还在一起参与米兰大教堂的塔楼项目时，他们去了一趟帕维亚，那里距离米兰有二十五英里，当地正在兴建一座新的大教堂（图41）。帕维亚政府知道列奥纳多和弗朗切斯科在米兰的工作，所以请求卢多维科·斯福尔扎派他们来做顾问。卢多维科在给秘书的信中写道，"这座城市大教堂工程的主管

图 41_ 帕维亚大教堂

向我们提出了一个请求，希望我们同意把米兰大教堂工程主管雇用的那位锡耶纳工程师派到他们那里"。他指的是弗朗切斯科，但是很明显他忘记了后者的名字。在信末的附言中，他加上了把"来自佛罗伦萨的列奥纳多大师"也一起派去。

卢多维科的秘书回复说，弗朗切斯科在八天内可以离开米兰，走之前他要完成塔楼项目的初步报告。"来自佛罗伦萨的列奥纳多大师，"秘书写道，"每次被问到的时候都说他随时可以离开。"很显然，列奥纳多非常期待和弗朗切斯科一起旅行。"如果你派锡耶纳的工程师去，他也会跟着。"秘书报告说。帕维亚政府的报销单据列出了 6 月 21 日的住宿费用："向乔瓦尼·阿戈斯蒂诺·贝尼里支付已发生的费用，他是帕维亚'撒拉逊人'旅店的老板。来自锡耶纳的弗朗切斯科大师和来自佛罗伦萨的列奥纳多大师在那里住宿，他们两位被召集为工程提供咨询，随行的还有这两位工程师的同事、随从和马匹。"[10]

几年前，多纳托·布拉曼特就曾为拟建的帕维亚大教堂提过设计建议。与米兰大教堂不同，最终的设计方案明显不是哥特式风格，而更贴近列奥纳多的品位。它的正面简洁，内部设计非常对称，依照希腊十字式布局，中殿和耳堂长度相同。这种设计创造出一种平衡而均匀的几何美感。在平面图中，圆形和方形构成的区域既和谐又平衡，就像布拉曼特设计过的那些教堂一样，特别是梵蒂冈的圣彼得大教堂，它们也类似于列奥纳多在笔记本里画的那些教堂设计。[11]

弗朗切斯科那时正在修订他的建筑书稿，和列奥纳多旅行时，他们还一起讨论过。列奥纳多最终得到了一本弗朗切斯科的书，书里有大量的插图。此外，他们还讨论过另外一本备受推崇的著作。在帕维亚城堡的维斯孔蒂图书馆中有上千卷藏书，其中有一份优美的手稿副本是维特鲁威的建筑学专著，他是公元前 1 世纪罗马的一位军官和工程师。弗朗切斯科多年来一直努力将该书从拉丁文翻译为意大利文。不过，几个世纪以来，维特鲁威的手稿出现了很多不同的复本，而弗朗切斯科想要研究的正是现存于帕维亚的这部 14 世纪的抄本。列奥纳多感兴趣的也是这个版本。[12]

维特鲁威

马库斯·维特鲁威·波利奥大约生于公元前 80 年，他曾在恺撒的军队中效力，专门设计和建造火炮。在服役期间，他被派遣去过现在的西班牙和法国等地，最远到达过北非。维特鲁威后来成了一名建筑师，他建造过一座庙宇，原址位于意大利的法诺镇，现已不复存在。他最重要的贡献是他的建筑专著，也是古典时期唯一幸存下来的建筑典籍，现被称为《建筑十书》。[13]

在漫长黑暗的中世纪，维特鲁威的著作已经被人遗忘，但是在 15 世纪早期，它和很多古典作品一起被意大利的人文主义先驱波焦·布拉乔利尼重新发现整理，其中还包括卢克莱修的长诗《物性论》和西塞罗的演说。在瑞士的一家修道院里，波焦发现了一份 8 世纪的维特鲁威著作副本，并把它送回了佛罗伦萨。在那里，它成了众多重见天日的古典典籍之一，文艺复兴就诞生于这股风潮。年轻的布鲁内莱斯基去罗马时，就把它作为自己测量和研究古代遗迹的参考书，阿尔贝蒂在自己的建筑专著中也广泛地引用了这部著作。15 世纪 80 年代晚期，意大利新建的印刷厂之一出版了此书的拉丁文版，当时列奥纳多在笔记里写道，"询问书商关于维特鲁威的书"。[14]

维特鲁威作品对列奥纳多和弗朗切斯科的吸引力在于，它具体阐述了一个抽象的类比，这个类比的起源可以追溯到柏拉图和其他古人的思想，它成了文艺复兴时期人文主义的象征：人体微观世界与地球宏观世界之间的关系。

弗朗切斯科正在写作的那本书就是以这个类比为基础的。"一切艺术和一切世间的规则都源自姿势优美、比例匀称的人体。"他在第五章的前言中写道，"人，可以被称为一个小世界，整个世界的完美都体现在他的身上。"[15] 列奥纳多在他的艺术创作和科学研究中也将此奉为圭臬。他在这段时间写过一段著名的话，"古人称人是一个小世界，这个称呼恰如其分，因为人的身体就是一个模拟的世界。"[16]

维特鲁威将这个类比应用在庙宇的设计中，他规定建筑的布局应该反映出人体的比例，就好像人体平躺在平面设计图上一样。"庙宇的设计离不开对称，"他在第三本书的开头写道，"各部分之间必须有精确的比例关系，就像体型优美的人体一样。"[17]

维特鲁威细致入微地描述了这种"体型优美的人体"的比例特征，供庙宇设计参照。一开始，他写到下巴到额顶的距离应该是身高的十分之一，然后又写了很多类似的注释。"脚长是身高的六分之一，前臂为身高的四分之一，胸部的宽度也是四分之一身高。其他的身体部位也有它们的对称比例，正因为遵循了这些比例，那些古代的画家和雕塑家才能流芳百世。"

维特鲁威描述的人体比例启发了列奥纳多，他后来进行了一系列类似的测量，这也是他从 1489 年开始的解剖学研究之一。在更广泛的意义上，维特鲁威所尊奉的信念——人体比例与设计优良的庙宇，甚至与宏观世界之间具有可比性——成了列奥纳多世界观的核心。

在详细描述完人体比例之后，维特鲁威将人体与一个圆形和一个正方形进行了参照对比，用一种形象易记的方式介绍了如何确定教堂建筑的理想比例：

> 在一座庙宇中，各部分与整体之间都应是和谐的对称关系。人体的中心点是肚脐。如果一个人仰卧，手脚伸展，以肚脐为圆

心，用圆规画圆，那么他的手指和脚趾正好触及这个圆的圆周。在人体上除了能画出圆形，还可以画出一个正方形。如果我们测量这个人从脚跟到头顶的距离，然后用这个长度去比照他双臂展开的宽度，会发现它们二者相等，就像正方形的边长一样。[18]

这是一个颇具视觉冲击力的形象。但是据我们所知，从维特鲁威写下这些文字直到 15 世纪，未曾有人依照他的描述认真精确地绘制过这幅图像。大约在 1490 年，列奥纳多和他的朋友们开始着手研究这个在教堂和宇宙中伸展四肢的人体形象。

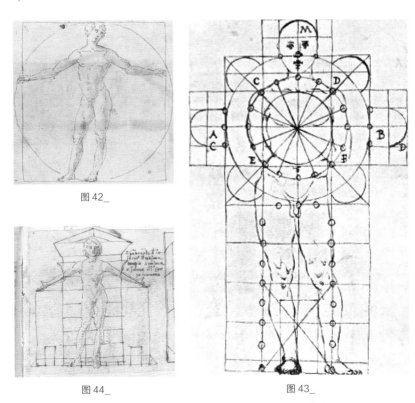

图 42_

图 44_

图 43_

三幅维特鲁威人，均由弗朗切斯科·迪·乔治作弗朗切斯科至少画过三幅这类作品，主要是为了给他的著作和他翻译的维特鲁威手稿配图。在其中一幅作品中，一个人站在叠在一起的圆形和方形里，显得优美而梦幻（图 42）。这种描绘方式并不精确，更像一张示意图。无论圆形、正方形，还是人体都没有显示出应有的比例关系，而是随意为之。弗朗切斯科的另外两幅作品（图 43 和图 44）中，人体比例考虑得更加周详，他将人体置于由圆形和方形构成的教堂平面设计图中。他这几幅草图均非令人难忘的艺术作品，但是它们说明，在 1490 年他和列奥纳多的帕维亚之行中，两人都被维特鲁威构想的形象迷住了。

与贾科莫·安德烈亚的晚餐

大约在同一时间，列奥纳多的另外一位密友也根据维特鲁威的描述画了一幅草图。他就是贾科莫·安德烈亚。卢多维科在米兰宫廷召集了一批建筑师和工程师，形成了一个彼此合作的圈子，安德烈亚也是其中一员。米兰宫廷的数学家——列奥纳多的另一位好友卢卡·帕乔利——在《神圣比例》一书的献词中曾提到几位杰出的宫廷成员，在称颂完列奥纳多后，帕乔利接着写道，"还有贾科莫·安德烈亚·达·费拉拉，他就像列奥纳多亲爱的兄弟一样，也热衷于研究维特鲁威的著作"。[19]

我们在前文已经见过贾科莫·安德烈亚。萨莱到列奥纳多家的第三天，列奥纳多就带他去了贾科莫·安德烈亚家赴宴，就是在那天晚上，萨莱"吃了两份晚饭，干了四件坏事"。[20] 宴会的时间是 1490 年 7 月 24 日，就在列奥纳多和弗朗切斯科从帕维亚回来四周后。有些珍贵的、充满历史意义的宴会会让你恨不得坐上时光机去看看，当天的晚宴就属于这种。当萨莱没有打扰他们的谈话时，他们聊的显然是列奥纳多和弗朗切斯科刚刚在大学看到的维特鲁威手稿。

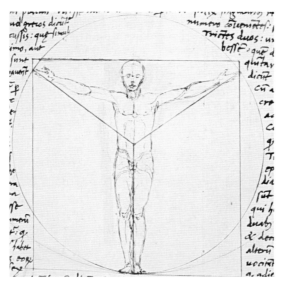

图 45_ 维特鲁威人，贾科莫·安德烈亚作

安德烈亚决定亲手绘制维特鲁威的构想，我们可以想象他一边吃晚餐，一边和列奥纳多讨论，希望萨莱没有把酒洒在他们的草稿上。安德烈亚画了一个简略的版本，一个人在圆形和方形中伸展手臂（图45）。值得注意的是，圆形和正方形的中心并未重叠；圆形的位置比正方形高，所以人的肚脐在圆心，而他的下阴在正方形的中心，正如维特鲁威所说的那样。图中的人双臂展开，像十字架上的基督，而他的双脚并拢在一起。

九年后，当法国军队占领米兰时，安德烈亚被法军杀害，还被残忍地肢解了。此后不久，列奥纳多就开始到处搜寻他抄写的维特鲁威著作，并最终得偿所愿。"住在大熊客栈附近的温琴齐奥·阿利普兰多先生有贾科莫·安德烈亚的维特鲁威手稿。"他在一个笔记条目中写道。[21]

20 世纪 80 年代，安德烈亚的绘稿被重新发现。在意大利费拉拉的一家档案馆中，建筑史学家克劳迪奥·斯加尔比发现了一部被人遗忘的

151

维特鲁威著作的手抄本，上面有大量的配图。[22] 他确定这份手稿应该是由安德烈亚编纂的。其中的一百二十七幅插图里，就有安德烈亚版本的维特鲁威人。

列奥纳多的版本

在弗朗切斯科·迪·乔治和贾科莫·安德烈亚绘制维特鲁威人的时候，列奥纳多也在做着同样的尝试，不过与这两位朋友相比，他的版本有两点显著区别。无论是科学的准确性，还是艺术的独特性，列奥纳多的版本都处于一个完全不同的境界（图46）。

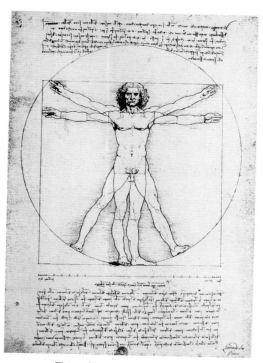

图46_《维特鲁威人》，列奥纳多作

这幅手稿现存于威尼斯学院美术馆四层的一间密室里，因为长时间暴露在光线中会导致褪色，所以这件作品很少展出。当一位策展人把它拿出来放在我面前的桌子上时，看着列奥纳多的金属笔尖留下的凹痕和他用圆规尖刺出的十二个小孔，我深受触动。我似乎看到了五百年前这位大师正在忙碌的手，一种奇异而亲切的感觉涌上心头。

和他朋友们的版本不同，列奥纳多画得极为精细。他的线条不像草稿那样充满试探性。相反，他笃定地在纸上画出像雕刻一样的线条，笔法力透纸背。看得出他已经进行了非常认真的构思，因此一笔一画尽在掌握。

在动笔之前，他已经确定了圆形的底部应与正方形的底部相切，但是比方形更高、更宽。他用圆规和三角板画出了圆和方形，然后让人的双脚稳稳地站于它们之上。最终根据维特鲁威的描述，人的肚脐是圆形的圆心，而他的下阴在正方形的中心。

在这幅手稿下面的注释中，列奥纳多对这个姿势做了附加说明："双腿分开，直到头部下降的高度为身高的十四分之一，抬起双手，直到伸出的手指碰到头顶的水平线，这时伸展的四肢中心就在肚脐，而双腿之间的区域将是一个等边三角形。"

这一页上的其他注释提供了更详尽的尺寸和比例，而且注明引自维特鲁威：

　　建筑师维特鲁威在他的建筑学著作里写到人体尺寸比例的分布如下：

　　人平伸双臂的宽度等于身高。

　　从前额发际线到下颌底部的距离是身高的十分之一。

　　从下颌底部到头顶部的距离是身高的八分之一。

　　从胸部上缘到头顶的距离是身高的六分之一。

　　从胸部上缘到前额发际线的距离是身高的七分之一。

153

双肩最宽处是身高的四分之一。

从乳头到头顶的距离是身高的四分之一。

从肘部到中指尖的距离是身高的四分之一。

从肘部到腋窝的距离是身高的八分之一。

手掌的全长是身高的十分之一。

阴茎的根部位于身高一半处。

脚长是身高的七分之一。

尽管列奥纳多说这些测量结果都来自维特鲁威，但是他并没有照单全收维特鲁威书中的内容，而是参照了自己的经验和实验，又一次实践了他的座右铭。在笔记里的二十二条测量结果中，只有不到一半引自维特鲁威的著作，其余的测量数据来自列奥纳多对人体解剖和人体比例的研究，这些是他最初的研究记录。例如，维特鲁威认为身高是脚长的六倍，但是列奥纳多记录的比例是七倍。[23]

如果只是为了画一幅科学示意图，列奥纳多完全可以用一个更简单的人物造型。也许看似多此一举，但是他用优雅的线条和细腻的阴影创造出了一种非同凡响的美。他的杰作将人与神交织于一体，画面中的人物目光专注却不乏亲切，还长着列奥纳多喜欢画的卷发。

这个人似乎处在运动状态中，充满生机与活力，就像列奥纳多研究过的蜻蜓一样。列奥纳多让我们感觉简直是亲眼看到人物的双腿在交替、伸出、并拢一样，他的双臂好像在振翅飞翔。除了用阴影线衬托的躯干部分，他全身充满动态。尽管动感十足，他依然让人感觉自然轻松。唯一有点儿奇怪的地方是他左脚的位置，它向外翻转是为了作为尺寸参照。

《维特鲁威人》究竟在多大程度上可以看作一幅自画像？列奥纳多画它的时候是三十八岁，和画中的人物年纪相当。同时代的人在描述列奥纳多的外貌时，都强调了他有"美丽的卷发"和"匀称的比例"。《维特鲁威人》与很多被认为是列奥纳多肖像的作品都有相似之处，特别是布拉曼特对赫拉克利特的描绘（图 39），它显示列奥纳多在那个年纪仍然没有蓄须。列奥纳多曾经警告不要落入"每个画家都在画自己"的陷阱，但是在他计划写作的绘画专著中，有一节名为"论人物与创作者的相似性"，他在其中也接受了这样做很自然的观点。[24]

维特鲁威人的目光如此专注，就好像一个人在凝视镜子里的自己，事实上可能确实如此。托比·莱斯特写过一本关于这幅手稿的书，据他所说，"在这幅理想化的自画像中，列奥纳多褪去一切，回归本质，丈量自身，这代表了人类的一种永恒希望：或许我们有足够的心智弄清如何存在于这个容纳万物的宏大体系之中。不妨把这幅图当作一种猜想，一种抽象意义上的自画像，列奥纳多——作为一位艺术家、自然哲学家和全人类的代言人——皱着眉盯着自己，试图理解那些关于他自身本质的秘密"。[25]

列奥纳多的《维特鲁威人》呈现了一个艺术与科学融合的瞬间，这种融合让凡人的心智有机会去探索那些永恒的问题：我们是谁，我们如何居于宇宙的宏大秩序之中。它同样象征一种理想的人文主义精神，颂扬个体的尊严、价值和理性思维。赤裸裸地站在地球与宇宙的交叉点上，我们不仅在方圆之中看到了列奥纳多·达·芬奇的本质，还有我们自己的本质。

同侪协作与《维特鲁威人》

《维特鲁威人》的创作过程和米兰大教堂塔楼的设计过程都引发了学术界的很多争论，争论的焦点是哪位艺术家和建筑师的功劳更大。其中部分讨论忽视了合作和分享交流的重要性。

列奥纳多在画《维特鲁威人》的时候，他的头脑中跃动着很多彼此关联的想法，其中包括"化圆为方"的数学难题，人体微观世界与地球宏观世界的类比，发现人体比例的解剖学研究，教堂建筑中方形和圆形的几何学，几何图形的形状变换，还有一个结合了数学与艺术的概念，被称为"黄金分割"或"神圣比例"。

他能产生出关于这些主题的想法，不仅是因为他自己的经历和阅读，还来自与朋友和同道的交流。就像历史上那些最著名的跨学科思想家一样，对列奥纳多来说，构思也是共同努力的成果。与米开朗琪罗和其他那些深陷苦闷的艺术家不同，列奥纳多享受别人的陪伴，围绕在他身边的有朋友、伴侣、学生、助手，还有宫廷中的同事和思想家。在他的笔记本中，我们发现了许多他想要与之交流想法的人。他最亲密的朋友都是知识分子。

在像米兰的这种文艺复兴时期的宫廷里，各类人才聚集在一起，不仅促进了思想交流，还便于共同激发灵感。除了大批的音乐家和庆典表演者，斯福尔扎宫廷中还供养了建筑师、工程师、数学家、医学研究者和形形色色的科学家，他们不仅帮助列奥纳多完成了他的继续教育，还让他的好奇心得以尽情释放。伯纳多·贝林乔尼是米兰的宫廷诗人，不过比起作诗，他更擅长阿谀奉承，他曾盛赞卢多维科的宫廷里各种人才济济一堂。"他的宫廷中艺术家云集，"他写道，"就像蜜蜂被蜂蜜吸引一样，饱学之士纷至沓来。"他还将列奥纳多与古希腊最伟大的画家相提并论："列奥纳多是来自佛罗伦萨的阿佩莱斯。"[26]

兴趣各异的人们偶然相遇的地方常常也是新想法的诞生之所。这就是史蒂夫·乔布斯喜欢他的大楼里有中庭的原因，这也是年轻的本杰明·富兰克林创建了一个俱乐部，每周五费城最有趣的人都会聚拢在那里的原因。在卢多维科·斯福尔扎的宫廷中，列奥纳多找到了志趣各异的朋友，他们的观点在相互碰撞时，迸发出思想的火花。

第九章
骑士纪念碑

入驻宫廷

1489 年春天，当列奥纳多为米兰大教堂项目提供咨询服务时，他得到了七年前给卢多维科·斯福尔扎求职信的末尾提到的那份工作：设计那座"彰显令尊的不朽荣誉和永恒荣光"的纪念碑。按计划，这座纪念碑将被建成一个巨大的骑士塑像。同年 7 月，佛罗伦萨驻米兰大使向洛伦佐·德·美第奇报告说，"卢多维科公爵计划为他的父亲树立一座令人瞩目的纪念碑"，"依照他的指示，列奥纳多需要制作一个模型，身披铠甲的弗朗切斯科公爵骑在巨大的马匹上"。[1]

这项委托任务连同宫廷庆典中的表演和设计工作，终于让列奥纳多在宫廷里有了正式的职位，这个职位不仅有薪水，还提供住所。他被称为"列奥纳多·达·芬奇，工程师和画家"，而且被认为是公爵的四名主要工程师之一。这是他梦寐以求的位置。

列奥纳多和他的助手们因为这份工作不仅有了新住所，还有了一个制作骑士像模型的工作室，地点就在紧挨着大教堂的老王宫，这是一座位于城中心的历史悠久的城堡。之前，维斯孔蒂公爵曾住在这里，最近这座有塔楼和护城河的中世纪城堡刚刚被整修过。它被用来招待卢多维科喜爱的廷臣和艺术家，比如列奥纳多，而卢多维科本人则更喜欢米兰城西边新建的、城防更加坚固的宫殿，于是那里成了斯福尔扎城堡。

列奥纳多的薪金优厚，足以支付随从人员的日常开销，其中包括两位助手和三四名学生，不过前提是他得能拿到这些报酬。卢多维科的军费开支不断增加，有时会出现资金短缺的问题，在15世纪90年代末，列奥纳多不得不请求他支付拖欠的工资，需要这笔钱的除了他自己，还有"需要我支付佣金和承担花费的两名熟练技工"。[2] 作为补偿，卢多维科最终把米兰城外一座有稳定收益的葡萄园给了列奥纳多，后来这座葡萄园一直是他的财产。

列奥纳多的住处分别在城堡的两层，对面就是两个庭院中较小的那一个。楼上较大的房间通向屋顶，他在里面试制了一架飞行器。从他一段描述艺术家工作状态的文字中，我们可以想象出列奥纳多工作室的样子，或者至少是他理想中工作室的样子："画家轻松自在地坐在他的作品前。他衣着讲究，挥动轻盈的画笔，笔上蘸着细腻的色彩。他穿着自己喜爱的衣服。他的家干净整洁，到处都是令人愉悦的画作，而且经常有音乐或者佳作诵读相伴。"

此外，列奥纳多的工程师才华还激发他想出了一些别出心裁的便利装置：工作室的窗户应该装有可调节的窗帘，这样就可以很容易地控制光线；画架应该放置在可以用滑轮升降的平台上，"这样作品可以上下移动，而不是画家在移动"。他还设计了可以在夜晚保护作品的系统，并且绘制了草图。"你可以把作品合上，放在一旁，就像那些关上后可以当座椅的箱子一样。"[3]

设计纪念碑

因为卢多维科的统治并非建立在世袭王朝的基础上，他企图通过各种不朽的方式确立他们家族的地位，列奥纳多设计的骑士雕像就是为了满足这一需要。那座雕像原计划连人带马总重七十五吨，如果铸造完成，它将是历史上最大的青铜雕像。不久前，韦罗基奥和多那太罗制作了一座大型骑士雕像，大约有十二英尺高；列奥纳多计划建造的这一座至少有二十三英尺高，比实物大三倍。

虽然最初建造骑士像是为了纪念去世的弗朗切斯科公爵，但是吸引列奥纳多注意力的不是骑士，而是马匹。实际上，他对已故的公爵已经完全失去了兴趣，不久，这座雕像就被他和别人称为"那匹马"了。在准备过程中，他投身于对马的详细的解剖学研究，其中包括精确的尺寸测量，以及后来的实际解剖。

　　列奥纳多决定在动手雕塑前，亲自解剖一匹马，即便这是他一贯的作风，我们依然应该感到惊叹。这一次，他为艺术进行解剖研究的冲动又将他引向了纯粹的科学探索。我们可以想见他研究马匹的过程：先在笔记上记录详细的测量和观察结果，然后根据这些信息绘制出各种示意图、图表、素描和那些交织了艺术与科学的优美草图。这些研究最终让他踏入了比较解剖学：在后来的一系列人体解剖绘稿中，他将人左腿的肌肉、骨骼和肌腱与剖开的马后腿并排在一起进行对比。[4]

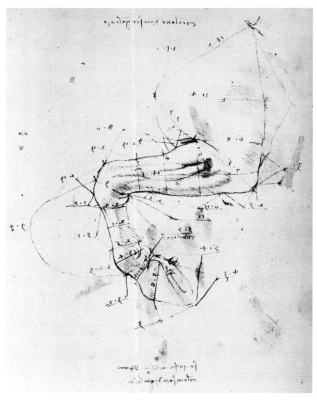

图 47_ 马腿

160

列奥纳多醉心于这些解剖学研究，他是那么投入，以至于决定写一本关于马的解剖专著。尽管瓦萨里称这本专著确实完成了，但这似乎不是事实。与以往一样，列奥纳多很容易被相关的主题分心。他在研究马的时候，开始筹划让马厩更清洁的方法；在后来的那些年中，他为马厩设计了各种各样的系统，包括通过顶棚的管道向食槽自动填充饲料，以及利用水闸和倾斜的地面来清理粪便。[5]

当列奥纳多在皇家马厩研究马的时候，他对其中一匹西西里的纯种马特别感兴趣，这匹马的主人是加莱亚佐·圣塞韦里诺，他是米兰的指挥官，也是卢多维科的女婿。列奥纳多为这匹马绘制了不同角度的草图，在一幅前腿的细节图中，从马蹄的长度到马腿不同部位的宽度（图47），一共标注了二十九处精确的测量结果。另外一幅用金属笔和墨水画在蓝色纸上、堪称骑士塑像版的《维特鲁威人》，不仅颇具美感，还有科学标注。仅在温莎城堡的王室收藏中，这类关于马匹解剖艺术的作品就有超过四十幅。[6]

一开始，列奥纳多打算让马扬起前蹄，靠后腿站立，左前腿踏在一名倒地的士兵身上。在一幅画稿中，他笔下的那匹马头部侧转，肌肉发达的腿部好像要随着摆动的马尾一起发动一般（图48）。但是就连列奥纳多也意识到了一个现实问题，对一座如此巨大的雕像来说，选择这种难以保持平衡的姿势并不明智，所以他不得不接受了让马匹小步跑的姿态。

列奥纳多集勤奋与分心、专注与拖延于一身，这经常让他的赞助人感到不安。1489年7月，佛罗伦萨驻米兰大使在报告中提到卢多维科请求洛伦佐·德·美第奇"派给他一两位擅长此类工作的佛罗伦萨艺术家"。很显然，卢多维科不相信列奥纳多能完成这项工作。"虽然他把这项任务委托给了列奥纳多，但是对后者的成功信心不足。"大使解释说。

图 48_ 斯福尔扎纪念碑的草图

　　因为担心自己可能会失去这份委托，列奥纳多发动了一场公关活动。他向自己的朋友、人道主义诗人皮亚蒂诺·皮亚蒂寻求帮助，不仅请他为塑像底座写了一段警句，还让他写诗赞美自己的设计。皮亚蒂并不是斯福尔扎家族的宠儿，但是他对能左右宫廷舆论的人文主义学者有相当大的影响力。1489 年 8 月，在卢多维科向另一位雕塑家征询意见一个月后，皮亚蒂给自己的叔叔写了一封信，在信中请他派"一名仆人尽快把随函附上的四行诗交给来自佛罗伦萨的列奥纳多，他是一位杰出的雕塑家，这是他之前索要的"。皮亚蒂告诉他的叔叔，自己是这场集体声援活动的众多参与者之一："这项任务对我来说义不容辞，因为列奥纳多是我的挚友。我毫不怀疑这位艺术家向很多人提出了同样的请求，他们可能都比我更有资格表达同样的意见。"尽管如此，皮亚蒂仍然坚持不懈。他写了一首诗赞美列奥纳多构思的马如何宏伟壮丽："艺术地再现了公爵的不朽形象，让公爵胯下的骏马也有了超凡之气。"在另外一首诗中，他用人文主义的词汇把"列奥纳多·达·芬奇，最高贵的雕塑家和画家"描绘为"古典艺术家的崇拜者和心怀感恩的追随者"。[7]

　　列奥纳多最终成功地保住了这项委托任务。"1490 年 4 月 23 日，我启用这个笔记本，重新开始那匹马的创作。"他在新笔记本的开头写道。[8]

两个月后，在和弗朗切斯科·迪·乔治一起去帕维亚时，列奥纳多研究了当时为数不多的古罗马骑士雕塑中的一座。这座雕塑呈现出的动感让他着迷。"最值得称道的就是它的动态，"他在笔记里写道，"小跑的姿态就像一匹自由驰骋的马。"[9]他意识到抬腿阔步的姿态不仅生动感不逊于后腿站立的姿势，而且制造起来更加容易。最终他的新设计类似于帕维亚的这座纪念碑。

　　列奥纳多成功地制作了一个全尺寸的黏土模型，在卢多维科的侄女比安卡·斯福尔扎和未来的神圣罗马帝国皇帝马克西米利安一世的婚礼上展出了这个模型。这个宏伟壮丽的模型让宫廷诗人们诗兴大发。"如此壮观雄伟者，希腊、罗马都未曾得见。"巴尔达萨雷·塔科内写道，"看这匹马多么优美，是列奥纳多·达·芬奇独自创造了它。他是雕塑家、出色的画家、优秀的数学家，如此才华世间罕有。"[10]很多赞颂模型宏伟和优美的诗人都玩起了双关，他们把列奥纳多的成就称为"芬奇人的胜利"①(the Vincian victory)，认为他超越了之前的所有设计，包括古典艺术家在内。他们还对模型的活灵活现赞赏有加。保罗·焦维奥将那匹马描述为"情绪激昂、鼻息喷涌"。这座模型至少暂时让列奥纳

---

①　这里有谐音和双关语的意思。列奥纳多的姓 Vinci 来自拉丁文 vincere，这个动词有征服和胜利的意思。——译者注

多不再只是一位闻名的画家，同时也是一位出名的雕塑家，而且他还希望借此成为一位知名的工程师。[11]

铸造铜马

在完成黏土模型之前，列奥纳多就已经开始着手解决一项更加艰巨的挑战了，那就是如何铸造一个如此巨大的纪念碑。带着一贯的严谨态度和创新精神，他花了两年多的时间拟订方案。"这里将记录所有与制作中的铜马有关的内容。" 1491 年 5 月，他在一个新笔记本的开头写道。[12]

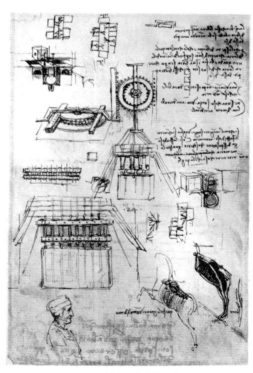

图 49_ 铸造纪念碑的方案

大型纪念塑像传统的铸造方式是分块铸造。头部、腿部和躯干都有单独的模具，然后将各部分焊接在一起，再打磨抛光。虽然这样做的结果难以尽善尽美，但是切实可行。因为列奥纳多这座塑像的大小堪称前无古人，这种分块铸造的方式就显得更加必要。

然而作为艺术家，列奥纳多执迷于追求完美，为了完美地呈现他追求的美和胆识，他致力于实现一项工程技术上的壮举——他决定用一个模子铸造整匹巨型铜马。在一页引人入胜的笔记中，他画了很多需要用到的机械（图49）。他的草图激情洋溢，同时又不乏细节，就像一位未来主义者在设计火箭飞船的发射台。[13]

列奥纳多打算用他的黏土模型做一个模具，然后在里面覆盖上黏土和蜡的混合物。他特别说明要"分层干燥"。他在磨具中间放置了一个以黏土和碎石做成的内芯，融化的青铜取代了蜡质混合物，从模具的孔中注入，冷却后，再把碎石芯取出，这样塑像内部就是中空的。在马的背部有一个"带铰链的小门"，方便他在青铜冷却后取出碎石芯，最终这个活门将由坐在上面的骑士盖住。[14]

列奥纳多设计了一个"铸造罩"，这是一个铁质的网格状装置，它就像一件紧身胸衣那样被绑在模具外面，起到固定和保持模具形状的作用。这个罩子不仅是一项精巧的工程设计，它的草图还是一幅有着奇异美感的红色粉笔画，画面中的马头稍稍扭转，网格的光影非常雅致（图50）。横梁和支架把铸造罩与内芯连接在一起，从而为整个系统提供稳固的支撑。"这些是带有支架和铁索的马头颈部的模子。"他写道。

铸造方案是将熔化的青铜同时通过许多孔注入模具，这样才能保证铜液分布均匀。在铸造坑周围共有四个熔炉，这样可以加速铸造过程，让金属冷却时间更加均一。"在铸造时，让每一个人都用一个炽热的铁栓封住熔炉口，然后同时打开。用细铁棍来防止金属块堵住任何注入孔。再准备四根炽热的铁棍备用，以防正在使用的铁棍损坏。"

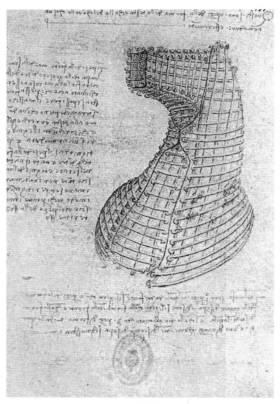

图 50＿ 纪念碑的铸造罩

　　为了找到最合适的铸造材料，列奥纳多试验了各种不同的材料和混合物。"首先，测试每一种成分，从中选择最佳者。"例如，为了制作黏土碎石内芯，他尝试了不同成分。"先试一试。"他在一个配方旁边写道，这个配方是"粗糙的河沙、灰、碎砖、鸡蛋清、醋与黏土的混合物"。为了防止模具在地下被潮气破坏，他调制了很多可能防潮的涂料。"在模具内部，先用亚麻籽油或者松节油浸润，然后拿一把硼砂粉和用蒸馏酒精溶解的松香。"[15]

　　他最初的设想是挖一个深坑，然后把模具倒置在坑里，将马腿朝上。镕化的金属倒进马肚子里，蒸气会从马蹄的孔里排出。他还在笔记里画了打算用到的起重设备、杠杆和机械设备。但是到了 1493 年年底，他已经放弃了这种想法，因为他意识到这个坑如果太深，会碰到地下水层。取而代之，他决定让模具侧躺在坑里。"我已经决定采用侧卧位，先铸造不带尾巴的马。"他在 1493 年 12 月写道。

不久之后，这个项目就搁浅了。因为军费开支优先于艺术支出。1494 年，法国国王查理八世的军队席卷了意大利，本来用作浇铸雕像的青铜被卢多维科运往费拉拉，他的岳父① 埃尔科莱·德斯特在那里用这些铜造了三门小炮。几年后，列奥纳多给卢多维科写了一封信，他在信的草稿中充满了沮丧之情，不过也只能认命。"关于那匹马，我没什么可说的，"他写道，"我知道时机不对。"[16]

那几门炮最终也没有起到什么作用，法国军队在 1499 年轻而易举地占领了米兰。占领米兰后，法国的弓箭手把列奥纳多的巨大黏土模型当成练习靶，它最终被毁于一旦。用那些铜造完炮以后，埃尔科莱·德斯特或许感到有些遗憾，因为两年后，他让在米兰的使者向法国当局打听那些没用过的模具："在米兰看到有卢多维科阁下打算铸马的模具，是某位叫列奥纳多的先生制作的，他是这方面的杰出大师，如果我们能获准使用这些模具，将是一件求之不得的好事。我们想铸造一匹自己的马。"[17] 但是他的愿望未能实现。虽然不是列奥纳多的错，但是这匹马和那些有可能成为杰作的作品一样，都成了未竟的梦想。

---

① 原著用词为"姐夫"，表述有误，经与作者确认，此处应改为"岳父"。——译者著

第十章
实验科学家

自学成才

列奥纳多·达·芬奇没有接受过正统教育，因此他喜欢夸耀自己从亲身经验中学习的本事。大约在 1490 年，他写了一篇冗长的文章，申明自己是一个"没有受过正统教育的人"和一名"实验的信徒"，他还抨击了那些喜欢引经据典，却从不亲身观察的人。"虽然不能像他们一样旁征博引，"他骄傲地宣称，"我将依靠更有价值的东西——经验。"[1]终其一生，他都在不断声明自己更倚重经验，而不是现成的知识。"可饮泉水者，不饮瓮中水。"他写道。[2] 这一点也让他不同于典型的文艺复兴人，那些人从重新发现的古代典籍中汲取智慧。

然而，列奥纳多在米兰获得的知识动摇了他之前的观念，因此不再那么鄙夷那些传承下来的智慧。我们可以看到在 15 世纪 90 年代早期出现的一个转折点，那时他开始自学拉丁文，从古人到与他同时代的严肃学者都使用这种语言。他从当时的教科书上抄了一页又一页的拉丁文单词和动词的词形变化，其中有一本还是卢多维科·斯福尔扎小儿子的课本。不过，这看上去并不像是一种有趣的练习：他在一页笔记上抄写了一百三十个单词，然后又在中间画了像胡桃夹子的头像，这次的画像显得比以往更加怒气冲冲和愁眉苦脸（图 51）。列奥纳多最终也未能精通拉丁文。他笔记中绝大部分内容都是意大利文，他做的书摘也都是来自意大利文版的书籍。

从这点来说，列奥纳多出生在一个幸运的年代。1452 年，约翰内斯·古登堡开始售卖用他的新型印刷机印制的《圣经》，就在此时，棉纤维造纸技术的发展让人们更加容易获得纸张。列奥纳多开始在佛罗伦萨做学徒的时候，古登堡的铅活字印刷技术已经跨越了阿尔卑斯山脉，传到了意大利。1466 年，阿尔贝蒂曾对此发出惊叹，"通过某种方式按压字符，一百天就可以从原著誊写出超过两百册书，而且不超过三个人

图 51_ 学习拉丁文的笔记和愁眉苦脸的头像

就可以完成全部工作。德国的发明家让这一切成为现实"。 一位来自古
登堡家乡美因茨的金匠约翰内斯·德·施皮拉（又被称为施派尔）搬到
了威尼斯，他于 1469 年建立了意大利第一家主要的商业出版社。这里
印制了很多古典著作，最开始是西塞罗的书信集和老普林尼百科全书式
的《自然史》，列奥纳多也买了后一本。到 1471 年的时候，米兰、佛罗
伦萨、那不勒斯、博洛尼亚、费拉拉、伯杜瓦和热那亚也有了印刷厂。
后来威尼斯成为欧洲出版业的中心，到 1500 年列奥纳多到访威尼斯的
时候，那里有近百家印刷厂，已经累计印制书籍两百万册。[3] 正是因为
印刷术的普及，列奥纳多才能成为欧洲首位未经正统的拉丁文或希腊文
教育而获得科学知识的重要思想家。

　　他的笔记本里写满了藏书清单和他做的书摘。15 世纪 80 年代末，

他在笔记中列出了五本藏书：普林尼的著作、一本拉丁文语法书、一本关于矿物和宝石的教科书、一本算术课本和一本路易吉·浦尔契的幽默史诗《巨人莫尔甘特》，这本书讲的是一个骑士的冒险经历，他最终让巨人皈依了基督教，美第奇的宫廷中经常上演这部史诗。到1492年，列奥纳多已经有了近四十册藏书。这些藏书再次证明了他兴趣广泛，它们涉及军事机械、农业、音乐、外科学、保健、亚里士多德的科学理论、阿拉伯人的物理学、手相，以及著名哲学家的生平，除此之外，还有奥维德和彼特拉克的诗歌、伊索寓言、淫秽打油诗和滑稽讽刺作品集，以及一部14世纪的轻歌剧，列奥纳多的部分动物寓言就源自这部歌剧。到1504年，他的藏书又增加了七十本，所有藏书包括四十本科学书籍、近五十本诗歌和文学作品、十本艺术和建筑著作、八本宗教书籍和三本数学书。[4]

他也多次记录了那些他希望借阅或者找到的书籍。"一位住在皮西纳的医生——斯特凡诺·卡波尼老师有欧几里得的书。"他写道，"乔瓦尼·吉林加洛师傅的继承人有皮拉卡诺的著作。""韦斯普奇要给我一本几何书。"他在一张待办事项清单上写道，"马利亚尼家有一本他父亲写的代数书……一本关于米兰及其教堂的书，在去科杜索路上的最后一家书店有售。"他一发现米兰旁边的帕维亚大学，就把它当成了知识的宝库："设法借到维托洛内的数学著作，它在帕维亚的图书馆里。"在同一张清单上还有："画家吉安·安杰洛的孙子有一本关于水利的书，书是他父亲的……让弗里亚尔·迪·布雷拉给我看看《重物的论述》。"他从五花八门的书籍中如饥似渴地吸收着知识。

此外，他还喜欢向人请教。他经常连珠炮似的向身边的人发问，我们也应该学着像他那样提问。"询问贝内代托·波尔蒂纳里，他们如何在佛兰德斯的冰上行走。"这一条待办事项读起来生动有趣，让人印象深刻。经年累月，他的笔记本里积累了各种各样的问题："请教安东

172

尼奥师傅，在白天或晚上，如何将迫击炮放置在堡垒上……找一个水力学老师告诉我，如何用伦巴第人的方式修缮船闸、运河和磨坊……问一下乔万尼诺师傅，费拉拉塔没有洞眼的外墙是如何建造的。"[5]

如此一来，列奥纳多不再只是经验的信徒，也是知识的门徒。更为重要的是，他开始看到科学的进步正是二者对话的结果。这反过来帮助他认识到知识也来自一种对话：实验与理论的对话。

实验与理论相结合

列奥纳多热衷于亲身体验，并非只是对他未受过正规教育的回击，不过这确实让他在早期忽视了理论的重要性。作为一名天生的观察者和实验者，他对于思考抽象概念既缺乏天赋，又没有接受过相应的训练。他更喜欢从实验中推导，而不是从理论中推理。"因为我打算先向经验求教，然后推理分析其背后的运作机制。"他写道。换句话说，他试图从对事实的观察中找出规律及背后的动因。"虽然自然以肇因为始，以经验为果，我们必须反向追究，以经验为始，探求起因。"[6]

就像他的很多创新一样，这一经验主义的方法再次让列奥纳多领先于时代。那些中世纪的经院神学家将亚里士多德的科学理论与基督教融合在一起，创造了一套权威的宗教信条，没有留下什么质疑或实验的空间。即便是文艺复兴早期的人文主义者，也更倾向于传承古代典籍，而不是亲身检验。

列奥纳多打破了这一传统，他的科学主要建诸观察之上，然后识别其中的规律，之后通过更多的观察和实验进行验证。他在笔记本里写了不下几十次"这可以用实验证明"之类的话，接着就开始描述如何在现实世界检验他的想法。在科学的实验方法出现以前，他就已经规定了如何重复实验和改变实验条件来保证实验结果的有效性："在从个案得出一般规律前，重复两三次实验，观察实验是否产生相同的结果。"[7]

凭借聪明才智，他设计出了各种新奇装置和巧妙方法来探索自然现象。例如，他在 1510 年左右研究人类心脏时，提出了一个假说，当心脏把血泵入主动脉时，血流会形成旋涡，这种旋涡是瓣膜正常闭合的原因，随后他设计了一个玻璃装置，以便用实验验证自己的理论（见第二十七章）。将研究对象可视化和绘制草图成为这一过程的重要组成部分。列奥纳多不喜欢和理论周旋，他更喜欢那些可以直接观察和描绘的知识。

但是列奥纳多已经不再只是实验的信徒。他的笔记本说明他一直在成长变化。15 世纪 90 年代，他开始从书本上吸收知识，这让他认识到除了经验证据，还要有理论框架的引导。更重要的是，他逐渐理解到这两种方式彼此互补，二者需要携手合作。"我们能从列奥纳多身上看出，他正在进行一项激动人心的尝试，那就是正确地评估理论与实验的相互关系。"20 世纪的物理学家利奥波德·英费尔德写道。[8]

从列奥纳多对米兰大教堂塔楼的提案中可以看出这种进步。他写道，要想知道如何修缮一座有结构缺陷、建筑老化的大教堂，建筑师需要理解"重量的本质及力的特性"。换句话说，他们需要了解物理学理论，但是他们也需要用实际工作中行之有效的经验来检验那些理论原则。他向大教堂的负责人承诺："我将尽力，用理论和实践让您满意，有时我会从原因推论结果，有时我会用实验验证理论原则。"他还保证"利用古代建筑师的现成经验"，而在那之前，他曾一度厌恶传统智慧。换句话说，他所倡导的正是我们所使用的现代科学方法：将理论、实验和传承的知识结合在一起，然后不断相互验证。[9]

对透视的研究也让列奥纳多看到了将经验与理论结合的重要性。他观察到，物体越远，就显得越小，但是他并未止步于观察，还利用几何学建立了物体大小与距离的比例关系。他在笔记里描述透视法则的时候，说自己的阐述方式是"有时从原因中推导结果，而有时从结果中辨明原因"。[10]

他甚至开始对那些只依赖实践却没有任何理论知识的人不屑一顾。"那些热衷实践却没有理论知识的人，就像船上没有舵或罗盘的水手，永远无法确定自己要去哪里。"他在1510年写道，"实践必须永远建立在可靠的理论之上。"[11]

结果，先于伽利略一个多世纪，列奥纳多就以他坚持不懈的实践成了推动实验与理论对话的西方重要思想家之一，这种对话将通向现代的科学革命。在古希腊，亚里士多德为归纳和演绎相结合的方法奠定了基础：依据观察得出基本原理，然后根据这些原理预测结果。当欧洲陷入中世纪迷信的黑暗岁月时，理论与实验的结合在伊斯兰世界取得了长足的发展。穆斯林科学家经常承担制造科学仪器的工作，这让他们成为测量和理论应用的专家。阿拉伯物理学家伊本·海塞姆，在1021年写了一本具有开创性的光学著作，他将观察与实验结合在一起，建立了一套人眼的视觉理论，然后还设计了进一步的验证实验。四百年后，阿尔贝蒂和列奥纳多的工作就是基于他的想法和方法。与此同时，亚里士多德的科学理论在13世纪的欧洲得以复兴，这要归功于像罗伯特·格罗斯泰特和罗杰·培根这样的学者。培根所用的实证法阐明了一个循环：由观察产生假说，通过精确的实验验证假说，然后用实验结果完善最初的假说。培根还准确、详尽地记录和报告了他的实验，便于其他人独立地重复和验证。

列奥纳多能成为实证法的典范，与他的观察力、性格特点和好奇心分不开。"伽利略比列奥纳多晚出生一百一十二年，但他通常被认为是严格的实验法的创立者，而且经常被称誉为现代科学之父。"历史学家弗里乔夫·卡普拉写道，"如果列奥纳多·达·芬奇生前就发表了他的科学著作，或者在他死后不久，笔记就得到了广泛研究，那么毫无疑问，这项荣誉本该授予他。"[12]

我认为这样说也许有些过头。科学方法并不是任何人的发明，不仅列奥纳多没有发明，亚里士多德、海塞姆、伽利略或者任何一位培根也都没有。但是列奥纳多将经验与理论结合的能力让人感到不可思议，他的例子充分说明了敏锐的观察力、狂热的好奇心、实验验证、质疑教条，以及从不同领域中洞悉规律的能力，如何给人类认识能力带来伟大的飞跃。

规律与类比

哥白尼、伽利略和牛顿通过抽象的数学工具，从自然中提取理论定律，而列奥纳多和他们不同，他倚赖的是一种更基本的方法：他能观察到大自然的规律，然后通过类比的方式形成理论。凭借他跨学科的敏锐观察力，他能分辨出其中反复出现的规律。就像哲学家米歇尔·福柯所指出的那样，列奥纳多那个时代的"原始科学"就是建立在相似性与类比的基础之上。[13]

因为列奥纳多对自然统一性的天生直觉，他的头脑、眼睛和笔在不同学科领域中疾速穿越，感知其中的关联。"他在不断搜寻和谐、统一的基本存在形式，这意味着当他看着由心脏延展出的血管网络时，他也看到了一颗种子的萌发，还把它画在了旁边。"亚当·戈普尼克写道，"在研究美女头上的卷发时，他想到了湍急水流的旋涡。"[14] 在画子宫里的胎儿时，他暗示它与果壳里的种子很相似。

在研发乐器的时候，列奥纳多把人类喉部的发声方式与竖笛演奏滑音进行了类比。当他参与米兰大教堂的塔楼设计时，他将建筑师和医生联系在了一起，这将成为他艺术创作与科学研究中最根本的一种类比：我们的物质世界与人体解剖结构之间的类比。他在解剖肢体的时候，除了画出肌肉和肌腱，还不禁画出了绳子和杠杆。

176

我们在那张"主题页"笔记里已经看到了这种基于模式的类比分析，他在那页笔记里将树枝与人的动脉进行了类比，对河流及其支流也进行了同样的类比。"一棵树所有高度的树枝合在一起，与它们下面的树干粗细相等。"他在另外一处笔记中写道，"一条河上的所有支流，如果它们流速相等，那么它们的总水量等于干流的水量。"[15] 这个结论至今仍被称为"达·芬奇法则"，事实证明，在分枝不太大的时候，这一规律确实成立：某一分枝点以上所有树枝的横截面积之和，与分枝点下方的树枝或树干的横截面积相等。[16]

他还将光、声音、磁力和锤击引发的振动回响进行了对比，发现它们都是呈放射状传播，而且经常是以波的形式呈现。他在笔记本中画了一组小幅示意图，来说明各种力场是如何扩散传播的。他甚至还画图说明了每种类型的波在碰到墙上的小孔时发生的现象——比荷兰物理学家克里斯蒂安·惠更斯的研究早了将近两个世纪——提出了波通过孔隙时会发生衍射。[17] 尽管对列奥纳多来说，研究波的力学只是一时兴起的好奇，但是其中也显示出了惊人的才华。

列奥纳多在不同学科间建立的联系也成为他进一步探索的指南。比如，水流旋涡与空气气流的类比成为他研究鸟类飞行的理论框架。"要想获取鸟类在空气中运动的知识，"他写道，"首先要了解风的运动。我们可以通过水的流动来验证。"[18] 不过，他辨识的那些规律并不只是他研究的指南，在他看来，它们不仅揭示了基本事实，还体现出了大自然美妙的统一性。

好奇心与观察力

除了从不同领域中发现规律的直觉，列奥纳多还经常磨炼另外两种有助于科学探索的特质：兴趣广泛、近乎狂热的好奇心，以及异常强大和敏锐的观察力。列奥纳多的很多特质都彼此关联，这两个也不例外。任何把"描述啄木鸟的舌头"写在日程表上的人，都被同时赋予了超乎一般的好奇心和敏锐的感觉。

列奥纳多的好奇心就像爱因斯坦一样，关心的都是大多数人十岁以后就不再感到困惑的现象：天空为什么是蓝色的？云是如何形成的？我们的视线为什么是直的？打哈欠是怎么回事？爱因斯坦说，因为小时候学说话很慢，其他人觉得平淡无奇的问题都会让他感到惊叹。对于列奥纳多来说，对万事万物的好奇也许是因为他从小热爱大自然，而且没有被传统教育所束缚。

在列奥纳多的笔记本里，另外一些他感到好奇的问题显得更加雄心勃勃，而且需要具备一定的观察研究能力。"两只眼会同步运动，这究竟是哪条神经支配的？""描述人在子宫中是如何开始发育的。"[19] 在啄木鸟那一项的旁边，他还列出了"鳄鱼的颌骨"和"牛犊的胎盘"，这些也是他想观察和描述的对象。这些探索都需要观察者付出大量的精力。[20]

对于那些我们一扫而过的事物，列奥纳多保持着敏锐的观察力，这让他的好奇心如虎添翼。一天晚上，他看到了建筑物后面的闪电，建筑物在那一瞬间显得比平时小，于是他开始了一系列的实验和对比观察，想证明物体被光线包围的时候看起来更小，而在雾气或黑暗中显得更大。[21] 当他闭上一只眼睛的时候，发现物体的边缘没有那么圆润了，于是他继续探究为什么会出现这种现象。[22]

肯尼斯·克拉克称列奥纳多有"非人类的敏锐眼光"。虽然这种说法措辞美好，但是可能会产生误导。毫无疑问，列奥纳多属于人类。他敏锐的观察力并非一种超能力。相反，这是他刻意练习的结果。这一点很重要，它意味着如果我们想拥有这样的能力，也可以努力带着好奇和专注去观察事物，向列奥纳多学习，而不只是望洋兴叹。

在笔记中，列奥纳多描述了自己仔细观察场景或物体的窍门：认真地逐个关注每一个细节。他以看书为例，认为一下子看一整页是没有任何意义的，必须逐字逐句地看才能理解内容。深度观察必须分步进行："如果你想熟谙物体的形态，先从它们的细节开始，等一个细节完全印在你的脑海中，再转向下一个细节。"[23]

对于提高观察力，他还支了一招，为了"锻炼你的眼力"，可以和朋友玩这个游戏：一个人在墙上画一条线，其他人站在远处，然后试着截一段与墙上那条线一样长的秸秆。"谁的长度最接近实际长度，谁就是赢家。"[24]

在观察运动的时候，列奥纳多的眼力尤其敏锐。"蜻蜓用两对翅膀飞行，前一对抬起的时候，后一对落下。"这是他的发现。想象一下，要多么努力地认真观察一只蜻蜓，才能注意到这些细节。他在笔记中记录了观察蜻蜓的最佳地点，那是在斯福尔扎城堡的护城河边。[25] 让我们先暂停一下，向列奥纳多此举表达一下赞叹之情：傍晚时分，他走出住所，毫无疑问，依然衣着光鲜。他走到护城河边驻足观察，专注地盯着一只蜻蜓扇动着它的两对翅膀。

擅长观察运动帮助列奥纳多克服了在绘画中捕捉动态的难题。有一个关于运动的悖论，可以追溯到公元前 5 世纪的哲学家芝诺，这个悖论指的是任何一个运动的物体在特定时刻都处在一个特定的位置，这与它正在运动相矛盾；而在列奥纳多试图描绘的特定瞬间中，既包含了过去，又预示了未来。

他将捕捉到的运动瞬间与几何学中点的概念进行了比较。几何学中的点没有长度或者宽度。然而，如果这个点移动，就会产生一条直线。"点没有面积，线是点的轨迹。"通过这种类比的推理方法，他总结道："瞬间之中没有时间，时间是瞬间的连动。"[26]

在这个类比的指引下，列奥纳多试图在艺术创作中，在让事件定格的同时，又表现出它的动态。"在河流中，你触碰到的水既是去水之尾，又是来水之头。"他在观察后总结道，"每个当下亦如此这般。"他在笔记中反复提到这一主题，并教导说，"观察光线时，眨一下眼，再看看。你所见已非方才所见，方才所见已不复存在"。[27]

　　列奥纳多观察运动的技巧最终被轻拂的画笔转化为他的艺术作品。除此之外，在斯福尔扎宫廷任职时，他开始将对运动的痴迷投入科学和工程技术的研究中，特别是对鸟类飞行和载人飞行器的研究。

第十一章
鸟类和飞行

剧场的飞行表演

"研究鸟翅膀的解剖结构，还有那些让翅膀动起来的胸肌，"列奥纳多在笔记本里写道，"是为了阐明人能否通过挥动翅膀让自己悬浮于空中，也要对人进行这样的研究。"[1]

从大约 1490 年开始，列奥纳多在随后的二十多年中，以少见的勤奋研究了鸟类飞行及设计载人飞行器的可能性。他一共画了五百多幅草图，还写下了三万五千字的笔记，这些内容分散在十几本涉及飞行主题的笔记本中。这些努力交织了他对自然的好奇、他的观察能力和工程技术才能。类比再次成为他发现自然规律的手段。但是这一次，类比法让他走得更远：大多数其他研究从未让他如此接近纯理论的王国，他的飞行研究涉及了流体力学和运动定律。

列奥纳多对飞行器的兴趣始于他在庆典演出中的工作。从早年在韦罗基奥的作坊一直到他晚年留居法国，他始终对这些演出全情投入。他的第一只和最后一只机械鸟都是为了宫廷娱乐之用。[2]

正是在这种演出中，列奥纳多首次目睹了一些奇妙的机械装置，它们可以让演员升降和悬浮在空中，就好像他们在飞行一样。作为佛罗伦萨的一名艺术家兼工程师，布鲁内莱斯基是列奥纳多的前辈，他在 15 世纪 30 年代担任了《天使报喜》的"特效大师"，1471 年，这场令人目眩的演出再次上演，特效仍然采用原来的机械装置，那时，十九岁的列奥纳多正在佛罗伦萨工作。演出时，从椽子上吊下来一个圆环，圆环上面有十二名装扮成天使的男孩。所有的移动和升降都是通过大型滑轮和手摇绞车组成的奇妙装置。借助这些机械装置，金色翅膀的天使手拿竖琴和燃火的宝剑飞下天堂，解救那些将要得到救赎的灵魂，与此同时，舞台下方的地狱里不断冒出魔鬼。然后，天使加百列出现，向马利亚报喜。"当天使在欢呼声中升起的时候，"一位观众写道，"他的双手上下挥舞，扇动着他的翅膀，就像真的在飞一样。"

另外一部当时演出的"圣剧"是《耶稣升天》，里面同样有飞行的角色。"天空打开，天父现身，他奇迹般地悬浮在空中。"一份记录写道，"扮演耶稣的演员好像真凭一己之力飞升起来似的，平稳地到达了高处。"耶稣升天时，一群有翅膀的天使围绕着他，他们之前一直隐藏在舞台上方的云朵中。[3]

列奥纳多最初的飞行研究都是为了这些华丽的表演。1482 年，他在从佛罗伦萨动身去米兰前，画了一系列草图，上面有类似蝙蝠翅膀的机械装置，虽然装置装有驱动曲柄，但是并不能真正飞行，与这个装置相连的似乎是演出设备。[4]另外一张草图中有一只没有羽毛的机械翅膀，它与齿轮、滑轮、曲柄和缆绳相连，曲柄的构造和齿轮的大小说明整个系统是为了剧场演出设计，不是真正的飞行器。但是即使在这些舞台设计中，列奥纳多依然忠于对自然的观察。他在这页笔记的背后画了一条锯齿状的下行轨迹，旁边还标注了"这就是鸟的降落方式"。[5]

另一条线索也说明他在佛罗伦萨时画的这些草图不是为了实际飞行，只是出于演出目的：在给卢多维科·斯福尔扎的求职信中，列奥纳多虽然列出了很多别出心裁的军事机械，但是从未吹嘘过自己可以制造出人类飞行器。到米兰后，他的注意力才从剧场造梦转向了现实中的工程设计。

观察鸟类

下面是一个测试。我们都见过飞鸟，但你是否曾驻足仔细观察它们扇动的翅膀，翅膀上下挥动的速度一样吗？列奥纳多观察了，他的结论是，这个问题的答案取决于鸟的种类。"有些鸟翅膀落下的速度要快于抬起的速度，鸽子和跟它类似的鸟就属于这种情况。"他在笔记中写道，"另外一些鸟翅膀落下的速度要慢于抬起的速度，比如乌鸦和与它相似的鸟。"还有一些鸟，比如喜鹊，翅膀升降的速度相同。[6]

对于提高观察力，列奥纳多有自己的一套策略。他会提前给自己写下一系列指令，决定如何按部就班地按顺序观察。例如，他写到"首先阐明风的运动，然后描述鸟在空中飞行时，如何只通过双翼和尾部保持平衡"，"先描述鸟的解剖结构，然后再做上述这件事"。[7]

他在笔记本中记录了许多类似的观察，其中大部分都让我们感到惊讶，因为我们从未主动地在日常生活中认真观察过那些司空见惯的现象。有一次，列奥纳多去卢多维科给他的葡萄园，那座葡萄园就在佛罗伦萨北部一个叫菲耶索莱的村庄里，他在那里观察到了一只石鸡的起飞过程。"翼展宽、尾巴短的鸟想要起飞时，"他记录道，"会用力抬起双翼，调转它们的方向，以便接受来自下方的风力。"[8]从类似的观察中，他总结出鸟类尾部与翅膀关系的一般规律："短尾的鸟有很宽的翅膀，以此代替尾部的作用，当这些鸟想转向的时候，它们会主要利用翅膀的导向作用。"后来他又写道："当鸟快落到地面，头部低于尾部时，它们会降低并展开尾部，短促地挥动翅膀。因此，头部变得高于尾部，下降速度得到控制，这样鸟就不会在着陆中受到冲击。"[9]有谁注意过这些呢？

经过二十年的观察，列奥纳多决定将所有的笔记编纂成书。其中大部分手稿都集中在一本有十八张对开纸的笔记本中，现在被称为《鸟类飞行手稿》。[10]手稿开篇探讨了重力和密度的概念，在结尾，列奥纳多设想了自己的飞行器试飞的场景，还将它的部件与鸟类的身体结构进行了对比。不过就像列奥纳多的其他工作一样，这本书最终也未能完成。他更喜欢厘清概念，而不是反复打磨，以供发表。

在编写鸟类飞行专著时，列奥纳多在另一个笔记本上开始将这个主题扩展到更广泛的领域。"要想弄清楚鸟类飞行的科学，先要解释风的原理，我们可以通过水流运动加以验证。"他写道，"认识水流的科学有助于了解空气中的飞行知识。"[11] 他不仅正确掌握了流体力学的基本原理，还将他的洞见转化为初步的理论，远早于牛顿、伽利略和伯努利。

在列奥纳多之前，没有科学家系统地阐释过鸟类如何留在空中。大多数人只是演绎了亚里士多德的理论，但是他错误地认为鸟类受到了空气支撑，就像船被水浮起来一样。[12] 列奥纳多意识到，与浮在水中相比，留在空气中是完全不同的动力学机制，因为鸟比空气重，因此它会一直受到向下的重力作用。前两张《鸟类飞行手稿》的对开页主要阐述了重力原则，他称之为"一个物体对另一个物体的吸引"。对于重力的作用方向，他写道，"在两个物体中心之间的一条假想的连线上"。[13] 随后，他描述了如何计算鸟、锥体及其他复杂图形的重心。

一个重要的观察发现最终推进了列奥纳多对飞行和水流的研究。"水不能像空气那样被压缩。"他写道。[14] 换句话说，鸟在下压翅膀的时候，空气会被压缩，因此翅膀下面的气压高于上面变稀薄的空气的压力。"如果空气不能被压缩，鸟就无法在翅膀拍打空气的时候留在空中"[15]，下压翅膀的时候，鸟会被空气向高处和前方推进。

列奥纳多还意识到鸟施加给空气的压力与空气对鸟的反向压力相等。"看沉重的鹰如何用翅膀拍打空气，才能留在空气稀薄的高处。"他写道，然后又补充道，"物体施加给空气的力等于空气反作用于物体的力。"[16] 两百年后，牛顿对此提出了一个更完善的阐述，那就是他的第三运动定律："每个作用力都有一个大小相等、方向相反的反作用力。"

伴随着这个概念，列奥纳多还早于伽利略提出了相对性原理："物体静止而空气流动，与物体运动而空气静止时效果一样。"[17] 这也就是说，鸟在空中飞行时所受的力，与鸟静止不动而空气流动时受的力相等（比如在风洞中的鸟，或者大风天气里在原地盘旋的鸟）。他之前在同一个笔记本里还记录了一个从水流研究中得出的类比："一根杆子划过静止的水与水流过一根静止的杆子类似。"[18]

更有预见性的是，他的研究还暗示了两百多年后才为人所知的伯努利原理：当空气（或任何流体）流速加快的时候，它产生的压力会减小。列奥纳多画了一只鸟翅膀的截面图，图上显示鸟翼的上缘比下缘弧度更大。（飞机的机翼也是如此。）因为上面弧度更大，比起流经下面的空气，从上面流过的空气需要经过更长的路径。因此，上方的空气流速更快。流速差意味着翅膀上方的气压小于下方的气压，这个压力差让鸟（或者飞机）可以留在空中。"鸟翼上方的空气比平常的空气更加稀薄。"列奥纳多写道。[19] 因此，他先于别的科学家认识到，鸟能留在空中，不仅靠向下扑动翅膀挤压空气，还因为翅膀将鸟向前推进时，流经弧面的空气压力减小了。

飞行器

通过解剖学观察和物理学分析，列奥纳多相信有可能制造出一个有翅膀的载人飞行器。"鸟是依照数学规律运行的机器，人有能力模仿出这样的机器。"他写道，"如果妥当地给人装上足够大的翅膀，他也有可能学会克服空气阻力，让自己飞到空中。"[20]

从 15 世纪 80 年代晚期开始，列奥纳多将工程学、物理学和解剖学结合在一起，着手设计能实现这一目标的装置。他的首个设计（图 52）看起来像一个巨大的碗，有四个像桨一样的叶片，它们成对交替上下运动，就像他之前观察到的蜻蜓翅膀那样。为了克服人类胸部肌肉相对力量不足的问题，这台机器介于飞碟和健身房的"酷刑室"之间，操作者需要全力以赴才能驱动机器：要用腿推动踏板，用胳膊摇动齿轮和滑轮机构，用头部驱动活塞，还要用肩膀拉动绳索。但是不清楚他将如何驾驭这台机器。[21]

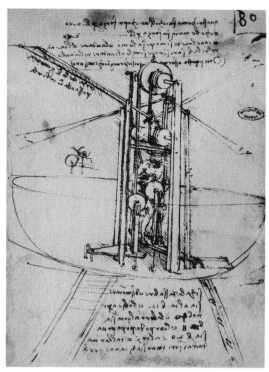

图 52_ 人力飞行器

　　在同一个笔记本里，列奥纳多在七页之后画了一幅考究的实验草图（图 53），实验中的翅膀就像蝙蝠的翅膀，骨架纤细，骨架外面覆盖的不是羽毛，而是皮肤，这张图与他在佛罗伦萨时为剧场演出画的那些草图类似。这只翅膀连着一块厚重的木板，他特别说明重量应为一百五十磅，跟一般人的体重差不多，与翅膀相连的还有一个驱动它的杠杆系统。列奥纳多甚至还画了一个在长长的杠杆末端上蹿下跳的小人，显得妙趣横生。下面的一幅小图显示出他的聪明之处：当翅膀向上抬起时，有一个铰链系统让翅膀末端向下，这样可以减少空气阻力，然后再通过一个弹簧和滑轮慢慢将其恢复到固定位置。[22] 他后来还想出了减少阻力的其他办法，包括在翅膀上设计皮瓣，这些皮瓣能在翅膀抬起时打开，落下时关闭。

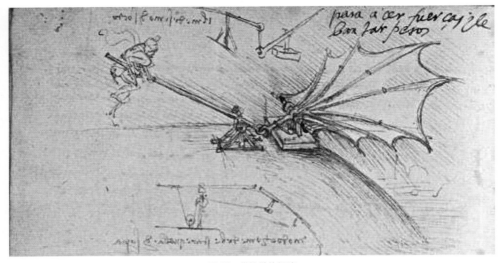

图 53_ 带铰链的翅膀

列奥纳多几度放弃了实现人力自驱飞行的梦想，转而设计滑翔机。五百年后，英国独立电视新闻公司（ITN）再现了其中一个滑翔机设计，而且证明基本可行。[23] 然而，列奥纳多在大部分职业生涯中，一直致力于通过像鸟一样的扑翼装置实现人力飞行。他画了十几种类似的设计，由俯卧或站立的飞行员操纵踏板和杠杆来驱动，而且他开始称自己的机器为"鸟"。

在位于老王宫的宽敞住所里，列奥纳多拥有了他所谓的"我的工厂"。除了制作斯福尔扎那座命运多舛的铜马，这里也为他的飞行器实验提供了场所。他曾给自己写过一个便条，内容是在房顶做飞行试验时，如何才能不被隔壁大教堂正在建塔的工人看到，那座正在建设的塔楼就是他竞争失利的项目。"做一个又大又高的模型，你可以放在高处的屋顶。"他写道，"如果你站在老王宫高塔旁边的屋顶上，那么修建塔楼的工人就看不见你。"[24]

他平时还设想过穿戴救生设备在水面上测试飞行器。"想在湖面上测试这架飞行器，你需要在腰间围上一个长长的酒囊，这样即便落水也不会淹死。"[25] 最终，他所有的实验方案接近尾声时都不免混入幻想。他在《鸟类飞行手稿》最后一张对开页上写道，"巨鸟从天鹅的背上开始它的首飞"，这里的天鹅指的是菲耶索莱附近的天鹅山（Monte Ceceri），他继续写道，"它将让宇宙中充满惊叹，所有文字都在传扬它的美名，它给自己诞生的巢穴带来永恒的荣耀"。[26]

在一些优美的小幅草图中，列奥纳多描绘了鸟在扭动、转身、改变重心和驾驭风力时的优雅姿态。他还率先使用了类似向量的线条和旋涡来表现看不见的气流。但是无论他的草图多么优美，他的设计多么天才，他从未制造出一台依靠人力驱动的飞行器。公平地说，五百年后也没有人能实现。

列奥纳多在晚年画过一个长着两只柔弱翅膀的圆柱体，很明显，那是一个玩具。如果你仔细看，可以发现它连着一根金属线。这也许是他最后一幅机械鸟草图，一切似乎又回到了三十年前他刚开始画这些草图的时候：那些装置固然炫目，却只能昙花一现，无非为了在公众庆典和宫廷演出中博取观众的片刻欢娱。不过，这种回归未免让人觉得有些辛酸和感伤。[27]

第十二章
机械艺术

机器

列奥纳多对机械的兴趣与他对运动的着迷息息相关。在他的眼中，机器和人都是为运动设计的机构，他们有着类似的部件，比如绳索和肌腱。就像他画的那些解剖图一样，他在画机械结构的时候也用了拆解的方式，用分解图和分层图显示从齿轮、杠杆到轮子和滑轮的传动过程，这种跨学科的好奇让他将解剖学与工程学的概念联系在了一起。

文艺复兴时期的其他技术专家也画过机械图，但是他们通常画的是整体图，没有分别讨论每个部件的功能和效率。列奥纳多则另辟蹊径，他喜欢一步步地分析传动过程，因为逐一画出传动部件——棘轮、弹簧、齿轮、杠杆、转轴和其他结构——有助于他理解它们的功能和工程学原理。绘画对他来说是一种思维工具。他不仅通过绘画的方式在纸上做实验，还通过可视化的方式来思考抽象概念。

例如，他画过一幅影调优美，而且透视也堪称完美的起重设备草图，这台起重设备上有一根杠杆，来回摇动杠杆可以逐渐抬升带齿的轮子，转动的轮子最终将重物提起（图 54）。这幅图说明了往复的上下运动如何转化为连续的转动。图的左边是组装好的机器，右边是部件的分解图。[1]

在他那些最优美、最精细的机械草图中，许多都是在探索如何让压缩的螺旋弹簧平稳释放，这样由弹簧驱动的运动才能保持匀速，而不会越来越慢。初始，紧绕的弹簧会释放较大的能量，所以机器会快速运作，但是随着弹簧势能的减少，机器的运作也开始减慢。这对很多机械来说都是一个严重的问题，特别是钟表。在文艺复兴晚期，一个重要的技术突破就是人们找到了让弹簧均匀释放能量的方法。列奥纳多率先绘制出解决这一难题的装置，他采用了自己终生着迷的螺旋机构。在一幅特别优美的草图中（图 55），一个螺旋齿轮在保持筒形弹簧匀速释放的

图 54_ 起重设备及其部件图

同时，以恒定的功率驱动一只轮子平稳地推动轴杆。[2] 这也是他最杰出的草图之一。他左手画的阴影线描绘出明暗和轮廓，筒形弹簧上还有弯曲的阴影线。在这幅图中，他在机械领域的创造力与他对螺旋和卷曲造型的艺术热情相得益彰。

一直以来，机械装置主要都是为了将能量转化为对人有用的运动。例如，列奥纳多曾演示过如何将人力用于驱动转轮或转动曲柄，然后那些能量再通过齿轮和滑轮的传导完成某种功能。为了更高效地利用人体的能量，他将人体进行了分解，用插图说明了每块肌肉的工作方式，计算了它们能够产生的力量，还展示了如何利用这些力量。在 15 世纪 90 年代的一本笔记中，列奥纳多计算了一个人能用肱二头肌、腿部和肩部肌肉及其他肌群举起多大的重量。[3] "一个人能发出的最大力量，"他写道，"是他踩着天平的一端，用肩膀抵住稳固的支撑，然后发力。这样他在天平另一端能撬起的重量相当于他的体重加上他肩膀能负荷的最大重量。"[4]

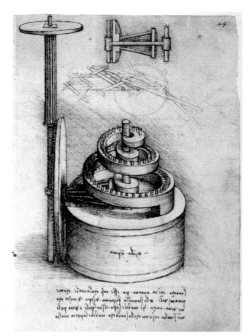

图 55_ 让弹簧均匀释放的螺旋齿轮

这些研究有助于确定（如果可能的话）哪些肌肉最适于驱动载人飞行器。列奥纳多还把自己的发现拓展到其他用途和动力源上。他一度列出了很多利用亚诺河水力的方式："锯木厂、洗毛机、造纸厂、锻造锤、面粉厂、磨刀、武器抛光、制造火药、相当于一百名妇女的纺丝产能、编织丝带、刨削碧玉花瓶。"除此之外，还有其他方式。[5]

他探索的另一项实际应用，是通过机械驱动河岸边的桩子来调节水流。最开始，他的想法是用一个由滑轮和绳索升降的落锤。后来他想出了一个更高效的、利用重力升高锤子的方式：人先爬上梯子，然后再坐在马镫形的装置里下落。[6] 同样，在研究如何利用水位差的能量时，他也正确地认识到，更有效率的方法是让流水灌满水轮上的水桶，然后通过重力驱动水轮。于是他设计了一个棘轮系统，当桶转到水轮底部时，水会被倾倒一空。后来，他又对此做了进一步修改，将水轮上的桶设计成弯曲的水舀形。[7]

194

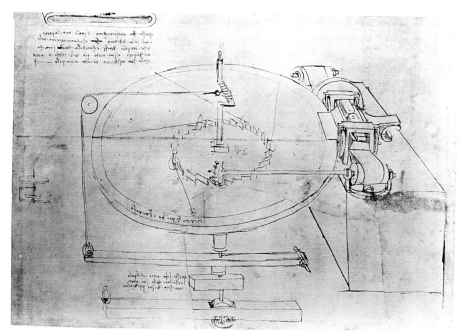

图 56_ 磨针设备

　　列奥纳多还发明了一种磨针设备，它本可以为意大利的纺织工业做出宝贵的贡献。这台机器用人力转动一个转盘，转盘上连着一个小的打磨装置和一条抛光带（图 56）。他认为这也许会让自己发财。"明天早晨，1496 年 1 月 2 日，我将试试宽一点儿的带子。"他在笔记里写道。据他估计，一百台这样的机器每小时可以打磨出四万根针，每一根针的价格可以是五个索尔多。他在一番吃力的计算后，因为在做乘法时出了错，得出的结果是正确数字的十倍，计算的年收入为六万达克特金币，这些黄金在 2017 年的价值相当于八百万美元。即便考虑到他的计算错误，六千达克特金币也足以诱使他放弃画圣母像和祭坛作品这类营生。但是不必说，列奥纳多从未实现他的计划。对他来说，完成构思就已经心满意足了。[8]

195

永动机

物体受力时所获得的动力被列奥纳多称为"冲力"。"运动物体想要保持它的运动轨迹与开始时一致。"他写道,"每一种运动都试图保持原有的状态,或者,只要物体启动时所获得的冲力保持不变,每个运动物体都将一直运动下去。"[9] 在列奥纳多提出自己的洞见两百年后,才由牛顿提出了他的第一运动定律:除非受到外力作用,否则物体将保持原有的运动状态。[10]

列奥纳多认为,如果能消除阻碍物体运动的所有外力,那么物体有可能处于永动状态。所以在 15 世纪 90 年代,他用了二十八页笔记来研究制造永动机的可能性。他不仅想方设法阻止运动物体的动量流失,还研究了在系统内自主产生或补充冲力的方法。他考虑过很多机制:在轮子上用铰链连接一些锤子,轮子向下转动时,上面的锤子会向外摆动,锤子的重力会让轮子继续转动,还有由两根螺杆组成的双螺旋结构,此外,还有在轮子的弧形隔仓里装上滚球,轮子向下转动时,滚球会滚到隔仓的最低点,从而产生动力。[11]

他对水力永动机尤其感兴趣。在一个设计(图 57)中,他设想用水流转动一种被称作阿基米德螺旋泵的螺旋管,这种螺旋管在转动时可以将水向上输送,然后水流下去的时候又会转动螺旋管。不过,他对一个问题产生了质疑:水流下去的时候,能否驱动螺旋泵向上输送足够多的水,让这个循环一直进行下去呢?尽管在接下来的三百年中,技术专家们仍在想尽办法实现永动机的梦想,但是列奥纳多已经得出了一个既明确又正确的结论,这绝无可能。"流下去的水永远不可能从它最初的水位提升起与自身重量相等的水。"[12]

在这个过程中,列奥纳多把画草图当作一种视觉化的假想实验。无须实际制造,仅凭在笔记本上绘制这些机械装置,他就可以设想出它

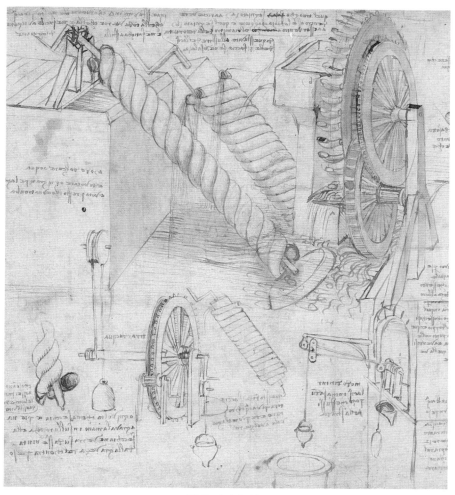

图 57_ 水力永动机

们会如何运作，同时评估能否实现永动。在查看了许多不同的方法后，他最终的结论是无一可行。但是，他的推理过程证明设计永动机这样的尝试在我们的人生中亦有价值：有些问题是我们永远无法解决的，但是有必要知道为什么无法解决。"寻找永动机制，也有人称之为永动之轮，是人类的痴心妄想之一。"他在《马德里手稿 I 》的引言中写道，"那些痴心于永动机的人们，你们在这样的追寻中创造了多少徒然妄想！" [13]

摩擦

列奥纳多意识到阻碍永动的原因是摩擦，一个系统和外界摩擦时，会不可避免地损失动量。摩擦造成能量耗损，阻碍运动一直持续下去。通过研究鸟类飞行和鱼类游动，他还认识到空气和水的阻力也会产生同样的影响。

因此，他开始系统地研究摩擦，并最终获得了一些深入的发现。通过使一系列重物在斜面上下移动的实验，他发现了摩擦力的三个决定因素之间的关系：物体的重量、斜面的平滑或粗糙程度，以及斜面的坡度。他指出，摩擦力的大小与物体和所在平面的接触面积无关，而且他是最早发现这一规律的人之一。"虽然接触面的宽度和长度可能会发生变化，但是同样重量的物体在运动中所受的摩擦阻力大小保持不变。"他写道。这些摩擦定律，特别是摩擦力与接触面积无关，都属于重要的科学发现，但是列奥纳多从未发表过这些发现。大约两百年后，法国的科学仪器制造者纪尧姆·阿蒙东才再次发现了这些定律。[14]

随后，列奥纳多继续通过实验来量化每一种因素对摩擦力的影响。为了测量物体沿斜坡下滑的力量，他设计了一个现在被称为摩擦计的装置，直到18世纪才有人重新发明了这个装置。通过这一装置，列奥纳多分析了我们现在所谓的摩擦系数，即一个物体在另一个物体表面上移动所需的力与接触面间压力的比值。当一个木块在另外一个木块上滑动时，他计算出来的比值是0.25，这一数值大致正确。

列奥纳多发现，通过给斜面增加润滑，可以减小摩擦力，因此他成了首批在机械上设计润滑油加入点的工程师之一。他还设计了用滚珠轴承和滚柱轴承减小摩擦力的方法，这些技术直到19世纪末才得到广泛应用。[15]

列奥纳多的《马德里手稿I》主要是关于如何设计效率更高的机

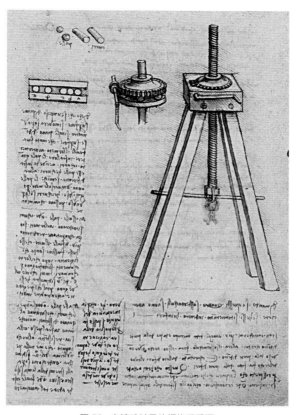

图 58_ 有滚珠轴承的螺旋千斤顶

械，他在其中画了一种新型的螺旋千斤顶（图 58），这种千斤顶通过旋转一根大的螺杆来推举重物，在 15 世纪被广泛应用。但是，它们有一个缺点，重物的压力会带来很大的摩擦力。列奥纳多的解决方法是（他可能也是这类解决方案的首创者），在支撑平面和齿轮之间放置一些可以起到轴承作用的滚珠，他在千斤顶左侧画了局部的分解图，在这幅图的左侧，还有更加细致的示意图。"如果一个承重平面在与之类似的平面上移动，插入滚珠或滚柱可以方便它的移动。"他在旁边的附言中写道，"如果滚珠或滚柱在运动中彼此接触，会比没有接触带来更大的阻力，那是因为它们互相接触时的摩擦力会引起反方向的运动，导致它们互相阻碍。但是，如果滚珠或者滚柱能够彼此保持距离……就会更便于活动。"[16] 列奥纳多又画了很多页假想实验，在实验中尝试了不同的滚珠大小和排列方式。他的结论是三颗滚珠比四颗好，因为三点决定一个平面，所以三颗滚珠会一直和平面保持接触，而四颗滚珠有可能发生错位。

列奥纳多还是第一个记录了最佳减摩合金的人。这种能减小摩擦力的合金由"三份铜和七份锡融化在一起"，这与他用来做镜子的合金类似。"列奥纳多的配方提供了一种非常有效的减摩合金。"技术史学家拉迪斯劳·雷蒂写道，他在1965年参与了发现和出版《马德里手稿》。列奥纳多又一次领先于他的时代差不多三百年。第一位减摩合金的发明者通常被认为是美国发明家艾萨克·巴比特，他在1839年申请了这种合金的专利，其成分包含铜、锡和锑。[17]

基于对机械的研究，列奥纳多比牛顿更早从机械论的视角来看待这个世界。他的结论是，宇宙中所有的运动——人类四肢、机器齿轮、血管中的血液和河流之水——都遵循同样的规律。这些规律可以相互类比，将一个领域中的运动与其他领域中的运动进行比较时，规律就会显现。"人是一台机器，鸟是一台机器，整个宇宙也是一台机器。"马尔科·钱基在分析列奥纳多的机械装置时写道。[18] 因此，列奥纳多对那些占星家、炼金术士和笃信唯心主义因果的人都嗤之以鼻，至于宗教奇迹，在他看来不过是牧师的说教。此时，列奥纳多正与同道者将欧洲带入一个新的科学时代。

第十三章
数学

几何学

列奥纳多越来越认识到，数学是将观察变成理论的关键，大自然用这种语言书写她的规律。"科学中的确定性皆能用数学来阐述。"他宣称。[1] 他说得没错。在利用几何学认识透视原理的过程中，他学到了两件事，其一是数学如何提炼出自然之美背后的秘密，其二是数学如何体现了这些秘密本身的规律之美。

因为自身敏锐的观察力，列奥纳多对几何学有一种天然的直觉，他利用这一数学分支阐明了一些自然的运作规律。然而，他对数字的感知力远逊于对形状的直觉，所以算术对他来说并非那么自然而然。在他的笔记本中，就有一些这样的例子，比如因为忘记进位，他计算 4 096 乘以 2 的结果是 8 092。[2] 作为一种神奇的数学工具，代数学可以把自然中的规律和变量编码为数字和字母，文艺复兴时期的学者从阿拉伯人和波斯人那里继承了代数学。不过列奥纳多对此一窍不通，否则他可以把方程式当作另一种画笔，描绘出他发现的那些自然规律。

比起算术，列奥纳多更喜欢几何的原因是，几何是连续量，而数字是离散而不连续的单元。"算术处理的是不连续的量，几何处理的是连续的量。"他写道。[3] 用现代的说法，他不是一个"数字原住民"①，他更喜欢使用模拟工具，包括用形状作为类比（英文"模拟"一词 analog 正是来源于此）。就像他写的那样，"算术是一门计算科学，它有真实和精确的数字，但是对于处理连续量却无济于事"。[4]

几何学还有一个优势是可视化，它充分调动了视觉与想象力。"当列奥纳多盯着螺旋形的贝壳，"马丁·肯普写道，"看着叶子和花瓣如何

---

① 指的是"80 后"，甚至是更年轻的人，这些人的成长环境是无所不在的网络世界，数字化生存是他们从小就开始的生存方式。——编者注

从茎里长出，还有思忖心脏瓣膜为何以最经济的方式开合时，几何学分析给出了他想要的答案。"[5]

因为不熟悉代数，列奥纳多转而用几何图形来描述变量的变化率。例如，他用三角形和锥体来代表物体下降的速度、音量，以及透视中远处物体大小的变化率。"不仅在数字和尺寸中可以找到几何比例，在声音、重量、时间、空间，以及每一种力上，也都存在这种比例。"他写道。[6]

卢卡·帕乔利

卢卡·帕乔利——列奥纳多在米兰宫廷中的密友之一——发展出了首个广泛流传的复式记账法。和列奥纳多一样，他也出生于托斯卡纳地区，也是只上过算盘学校，那里仅教授商用算术，没有拉丁文教育。帕乔利是一名四处云游的家庭教师，教授富裕家庭的男孩，后来他成了一名方济会的修道士，但是从未在修道院里待过。他写了一本数学教科书，于1494年在威尼斯出版，此书没有用拉丁文写作，而是用了意大利文；这本书也顺应了当时用本地语言学习知识的热潮，这股热潮始于15世纪末印刷术的普及。

这本书刚一问世，列奥纳多就买了一本，他在笔记本里记录了其高昂的价格（比他买《圣经》的价钱高出一倍多），[7]而且帕乔利被招募进入米兰宫廷，可能也有列奥纳多从中协助。这位数学家大约在1496年抵达米兰，他和列奥纳多一样都在老王宫。在一幅帕乔利的肖像（图59）中，他和一个学生站在桌子前面，桌子上放着量角器、圆规和笔；从天花板上还垂下来一个多面体，这个多面体由十八个正方形和八个三角形组成，里面装了一半的水。

帕乔利有一项重要的工作内容鲜为人知，他和列奥纳多一起为那些昙花一现的娱乐和演出服务。列奥纳多刚到米兰就启用了一个笔记

图 59_ 卢卡·帕乔利

本，将其命名为"数字的力量"，上面记录了帕乔利编排的谜语、数学益智游戏、魔术，以及在宫廷聚会中玩的室内游戏。其中的小把戏有让鸡蛋在桌面上行走（需要用到蜡和头发），让硬币在玻璃杯里上上下下（用醋和磁粉），还有让小鸡跳跃（用水银）；室内游戏包括首个公开发表的标准纸牌戏法——猜一个人从一堆牌中抽出的是哪一张（需要同伴的协助）；还有趣味智力题，比如如何用船将一头狼、一只羊和一颗卷心菜渡到河的另一边；此外还有数学游戏，其中之一是让观众默想一个数字，然后通过询问这名观众一些关于这个数字的运算结果来倒推答案。帕乔利有一类游戏对列奥纳多特别有吸引力，那就是只用一把尺子和一副圆规在三角形和方形周围画圆。

　　帕乔利和列奥纳多对这些趣味娱乐和游戏的共同爱好增进了他们之间的友谊，列奥纳多的名字经常突然出现在帕乔利的笔记中。比如，在写完一个小游戏的要点之后，帕乔利写道，"好了，列奥纳多，你自己可以编出更多这样的游戏"。[8]

　　对列奥纳多来说，还有一件更严肃的正事，那就是向帕乔利学习数学。作为一位优秀的导师，帕乔利不仅带着列奥纳多领会欧几里得几何学的精妙和优美，还教给他如何乘方和求平方根，但是教学结果显然没有那么成功。当列奥纳多觉得某个数学概念难以理解时，他会一字不差地把帕乔利的解释抄写在笔记本上。[9]

　　为了感谢他对自己的帮助，列奥纳多为帕乔利的书《神圣比例》画了一套插图，这套插图充满艺术性的美感和优雅，令人震惊。帕乔利刚到米兰就开始写作此书，书中探讨了比例在建筑、艺术、解剖学和数学中的重要性。此书的主题让列奥纳多很着迷，因为他一直很看重艺术与科学的交叉与融合。

　　列奥纳多在1498年为帕乔利所做的大部分插图都基于五种正多面体的变体，它们也被称为柏拉图体。这些多面体的每个顶点处所交会的平面数相等：正四面体、正六面体、正八面体、正十二面体和正二十面体。他还画了更加复杂的图形，比如菱形立方八面体，它共有二十六个面，其中八个面是等边三角形，这些三角形的每条边都外接一个正方形（图60）。列奥纳多开创了一种绘制多面体的新方法，让这些复杂的结构更浅显易懂：他没有把这些多面体画成实心的，相反，他用了可以透视的骨架，所以这些多面体看起来就好像是用木梁搭建的一样。这六十幅为帕乔利所做的插图是列奥纳多一生中仅有的出版的绘画作品。

　　列奥纳多的部分天才体现在这些插图的光影中，在他的渲染下，这些几何图形就像在我们眼前晃来晃去的实物。光线斜射在物体上，产生既醒目又微妙的阴影。每一面都成了一块窗格上的玻璃。列奥纳多对

图 60_ 菱形立方八面体，列奥纳多为帕乔利的书所作

透视的驾驭能力增加了画面的立体感，他可以在头脑中像看见实物一般构想那些形状，然后将它们绘于纸上。不过，他很可能也用了真实的木质模型，并把它挂在绳子上，就像给帕乔利画的插图那样。通过观察和数学推理，再结合他对鸟类飞行的研究，列奥纳多成为第一个发现三棱锥重心的人（在从底部到顶点连线的四分之一处）。

帕乔利在书中向列奥纳多致谢，他写道，这些插图都"由当今凡人中的大师，佛罗伦萨人中的翘楚，我们的列奥纳多·达·芬奇用妙不可言的左手绘制而成，他精通数学的各个学科。那时我们都在米兰那座非凡的城市里，领着同样的薪俸，一起度过了一段快乐的时光"。帕乔利后来称列奥纳多为"最杰出的画家、透视学专家、建筑师和音乐家，他得天眷顾，尽善尽美"，他还回忆了那段快乐的时光，"那时我们都受雇于最伟大的米兰公爵，卢多维科·马里亚·斯福尔扎·安格洛，在他当政的 1496 年到 1499 年"。[10]

帕乔利书的主题是黄金分割化，或者叫神圣比例，这个无理数所代表的比例经常见于数列、几何学和艺术作品中。它的近似值是 1.61803398，但是（作为一个无理数）它是无限不循环小数。假设你把一个线段分成长短两部分，如果线段总长与较长部分的比值等于较长部分与较短部分的比值，其比值就是黄金分割比。例如，取一条 100 英寸长的线段，把它分成 61.8 英寸和 38.2 英寸两部分，这个比例就接近黄金分割比，因为 100 除以 61.8 约等于 61.8 除以 38.2；在这两种情况下，大约结果都是 1.618。

欧几里得在大约公元前 300 年写到了这一比例，自此它就一直让数学家们着迷不已。帕乔利是第一个使用"神圣比例"这个通俗名称的人。他在同名著作中描述了在几何体（比如立方体、棱柱和多面体）中，这一比例的呈现形式。根据坊间传说，包括丹·布朗的《达·芬奇密码》，黄金分割在列奥纳多的艺术作品中随处可见。[11] 即便确实如此，也未必是他有意为之。尽管可以从《蒙娜丽莎》和《圣杰罗姆》中找到黄金分割比，但是这依然无法令人信服地证明列奥纳多在创作中自觉地使用了精确的数学比例。

不过，列奥纳多确实对和谐的比例非常感兴趣，为此他深入研究了解剖学、其他自然科学和艺术中的各种比例。在这一兴趣的引导下，他还不断地探索各种比例之间的相似性，包括人体的比例、音乐的音阶，以及自然之美背后的其他比例关系。

形状变换

作为一名艺术家，列奥纳多对一个问题特别感兴趣，那就是物体在移动时，形状会如何变化。通过观察水流，他对体积守恒的概念有了愈加深入的理解：当一定量的水流动时，它的形状发生了变化，但体积仍然保持不变。

理解体积的变化对艺术创作者大有裨益，特别是对像列奥纳多这样以描绘身体动态见长的画家而言。借助这样的知识，他可以想象出物体如何在体积恒定的情况下发生扭曲或者形变。"对于任何运动的物体来说，"他写道，"它将要占据的空间与离开后留下的空间大小相等。"[12] 这个原则不仅适用于水流，也适用于屈曲的手臂和扭转的身体。

为自然现象找到几何学类比，让列奥纳多乐此不疲，与此同时，他开始研究等积变换更多的理论范例。比如，把一个正方形转换成同等面积的圆形。一个三维结构的例子是将一个球体转换成体积相同的立方体。

列奥纳多一边努力钻研这些形状变换，一边持续地记录着他的洞见，这让他成为拓扑学领域的开拓者，这一学科关注的就是形状或者物体如何在保持某些特性不变的情况下，发生形状变化。在他的笔记中，我们到处都可以看到这样的练习，他将曲线构成的形状转换为同等面积的矩形，或者对棱锥和圆锥进行形状转换，这些草图有时是专心致志的描画，有时是心不在焉的涂鸦。[13] 在研究过程中，他先进行视觉化的想象，然后再把它们画出来，有时他也会用软蜡在现实中重复这些变换过程。但是他并不擅长在几何学中用到数学方法，包括求平方和平方根、求立方和立方根。"向卢卡老师学习根式乘法。"列奥纳多在笔记里写道，这位卢卡老师指的是帕乔利。但是列奥纳多从未能掌握这些计算方法，所以在解决形状变换的问题时，他一直都没有用方程式，而是用绘图的方式。[14]

他开始不断积累自己对这一问题的研究，还在 1505 年宣称自己打算写一本书，名为《论形状变换，即无须增减材料的形体转换》。[15] 就像他的其他专著一样，它仅止步于精彩的笔记，而未能出版成书。

化圆为方

列奥纳多对等积变换中的一个问题特别感兴趣，后来甚至到了痴迷的程度，它来自古希腊的数学家希波克拉底。这个问题涉及一种类似月牙的几何图形——弓形。希波克拉底发现了一个有趣的数学现象：如果你把一大一小两个半圆叠放在一起，它们会构成一个弓形，你可以在较大的半圆里面画出一个与弓形面积相等的直角三角形。这个由希波克拉底首创的方法可以计算曲线形状的面积，比如圆形或者弓形，还可以把这些形状转换成等面积的直边形，比如三角形或矩形。

这令列奥纳多着迷不已。他在笔记本里画满了带有阴影的草图，在草图里不断地将两个半圆叠加，然后构建出与新月形部分等面积的三角形和矩形。年复一年，他就像沉迷于某种游戏一般，锲而不舍地探索着如何画出与三角形或矩形等面积的圆。虽然在创作绘画作品的时候，他从未记录过任何具有里程碑意义的日期，但是在进行这些几何学研究时，他似乎觉得每个小小的成功都是历史上值得记录的一笔。他在一天晚上郑重地写道："我已经花了很长时间探索如何将两段相同曲线所夹的面积变成同等面积的正方形……现在是 1509 年 5 月的前夜（4 月 30 日），星期日，我在晚上十点找到了解决方案。"[16]

他对等积变换的探索既富于知识性，又有审美价值。没过多久，他笔下用来做实验的几何图形，比如曲边三角形，就变成了艺术图案。他在笔记本里（图 61）画了一百八十幅示意图，都是重叠的圆形和直边形，他在每一幅示意图旁都标注了阴影部分与无阴影部分的面积关系。[17]

像以往一样，列奥纳多决定编写一部关于这个主题的专著——他称之为《几何游戏》（De Ludo Geometrico），在笔记中写满了相关的内容。毫不奇怪，最终它和列奥纳多的其他专著一样，又一次石沉大海。[18]有趣的是，他在书名中用了 ludo（意大利文，游戏）一词，它暗示着这是

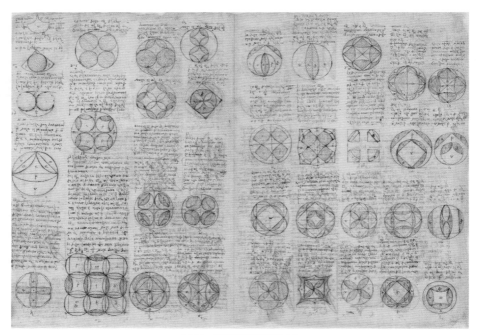

图 61_ 寻找面积相等的区域

一种消遣或娱乐，虽然引人入胜，但终究像一种游戏。事实上，他在摆弄那些几何图形的时候，确实有几次濒于精神错乱。但是对于他来说，这是一种令人着迷的思维游戏，他相信这会让自己离自然之美背后的秘密更近一步。

在痴迷于这些几何图形的过程中，列奥纳多碰到了一个古代谜题，维特鲁威、欧里庇得斯和其他人都曾提到过它。公元前 5 世纪，提洛岛上的居民因遭遇瘟疫向特尔斐神谕请示，他们被告知如果能找到数学方法将阿波罗神坛的体积加倍，瘟疫就会停止。这座神坛是一个立方体。当他们把神坛的每个边长都加倍后，瘟疫更加严重了；神谕解释说，他们这么做，让祭坛的大小变成了以前的八倍，而不是两倍（例如，一个边长两英尺的立方体的体积是边长一英尺立方体的八倍）。要想从几何学上解决这个问题，每个边长都需要乘以 2 的立方根。

虽然列奥纳多提醒自己"向卢卡老师学习根式乘法"，但是他一直不擅长求平方根，更别说立方根了。就算他精于此道，他和那些饱受瘟疫之苦的希腊人也无法用数值计算来解决这个问题，因为 2 的立方根是一个无理数。但是列奥纳多想出了一个直观的解决方法，他的思路是沿对角线方向斜切原来的立方体后，在切面上再构建一个立方体[①]，这就好像以一个正方形的对角线为边构建一个新的正方形，由此得到的大正方形的面积为对角线的平方，大小为原来正方形面积的两倍。[19]

另一个相关的难题也让列奥纳多绞尽脑汁，即最著名的古代数学之谜：化圆为方。这个难题指的是，只允许使用圆规和直尺，画出与已知圆形等面积的正方形。希波克拉底就是在探索这个问题的过程中，找到了将曲线形状转换成同等面积三角形的方法。在十几年里，列奥纳多一直沉迷于如何解开这个难题。

如今我们知道在化圆为方的计算过程中，需要用到一个超越数 π，它无法用分数表示，而且不满足任何有理系数的多项式方程，[20] 所以不可能只通过尺规作图实现。但是列奥纳多在坚持不懈的探索中显示出了他卓越的思维。有一次通宵鏖战后，他精疲力竭，但是依然兴奋不已，郑重地记下了一次自认的数学突破："在圣安德鲁节的晚上（11 月 30 日），我尝试的化圆为方成功了；在蜡烛将要燃尽、夜晚将要逝去的时候，在我正在书写的纸张底部，我完成了它。"[21] 但是这次庆祝为时过早，不久之后，他就开始用其他方法继续尝试了。

他计算圆面积的方法之一是通过实验。他将一个圆形切成很多三角的楔形薄层，然后试着分别计算每一个三角形的面积。他还展开圆周计算周长。因为对弓形的偏爱，他还提出了一个更复杂的方法：将一个

---

① 这个方法存在一个问题，即正方形的倍增与立方体的倍增不同，假设正立方体的边长为 1，那么正方体的面对角线长度为 $\sqrt{2}$，体对角线长度为 $\sqrt{3}$，而一个体积两倍的正立方体边长应为 $\sqrt[3]{2}$。——译者注

圆形分成很多矩形，矩形的面积容易计算，然后他再用希波克拉底的方法找到与剩余曲线面积相等的区域。

为了求圆的面积，列奥纳多还花了很长时间研究了另外一种方法：先将一个圆分成很多部分，再将每一部分分成三角形和半圆形。他把这些切分的部分放入一个矩形，然后用越来越小的切片不断重复这一过程，不断趋近于无限小的三角形。他的这些尝试远早于后来那些微积分的发明者，但是列奥纳多缺乏莱布尼茨和牛顿的数学能力，后两位在两个世纪之后建立了这一研究变化的数学方法。

列奥纳多终其一生都对形状变换非常着迷。在他笔记本的边沿处，有时是整页笔记，都画满了这些图案，三角形的外面是半圆形，半圆形的外面是正方形，正方形的外面是圆形，这些都是他在琢磨面积和体积的等积变换时所作的。他提出了一百六十九种化圆为方的方式，在其中一页笔记上画了太多例子，使得这页笔记看起来就像一本图册。就连他生前写的最后一页笔记上也依然画满了三角形和矩形，他想要计算它们的可比面积，在这页著名的笔记的最后一句写着，"汤要凉了"。

肯尼斯·克拉克曾说，"数学家对这些换算兴趣索然，艺术史学家更是不屑一顾"。[22] 也许确实不值一提，但是这让列奥纳多兴致盎然，以至于他已经无法自已。虽然没有在数学上取得历史性的突破，但是这些努力对于他感知和描绘运动的能力来说不可或缺，无论是鸟翼、水流、扭动的小耶稣，还是捶打胸口的圣杰罗姆，列奥纳多捕捉运动的技艺超越了之前所有的艺术家。

第十四章
人的本质

解剖学绘稿
（第一阶段，1487—1493）

当列奥纳多还是佛罗伦萨的一名年轻画家时，他学习人体解剖学主要是为自己的艺术服务。作为他的前辈，同为艺术家兼工程师的莱昂·巴蒂斯塔·阿尔贝蒂曾经写到解剖学研究对艺术家至关重要，因为恰当地描绘人物和动物离不开对他们内部结构的理解。"单独描画动物的每一根骨头，在此基础上增加肌肉，然后再添上所有的皮肉。"阿尔贝蒂在《论绘画》中这样写道，这本书被列奥纳多视为"圣经"。"在画人的衣着前，我们先要画他的裸体，然后在他身上披上衣料。在画裸体的时候，我们先要确定好他的骨骼和肌肉，然后再覆以皮肉，这样就容易了解每块肌肉在皮下的位置。"[1]

列奥纳多将这一建议奉若圭臬，他对此的执着是其他任何艺术家，甚至大多数解剖学家都无法想象的，他还在自己的笔记中重复着这样的教诲："画家有必要成为一位优秀的解剖学家，这样他才能勾画出裸露的身躯，才能了解肌腱、神经、骨骼和肌肉的解剖学。"[2]遵循着阿尔贝蒂的另一部教义，列奥纳多还想知道心理上的情绪波动如何导致生理活动。结果，他对神经系统的工作原理和视觉影像的处理也产生了兴趣。

对于画家来说，最基本的解剖学知识来自对于肌肉的了解，佛罗伦萨的艺术家是这方面的先驱。1470年左右，安东尼奥·德尔·波拉约洛创作了一幅颇具影响力的铜版画，其中描绘了一群裸男的战斗场面，裸男的肌肉异常发达。他在创作这幅作品的时候，列奥纳多就在旁边韦罗基奥的作坊里工作。瓦萨里写到波拉约洛"解剖了很多尸体来研究它们的结构"，这些可能只是表面的解剖学研究。列奥纳多很可能旁观过其中一些解剖，当然他很快就产生了深入研究的兴趣，并与佛罗伦萨的圣马利亚诺瓦医院建立了联系，在列奥纳多有生之年，这种联系从未中断。[3]

当列奥纳多搬到米兰的时候，他发现从事解剖学研究的主要是医学学者，而非艺术家。[4]比起艺术，这里的城市文化更重视知识，帕维亚大学就是医学研究的中心。不久之后，就有著名的解剖学者开始给予列奥纳多指导，借给他相关书籍，还教他如何进行解剖。在他们的影响下，解剖学对于列奥纳多来说不再只是为了艺术服务，同时也是一项科学研究。但是，他不认为二者可以截然分开。正如他的许多研究一样，他在解剖学中同样看到了艺术与科学的相互交织。艺术离不开对解剖学的深入了解，反过来，解剖学又从对自然之美的深刻理解中获益。就像列奥纳多对鸟类飞行的研究一样，他在开始时探求知识是为了实际应用，后来这么做就是纯粹出于好奇和快乐了。

从一页笔记中可以明显地看到这一点，那时列奥纳多已经在米兰待了七年，在一页空白笔记上，他列出了自己想要研究的主题。他在页眉写下了日期，"1489 年 4 月 2 日"，这对他来说是不同寻常的举动，暗示着他要着手开始一项重要的工作。在左手边的那页上，他用墨水笔精细地绘制了两幅不同视角的颅骨，上面还有血管。在右手边的那页上，他列出了自己想要探究的内容：

> 哪条神经控制眼球运动，而且还能让两只眼球同步运动？
>
> 研究闭眼的神经。
>
> 研究扬眉的神经……
>
> 研究牙关紧咬时，让双唇张开的神经。
>
> 研究控制嘴唇的神经。
>
> 研究发出大笑的神经。
>
> 研究控制惊奇表情的神经。
>
> 描述人在子宫里如何开始发育，以及为什么八个月大的婴儿无法存活。

打喷嚏是怎么回事。

打哈欠是怎么回事。

癫痫。

痉挛。

瘫痪……

疲劳。

饥饿。

睡眠。

口渴。

感官享受……

控制大腿运动的神经。

从膝盖到脚和从脚踝到脚趾[5]。

这张清单开始的那几项，比如眼睛的运动和微笑时嘴唇的运动，可能对他的艺术有所裨益，但是当出现了诸如胎儿在子宫内发育，以及打喷嚏的原因时，很明显，他的求知目的已不再是为了手中的画笔。

列奥纳多对艺术与科学的兴趣不断交织，在几乎同一时间写的另一页笔记里，这一点更加突出。在这页笔记里，他为一本打算写作的解剖学专著列出了提纲，这是一本架构宏大的著作，内容从怀孕到欢笑的表情，再到音乐，除了列奥纳多，这对任何人来说都显得有些胆大妄为。

这本书要从人的受孕开始，还要描述子宫的特点和胎儿如何在其中生存，它会在子宫里生活到哪个阶段，它是如何加速发育为生命，并开始摄取食物的，还有它的发育过程和每个发育阶段之间的间隔。是什么力量迫使它离开母体，为什么有时候会出现早产。然后我会描述婴儿出生后，哪些部分发育得更快，并确定一岁婴儿的身体比例。之后要描述完全成年的男人和女人，他们

216

的身体比例、肤色、气色和容貌特征。随后是他们身体上的血管、肌腱、肌肉和骨骼结构。还要画四幅图，代表人的四种普遍状态。第一幅是欢笑，有各种大笑的动作，还要描述笑的原因。第二幅是哭泣的种种表现及原因。第三幅是打斗，包括各种杀戮行为；还有逃跑、恐惧、凶狠、勇敢、谋杀，以及所有与此有关者。第四幅代表的是劳作，包括推拉、抬举、阻挡、支撑及诸如此类者。接着要写眼睛的透视功能及其影响，还有听觉——此处我将谈及音乐——还要描述其他感官。[6]

在接下来的笔记中，列奥纳多写到了如何从各个角度展现血管、肌肉、神经和其他组织："每一部分都要从三个不同的视角用各种画法加以展示。当你看到肢体的正面时，如果有任何从背面发出的肌肉、肌腱或者血管，就要从侧面或者背面再展示一遍，就好像你用手将那部分肢体从一侧转到另一侧那样，直到你全面掌握了所有情况。"[7] 列奥纳多也因此开创了一种新的解剖图形式，也许对他来说，最恰当的称呼应该是解剖艺术，这种绘图方法至今仍被沿用。

颅骨绘稿

1489 年，列奥纳多最初的解剖学研究主要是关于人类的颅骨。他开始画的是被从上到下锯开的颅骨（图 62）。后来左半部分颅骨的正面也被锯掉了。他的开创性在于将两部分并排画在一起，这样方便对照颅骨内部腔隙与颅骨表面的位置关系。例如，额窦就在眉毛后面的位置，列奥纳多也是第一个正确画出额窦位置的人。

要想充分体会到这种画法的巧妙之处，不妨用你的手遮住图的右边，再看看这幅图的信息量会损失多少。据外科医生兼解剖学插图专家

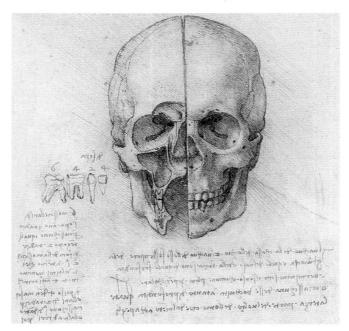

图 62_ 颅骨绘稿，1489 年

弗朗西斯·韦尔斯所说，"这些 1489 年的颅骨绘稿充满了独创性，完全不同于现存的同时期插图，而且远远地超越了它们，以至于看起来完全不像那个时代的作品"。[8]

　　在左侧颅骨旁边，列奥纳多画出了人类的四种牙齿，还在注释里写到人一般有三十二颗牙齿，包括智齿。就目前已知的情况而言，他是历史上第一个完整描述人类牙齿构成的人，连他画的牙根也近乎完美。[9] "上面的六颗磨牙，每颗有三个牙根，其中两个在颌骨外侧，一个在内侧。"他写道，这证明他曾切开上颌窦确定牙根的位置。要是没有那么多值得为后人纪念的作为，列奥纳多本可以被尊为牙科学的先驱。

　　在一幅配图中，列奥纳多画了一个颅骨的左侧面观，先是上四分之一被锯掉，然后是整个左侧被锯掉（图 63）。在这幅墨水笔绘制的手稿中，最引人瞩目的就是它的艺术美感：细腻的线条、优美的轮廓、柔和的晕涂法、标志性的左手阴影线，还有增加立体感的明暗法。通过绘画

218

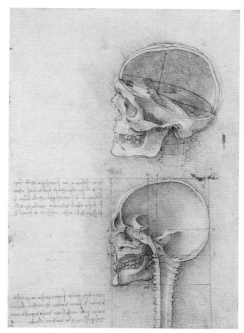

图 63_ 颅骨绘稿，1489 年

来展示抽象概念是列奥纳多众多的科学贡献之一。从韦罗基奥作坊里的衣褶写生开始，列奥纳多逐渐掌握了如何渲染照射在球形或曲面物体上的光线。他用这种技艺来改造解剖学研究，让它变得更加优美。[10]

列奥纳多在这一幅和另一幅颅骨绘稿中都画了一系列轴线。他认为在这些轴线接近大脑中心的交叉点上有一个脑室，里面就是他所谓的感觉汇合处。"灵魂似乎居于负责判断力的位置，而判断力似乎位于所有感觉汇合的位置，这里被称为感觉汇合处。"他写道。[11]

为了将心理活动和躯体运动联系起来，阐明情绪如何变成行为，列奥纳多想要找出这些现象发生的确切位置。他试图用一系列绘稿说明一个过程的运作机制：视觉影像通过眼睛进入人体，然后又经过加工处理，被传送到感觉汇合处，最终大脑根据这里的输入产生行动。他猜测，最终产生的大脑信号通过神经系统传导至肌肉。在大部分绘稿中，他都将视觉放在第一位，其他感觉都没有单独的脑室。[12]

在这个时期，列奥纳多还画过一幅手臂骨骼和神经的绘稿，他在其中轻轻地画出了脊髓和由它发出的神经。他在附注中还写到了自己刺毁青蛙脑脊髓的实验，尽管现在这个实验已经成了生物课的常规内容，但他是第一位记录这个实验的科学家。"脑脊髓被刺穿的时候，青蛙马上就死了。"他写道，"而之前，就算它没有头部、心脏或任何内脏，没有肠子或皮肤，它也一直是活着的。因此，脊髓似乎是运动和生命的基础。"他在狗身上重复了这一实验。他在绘稿中清楚地标明了神经和脊髓，直到 1739 年，才有人重新科学地描绘和阐述了这个脑脊髓刺毁实验。[13]

在 15 世纪 90 年代中期，列奥纳多暂时搁置了他的解剖学研究；直到十年后，他才又回到了这一领域。虽然他对"感觉汇合处"的描述既不正确，又非完全原创，但是他对人类的大脑有正确的基本认识：人脑接收视觉和其他刺激，然后将其加工处理为感知觉，随后大脑的反应被神经系统传导至肌肉。更为重要的是，他对身心联系的痴迷成为他艺术才华的关键要素：刻画内在情绪与外在姿态的联系。"在绘画中，人物的动作在一切情况下都应表达出他们的意图。"他写道。[14] 当他完成第一轮解剖学研究的时候，正在着手创作艺术史上最能体现这一原则的作品——《最后的晚餐》。

人体比例研究

在参与米兰和帕维亚的大教堂项目时，列奥纳多研究过维特鲁威的著作，那时他就被古罗马建筑师对人体比例和尺寸的详尽研究深深吸引了。此外，在为斯福尔扎的纪念碑测量马匹尺寸时，他对它们与人体比例的关系也产生了兴趣。比较解剖学唤起了他在不同主题之间寻找规律的本能。于是，他在 1490 年开始测量和绘制人体的比例。

在老王宫的工作室中，至少有十几位年轻男子做过列奥纳多的模特，他从头到脚测量了每一个身体部位，画了超过四十幅绘稿，写了六千字笔记。他的记录中包括身体各部位的平均尺寸和不同部位间的比例关系。"嘴到鼻翼底部的距离是脸长的七分之一。"他写道，"从嘴到下颌底部的距离是脸长的四分之一，也等于嘴的宽度。从下颌到鼻翼底部的距离是脸长的三分之一，又与鼻子到前额的长度相等。"所有记录都配以详细的图示，并用字母标出了相应的测量范围（图 64 和图 65）。

在他的笔记本里，一页又一页——一共有五十一节——全都是越

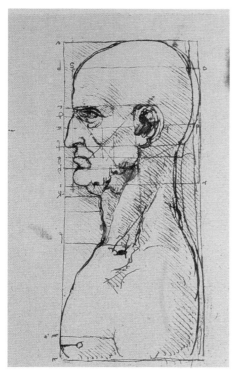

图 64_ 人脸的比例

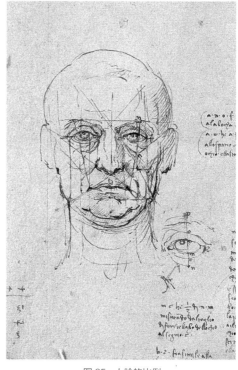

图 65_ 人脸的比例

来越精确的细节。虽然这些测量受到维特鲁威的启发，但是它们更加深入，而且基于列奥纳多自己的观察。下面的一小段来自他的发现：

> 从鼻根到下颌底部的长度是脸长的三分之二……脸的宽度等于嘴到前额发际线的长度，是身高的十二分之一……从耳上缘到头顶的距离等于从下颌底部到泪点的距离，也等于从下颌尖到下颌角的距离……颧骨的中空部分在鼻尖与上颌骨连线的中间处……从侧面测量，大脚趾是脚长的六分之一……从一侧的肩关节到另一侧肩关节的距离相当于脸长的两倍……从肚脐到生殖器的距离是一个脸长。[15]

我禁不住想引用更多的笔记，不只是想展现这一工程的浩大，还因为这里面凸显了列奥纳多近乎强迫的思维特质：他不仅要求每个测量数据细致精准，对收集数据也永不满足。他就是这样坚持不懈，仅在一项记录中，就有至少八十个这样的计算结果或者比例关系。这些数据在让人叹为观止的同时，也难免使人头晕目眩。我们可以试着想象他在自己的工作室里，手里拿着测量尺，旁边还有几位恭顺的助手，他们尽职尽责地记录着有关身体的每一个数据。这样的执着也是列奥纳多才华的一部分。

列奥纳多不只满足于测量每个身体部位的各项数据，他还觉得有必要记录这些身体部位在运动时的情况。当一个关节运动或者一个人扭动的时候，各项人体特征的相对形状会发生哪些变化呢？"观察胳膊上下运动，向内和向外运动，向前和向后运动，以及旋转和做其他运动时肩膀位置的变化。"他在笔记里给自己布置任务，"对颈部、手部、双脚和胸部也要如此观察。"

我们可以想象他在工作室里，让模特们走动、转身、蹲下、坐下和躺下。"当胳膊弯曲的时候，肌肉部分的长度缩短至原来的三分之二。"

他记录道，"当一个人跪下的时候，他的身高会减少四分之一……抬起一个后脚跟的时候，肌腱和脚踝的距离近了一指宽……当一个人坐下的时候，从座位到他头顶的距离是他身高的一半加上阴囊的厚度和长度。"[16]

加上阴囊的厚度和长度？这个细节值得我们再次停下来惊叹一番。他为什么对精准如此执着？为什么对数据永不知足？一开始，他这么做也许是为了更好地描绘在各种姿态或动作下的人体或马匹，但是，这其中还有更宏大的企图。列奥纳多为自己设定了一项对人类大脑来说最宏伟的任务：彻底了解人的尺寸，以及它们如何存在于宇宙之中。在笔记本里，他宣布自己的目的是搞清楚他所谓的人的普遍尺寸。[17]这一追求不仅定义了列奥纳多的一生，还将他的艺术创作与科学探索紧紧联系在了一起。

第十五章
《岩间圣母》

委托任务

1482 年，列奥纳多第一次到米兰的时候，曾希望自己的主要工作是军事工程师或者土木工程师，就像他给米兰事实上的统治者卢多维科·斯福尔扎的信里写的那样。可是他未能如愿。在随后的十年中，他为宫廷所做的大部分工作都和戏剧表演有关，此外，他还雕塑了一座未完成的骑士纪念碑，也为教堂设计做过顾问。然而，绘画才是他最突出的才华，从在佛罗伦萨的时候开始，一直到他的晚年都是如此。

在搬到老王宫前，列奥纳多刚到米兰的前几年很有可能和安布罗焦·德·普雷迪斯共用一个工作室。普雷迪斯是卢多维科最喜欢的肖像画家之一，他同父异母的兄弟埃万热利斯塔和克里斯托福罗也在这个工作室，其中，克里斯托福罗是一个聋哑人。列奥纳多后来写到过观察聋人交流是研究人的姿态与内心关系的良方："让你笔下人物的举止符合他们的想法或者想要表达的内容，要想熟谙此道可以仿效聋人，他们通过手势、眼神、眉毛和整个身体来努力表达内心的感受。"[1]

列奥纳多与德·普雷迪斯兄弟一起工作没多久，他们就共同接到了一份来自无玷受孕协会的委托，这个宗教团体的成员都是富人，委托内容是为他们使用的方济会教堂创作几幅祭坛画。列奥纳多的任务是绘制位于中央的那幅画，对他的要求也很明确：主要人物是圣母马利亚（"她的裙子应为深红底色，上有金色锦缎，用油彩画，涂上薄清漆"）和婴儿耶稣，他们周围围绕着"用油彩绘制的、尽善尽美的天使们，还有两位先知"。可是，列奥纳多对这些要求漠不关心，他决定不画先知，只画圣母马利亚、婴儿耶稣、年幼的施洗者约翰和一位天使。他选择的场景来自其他典籍和中世纪的传说，在传说中，圣家族因为希律王下令屠杀无辜者而逃离了伯利恒，他们在去埃及的路上遇到了约翰。

最终，列奥纳多画了两幅类似的作品，都被称为《岩间圣母》。对于这两幅画的绘制时间和背景，有大量的学术研究。我认为最令人信服的解读是，第一幅完成于15世纪80年代，因为与无玷受孕协会在价格上发生了争执，这幅作品最终转卖或送到别处，它现存于卢浮宫（图66）。列奥纳多后来又帮忙画了一幅替代品，这幅是与安布罗焦·德·普雷迪斯及他的工作室合作绘制的，完成时间大约在1508年，这一幅现存于伦敦国家美术馆（图67）。[2]

无玷受孕协会想要这幅作品的初衷是为了称颂圣母马利亚没有受到任何原罪玷污而怀胎，无玷受孕是方济会推崇的教义。[3]《岩间圣母》中的一些画面特征也体现了这一点，特别是它的背景环境：荒凉、突兀的岩穴中神奇地孕育出开花植物，还赫然出现了四位神圣人物。我们感觉自己正在看着地球的子宫。岩穴前的人物沐浴在温暖的光亮中，但是岩穴黝黯的内部让人生畏。这一场景似曾相识，不禁又让人想起列奥纳多笔下那次远足时遇到的神秘洞口。

尽管如此，这个场景很难让观看者一下子联想到无玷受孕，因为圣母马利亚虽然在画面中心，但是整个叙事的中心是施洗者约翰，他不仅是佛罗伦萨人的守护神，还是列奥纳多喜爱的人物之一。在第一幅（卢浮宫版本）中，这一点尤为突出，天使的手出人意料地指向他，这可能也是列奥纳多与无玷受孕协会发生争执的起因之一。

第一幅（卢浮宫版本）

列奥纳多是讲故事的大师，他擅长通过画面传达戏剧性的动态，从《博士来拜》开始，他的很多画都属于叙事性作品，《岩间圣母》也不例外。在第一幅《岩间圣母》中，雌雄莫辨的卷发天使从画面中径直向外看，紧紧抓住我们的视线，他不仅发出神秘的微笑，还用手指引导我们看向年幼的约翰，画面的叙事也由此开始。对面的约翰单膝跪下，

图66_《岩间圣母》(第一幅，现存于卢浮宫)

图 67_《岩间圣母》(第二幅，现存于伦敦国家美术馆)

握紧双手表达对婴儿耶稣的尊敬，婴儿耶稣回以赐福的姿势。圣母转过身体，低头瞥见约翰，出于保护地抓住他的肩膀，另一只手悬在耶稣头顶。另外，当我们沿着顺时针方向扫视这幅画时，还会注意到天使用左手扶着耶稣，而耶稣靠在池塘边的陡峭岩石上，手触摸到了突出的岩石。如此看来，整幅画也可以被当作一系列手势的序贯串联，之后这也将再次出现在《最后的晚餐》中。

天使的手指是第一幅与第二幅作品的主要区别。多亏了现代科技，我们才得以知晓列奥纳多也曾为这个手势踌躇不决。2009年，卢浮宫的技术人员采用先进的红外线成像技术，对第一幅《岩间圣母》进行了研究，他们发现了列奥纳多在构思这幅画时绘制的底稿。底稿显示，他一开始并没有打算让天使指向约翰，背景中的大部分岩石完成后，他才加上了这个手势。[4] 也许是迫于赞助人的压力，列奥纳多曾两度恢复原状。只有最后完成的第一幅作品中才有这个手势，不仅最初的底稿里没有，第二幅里也没有再出现过这个手势。

列奥纳多那时的踌躇并不难理解。用手指着的动作确实有些尴尬，在画第二幅的时候，他好像也感觉到了这一点。天使瘦削的手指干扰了圣母抬起的手和婴儿头部的关系，显得很突兀。这些手势串联在一起也会相互干扰。[5]

幸好被光线笼罩的区域浑然一体，拯救了中断的叙事流，让画面有了整体感。在这幅杰作中，列奥纳多用光影对比产生强烈的流动感，开启了一个新的艺术时代。

他在佛罗伦萨时，已经开始从主要依赖蛋彩颜料慢慢转向油彩，那时油画在荷兰已经很普遍，后来在米兰时，他对油彩的应用日臻完美。通过精心地涂上一层层极薄的半透明颜料，他创造出了细腻的明暗对比与柔和的轮廓，这也体现出了他的明暗法和晕涂法的特点。他笔下的发光效果也源于此，光线穿过一层层的油彩，又从底漆中反射回来，感觉它们就像从人物或者物体上发出来的一样。[6]

为了体现画面明亮区与阴影部分的对比，在列奥纳多之前的大部分艺术家会在颜色里加入更多白色。但是，列奥纳多知道光线不仅让颜色更明亮，还能让它们显现出更真实、更丰富的色调。看一看天使的红斗篷、圣母的蓝色长袍，还有金色衣褶上被阳光照亮的部分，这些地方不仅色彩饱和度高，色调也更细腻、更丰富。在为绘画专著写的笔记中，列奥纳多解释道，"因为光照能显现出颜色的质感，所以光线越充足的地方，就越能看清颜色的真实质感"。[7]

列奥纳多一直在用他的科学知识来完善自己的艺术，第一幅《岩间圣母》就是很明显的例子。圣母和岩石都是这幅画的主题。在一项名为"列奥纳多的地质学"的研究中，安·皮佐鲁索指出岩穴结构"在地质学上的精确程度令人震惊"。[8]大部分石头都是风化的砂岩，这是一种沉积岩。但是在圣母头顶的正上方和画面的右上方，突出的嶙峋岩石在阳光的照耀下，表面泛着微光。这些是辉绿岩，是火山岩浆冷却后形成的侵入岩。列奥纳多甚至精确地画出了这些火成岩上因冷却产生的垂直裂缝，还细致地绘制出圣母头顶上方砂岩和侵入岩之间的水平接缝。不过，列奥纳多在这个场景中并非只是在忠实记录他看到的自然景象，这个岩穴显然是他想象的产物，并非他见过的实景。要想构思出如此有想象力又如此真实的情景，必须要有深厚的地质学知识。

画中植物的生长位置完全符合自然规律，它们无法在坚硬的火成岩中生长，只能在风化程度足够高的砂岩区域扎根，包括岩洞的顶部和底部。这些植物的种类也都符合植物本身的特点和季节规律：在潮湿的岩洞中，列奥纳多画的那些植物都会在一年中的同一时间出现。在重重限制下，他依然能够找到那些可以传达他要表现的象征意义和艺术美感的植物。威廉·恩博登在他的《列奥纳多·达·芬奇论植物和园艺》一书中指出，"他在画中引入这些植物是因为它们的象征意义，可是他仍然认真地将它们绘制在合适的环境中"。[9]

　　例如，白玫瑰经常被用来象征基督的纯洁，但是它不会生长在那样的岩洞中；所以列奥纳多在基督抬起的胳膊下面画了报春花（欧樱草），因为它的花朵是白色的，也被视为美德的象征。在马利亚左手上方依稀可见是一丛蓬子菜。"这种植物早就被称为圣母的垫子草，是马槽里常用的垫草。"恩博登写道。约瑟夫用它给马利亚铺床，当耶稣降生的时候，白色的叶子变成了金色。因为对螺旋和旋涡造型的迷恋，列奥纳多有时候会为了满足他的艺术喜好，略微改变植物的造型。例如，在画面左下方是黄色的鸢尾花（黄花鸢尾），它像剑一样的叶子没有排列成扇形，而是稍微扭曲成螺旋形，与圣约翰和圣母扭转的身体相呼应。

1485 年第一幅作品完成的时候，列奥纳多和他的合作者共收到了大约八百里拉的酬劳。但是，画家们坚称他们花在材料上的费用已经超过了这个数字，特别是镀金一项，所以这幅作品的价值远高于八百里拉。一场旷日持久的争执就此开始。无玷受孕协会犹豫不决，最终这幅作品很可能从未在他们的教堂中出现过，它可能被卖给了另一位客户，这位客户可能是法国国王路易十二，或者由卢多维科·斯福尔扎出钱买下，作为送给他侄女比安卡和未来的神圣罗马帝国皇帝马克西米利安一世的结婚礼物。最终，这幅作品进入了卢浮宫。

第二幅（伦敦版本）

　　15 世纪 90 年代，列奥纳多与安布罗焦·德·普雷迪斯又为无玷受孕协会画了一幅《岩间圣母》，以替代之前那幅没有交付的作品。根据

2009 年的技术分析报告，列奥纳多画了一幅与之前迥异的底稿，其中的圣母马利亚崇敬地跪着，一只手横在胸前。但是后来列奥纳多改了主意，他用底漆盖住了之前的底稿，新底稿非常接近于第一幅《岩间圣母》，除了天使没有指着施洗者约翰（就像第一幅最初的底稿一样）。[10] 此外，天使也没有再向画面外的观看者张望。相反，他那缥缈的目光似乎将整个场景尽收眼底。

　　因此，画面的叙事也不会再让人分神。圣母马利亚成为无可争议的关注焦点。我们的视线从她安详的脸上开始扫视，她低头看着跪着的约翰，还出于保护地将手悬在她孩子的头顶上，这一次没有了天使手指的干扰。在这个场景中，圣母的姿势和表情成了重点，而不再是天使或约翰。

　　另外一个细微的差别是，这个岩穴更加封闭，上面露出的天空也更少。因此光线不再是漫射，而是像一道光束那样从画面左侧射入，选择性地照在了四个人物的身上。因此，造型、人物塑造和立体感都大大地改善了。在绘制两幅作品的间隙，列奥纳多一直在研究光线和光学，他在艺术创作中对光线的应用堪称艺术史上的创新。"与静态的光线相比，甚至与卢浮宫那幅的普照之光相比，这一幅中光线的变化和选择性都充满了动态，堪称来自新时代的光芒。"艺术史学家约翰·希尔曼写道。[11]

　　第二幅的构图毫无疑问出自列奥纳多之手。尽管如此，这幅近十五年才完成的作品中，究竟有多少是他亲手完成的，有多少是委托给安布罗焦和工作室的助手的，依然是个疑问。

　　列奥纳多曾将部分工作委以他人的迹象之一，是画中植物的真实性不如第一幅。"这一点非常明显，因为它们完全违背了列奥纳多在画植物时遵循的一切原则。"园艺家约翰·格里姆肖写道，"它们不是真正的花朵。它们是怪异的杂烩，就像半真半假的耧斗菜一样。"[12] 从地质学的角度来看，两幅作品也存在同样的差别。"伦敦国家美术馆那幅里的岩石就像人造的一样，生硬且怪异。"皮佐鲁索写道，"前景中的岩石并没有精细地埋置，而是粗陋地显出风化和厚重，看起来像石灰岩，而不是砂岩。但是石灰岩与周围的地质环境不相称。"[13]

直到 2010 年，伦敦国家美术馆都一直申明这幅作品并非主要由列奥纳多绘制，但是在经过了彻底的清理和修复之后，美术馆当时的策展人卢克·赛森和其他专家宣布，它实际上主要出自列奥纳多之手。赛森不得不承认植物和岩石确实有不严谨之处，但是他声称这反映出列奥纳多在以更成熟也更"抽象"的方式描绘自然，他从 15 世纪 90 年代开始追求这一绘画风格："这不再是一幅虔诚的自然主义作品。列奥纳多将那些他认为必不可少（有时只是因为美）的元素组合在一起进行创造——植物、风景、人物——比起自然的造化，他的创造更加完美，更加充满个性。"[14]

特别是在最近一次清理之后，现存于伦敦的这幅作品确实显示出列奥纳多的标志性笔法。天使头上充满光泽的卷发明显是他的标志，阳光照在他透亮的袖子上，那种不寻常的透明感来自列奥纳多的薄层油彩技法。肯尼斯·克拉克写到天使时说，"只要仔细看过，没有人会怀疑他的嘴部、下巴，还有标志性的金色卷发究竟出自谁手"。[15] 与天使的头部一样，圣母的头部也有列奥纳多独特的用手指涂抹颜料的痕迹。"这些效果肯定超出了安布罗焦或目前已知的任何一位学生的能力所及。"马丁·肯普说。[16]

与第一幅一样，这幅作品也陷入了与无玷受孕协会的合同纠纷，旷日持久的谈判提供了列奥纳多亲自参与这幅作品的进一步证据。1499 年，当他离开米兰的时候，这幅画仍未完成，而在 1506 年，关于最后一笔酬劳是否到期，双方又发生了争执。最终，列奥纳多又回来对这幅画做了最后的润色。直到那时，这幅作品才被认定为彻底完成，之后他和安布罗焦从无玷受孕协会那里收到了尾款。

团队协作

关于列奥纳多的合作者对第二幅《岩间圣母》贡献的争议，凸显出合作模式在他工作室中所起的作用。我们容易想当然地认为艺术家都是孤独的创作者，窝在阁楼里等待灵感降临。但是无论在列奥纳多的笔记里，还是在他绘制《维特鲁威人》的过程中，都能明显地看出他的很多思考都是集体的智慧。从在韦罗基奥的艺术品作坊里当学徒开始，列奥纳多就已经懂得了团队协作的乐趣和优势。拉里·基思曾领导了伦敦国家美术馆那幅《岩间圣母》的修复工作，据他所说，"为了承担绘画、雕塑、宫廷娱乐和其他工作，列奥纳多需要在短时间内建立一个工作室，这意味着他不仅要和米兰的知名画家合作，同时还要培训他自己的学徒"。[17]

为了赚钱，列奥纳多有时候和他的学徒一起完成作品，就像在流水线上一样，韦罗基奥的作坊就是这样的工作模式。"设计稿不断地在老师和学生间轮转，老师的画稿和草图通过类似剪切和黏贴的方式被不断修订。"赛森解释道。[18] 列奥纳多负责构图、草图、写生和素描，他的学生们用刺孔的方式复制这些画稿，然后一起绘制最终的版本，列奥纳多经常会添上几笔，并做些修正。有时候一个主题有很多不同的版本，就算在同一幅画里也能看出不同的绘画风格。一个去参观过他工作室的人描述道，"列奥纳多的两个学生在画一些肖像画，他偶尔会亲自添上一笔"。[19]

列奥纳多的学徒和学生不只是复制照搬他的设计。2012 年，卢浮宫举办了一场展览，展出了由他工作室的学生和助手绘制的他的那些杰作。很多都是根据他原作的再创作，说明他和同事一起在探索用各种不同的方式来表达既定的主题。在列奥纳多完成老师版本的同时，其他版本也都是在他的监督下绘制完成的。[20]

《一个年轻女人的头像》

　　《岩间圣母》中的天使究竟是加百列还是乌列，这个问题的答案主要取决于你采信的是哪个宗教故事。（在卢浮宫的网站上，这位天使被确认是加百列，但是在博物馆里，这幅画旁的描述上称他为乌列，这说明即使在博物馆内部，也意见不一。）无论他是谁，列奥纳多笔下的形象都显得非常女性化，以至于有些艺术批评家把他当成了女性。[21]

　　与列奥纳多在韦罗基奥的《基督受洗》中画的天使一样，这个天使形象也说明列奥纳多倾向于性别是流动的。一些 19 世纪的批评家把这看作他是同性恋的标志，特别是这个迷人得令人不安的天使所处的位置和向外张望的眼神，让他看起来就像画家的替身。[22]

　　如果将画中的天使与一幅预备作品对比，你会发现在最终作品中，雌雄同体的特质被强化了，这幅预备作品被称为《一个年轻女人的头像》（图 68），它通常被认为是列奥纳多为画天使而准备的习作。[23]这位年轻女性的面部特征与《岩间圣母》中的天使几乎一模一样。

　　作为最能体现列奥纳多绘画才华的作品之一，这幅画让人神魂颠倒。简单的线条和绝妙的笔触让一切都那么简洁而精确，他笔下的这幅速写有一种无与伦比的美。乍一看，你的目光会被它吸引，然后它就让你陷入了长久而深刻的凝视中。它简单的外表只是一种假象。文艺复兴艺术史先驱伯纳德·贝伦森称之为"绘画技术最杰出的成就之一"，而他的门徒肯尼斯·克拉克称赞道，"我敢说它是世界上最美的绘画之一"。[24]

　　列奥纳多有时用墨水或者粉笔画草图，但是他在这一幅中用的是银尖笔。他先在纸上涂了一层淡淡的颜料，然后用银尖笔在纸上画出线条。上面的划痕依然清晰可见。为了表现高光，比如左脸颊上的光亮，他用了白色的水粉或者水彩。

　　这幅画也是列奥纳多用阴影线来塑造影调和纹理的典范。在有的

图 68_《岩间圣母》的习作

地方，平行的阴影线细致紧密（比如她左脸颊上的阴影），而在另外一些地方，又大胆宽松（比如她的肩背部）。阴影的变化塑造出了奇妙的渐变和隐约的轮廓。先看看她的鼻子，左鼻孔用阴影线勾勒出的造型令人惊叹；再看看左脸的轮廓和阴影，观察一下它们如何由相对宽松的线条勾勒而成；脖子上的褶痕是两道有力的笔触，另外三条线勾勒出她颈前的轮廓，它们看上去有些仓促，但也因此充满动感；她头部两侧形式自由的曲线看起来颇具现代派风格，它们其实是列奥纳多随笔尖流淌而出的构思过程；还有，从她颈后垂下的抽象线条则暗示着最终作品中标志性的卷发。

然后是她的眼睛，列奥纳多的鬼斧神工让它们如水一般清澈透亮。

237

她的右眼瞳孔圆睁，专注地凝视，但是她的左眼眼睑沉重，压在瞳孔上，好像心神恍惚。与卢浮宫那幅《岩间圣母》中的天使一样，她在向画面外凝视，即便左眼有些游移，她依然在盯着我们。如果你来回走动，她的双眼会一直跟随你，好像要把你尽收眼底一样。

第十六章
米兰肖像

《音乐家肖像》

关于列奥纳多，有很多事情都引人入胜，他作品的诸多待解之谜就是其中之一。绘制于 15 世纪 80 年代中期的《音乐家肖像》（图 69）就是一个例子。这是列奥纳多已知的唯一一幅男性肖像，但是没有任何现存记录，在同时代的文献中也未见提及。画中人物的身份尚不知晓，也不清楚此画是否为委托创作或者最终是否交付，甚至连是否完全出自列奥纳多之手都不确定。尽管原因不详，但是这幅画也像他的许多作品一样未能完成。

这幅作品被画在胡桃木的画板上，列奥纳多已经喜欢上了这种材料，这幅四分之三侧面像中的年轻人有一头紧密的卷发（这一点儿也不令人意外），手中拿着一张折叠的乐谱。他的身体、棕色的马甲和双手都没有画完，连他脸上的某些地方也看似缺少列奥纳多惯常涂抹的最后几层油彩。而且和列奥纳多的其他作品不同，这幅画中人物的身体和视线方向一致，缺乏动感。

这种僵硬呆板的感觉也让有些人怀疑它不是列奥纳多的手笔，但是画面中的其他元素——卷发、清澈传神的双眼、光影的运用——让大多数学者认为至少脸部是由他所作的，至于未完成的、平淡无奇的躯干部分，可能是他的一位学生或者助手画的，比如乔瓦尼·安东尼奥·博塔费奥。[1] 人物脸部颇具列奥纳多的风格，饱含感情，栩栩如生，正在思索，还带着一丝忧郁，那些心理活动似乎马上就要让他的嘴唇动起来似的。

没有证据表明这是一幅付费的委托作品，画中人物也并非显贵。列奥纳多似乎只是自行决定要画这个年轻人，也许是被他的清秀面容和金色卷发打动，或者与他有私交。有些人提出，此人是列奥纳多的朋友弗兰基诺·加富里奥，他在 1484 年已经成为米兰大教堂唱诗班的指挥，

图 69_《音乐家肖像》

这幅肖像大约就是在这个时间绘制的。但是这幅肖像看上去并不像加富里奥已知的其他肖像，那时他三十多岁，看起来要比这幅画中的人物年长一些。

我更认同另一种观点，这幅肖像画的是阿塔兰特·米廖罗蒂，他是一位年轻的音乐家，几年前带着里拉琴和列奥纳多一起从佛罗伦萨到了米兰。[2] 他日后成了一位杰出的演奏家，不过他二十多岁的时候，还在斯福尔扎的宫廷和列奥纳多一起工作。如果他真是画中人物，那么这幅音乐家的肖像就是列奥纳多为自己而作的。我们知道列奥纳多被阿塔兰特的容貌所吸引。在 1482 年的物品清单中，有一幅"仰着脸的阿塔兰特肖像"。那可能是为这幅作品画的习作，甚至可能就是最初的肖像。

不过肖像中的音乐家没有"仰着脸"，他凝视着光亮处。列奥纳多对他脸部光线的处理是整幅画中最引人注目的地方。他水汪汪的双眼中闪着光亮，反映出光线是如何照射在人物脸上的。列奥纳多曾经写过，柔和的光线更有利于人物的塑造，但是在这幅肖像中，光照强度超过了他的其他作品。不过，他利用强烈的光线绝妙地呈现出光照在脸部轮廓时的效果，因此，颧骨和下巴下方的阴影，甚至右眼睑的阴影，都让这幅肖像比同时代的其他作品更加逼真。实际上，这幅画的一个缺点是有些地方的阴影过于生硬，特别是在鼻子下方。列奥纳多后来对使用强光的后果提出了警告：

> 在最强的光线下，物体的明暗反差最大……但是在绘画中，一定要慎重使用，因为作品会因此显得粗糙生硬，毫无优雅可言。物体在适度的光照下，明暗反差较弱，比如傍晚或多云天气。这种光线下的作品显得更柔和，各种各样的脸都会变得优雅。因此，要避免走极端：太强的光线会让画中的效果显得生硬，太弱的光线则影响观看。[3]

《音乐家肖像》不仅展现了光照的效果，还表现了光线过强的危害。画作中的缺陷也可能是因为作品尚未彻底完成，比如，人物脸上的局部区域并没有列奥纳多惯用的多层薄油彩。如果由他继续完善这幅作品，画面的一些地方可能会被修补，质感也会更加细腻，至少鼻子下方的阴影不会像现在这样，不过这一润饰过程经常要耗费他数年时间。

光线还会带来另外一种显著的变化。"瞳孔会随着光线的减弱或加强而扩张或收缩。"列奥纳多在早期研究人眼和光学时写道。[4] 他还观察到，在眼睛适应光线时，瞳孔大小的变化也需要一点儿时间。让人匪夷所思的是，列奥纳多笔下的音乐家的两个瞳孔大小不一：他的左眼因为更直接地受到光照，所以瞳孔较小，这完全符合科学规律。科学和艺术又一次在列奥纳多的笔下交汇，当我们用目光扫视音乐家的脸庞时，从他的左眼到他的右眼，瞳孔的差异以极其微妙的方式让我们感受到了一个稍纵即逝的瞬间。

塞西莉亚·加莱拉尼，《抱银鼠的女子》

塞西莉亚·加莱拉尼是一位引人注目的美人，她生于米兰，来自受过良好教育的中产阶级家庭。她的父亲是公爵的外交官和财务代理人，而她的母亲是一位著名法律教授的女儿。他们并不算非常富有。在塞西莉亚七岁的时候，她父亲去世了，遗产由她的六个兄弟分得。但是，他们都有良好的文化修养。塞西莉亚会写诗，能发表演说，还会用拉丁文写信，后来马泰奥·班戴洛有两本小说都是献给她的。[5]

1483 年，塞西莉亚十岁的时候，她的兄弟为她安排了一份前途光明的婚约，对方是乔瓦尼·斯特凡诺·维斯孔蒂，他的家族曾经统治米兰。但是四年后，婚约在婚礼前被解除，塞西莉亚的兄弟们也未支付约定的嫁妆。解除协议上写明二人尚未圆房，她的贞操如初。

243

婚约解除以及对塞西莉亚贞操的约定可能另有原因。大约在那个时候，她吸引了卢多维科·斯福尔扎的注意。这位事实上的米兰公爵虽然残忍无情，但是品位尚佳。他被塞西莉亚的容貌和思想所吸引。1489年，十五岁的她并非和家人生活在一起，而是住在卢多维科提供的住所里。第二年，她就怀上了他的儿子。

他们的关系有一个巨大的障碍。早在1480年，卢多维科就已经与比阿特丽斯·德斯特订立了婚约，她是费拉拉公爵埃尔科莱·德斯特的女儿。这个婚约代表了卢多维科与意大利最古老的贵族王朝之一正式结盟。这桩婚事在比阿特丽斯五岁的时候就议定了，婚礼将在1490年、她十五岁的时候举行。这场婚礼将是一场盛大华丽的庆典。

但是此时卢多维科倾心于塞西莉亚，对那桩婚事缺乏热情。1490年年末，费拉拉公爵驻米兰的大使发回一份内容直白的汇报，他告诉公爵，卢多维科痴迷于一位"情妇"，"他不仅与她一起住在城堡里，无论到哪儿都带着她，还想给予她一切。她怀有身孕，而且貌美如花，他经常带我一起去看望她"。结果，卢多维科和比阿特丽斯的婚礼推迟到第二年才得以举行，在帕维亚和米兰先后举行了盛大的庆祝活动。

随着时间的推移，卢多维科将越来越尊重比阿特丽斯，后面我们会看到，在她去世的时候，卢多维科深感悲痛。但是起初，他仍与塞西莉亚保持着情人关系，她依旧住在斯福尔扎城堡的一套房间里。在那个时代，统治者尚无须假装生活检点，卢多维科不断将他的内心感受吐露给那位一直所知甚详的费拉拉大使，这位大使又将其汇报给比阿特丽斯的父亲。卢多维科告诉那位大使，"他希望自己能去和塞西莉亚做爱，和她安静地在待一起，而这也是他妻子的愿望，因为她不想委身于他"。塞西莉亚生下他们的儿子后，宫廷诗人在十四行诗中对刚降生的孩子极尽阿谀奉承，卢多维科也为她安排了一桩婚事，把她嫁了一位富有的伯爵，后来她成了一位受人尊敬的文学赞助人。

　　所幸，塞西莉亚·加莱拉尼迷人的美貌被保留了下来。大约在1489年、她十五岁的时候，卢多维科委托列奥纳多为她画了一幅肖像（图70），那也是他们感情最热烈的时期。这是他交给列奥纳多的第一份绘画任务，这时列奥纳多已经在米兰待了七年，除了宫廷演出外，他刚开始着手骑士纪念碑的工作。这项任务的成果是一幅绝妙的、极富创新的作品，在很多方面都堪称列奥纳多最迷人、最令人赏心悦目的画作。除了《蒙娜丽莎》，这是我最喜欢的作品。

　　这幅在胡桃木画板上用油彩绘制的塞西莉亚的肖像，现在被称为《抱银鼠的女子》，这幅作品不仅充满创新性，而且情感充沛，活灵活现，它推动了肖像艺术的变革。20世纪的艺术史学家约翰·波普－轩尼诗称其为"第一幅现代肖像"和"欧洲艺术史上第一幅在肖像中通过姿态和手势来传达人物思想的作品"。[6] 这幅肖像没有采用传统的侧面像，而是四分之三侧面视角。她的身体朝向我们的左侧，但是她的头部转向我们的右侧，好像在看着什么，也许是从光源方向走来的卢多维科。她怀抱的银鼠似乎也处于警觉状态，竖起了耳朵。他们都显得栩栩如生，再没有了同时代其他作品中空洞或散漫的眼神（包括列奥纳多之前唯一的女性肖像《吉内薇拉·德·本奇》）。场景中似乎正在发生着什么。列奥纳多捕捉到了发生在瞬间的故事，其中既有外在世界，又有内心活动。从人物的双手、银鼠的爪子、人物的眼睛，还有神秘的微笑中，我们既看到了身体动作，又瞥见了心理活动。

　　列奥纳多喜欢用双关语，包括视觉上的双关暗示，就像代表吉内薇拉·德·本奇名字的杜松一样，银鼠（在希腊语中被称为galée）让人想起画中人物的姓氏加莱拉尼（Gallerani）。银鼠也是纯洁的象征。"银鼠宁死也不愿被玷污。"列奥纳多在一则动物寓言中写道。寓言中还写道："出于节制，银鼠每天仅进食一次，为了保持洁白无瑕，它宁可被猎人逮住，也不愿意藏身于肮脏的洞穴。"此外，银鼠还意指卢多维科，

图 70_《抱银鼠的女子》，塞西莉亚·加莱拉尼

他被那不勒斯国王授予了银鼠勋位，一位宫廷诗人还在诗中颂扬他是"意大利的摩尔人，银鼠"。[7]

头部与身体的扭转方向不同，这种对立平衡的形式是列奥纳多作品的鲜明特征之一，《岩间圣母》中的天使就是如此。银鼠在扭动的同时又泰然自若，似乎在模仿塞西莉亚的动作，连扭转的方式都与她步调一致。塞西莉亚的手腕和银鼠的爪子都微微抬起，似乎是为了彼此保护。他们如此鲜活，简直呼之欲出，在这个让人身临其境的场景中，似乎还有第三个参与者，那就是虽未入画，却吸引着他们目光的卢多维科。

当时，列奥纳多正在构思有关人物内心活动的理论。很明显，塞西莉亚有着丰富的内心活动。我们从她的眼神中，还有她的微笑里都能看出这一点。不过，就像《蒙娜丽莎》一样，她的微笑也很神秘。每次看塞西莉亚都能感受到不同的情绪，百试不爽。你觉得她见到卢多维科究竟有多高兴？好吧，也许你再看一遍，答案就会不一样了。甚至连她的宠物也都如此耐人寻味，列奥纳多的妙手能让一只银鼠也充满灵性。

从塞西莉亚的指关节、手部的肌腱再到她编着辫子、遮着薄纱的头发，列奥纳多小心翼翼地处理着每一个细节。这种发型和上面遮的发罩被统称为科松尼，塞西莉亚的发式和身上西班牙风格的裙子在1489年的米兰很流行，那一年，来自西班牙阿拉贡的伊莎贝拉嫁给了命运不济的吉安·加莱亚佐·斯福尔扎。

对比列奥纳多的《音乐家肖像》，塞西莉亚身上的光线更加柔和，她鼻子下面的阴影也更加细腻。在他的光学研究中，列奥纳多已经说明了与斜射相比，直射的时候光线最强。塞西莉亚左肩和右脸颊的上方都属于直射的情况。她脸上其他部分的光照强度被处理得精细且准确，这些都是依据列奥纳多发现的规律绘制的，他发现，随着入射角度变化，光照的强度也会相应地变化。他对光学的科学知识增强了这幅画的立体感。[8]

画面中的一些阴影区因为反射光或间接的光照而变得柔和。例如，塞西莉亚右手下缘映着银鼠白色皮毛的反光，她脸颊下方的阴影因为来自胸部的反光而变得柔和。"当双臂交叉于胸前时，"列奥纳多在笔记里写道，"双臂上的阴影与它们投在胸前的阴影之间有一个缝隙，你应该让微弱的光线穿过这个双臂与胸部的缝隙；你若想让胳膊看起来离胸部越远，就要把光亮的范围画得越宽。"[9]

要想真正领略列奥纳多的不凡之处，可以看看银鼠毛茸茸的头部，衬托它的是塞西莉亚柔软的胸部。银鼠头部的造型让人惊叹，毛发覆盖着若隐若现的颅骨，光线照在每一缕毛发上，立体感极强。塞西莉亚的胸部柔和地融合了浅色色调和红色，它的质感与闪着光的硬质珠子形成了鲜明的对比。[10]

在一首十四行诗中（下文为节选），宫廷诗人伯纳多·贝林乔尼以他一贯夸大做作的情感赞美了这幅画，但是这一次可以说是恰如其分：

> 你为什么愤怒？大自然，你究竟在嫉妒谁？
> 芬奇描绘了你的一颗星星；
> 塞西莉亚，此刻她如此美丽，
> 她可爱的双眼让阳光也没入幽暗……
> 他笔下的她似在倾听，未曾开口……
> 因此，你要感谢卢多维科，
> 还要感谢列奥纳多的天才和技艺，
> 他们都想让她流芳后世。[11]

贝林乔尼注意到塞西莉亚似乎在倾听，但没有开口说话，这一点也是这幅肖像意义如此重大的原因：它捕捉到了正在进行的内心活动。

她的眼神、神秘的微笑，以及对银鼠暗含情色的搂抱和抚摸，似乎都在揭示或至少暗示了她的内心情感。她的思绪溢于言表，而她的脸上情绪闪现。列奥纳多不仅在描摹她思想和灵魂的动态，还在以肖像史上从未有过的方式与我们的内心互动。

《美丽的费隆妮叶夫人》

在同一时期的另一幅肖像中，列奥纳多也对光影的运用进行了试验，这幅作品被称为《美丽的费隆妮叶夫人》，画中人物是斯福尔扎宫廷中的一位女性（图71）。她的身份最有可能是卢克雷齐娅·克里韦利，她在塞西莉亚之后成为卢多维科的正式情妇，她也是卢多维科新婚妻子比阿特丽斯·德斯特的侍女，不过这两个角色看起来有些冲突（或许也是情理之中）。[12] 和塞西莉亚一样，她也给卢多维科诞下一子，很明显，作为奖赏，卢多维科也请列奥纳多为她单独画了一幅肖像。实际上，列奥纳多绘制此幅肖像用的胡桃木板可能与塞西莉亚的那幅来自同一棵树。

在卢克雷齐娅左脸颊的下方，列奥纳多画出了整幅作品中最突出的反射光。她的下巴和脖子被笼罩在柔和的阴影中，但是来自画面左上方的光线，直接照在她平滑的肩膀上，然后又反射到她左侧的颌骨上，于是有了这一抹亮光，不过这种处理似乎有点儿夸张，而且色调斑驳，显得有些奇怪。列奥纳多在笔记里写道，"光亮物体平滑的半透明表面引起了反光，当它们被光线照射的时候，光线会像球一样被反弹回来"。[13]

当时，列奥纳多正沉浸在研究光线照在曲面上时，照射角度与光线变化的关系，他的笔记本里全都是仔细测量和标注的示意图（如本书第273页，图73和图74）。没有画家曾如此全面地捕捉到光影在脸上产生的立体感和完美造型。问题是卢克雷齐娅颧骨上的光线过于刺眼，

图 71_《美丽的费隆妮叶夫人》

看起来不自然，以至于有人推测这是后来某位过分热心的学生或者修复者所画。这似乎不太可能。我认为更有可能的是，列奥纳多过于想要呈现反射到阴影上的光线，所以他做得有点儿过火，大胆地打破了之前的柔和。

在这幅肖像中，列奥纳多还继续试验用一种令人难忘的方法来描画眼神，无论画中人物是注视还是凝望，他们的目光都会跟随着房间里的观看者。这种"蒙娜丽莎效应"并不是魔法，只是因为那双逼真的眼睛直视着观看者，而且眼睛的透视、明暗和造型都恰到好处。不过，列奥纳多发现目光专注和眼睛稍稍偏离正常位置的时候，这种效果最强烈，也更容易被观察到。他在不断完善《吉内薇拉·德·本奇》中使用的技巧。吉内薇拉的目光一开始看上去稍显游移和恍惚，当你分别直视每一只眼睛的时候，你会发现每一只眼睛都在以它的方式盯着你。

同样地，在《美丽的费隆妮叶夫人》中，卢克雷齐娅的凝视也如此直接，甚至让我们感到不适。当你单独看每一只眼睛时，它都像在盯着你看一样，即使你在画前来回走动，依然如此。但是当你试着同时盯着她的双眼时，它们看起来会有点儿不协调。她的左眼向远处看，可能还有点儿向左偏，部分是因为她的眼球移位了，所以观者很难同时与她的双眼对视。

不过，《美丽的费隆妮叶夫人》与《抱银鼠的女子》或《蒙娜丽莎》不可同日而语。虽然同是微笑，她的微笑既没有那么迷人，又不神秘。下颌左侧的反光太刻意。发型死板，平淡无奇，特别是与列奥纳多一贯的风格相比之后，让人感觉似乎是出自别人之手。她的头部虽然转向一边，但是身体僵硬，没有一点儿列奥纳多式的扭转痕迹。头带和项链的造型也乏善可陈，实际上，它们看起来就像没画完一样。只有她肩膀上丝带的垂感和上面的反光露出了大师风范。

大师伯纳德·贝伦森在1907年写道，"那些被迫接受这是列奥纳多作品的人会后悔的"，然而最终，贝伦森本人也接受了这是列奥纳多所作的说法。贝伦森的门徒肯尼斯·克拉克认为，这幅作品的初衷并非为了缔造传世经典，而是为了取悦公爵。"我现在倾向于认为这是列奥纳多的作品，它说明他在这些年中，为了满足宫廷的需要而压抑了自己的才华。"我认为有足够的证据支持这幅画全部或部分为列奥纳多所作：胡桃木画板的纹理与《抱银鼠的女子》相似，一些宫廷十四行诗中似乎提到他画过这样一幅作品，还有这幅画的一些优美之处确实有大师手笔。为了完成公爵的委托，这幅作品可能由列奥纳多的工作室合作绘制，他确实为此拿起了笔，但是并未全心全意地投入其中。[14]

《年轻未婚妻的肖像》，也被称为《美丽公主》

1998 年年初，在曼哈顿的克里斯蒂拍卖行，一幅画在羊皮纸上的少女肖像被拍卖，这是一幅粉彩画（图 72）。艺术家和画中人物的身份均不详，拍卖目录上的登记信息为 19 世纪早期一位德国画家模仿意大利文艺复兴风格的作品。[15]一位叫彼得·西尔弗曼的收藏家颇具发现遗珠的慧眼，他在目录中看到了这幅画，非常感兴趣，于是去了陈列室查看。"真是太棒了，"他后来回忆起当时的想法，说道，"我不理解为什么它会被登记为 19 世纪的作品。"他感觉这应该就是文艺复兴时期的作品。因此，他提交的报价是一万八千美元，是拍卖行预估底价的两倍。但是这个出价还不够高，有人出价两万一千八百五十美元买走了这幅画。西尔弗曼以为自己再也见不到这幅肖像了。[16]

但是九年后，西尔弗曼偶然来到曼哈顿上东区的一家画廊，画廊的老板是凯特·甘兹，她是一位受人尊敬的艺术商，专门经营意大利古代大师的作品。在靠近门的桌子中间有一个画架，上面正是那幅诱人的肖像。西尔弗曼再次确信这就是文艺复兴时期大师的作品。他回忆道，

图 72_《年轻未婚妻的肖像》，也被称为《美丽公主》

"那个年轻女人看起来栩栩如生，好像在呼吸，每一处都很完美"，"她的嘴显得平静放松，微微张开的双唇流露出一丝微妙的表情，但是从侧面看，她的眼睛洋溢着情感。这虽然是一幅拘谨的肖像，但是依然难掩她面带红晕的青春气息。她十分精致"。[17]西尔弗曼装作若无其事的样子询问甘兹此画的价格，甘兹主动提出以大约九年前拍卖的价格出售，西尔弗曼的太太赶忙安排了电汇付款。当西尔弗曼走出画廊的时候，胳膊下面夹着一个信封，信封里面就是那幅画。

作为一件艺术品，这幅画虽然迷人，但谈不上有多么特别。人物是传统的侧面像，身体僵硬，缺乏列奥纳多惯常的身心活动的相互呼应。这幅画的主要艺术特点是人物的微笑，它会稍稍随着观看者视角和距离的改变而变化，让人想起后来《蒙娜丽莎》中的微笑。

关于这幅肖像，最有趣的地方莫过于西尔弗曼求证它是列奥纳多作品的过程。就像那个时代大多数的艺术家一样，列奥纳多从来不在作品上署名，也未做过任何记录。所以鉴定问题——确定哪件作品才能真正被称为列奥纳多的署名作品——成为另一个和他的才华打交道时让人着迷的问题。西尔弗曼购得的这幅肖像引发了一个传奇故事，其中涉及侦察工作、技术魔法、历史研究和艺术鉴赏。在这场跨学科的探索中，科学和艺术的交织与列奥纳多相得益彰，他一定会欣赏那些热爱人文学科与热爱科技的人们彼此协作。

这个故事首先从鉴赏家们开始，他们因为长年累月在鉴赏中刻意练习，拥有了一种对艺术品的深刻直觉。在 19 世纪和 20 世纪，很多作品的归属确认都是在艺术鉴赏权威的推动下完成的，比如沃尔特·佩特、伯纳德·贝伦森、罗杰·弗莱和肯尼斯·克拉克。但是在鉴定中也会出现争议，有时还要经过法庭审理。比如在 20 世纪 20 年代的一宗案件中，在堪萨斯城发现了一件据称为列奥纳多的作品需要鉴定真伪，那是一幅《美丽的费隆妮叶夫人》的复制品。"新手不适合这项工作，"贝伦森解释道，他是此案的专家证人，"要花很长时间，你才能拥有这种第六感，它来自经验的累积。"他宣布那幅存疑的作品不是列奥纳多所作，这让那幅画的拥有者蔑称他为"猜图大总管"。十五个小时以后，陪审团宣布他们无法做出裁决，此案后来达成和解。在该案中，鉴赏专家做出了正确的结论，那幅画确实不是列奥纳多的手笔。但是这个案件引发了民粹主义者对艺术鉴赏家的合力抨击，他们认为这个行业是精英主义者的阴谋集团。[18]

　　最初看到西尔弗曼购买的那幅画的鉴赏家们，包括克里斯蒂拍卖行的专家和凯特·甘兹咨询过的专家，都立刻打消了这是一幅真正的文艺复兴时期作品的想法。但是西尔弗曼坚信不疑，他把这幅画带到了巴黎，他在那里有一间公寓，他把这幅画给艺术史学家米娜·格雷戈里看。米娜告诉西尔弗曼，"这幅画体现出它受到了两种影响：精致的美属于佛罗伦萨风格，而衣着和发辫——或者统称科松尼——是伦巴第风格，这是 15 世纪末典型的宫廷女性形象。当然，首先浮现在脑海中的艺术家就是列奥纳多，他是少数几个从佛罗伦萨到米兰的艺术家"。她鼓励西尔弗曼继续调查。[19]

　　有一天，西尔弗曼在卢浮宫欣赏乔瓦尼·安东尼奥·博塔费奥的一幅肖像画，后者曾在列奥纳多的工作室工作。在卢浮宫里，西尔弗曼碰到了尼古拉斯·特纳，后者曾任大英博物馆以及洛杉矶盖蒂中心的策展人。西尔弗曼拿出了数码相机，给特纳看了那幅肖像的照片。"我不久前看过这幅画的幻灯片。"特纳说道，还称这幅作品"不同寻常"。那时西尔弗曼仍然认为这幅作品可能是列奥纳多的学生或者追随者所做。特纳表示了异议，这让西尔弗曼很惊讶。特纳指出，左手画的倾斜阴影线是列奥纳多的标志，他说这有可能是大师本人的作品。"看得出来，这幅肖像的光影都是在验证列奥纳多的光照理论。"特纳后来断言。[20]

　　在鉴定中完全依赖鉴赏家也会有问题，对于那些棘手的情况经常会出现双方意见相左而且旗鼓相当的情况。在唱反调的人中，最著名的就是纽约大都会博物馆的馆长托马斯·霍温和那里的绘画策展人卡门·班巴奇。霍温是一个富有感染力、爱出风头的人，他称这幅画过于"甜腻"，而作为一位受人尊敬的勤勉的学者，班巴奇则根据她的直觉判断，"它看上去不像一幅列奥纳多的作品"。[21]

班巴奇还指出，没有已知的列奥纳多在羊皮上作画的先例。这一点对他笔记上的四千幅亲笔画成立，但是他为卢卡·帕乔利的两版《神圣比例》画过插图，那些几何学插图都是绘在羊皮纸上的。后来这成了一个线索：如果这幅年轻女子肖像是列奥纳多的作品，他可能也是为了别人的书而绘制的。

至于那位卖给西尔弗曼肖像的艺术商甘兹，她意料之中地站在了那些持怀疑态度的纽约鉴赏家一边。"总而言之，"她告诉《纽约时报》，"当你谈到艺术鉴赏的时候，归根结底，还是那些东西是否美得足以被称为列奥纳多所作，是否能体现出他特有的手法——卓越的造型，细腻精致的质感，还有无与伦比的解剖学知识——而对我来说，这幅画不具备上述任何一点。"[22]

既然鉴定专家的意见产生了分歧，那么下一步就是让科学实验来检验他们的直觉，就像列奥纳多一贯的做法那样。西尔弗曼先通过碳-14测年法来测定羊皮的年代，这种方法是通过测量有机物中碳元素的衰变来确定其年代的久远程度。结果显示，羊皮的年代范围大约是1440—1650年。这个证据的作用十分有限，因为伪造者或者临摹者也都能找到一张年代久远的羊皮。但是，它至少没有排除作者可能是列奥纳多。

随后，西尔弗曼把这幅画带到了卢米埃尔技术公司，这是巴黎一家专门对艺术品进行数字化、红外线和多谱段光学分析的公司。他坐在一位朋友的伟士牌摩托车后座上，用胳膊紧紧夹着这幅肖像来到了巴黎。公司的创始人和首席技术官帕斯卡·科特拍摄了一系列超高分辨率的数字照片，精度高达每平方毫米一千六百像素。这样可以将图像放大数百倍，让每一根发丝都纤毫毕现。

放大后的图像可以与那些已知的列奥纳多作品进行精确的细节比对。比如，年轻女子衣服上装饰的花边，其环结的织绕方式与《抱银鼠的女子》如出一辙，不仅它们的阴影画得很精细，连随远近变化的透视也很准确。[23] 就像瓦萨里对列奥纳多的评价那样，"他甚至浪费很多时间画绳结"。另外一个关于细节的例子是眼睛的虹膜。与《抱银鼠的女子》对比后，西尔弗曼说，"每个细节的处理都一模一样，让人激动不已，包括外眼角、上眼睑的皱褶、虹膜的轮廓、上下的睫毛，以及毗邻的下眼睑边缘与虹膜底缘"。[24]

西尔弗曼和科特向其他专家展示了高分辨率图像的研究结果。第一位专家是克里斯蒂娜·格铎，她是日内瓦大学研究列奥纳多的学者。她对画面中采用的三色粉彩（黑、白、红）感到惊讶，因为列奥纳多不仅率先使用了这种技法，还在笔记里进行了探讨。"仔细观察这幅肖像的表面，可以看见到处都是左手绘制的精细的阴影线（从左上方向右下方倾斜），不仅裸眼可见，在红外线数字扫描图中看得更清楚。"她在一本学术期刊里写道。[25]

研究列奥纳多的学者中的权威卡洛·佩德雷蒂也加入了进来，他写道，"人物的侧面非常完美，而且眼睛的画法与列奥纳多这个时期的很多作品完全一致"。[26] 例如，头颈部的比例以及眼睛勾画的细节，都与1490年左右的一幅画作非常相似，这幅作品现属于温莎城堡的王室收藏，名叫《年轻女子侧面像》，[27] 此外，这些细节还与列奥纳多在1500年为曼图亚的伊莎贝拉·德斯特所绘的肖像有相似之处。[28]

此时，西尔弗曼和科特找到了马丁·肯普，肯普是牛津大学的教授，专门研究列奥纳多，为人正直诚实。他经常收到请求鉴定是否为列奥纳多真迹的信件。2008 年 3 月，他打开了邮箱里卢米埃尔技术公司发来的高分辨率肖像，当时他并不乐观。"天啊，又是一封棘手的信件。"他想。但是当他放大了电脑上的图像，仔细研究了左手画的阴影线和画面细节之后，他感到了一阵激动的颤抖。"如果你观察她的发带，它在头发后面压出了一个小凹，"他说，"列奥纳多一直对材料的硬度和它们在压力下的变化有极好的感知力。"[29]

肯普没有为他的专业意见收取任何费用，他还同意一起去苏黎世银行看存放在保险库里的原作。开始他很谨慎，但是当他从各个角度对这幅肖像研究了几个小时后，他更加确定了。"她的耳朵藏在微弯的发丝下若隐若现，"他注意到，"她的眼神像在沉思，眼睛的虹膜闪着透亮的光泽，只有活生生的、正在呼吸的人才会有那样的虹膜。"[30]

肯普开始对此坚信不疑。"从事了四十年的列奥纳多研究工作，我认为自己见多识广，"他对西尔弗曼说，"但是并非如此。我比初次看到它的时候更加开心。我确信无疑。"他和科特一起积累了更多的证据，他们合作出版了一本书，名为《美丽公主：新发现的列奥纳多·达·芬奇杰作的故事》。[31]

画中人物的衣着和科松尼发式都提示她可能与 15 世纪 90 年代米兰的卢多维科·斯福尔扎宫廷有关系。列奥纳多已经画过卢多维科的两位情妇，《抱银鼠的女子》中的塞西莉亚·加莱拉尼和《美丽的费隆妮叶夫人》中的卢克雷齐娅·克里韦利。那么这第三个女人可能是谁呢？经过排除法，肯普确定她是比安卡·斯福尔扎，公爵的私生女（但是后来身份被合法化）。1496 年，大约十三岁的她嫁给了宫廷中最重要的人物之一：加莱亚佐·圣塞韦里诺，他是卢多维科的军事指挥官，也是列奥纳多的好友，列奥纳多为骑士纪念碑画的那些草图就是在圣塞韦里诺的马厩里完成的。婚后几个月比安卡就去世了，死因可能与怀孕中的意外有关。肯普决定给这幅肖像命名为《美丽公主》，尽管公爵的女儿们并不是真正的公主。[32]

还有另外一项关键的科学证据可以让这次鉴定尘埃落定，至少起初看起来颇有希望。科特在他的扫描中发现肖像顶部有一个指纹。因为列奥纳多经常用手和手指涂抹颜料，如果这个指纹与列奥纳多另一幅作品上的指纹匹配，那么这几乎就是决定性的证据了。

科特把指纹图像交给了一位叫克里斯托夫·尚波的教授，他在洛桑的犯罪学和刑法研究所工作。他发现指纹几乎无法辨认，于是将这个指纹公布在网站上集思广益，有近五十人提供了他们的解读。可惜，结果依然没有定论，无法确定任何指纹纹型。"我认为这个标记毫无价值。"尚波宣称。[33]

就在此时，故事中出现了一位富有争议的人物。他叫彼得·保罗·比罗，是一位在蒙特利尔的艺术品司法鉴定专家，他的专长是搜集和使用指纹来鉴别艺术品的真伪。他鉴定过或自称鉴定过的艺术家范围很广，从 J. M. W. 特纳到杰克逊·波洛克，这在保守的艺术品鉴赏圈引起了不小的震动。2009 年年初，肯普、科特和西尔弗曼联系比罗为《美丽公主》进行鉴定。

通过数码放大照片，比罗声称他分辨出了指纹脊线的细节，并将其与列奥纳多在《荒野中的圣杰罗姆》上已知的指纹进行了比对。他宣布两者至少有八点相似，还声称这些细节也与列奥纳多在《吉内薇拉·德·本奇》上的指纹一致。

比罗向大卫·格兰展示了自己的发现，大卫是一位受人尊敬的畅销书作家，也是《纽约客》的特约撰稿人，他当时正在写一篇介绍比罗的文章。比罗放大了模糊的线条，然后展示了一系列多谱段相机拍摄的图像。但是，指纹的痕迹依旧不够清晰。他告诉格兰，自己采用了一种"专利"技术来生成更清晰的图像，但是他并没有展示这种技术。他

259

说新图像让他精确地找到了与《圣杰罗姆》中指纹的八个相似点。"有那么一会儿，比罗盯着那些指纹默不作声，好像仍然震惊于他的发现一样。"格兰在报道里写道，"他说，这个发现是对他一生工作的肯定。"[34]

在肯普和科特 2010 年出版的书中，有一章的作者是比罗，他在其中详述了自己的发现。"《圣杰罗姆》和《美丽公主》中列奥纳多的指纹相符，这为本书中其他许多分析提供了宝贵的证据。"比罗总结道。他还说道，这些证据对于判定刑事案件还不够充分，但是"八处显著特征相符，有力地支持了作者就是列奥纳多"。[35]

2009 年 10 月，指纹证据一经公布，就成了世界范围内的头条新闻。"最近的一项发现在艺术界掀起骚动，一幅曾被认为是 19 世纪不知名德国画家绘制的肖像，现在被认定为意大利绘画大师列奥纳多·达·芬奇的作品。"《时代周刊》这样报道，"而揭露真相的方式简直就像出自夏洛克·福尔摩斯的侦探小说那样：研究人员用一个五百年前的指纹追踪到了肖像作者。"《卫报》宣布："艺术专家认为有可能新发现了一幅列奥纳多·达·芬奇绘制的肖像，这一发现多亏了一个已经有五百年历史的指纹。"而英国广播公司的头条名为"指向达·芬奇新作的手指"。西尔弗曼把内幕故事讲给了一位在《英国古董报》工作的朋友，该报在报道中说，《英国古董报》已经获得了那项科学证据的独家采访权，并可以披露，它确实说明了作品和指纹出自哪位艺术家之手"。当初西尔弗曼花了约两万美元购买的那幅画，现在估值近一亿五千万美元。[36]

然后，就像所有好看的侦探故事一样，转折出现了。2010 年 7 月，这件事成为令人瞩目的头条还不到一年，大卫·格兰对比罗深入有趣的报道就登上了《纽约客》杂志。"在这个过程中，"格兰在谈到比罗试图为自己塑造的形象时说，"我开始注意到其中一些小瑕疵，然后是更显眼的漏洞。"[37]

在格兰这篇一万六千字的文章中，比罗其人、他的方法和动机都使人疑窦丛生。文中指出他分析杰克逊·波洛克颜料样本的故事自相矛盾，还详述了比罗面临的多次法律诉讼和欺诈指控，文中还援引了那些声称在鉴定作品时被他榨取钱财的人。此外，文章还对他"增强"后的那些指纹图像的可靠性提出了质疑，文中引用了一位著名指纹鉴定专家的观点，他认为比罗辨认出的八点相似处并不存在。更具爆炸性的信息是，文章报道有调查者认为比罗声称的波洛克的指纹可能是用橡皮图章伪造的，因为它们过于均匀一致。调查者告诉格兰，那些指纹是"触目惊心的赝品"。[38] 比罗坚决否认文章中的指控和暗示，他以诽谤罪起诉了格兰和《纽约客》，但是他的诉讼被一名联邦法官驳回，后来上诉法院也支持了这一裁决。[39]

《纽约客》对比罗公信力的抨击也颠覆了他对《美丽公主》上列奥纳多指纹的证词。在意大利文版出版时，肯普和科特删掉了比罗在他们书中写的那一章。尽管他们坚称比罗的指纹鉴定只是证据之一，但是这件事已经闹得满城风雨。舆论似乎又转向了那些持怀疑态度的人。

之后，就像列奥纳多喜欢的螺旋形一样，故事又发生了转折。科特注意到画面左侧有用利刃割过的痕迹，结实的羊皮纸上有几处小缺口，而且在边缘还有三个小孔。肯普开始探索另外一种可能性，这幅画也许曾经被装订在一本书里。这似乎也解释了为什么这幅画被画在羊皮上，因为那时的书就是用羊皮纸制成的。"我在那个阶段的假设是，它原本在一卷献给比安卡的诗集中。"肯普回忆道，"而且它可能是一幅卷首插图。"[40]

随后，肯普收到了一封来自大卫·赖特的邮件，他是南佛罗里达大学一位退休的艺术史教授，他告诉肯普，在华沙的波兰国家图书馆里有一卷相关的藏书。这本书记录的是斯福尔扎家族的历史，有很多绘在羊皮上的插图，制作此书是为了纪念比安卡·斯福尔扎的婚礼。在最初的版本中，每本都有不同的卷首插图，里面画的就是此书所致献的人物。华沙的版本制作于 1496 年，曾经属于法国国王，他于 1518 年将其送给了波兰国王，当时波兰国王迎娶了博纳·斯福尔扎，新娘的父亲是吉安·加莱亚佐·斯福尔扎，就是卢多维科那位命运多舛的侄子。[41]

　　至此，公众对这个故事的兴趣越发强烈。2011 年，美国《国家地理》杂志和美国公共广播公司派出联合摄制组，跟随肯普和科特前往波兰国家图书馆，并记录他们的发现。通过高分辨率相机追踪每一页的装订方式，他们发现，显然有一页被裁掉了，而那页上残余的羊皮与《美丽公主》的羊皮互相匹配。丢失的那一页应该在引言的后面，正好，插图可能就在这个位置。此外，画上的三个孔与那一卷五个装订孔中的三个正好对齐。至于孔数的差异，他们猜测可能是因为肖像被割下来的时候边缘被破坏了，或者在 18 世纪重新装订的时候又增加了两针。[42]

与列奥纳多有关的一切都充满着神秘感，几乎没有什么能称得上确凿无疑。依然有人怀疑《美丽公主》是否出自列奥纳多之手。[43] 画中的形状、轮廓过于清晰，缺少列奥纳多晕涂法的柔和效果，眼球和脸部的轮廓也显得太犀利，人物的面容缺乏深刻的情感，头发既没有光泽，又没有卷曲。"《美丽公主》不是列奥纳多的作品。"《卫报》的艺术评论家乔纳森·琼斯在 2015 年写道，"我真不知道热爱他作品的人怎么会犯这样的错误，这个女人的眼睛死气沉沉，无论是她的姿势，还是画法，都显得冷淡漠然，完全体现不出列奥纳多的能量或活力。"琼斯在下结论的时候还戏谑地说，"她看上去糟糕透了，可能真的刚从博尔顿一家 20 世纪 70 年代的超市下班"。[44] 他之所以这么说，是因为一个臭名昭著的艺术品伪造者曾声称这幅画是他在 20 世纪 70 年代伪造的，画中的模特是他认识的一位姑娘，来自英格兰的博尔顿。伦敦国家美术馆在米兰举办列奥纳多作品的大型展览时，这幅画被有意排除在外。"所谓的公主无

262

法与列奥纳多的杰作并列展出，这一点从不容置疑。"策展人之一阿图罗·加兰西诺说。

另一方面，肯普越来越确信列奥纳多是《美丽公主》的作者，他认为这一事实"几乎一目了然"。"肖像的时间为 1496 年，画中人物确定是比安卡，这些都是更加确凿的证据。"肯普和科特在波兰检验完斯福尔扎家族的羊皮书后写道，"作者就是列奥纳多，这一点获得了有力的支持。有人声称它是当代的伪造品、19 世纪的模仿作品，或者列奥纳多遗失作品的复制品，但是这些可能性都已经被有效地排除了。"[45]

不管哪种结论正确，《美丽公主》的传奇都加深了我们对列奥纳多艺术的认识，无论是已知，还是未知。这出激动人心的人与科学的戏剧，围绕着验证真相和揭穿骗局层层展开，让我们更好地理解了什么才真正称得上是列奥纳多的手笔。

第十七章
关于艺术的科学

帕拉贡

　　1498 年 2 月 9 日晚间，斯福尔扎城堡举行了一场辩论会，辩论的主题是几何学、雕塑、音乐、绘画和诗歌孰优孰劣，列奥纳多是辩论的主角。他从科学和审美的角度为绘画进行了缜密的辩护，他认为绘画超越了诗歌、音乐和雕塑，应该被视为自由艺术的最高形式，而当时绘画还被当作一种手工艺。作为宫廷数学家，卢卡·帕乔利为几何学的首要地位进行了辩护，据他记录，辩论的听众有将军、朝臣，以及"杰出的演说家、医学专家和占星学专家"。帕乔利在记录中对列奥纳多大加赞赏，称"最赫赫有名的参与者之一"是"独具匠心的建筑师、工程师和发明家列奥纳多，他在雕塑、铸造和绘画中的每一项成就都证明他'名'不虚传"。这里不仅暗含列奥纳多名字的双关语（Vinci 与 the victor 相近）[①]，也说明不仅列奥纳多自认为是工程师、建筑师和画家，别人也这么认为。[1]

　　从数学到哲学，再到艺术，对各种脑力活动相对价值的公开辩论是斯福尔扎城堡晚间的主要活动之一。这种被称为帕拉贡的活动，来自意大利语"比较"一词，在意大利文艺复兴时期，这种公开的辩论活动可以让艺术家和学者吸引赞助人的注意，同时也能提高自身的社会地位。对舞台表演和思想研讨的热爱让列奥纳多在这个领域中也如鱼得水，成为宫廷中的明星。

　　在文艺复兴之初，人们已经就绘画相较于其他艺术和手工艺形式的优势进行过辩论，这些辩论相当严肃认真，远非我们今日对待诸如电影和电视孰优孰劣这类争论的态度。琴尼诺·琴尼尼于 1400 年左右写

---

① 列奥纳多的姓 Vinci 来自拉丁语 vincere，这个动词有征服和胜利的意思。Victor 是英文"胜利者"的意思，这里说列奥纳多"名"不虚传，是双关语。——译者注

作了一本《艺术之书》，这本专著的内容是绘画所需的技巧和想象力，他在书中争辩道，"绘画理所应当位列理论之侧，并以诗歌加冕"。[2] 阿尔贝蒂在他 1435 年的专著《论绘画》中，也对绘画的首要位置推崇备至。弗朗切斯科·普泰奥拉诺在 1489 年发表了反对意见，他辩称诗歌和历史著作才至关重要。他说，包括恺撒和亚历山大大帝在内的伟大统治者们，他们的声誉和生平都出自历史学家之手，而非雕塑家或者画家。[3]

列奥纳多在辩论中的发言似乎经过多次重写和修改，不过有时依然散漫跑题，需要注意的是，这些辩论词就跟他的预言和寓言一样，写作初衷并非为了出版，而是为了表演。有些学者把这些辩论词当作文章来分析，而没有意识到它们其实说明了戏剧演出在列奥纳多的生活、艺术和工程设计中的重要性。看到这些文字，我们头脑中的画面应该是他在一群面露崇拜之情的宫廷听众面前慷慨陈词。[4]

列奥纳多参与辩论是为了提升画家工作的价值和他们的社会地位，为此，他将绘画艺术与光学和透视学联系在一起。通过凸显艺术与科学的相互关系，列奥纳多提出了一个观点，这个观点对人们理解他的才华不可或缺：真正的创造力包含了将观察与想象结合在一起的能力，它能模糊现实和幻想的边界。他说，一名伟大的画家能同时描绘二者。

他论点的前提是视觉凌驾于所有感官之上。"眼睛是心灵的窗户，大脑的感受器主要通过视觉来充分地、完美地赏析自然的万千造化。"听觉的用处稍逊，因为声音发出之后就会消失。"听觉不如视觉那般高贵。声音稍纵即逝，它的出生和死亡一样迅疾。视觉则不受此限，如果在你眼前呈现一个比例匀称的优美的人体，这种美……持久可见。"[5]

列奥纳多认为，诗歌也不如绘画高贵，因为一幅画胜过千言万语：

> 如果诗人用笔来讲故事，那么画家可以用他的画笔，不仅更

轻而易举，而且更完整有趣。比如，让诗人向一个女人的爱慕者形容她的迷人之处，让画家用画笔呈现她的样子，哪种形式更容易得到爱慕者的好评，自然见分晓。你们把绘画归为手工艺，其实，如果画家也如你们一般善于用文字自吹自擂，绘画就不会背负这样的污名。[6]

他也再一次承认自己"未受过正统教育"，因此无法阅读全部的经典典籍，但是作为一名画家，他做到了一件更让人引以为傲的事情，那就是阅读自然。

他还认为绘画的地位高于雕塑。画家必须表现出"光影和色彩"，而雕塑家则无须考虑这些。"因此雕塑顾虑较少，所以比起绘画也无须那么多的聪明才智。"[7]此外，雕塑是一项脏乱的差事，不适合宫廷中的绅士。雕塑家"身上沾满了大理石灰……他身处肮脏的环境，到处都是石头的碎屑和粉尘"，然而画家"轻松自在地坐在他的作品前。他衣着讲究，挥动轻盈的画笔，笔上蘸着细腻的色彩"。

在古代，创造性活动就已经被分成了两类：手工艺术和地位更高的自由艺术。绘画被归为手工艺术，因为它主要是以手工劳动为基础的技艺，就像金匠和织毯工一样。列奥纳多拒绝这种分类方式，他认为绘画不只是艺术，还是科学。为了在平面上呈现立体感，画家需要了解透视和光学，这些都是基于数学的科学。因此，绘画不只是手工劳动，还是脑力劳动。

随后，列奥纳多更进一步，提出绘画不仅需要智力，还需要想象力。想象让绘画充满了创造性，从而让绘画更值得被尊敬。绘画不仅能描摹现实，还能激发各种富于想象力的创造，比如龙、怪物、长着奇妙翅膀的天使，以及比现实更加魔幻的风景。"所以那些作者在自由艺术中排除绘画是错误的，因为绘画不仅涵容了自然万物，还有自然从未创造过的一切。"[8]

幻想与现实

简而言之，列奥纳多的标志性才华就是：通过嫁接观察与想象来表现"自然万物，还有自然从未创造过的一切"。

列奥纳多相信知识应基于经验，但是他又沉溺于幻想。让他兴趣盎然的不只是亲眼所见的奇迹，还有那些只出现在想象中的奇景。因此，他的头脑不断在现实与幻想的模糊边界上来回舞蹈，这种舞蹈有时让人称奇，有时几近疯狂。

比如，他曾建议凝视一面"染有污迹或者混有杂石"的墙。列奥纳多会盯着这样的一堵墙，观察每块石头上的纹路和其他细节。与此同时，他还知道如何将这堵墙作为自己想象力的跳板，由此"激发和唤醒创造性的头脑"。他在给青年艺术家的建议中写道：

> 你能在墙上的图案中发现各种风景，里面有形式各异的山峦、河流、岩石、树木、平原、宽阔的山谷和山丘，或者你还可以看到战争场面和战斗中的人物，还有怪异的脸和服装，以及无穷无尽的各种物体。你可以将这些形象在笔下完善，使其变得完整。这些斑驳的墙所带来的启发就像那些铃铛的声响，它们会让你联想到名字或字词……观察墙上的污渍、火堆的灰烬、云或泥巴的形状并非难事，如果你仔细地琢磨它们，会从中发现令人惊奇的新的灵感，因为模糊的事物会刺激头脑创造。[9]

列奥纳多是史上最训练有素的自然观察者之一，不过他的观察力非但没有与他的想象力冲突，反而让他的想象力如虎添翼。正如他对艺术与科学的热爱一样，他的观察力和想象力也成为织就他才华的经纬。他有一种组合创新的能力。他曾用不同动物的器官将一只真蜥蜴变成怪兽，无论他的初衷是客厅里的恶作剧，还是为奇异的绘画做模型，这都说明他能感知自然中的细节和模式，然后在想象中将它们进行重新组合。[10]

不出意料，列奥纳多试图为这种能力找到一个科学的解释。他在解剖学研究中进行人脑功能定位时，确定想象力所在的脑室可以与理性思维紧密互动。

撰写专著

列奥纳多在帕拉贡中的发言让人印象深刻，根据他早期的传记作者洛马佐记载，米兰的公爵建议列奥纳多将其写成一部专著。列奥纳多也打算这么做，他笔记本中的一些草稿被整理在一起，这就是洛马佐后来提到的那本专著。[11]列奥纳多的朋友帕乔利在 1498 年写道，"列奥纳多勤勉地完成了那本令人称道的论述绘画和人体运动的书"。但是，列奥纳多对"完成"的标准要求甚高，最终他从未出版任何论述绘画的辩论稿或专著，这与他对待很多画作和著作的态度如出一辙。帕乔利将勤勉的美德赋予列奥纳多时，显得过于友善了。

列奥纳多不仅没有发表关于绘画的笔记，日后他还经常对其进行修改，就像他不断完善那些画作一样。十多年后，他还在为绘画专著增加想法和新的提纲，其结果是积累了一系列各种形式的笔记，包括：15 世纪 90 年代早期的两本笔记中的内容，这两本笔记分别是《巴黎手稿 A》和《巴黎手稿 C》，还有一系列在 1508 年左右编纂的内容，后来被重新整理为现在《大西洋手稿》中的部分内容，还有一些 15 世纪 90 年代的汇编已经遗失了。列奥纳多死后，他的助手和继承人弗朗切斯科·梅尔奇，在 16 世纪 40 年代将这些笔记中的相关内容汇总成列奥纳多的《绘画论》[12]，这本书后来有了篇幅不同的各种版本，大多数版本的开篇都是列奥纳多在帕拉贡上的辩论词。

梅尔奇编纂的大部分段落都来自列奥纳多从 1490 年到 1492 年的笔记，大约在那个时候，后者开始绘制第二幅《岩间圣母》（伦敦国家美术馆的版本），此时他也建立了自己的工作室，成员包括年轻的学生和学徒。[13] 他在那里一边和同事合作完成《岩间圣母》，一边设法恰当地处理画面中的复杂光线，所以在阅读列奥纳多的《绘画论》时，读者不妨把其中大部分当作他们一边工作，一边研习的内容。

在这些文字中，我们可以看到列奥纳多将艺术视为一门科学。帕乔利称列奥纳多的专著为"论述绘画和人体运动的书"，这也暗示着他将二者进行了联系。他涉及的主题包括阴影、光线、颜色、色调、透视、光学和对运动的感知。就像他的解剖学研究一样，一开始，他研究这些主题是为了完善自己的绘画技艺，但是后来他逐渐沉浸于复杂的科学中，因为他在其中享受到了认识自然的纯粹喜悦。

阴影研究

列奥纳多在辨识光影时，观察力尤为敏锐。他研究了各种类型的光线如何产生不同形式的阴影，并将这些研究结果作为他塑造立体感的主要手段。他注意到物体的反光会轻微地减弱附近的阴影，或者在脸部下方投下一丝光亮，他能观察到物体上的阴影对色彩有何影响，还一直将观察和理论进行对照，这也是他进行科学研究的显著特征。

他首次处理复杂的阴影还是在韦罗基奥的作坊里画衣褶练习的时候。他逐渐认识到在二维平面塑造出立体感的秘诀不是使用线条，而是通过阴影。列奥纳多认为，画家的首要目标是"在平面上塑造出立体感"。这一绘画的最高成就"源自光影的使用"。他知道好画的精髓和塑造立体感的关键都在于正确地处理阴影，所以相比其他艺术主题，他用了更多时间来研究和记录阴影。

他觉得阴影对艺术来说非常重要，所以他在专著的提纲中将这个主题的篇幅计划得最长。"对我来说，阴影在透视中至关重要，因为没有它们，不透明实体就会边界不清。"他写道，"物体借助阴影才能显现出形态，没有阴影，就无法细致地感知物体的形态。"[14]

列奥纳多强调使用阴影作为塑造物体立体感的要素，这一点打破了当时的惯例。在阿尔贝蒂之后，大部分艺术家都在强调轮廓线的重要性。"在绘画中，阴影和轮廓线，哪个更重要？"列奥纳多在为专著写的笔记中问道。他相信前者才是正确的答案。"比起只勾勒线条，让画面的阴影变得完美需要更多的观察和研究。"他像往常一样，用了一个实验来说明阴影比线条更加微妙。"关于这一点的证据如下：通过放在眼睛和物体之间的薄纱或玻璃，可以复制物体的轮廓，但是这个方法对阴影根本行不通，因为阴影有无限的层次，而且彼此之间相互融合，所以它们没有明确的边界。"[15]

列奥纳多继续痴迷地写作有关阴影的内容。关于这个主题，目前留下来的笔记洋洋洒洒超过一万五千字，可以填满三十页书，但这些很可能还不到他最初写的一半内容。他的观察、图表和示意图变得越来越复杂（图73和图74）。基于对比例关系的感知，列奥纳多计算了光线以不同角度照射在曲面物体上的效果。"如果物体大于光源，阴影就像一个被截断的、倒置的锥体，而且长度无限；但是如果物体小于光源，阴影就像一个锥体，而且有终点，就像在月食的时候看到的情况一样。"

对阴影的娴熟运用贯穿列奥纳多的所有作品，这让它们从同时代艺术家的作品中脱颖而出。他能特别巧妙地利用色调渐变来制造阴影。在一个场景中，光线直射的部分，色彩饱和度最高。这种对明暗与色调关系的认知在他的艺术中一以贯之。

列奥纳多已经不仅是经验的信徒，还是知识的爱好者了，他学习

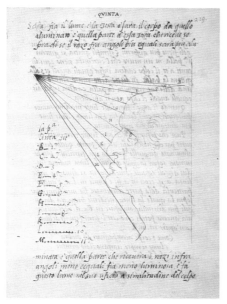

图 73_ 光线照射在头部的研究

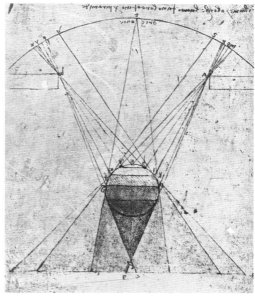

图 74_ 阴影的研究

了亚里士多德对阴影的研究，还把它与各种巧妙的实验相结合，在这些实验中采用了大小各异的光源和物体。列奥纳多提出了多种类型的阴影，还计划在书中将每种阴影独立成章：直射光在物体上产生原生阴影，派生阴影则是环境中漫射光的结果，还有被周围物体反光淡染的阴影，多个光源产生的复合阴影，黎明或黄昏的柔光造成的阴影，透过亚麻或纸张的光产生的阴影，以及其他不同类型的阴影。他对于每一种类型都记录下了惊人的观察，比如："总有地方被光线照射后，会将光线反射回光源，这种反射光会照在初始的阴影上，光影混合会让原有的阴影有所变化。" [16]

在《抱银鼠的女子》中，塞西莉亚手的下缘和《岩间圣母》中圣母的手都有这种映着反射光的阴影，阅读列奥纳多对反射光的研究，不仅让我们更深刻地体会到其中的精妙之处，还提醒我们为什么这些作品是充满创新的杰作。反过来，通过研究这些画作，我们也能更深入地了解列奥纳多对光线反射的科学探索。不只是我们，列奥纳多也能从这种

273

循环往复的过程中获益：对自然的分析为他的艺术提供了新知，而这又进一步促进了他对自然的分析。[17]

无形的界线

在为大多数物体塑形时，列奥纳多依赖的不是轮廓线，而是阴影，这源于一个根据观察和数学知识得出的洞见：自然界中的物体没有清晰的轮廓或边界。物体边界显得模糊并不只是因为我们的观察方式所致。他认识到，自然界中本来就不存在精确的线条，这与我们眼睛的感知方式无关。

列奥纳多在数学研究中，对数值进行了划分，其中包括无法细分的离散型数值和几何学中的连续型数值，在几何学中，尺寸和层次无限可分。阴影就属于后一类：它们的变化是连续、不间断的，不能依赖具体数值进行勾画。"在光明与黑暗之间有无限的变化，因为它们的量值是连续性的。"他写道。[18]

这并非一个前卫的观点，但是列奥纳多更进了一步。他意识到，自然界中不存在数学概念中的精确线条或边界。"物体的表面和它周围的空气都不是由线条构成的。"他写道。他意识到点和线是数学概念，它们并非客观实在，而且可以无穷小。"线本身既不是物体，又不是物质，它可以被称为一种想象中的概念，而不是真实物体，因为性质如此，它不占任何空间。"

这个理论融合了观察、光学和数学，是一种列奥纳多式的融会贯通，让他更确信艺术家不应该在绘画中使用线条。"不要勾勒明确的轮廓，虽然轮廓以线条的形式呈现，但无论是近看还是远看，这些线条其实是无形的。"他写道，"如果数学上的点和线是无形的，那么既然物体的轮廓也是线条，那也应该是无形的，哪怕它们近在咫尺。"所以，艺术家要用光影来表现物体的形状和体积。"物体表面界线的宽度是无形的。因此，画家不要用线条来勾画物体的轮廓。"[19]这颠覆了瓦萨里推崇的佛罗伦萨传统的线条设计，它的基础就是在绘画中用精确的线条来勾勒形状和构图。

列奥纳多坚持认为，无论是在自然界还是在艺术作品中，所有边界都应该是模糊的，这让他成为晕涂法的开创者，这种技法描绘的轮廓如烟雾笼罩一般朦胧，《蒙娜丽莎》就是一个明显的例子。这种技法也象征了已知与未知之间的模糊边界，这是列奥纳多一生的核心主题之一。他融合了现实与幻想、体验与奥秘、物体和周遭环境之间的边界，正如他让艺术与科学不再泾渭分明一样。

光学研究

作为画家的观察力和自己积累的数学知识促使列奥纳多意识到，自然界没有精确有形的边界线。还有另外一个原因让他得出这样的结论：他的光学研究。与他的大部分科学研究一样，起初，光学促进了他的艺术，但是到15世纪90年代，他对光学的探索则纯粹出于永不衰竭、从未满足的好奇心了。

列奥纳多原本和其他人一样，认为光线在眼内汇聚于一点。但是不久之后，他就觉得这个想法有问题。一个点就像一条线一样，都是数学概念，它们无所谓大小，也不是客观实在的。"如果在眼内，所有图像都交汇在一个数学概念的点上，它们就无法被区分了。"他写道，"那样的话，宇宙万物看起来就会混为一体。"他开始相信视觉感知发生在整个视网膜上，这也符合事实。他从简单的实验和对眼睛的解剖中逐渐得出了这个结论，这也帮助他解释了为什么在自然界看不到锐利的线条。"不透明物体的实际轮廓从不会看起来尖锐锋利，"他写道，"这是因为视觉不是产生在一个点上，而是分散在整个瞳孔（实际上是视网膜）。"[20]

在一项实验中，列奥纳多拿着一根针不断地靠近自己的眼睛，这个实验来自 11 世纪的阿拉伯数学家海塞姆。如果视觉真的产生于视网膜上的一个点，那么随着针越来越近，它会完全阻挡住眼睛的视线，实际上并非如此；相反，针变得越来越模糊，像一层薄雾。"如果你把一根缝衣针置于瞳孔前面，尽可能地靠近眼睛，你能看到针后面任何远近的物体，视线不会受到阻挡。"[21] 这是因为针窄于瞳孔（眼睛中央透光的孔）和视网膜（在眼球后壁内层，负责将光信号传输给大脑）。眼睛的最左侧和最右侧仍然可以接收来自针后面物体的光线，同样地，即使物体离得很近，眼睛依然无法看清物体的边界，因为眼睛不同区域接收的来自物体及其四周的光线，在空间位置上略有不同。

有一个问题让列奥纳多感到困扰，为什么大脑中的影像没有反转或颠倒。他研究过一种叫照相暗箱的设备，知道暗箱成像是颠倒的，因为物体发出的光线在通过小孔时会发生交叉。他错误地认为，在眼睛或大脑深处，还有一个小孔可以矫正图像。尽管他可以书写和阅读镜像体文字本身就是一种提示，但是他依然没有意识到大脑本身就可以做出修正。

图像经过眼睛之后，为什么又会恢复正常，这个问题促使列奥纳多对人眼和牛眼进行了解剖，随后他试图找出从眼球到大脑的视觉传导通路。在一页惊人的草图和笔记（图 75）中，他画了一个俯视的颅内面观。前面是眼球，其下是视神经，在视神经通向大脑的过程中形成了 X 形的视交叉。在这页笔记上，他描述了解剖方法：

> 从硬脑膜（包围大脑的三层膜中最坚硬的一层）的边缘分离大脑组织……记录所有硬脑膜夹裹神经穿过颅骨基底部的位置，还有软脑膜（包围大脑的三层膜中最内侧的一层）。只要你小心地抬起软脑膜，一点点从边缘开始，逐步做好记录，注意穿孔的情

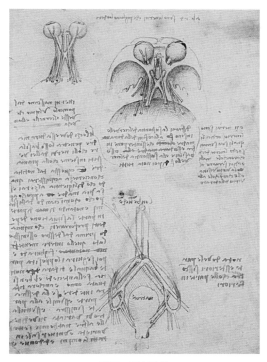

图 75_ 颅内面观

况，从右侧或者左侧开始，然后完整地画出来，你一定可以从中获得相关的知识。[22]

在解剖眼球的时候，列奥纳多遇到了一个难题，眼球一旦被切开，形状就会改变。所以，他想出了一个创造性的解决方法："应该把整个眼球放在鸡蛋清里，然后煮沸，直到蛋清凝固，然后横着将鸡蛋和眼睛剖开，这样眼睛中间的液体就不会流出来了。"

直到一个世纪后，才有人再次做出与列奥纳多一样的光学发现。[23]此外，这些实验磨炼了列奥纳多用实验验证理论的能力，而且为他的透视学研究奠定了基础。

透视研究

列奥纳多认识到，绘画艺术和光学与透视研究密不可分，恰当运用阴影的能力，再加上精通各类透视，可以让画家在平面上呈现出立体的美。他认为，对透视真正的理解不应仅是公式化地确定物体的正确尺寸，还需要对光学进行研究。"绘画的基础是透视，"他写道，"透视无外乎就是对眼睛功能的全面认知。"所以，当他写作计划中的关于绘画和光学的专著时，也在为一本透视学专著收集想法。[24]

前人已经对这个领域进行了详尽的研究。海塞姆写过关于透视的光学著作，而列奥纳多的艺术家前辈们完善了透视理论在绘画中的应用，这些艺术家包括乔托、吉贝尔蒂、马萨乔、乌切洛和多那太罗。最重要的进展来自布鲁内莱斯基，他用镜子对比了自己画的佛罗伦萨洗礼堂和实景，这个著名的实验被阿尔贝蒂编进了他那本杰出的《论绘画》中。

列奥纳多早年在佛罗伦萨的时候，《博士来拜》草图中有关透视的数学问题曾让他绞尽脑汁。他画的网格线严格遵照了阿尔贝蒂的理论，以至于看上去过于生硬工整，在与马和骆驼充满趣味想象的动作的对比之下更是如此。果不其然，在他开始绘制最终作品时，为了呈现更有想象力的画面，他调整了比例，让线性透视不再成为动感和幻想的束缚。

与其他许多研究主题一样，列奥纳多对透视的系统研究始于 15 世纪 90 年代早期，那时围绕着米兰公爵的宫廷形成了一个学术的温床，他全身心地投入其中。1490 年，他访问帕维亚附近的大学时（《维特鲁威人》也诞生于这次旅行），和一位叫法齐奥·卡尔达诺的教授探讨了光学和透视，这位教授编辑过一本透视学著作——13 世纪约翰·佩卡姆撰写的透视学研究的首个印刷版本。

列奥纳多关于透视的笔记混杂在光学和绘画笔记中，不过他打算单独为此著书立说。16 世纪的艺术家本韦努托·切利尼声称自己拥有一本列奥纳多的透视手稿，切利尼将其描述为"有史以来最美的手稿，它展示了物体的深度、宽度和高度如何按透视法缩减"。洛马佐则称其"写得很晦涩"。虽然列奥纳多的很多透视原则都流传了下来，但遗憾的是，这本手稿未能幸存。[25]

列奥纳多对透视研究最重要的贡献是拓展了透视的概念，之前的透视法仅包括线性透视，即用几何学确定画面前景和背景中物体的相对大小，但是透视法中还应包括，通过颜色和清晰度的变化来表现纵深感。"透视法有三个分支。"列奥纳多写道，"第一个分支处理物体距离人眼越来越远时会明显变小的问题……第二个分支阐释距离变远时颜色的变化……第三个分支考虑的问题是，当画面中的物体越来越远时，细节会如何变模糊。"[26]

对于线性透视，列奥纳多接受了标准的比例原则：如果一个物体与眼睛的距离是另一个物体的两倍远，那么"即便它们同样大小，靠后的物体看来也只有前面物体的一半大小，因为距离加倍时，缩小的比例也要加倍"。他意识到这个规则适用于正常尺寸的绘画，这些画的中心和边缘与观看者的距离没有显著差异。但如果是一幅巨大的壁画呢？壁画边缘与观看者的距离可能是从画面中心到他们的两倍。"如果眼睛与平面各个边缘的距离不等，就无法如实地看到平面本来的样子"，这时就会需要应用列奥纳多所谓的"混合透视"。正如他不久后将要在作品中展示的那样，一幅墙壁大小的画需要将自然透视和"人为透视"结合在一起。他为此画了一幅示意图，并解释道，"在人为透视中，当大小不等的物体被放置在不同距离时，最小的看上去比最大的离得更近"。[27]

他对线性透视的研究并非开创性，阿尔贝蒂也进行过差不多的阐释。但是，列奥纳多的创新之处在于隐没透视，即物体越远越模糊。"随着物体离观察者的眼睛越来越远，你必须相应地降低物体的清晰度。"

他指导道，"对于前景中靠近的景物，应该大胆明确地画出来；但是对于那些远处的景物，不用完全画出来，而且轮廓要模糊。"他解释说，因为近大远小的关系，随着距离的拉大，一开始物体的小细节会消失，然后更大的细节也不见了；在很远的地方，连轮廓都会变得模糊不清。[28]

列奥纳多以用隔墙看到的城市和塔楼为例，因为观看者看不到建筑的底部，也无从知道它们的大小。通过模糊它们的轮廓，隐没透视有助于表明这些建筑位于远处。"有多少人在表现远处的城镇和其他物体时，画法就像它们在眼前一样详尽。"他写道，"在自然界中并非如此，因为感知远处物体的精确形状是不可能的。因此通过勾画轮廓和细节，不可能准确描绘远处的物体，反而会因为这个错误，让它们显得格外靠近，有几位画家就这么做过。"[29]

列奥纳多晚年在笔记本里画了一幅小速写，历史学家詹姆斯·阿克曼称它"象征了西方艺术史上影响最深远的变革之一"，列奥纳多画的是一排渐渐远去的树。在向地平线延伸的过程中，每一棵树都会失去一些细节，地平线附近的树只有简单的形状，再无任何分枝。甚至在他的植物学绘稿和一些绘有植物的作品中，前景中的叶子也比背景中的更清晰。[30]

隐没透视与列奥纳多所称的空气透视有关：远处的物体之所以变得模糊，不仅是因为它们变小之后细节消失，还因为空气和雾气会让远处的物体变得柔和。"当物体在远处时，与我们中间隔着大量的空气，这些空气会模糊形体的外观，让我们无法看清物体的细小部分。"他写道，"所以画家理应用简略的笔触描绘那些部分，无须详尽完整地画出。"[31]

我们可以看到列奥纳多在很多作品中都试验了这个概念。在为《安吉亚里之战》画的一幅草图中，有战马奔逃的场景，前景中的马清晰可辨，而在背景中的那些马则更加柔和，不那么清楚。列奥纳多经常使用这种效果，在静止的画面上表现动感。

随着物体距离变远，不仅细节会减少，颜色也会减淡。要想正确地渲染一个场景，需要同时兼顾两者。"如果没有颜色透视的辅助，眼睛无法仅凭线性透视完全知晓两个物体之间的距离。"列奥纳多写道，"根据所处的距离，在物体减小的同时，也要相应地让颜色变淡。"[32]

他再一次将理论与实践相结合。他在一块玻璃上描出了近处一棵树的轮廓，然后在纸上精确地涂上颜色。他又对远处的一棵树如法炮制，之后是另外一棵两倍距离开外的树。他写道，这样就可以看出颜色是如何随着尺寸的变化而减弱了。[33]

列奥纳多对光线和色彩的研究之所以成功，是因为他将光学作为科学。其他的透视理论家，比如布鲁内莱斯基和阿尔贝蒂，想知道物体如何投影在平面上。列奥纳多也在探索这方面的知识，但是这种探索带他进入了另外一个层面：他想知道来自物体的光线如何进入眼睛，如何被大脑处理。

因为对科学的追求远远超越了为绘画所用，列奥纳多原本可能会落入"学究气"的陷阱。有些评论家认为，他画了太多曲面物体上的光线图示，也写了过多关于阴影的长篇大论，往好里说，这是在浪费时间，往坏里说，这就是后来他在一些作品中拘泥死板的肇因。反驳这种观点并不难，只要先看看《吉内薇拉·德·本奇》，然后再对比一下《蒙娜丽莎》，你就能发现对光影日益深刻的理解如何让后者成为历史上的杰作了，这种理解的背后既有直觉又有科学。而且，只需看看令人惊叹的《最后的晚餐》，就足以让人信服列奥纳多有能力在复杂的情况下灵活巧妙地对透视法做出通融。[34]

第十八章
《最后的晚餐》

委托任务

在列奥纳多绘制《最后的晚餐》（图 76）时，有人会来参观，但他们只是静静地坐着看他工作。与那时的科学讨论一样，艺术创作有时也会成为公众事件。根据一位神父的描述，列奥纳多"一大早就会到这里，爬上脚手架"，然后，"从晨曦到日暮，笔不离手，忘记饮食，笔耕不辍"。然而，他在有的日子里却一笔未动。"他会在画前待一两个小时独自思考，对创作的人物进行审视和自我批判"，还有一些日子充满戏剧性，他的执迷和拖延同时现身，好像被冲动或热情附体一般，突然在中午出现，"爬上脚手架，抓起画笔，为人物添上一两笔，然后又突然离开"。[1]

列奥纳多古怪的工作习惯让公众感到着迷，卢多维科·斯福尔扎却对此忧心忡忡。他的侄子去世后，他于 1494 年年初正式成为米兰公爵，并开始着手提高自己的声望，主要是通过赞助艺术家和公众活动的方式。他还想为自己和家族建造一座神圣的陵墓，并选择了位于米兰中心

图 76_《最后的晚餐》

的圣马利亚感恩教堂。这是一座小而雅致的教堂和修道院，卢多维科曾让列奥纳多的朋友多纳托·布拉曼特重新修建过。在新饭厅的北墙上，卢多维科委托列奥纳多绘制一幅以《最后的晚餐》为题的作品，这是宗教艺术中最常见的场景之一。

一开始，列奥纳多的拖延引发了一些让人忍俊不禁的趣闻，比如修道院的院长对此感到恼火，还向卢多维科抱怨此事。"列奥纳多希望永远不要放下手中的画笔，就像他是院长花园里那些锄地的工人一样。"瓦萨里写道。公爵召见了列奥纳多，但是二人的谈话最终变成了讨论创造力的产生过程。列奥纳多解释说，这个过程有时需要慢一点儿，暂停下来，甚至拖延，这样想法才能慢慢发酵，直觉需要培育。"有极高天赋的人，工作越少反而成就越高，"他告诉公爵，"因为他们的头脑一直在深思熟虑，不断完善构思，之后他们才会付诸实施。"

列奥纳多还提到，有两个头像还没画，分别是基督和犹大。他一直没有为犹大找到合适的模特，还说，如果修道院院长再纠缠他，就用院长的头像。"公爵听后捧腹大笑，认为列奥纳多言之有理。"瓦萨里写道，"可怜的修道院院长茫然失措，回去继续操心他的花园，不再来烦扰列奥纳多了。"

然而，最终公爵也开始变得不耐烦了，尤其是在1497年年初，他二十二岁的妻子比阿特丽斯去世后。尽管他又有了好几位情妇，但是依然身陷丧亲之痛；在他与比阿特丽斯的婚姻中，随着时间的推移，他越来越钦佩她，并依赖她的意见。比阿特丽斯被安葬在圣马利亚感恩教堂，公爵每周会来这里的饭厅吃一顿饭。同年6月，他指示自己的秘书，要"敦促来自佛罗伦萨的列奥纳多完成圣马利亚感恩教堂饭厅的工作，这样他就能够尽早开始处理饭厅的另一面墙；让列奥纳多亲自签署合同，以迫使他在规定时间内完工"。[2]

所有的等待都没有白费。最终作品成了历史上最引人入胜的叙事性绘画，它体现出列奥纳多方方面面的杰出才华。别出心裁的构图不仅显示出他精通自然和人为透视的复杂规则，还说明他在必要时亦能灵活通融。从任何一位门徒的手势中，都能一眼看出列奥纳多表现动感的才能，他闻名于世的、通过身体动作来表达内心活动的能力也跃然纸上，这是因为遵循了阿尔贝蒂的教诲。列奥纳多不仅用晕涂法模糊了物体僵硬的轮廓线，还模糊地变通处理了透视法则及时间顺序。

通过涟漪般扩散的动作和情绪，列奥纳多不仅捕捉到了一个瞬间，还像编排戏剧表演一样，呈现了一出戏剧。他曾担任宫廷演出的表演者和制作者，在《最后的晚餐》中处处体现出这些工作的影响，从刻意的编排、夸张的动作、戏法般的透视到戏剧化的手势。

运动的瞬间

列奥纳多的画描绘了众人在听到耶稣发言后的反应，后者告诉聚在一起的门徒，"你们中有一人要出卖我"。[3] 乍一看，它像一个定格的瞬间，好像列奥纳多用他迅捷的目光捕获了一个特定的时刻，这种目光快到可以捕捉蜻蜓翅膀的瞬时影像。尽管肯尼斯·克拉克称《最后的晚餐》为"欧洲艺术的拱心石"，有一点依然让他感到困扰，他感觉那些手势如同摆拍的快照，"动作僵住了……相当骇人"。[4]

我不这么认为。请盯着这幅画多看一会儿，它在传达列奥纳多对瞬间的理解，他认为没有哪个瞬间是分离的、独立的、冻结的，或者界限分明的，就像自然界中没有锐利的边界线一样。与列奥纳多对河水的描述一样，每个瞬间既是过去的一部分，又是未来的一部分。这是列奥纳多艺术的精髓之一：从《博士来拜》到《抱银鼠的女子》，再到《最后的晚餐》和《蒙娜丽莎》，没有一个瞬间是独立存在的，它们都是叙事的一部分。

耶稣的话音刚落，这出戏剧就拉开了帷幕。他低头静默，即便在伸手拿面包时依然如此。他的话如同扔进池塘的石头，激起层层涟漪，由他一直向外扩散到画面边缘，引出一连串的事件反应。

随着耶稣的宣告不断回荡，接下来发生的是《马太福音》书中的场景："他们极其悲伤，一个个对他说'主啊，难道是我吗？'"然后是来自《约翰福音》的内容，"门徒们彼此对看，猜不透他说的是谁"。[5]尽管最左边的三位门徒还在震惊的反应之中，其他人已经开始做出回应或互相询问了。

除了描绘瞬间的动作，列奥纳多还娴熟地传达出内心的活动。"画面中人物的神态应该能让观看者轻而易举地识别出他们内心的意图。"他写道。对于这一点，艺术史上最宏伟、最生动的例子就是《最后的晚餐》。[6]

列奥纳多表现内心意图的主要手段是通过手势。意大利人从古至今都对手势热爱有加，列奥纳多在他的笔记本里记录了各种不同的手势。在下面的例子中，他说明了如何描绘一个正在陈述观点的人：

> 让演说者用右手手指握住左手的一根手指，两根较小的手指合拢；他表情机警，面向观众，嘴微微张开，好像正在讲话一般。如果他是坐姿，让他看起来好像正要起身，头向前倾。如果画的是站姿，让他的身体稍向前倾，头朝向观众。观众要表现得安静而专注，他们都看着演说者的脸，露出钦佩的神态；让几位老人对听到的内容面露惊讶，他们嘴角下垂，脸上满是皱纹，并且扬着眉毛，拱起额头上的皱纹。[7]

在米兰时，列奥纳多的绘画合伙人的哥哥——克里斯托福罗·德·普雷迪斯——是一位聋哑人，列奥纳多通过对他的观察，了解到手势能传达大量的信息。对于在圣马利亚感恩教堂饭厅进餐的修道士们，手势也很重要，因为他们必须在一天中的很多时候保持静默，包括大多数进餐时间。在走路时随身携带的一个袖珍笔记本中，列奥纳多描述了一群人在餐桌旁谈话时的手势：

> 一个正在喝酒的人放下酒杯，把头转向说话者；一个人双手的手指绞在一起，皱着眉转向他的同伴；一个人双手摊开，露出掌心，双肩高耸及耳，惊讶得目瞪口呆；一个人对着邻座耳语，邻座的人侧耳倾听，一手拿着餐刀，一手拿着切到一半的面包；另一人手拿餐刀转身的时候，碰倒了桌上的酒杯；一个人手扶桌子，目光凝视；一个人嘴里塞满食物，张口喘气；还有一个人向前探身，手遮在眼睛上方，想看清说话者。[8]

这些描述读起来就像舞台指导，在《最后的晚餐》中有很多这样的手势，我们能看得出来列奥纳多对动作进行了设计。

十二位门徒被分成三人一组。从观看者的左边开始，我们能感受到时间的流动，就好像故事在从左向右展开一样。最左边的那一组是巴塞洛缪、小詹姆斯和安德鲁，他们对耶稣刚刚说的话做出震惊的反应。巴塞洛缪警觉而坚定，马上要一跃而起，就像列奥纳多写的那样，"正要起身，头向前倾"。

从左边起的第二个三人组是犹大、彼得和约翰。犹大又黑又丑，长着鹰钩鼻，右手攥紧装着银子的口袋，那是他许诺背叛耶稣的报酬，他知道耶稣话里指的就是自己。他身体向后仰，刚刚打翻了一个盐罐（只有在早期的摹本中才能看清），后来这个动作变成了不吉利的征兆。他从耶稣身旁后退，处在画面的阴影中。即使在他的身体退后并转到一旁时，他的左手依然在伸向耶稣将和他分享的面包，这片面包将会显示他有罪。据《马太福音》记载，耶稣说，"同我蘸手在盘子里的，就是他要卖我"。另如《路加福音》[①]中的记述，"看哪，那卖我之人的手与我一同在桌面上"。[9]

彼得显得激动好斗，他愤慨地向前挤。"他说的那人究竟是谁？"他问道，似乎已经准备好采取行动。他的右手拿着一把长刀。那天晚上，他为了保护耶稣不被暴徒抓捕，用这把刀割掉了大祭司仆人的耳朵。

相比之下，约翰很平静，他知道自己没有嫌疑，他似乎对自己听到的事情无法避免而感到难过和无奈。在传统的绘画作品中，约翰的姿势都是熟睡，或者靠在耶稣怀里。列奥纳多笔下的他刚刚听完耶稣的宣告，因为忧伤而无精打采。

丹·布朗的小说《达·芬奇密码》借鉴了林恩·皮克内特和克莱夫·普林斯所著的《圣殿启示录》，布朗在书中编织了一个阴谋论，这个阴谋论断言外貌女性化的约翰实际上暗指抹大拉·马利亚，她是耶稣忠实的追随者，书中还把这一推断当成了证据。虽然对一本热闹有趣的小说而言，这样的情节堪称奇妙曲折，但是它缺乏事实基础。小说中的一位人物认为女性化的外貌是一个线索，因为"列奥纳多擅长刻画性别差异"。但是罗斯·金在一本关于《最后的晚餐》的书中指出，"与此相反：列奥纳多擅长模糊性别差异"。[10]从韦罗基奥的《基督受洗》中的天使开始，列奥纳多笔下就出现了雌雄同体的形象，一直延续到他晚年绘制的《施洗者圣约翰》。

在《最后的晚餐》中，耶稣独自坐在中间，他刚结束发言，嘴仍然微微张着。其他人物的表情强烈，近乎夸张，如同演出中的演员一般。但是耶稣的表情安详而顺从，看起来很平静，一点儿也不为所动。

---

① 原著用词为"《马可福音》"，引用有误，经与作者确认，此处应改为"《路加福音》"。——译者注

他看起来比门徒们稍大一点儿，因为列奥纳多巧妙地动了手脚。远处明亮的风景从敞开的窗户透进来，在耶稣周围形成了自然的光晕。耶稣的蓝斗篷用了最昂贵的佛青色颜料。列奥纳多在光学研究中发现，比起黑暗背景，物体在明亮背景下看起来更大。

耶稣右边的三人组包括托马斯、大詹姆斯和菲利普。托马斯举起手，伸着食指，手心向内，这个手势与列奥纳多关系密切。（在他的很多作品中均有出现，比如《施洗者圣约翰》。拉斐尔在画柏拉图的时候也用了这个手势，被认为是借鉴自列奥纳多。）后来他被称为多疑的托马斯，因为他在耶稣复活时，要求查看证据，耶稣让他将手指探入伤口。为菲利普和大詹姆斯画的草图留存了下来，其中前者亦有雌雄莫辨的容貌，而且似乎也是伦敦那幅《岩间圣母》中圣母马利亚的模特。

最右侧一组中的三个人分别是马太、撒迪厄斯和西蒙。他们正在热烈地讨论耶稣究竟何意。看看撒迪厄斯半握的右手。列奥纳多不仅是手势的大师，他还知道如何让它们具备神秘感，这样观看者就会被牢牢吸引。他的手是不是正要甩下来击掌，就像在说我知道了？还是他在用大拇指指向犹大？现在看一下马太。他掌心朝上的两只手指的是耶稣还是犹大？作为观看者，无须为这样的困惑而苦恼；马太和撒迪厄斯也各自在为刚刚发生的事情感到困惑，他们正在试图理清头绪，并转向西蒙寻找答案。

耶稣的右手正在伸向一个平底的玻璃杯，里面装了三分之一的红葡萄酒。有一个令人折服的细节，透过玻璃杯可以看到耶稣的小指。在离杯子不远处，是一道菜和一块面包。耶稣的左手掌心向上，指向另一块面包，他目光低垂地盯着它。这幅画的透视和构图会引导观看者的视线跟随耶稣的目光，沿着他的左手一直到那块面包，特别是当修道士们进入饭厅的门口看过来时，尤为明显。

这个手势和目光在画面的叙事中创造了第二个闪光的瞬间：圣餐

的仪式。《马太福音》中记载，这发生在耶稣宣布有人背叛之后，"耶稣拿起饼来，祝谢了就擘开，递给门徒，说：'你们拿去吃吧，这是我的身体。'耶稣又拿起杯来，祝谢了就递给他们，说：'你们都喝吧，这是我的血，是为立约的，为许多人流出来，使罪得赦。'"这部分叙事围绕着耶稣揭露犹大的背叛和圣餐仪式，由他向周围扩散开来。[11]

《最后的晚餐》中的透视

关于《最后的晚餐》中的透视，唯一简单易懂的部分就是灭点，用列奥纳多的话来说，就是所有视线"趋向和汇聚"的位置。这些透视线，或者叫直交线，最终都汇聚在耶稣的前额（图77）。在着手绘制的时候，列奥纳多在墙的中央钉了一个小钉子——在耶稣的右侧太阳穴上可以看见那个小洞，然后他在墙上割出了一些呈放射状的细切口，这有助于他画出假想房间里的平行线，比如天花板的房梁和挂毯的上缘，这些平行线在画中向灭点延伸。[12]

要想了解列奥纳多如何巧妙地操纵了透视法，不妨看看两边墙壁上的挂毯。这些挂毯上缘的连线与其他透视线一样，都延伸到耶稣的前额。画中的这些挂毯就像与饭厅里真实的挂毯排成一列那样，让人产生了画是房间延伸的错觉。然而，这种错觉并非完美无缺，而且也不可能做到。因为这幅画的尺寸很大，观察点的变化会影响透视效果（图78）。如果你站在房间的左边，你会感觉身边的墙与画中的左墙无缝衔接，但是如果你看向房间的右墙，才会发现墙和画没有那么匹配。

考虑到会有人站在房间的不同位置观看，列奥纳多使用了很多巧妙的透视手法，这只是其中之一。阿尔贝蒂在他的专著中写到透视时，假设所有人都站在同一个位置观看。但是像《最后的晚餐》这么大幅的作品，观看者可能处在正前方、侧面，甚至一边走一边看，这就需要用

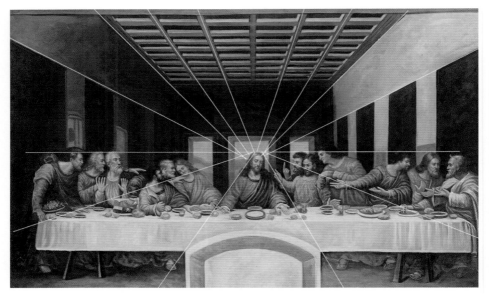

图 77_《最后的晚餐》的透视线

图 78_《最后的晚餐》所在的饭厅

到列奥纳多所谓的"混合透视"了，即将自然透视与人为透视融合在一起。因为在观看巨幅绘画时，人距离画面不同部分的远近不同，所以需要使用人为透视。"平面无法如实地呈现在眼前，"列奥纳多写道，"因为眼睛与平面各个边缘的距离不等。"[13]

如果你离一幅画足够远，那么即使是巨幅作品，依然不会出现距离边缘远近不等带来的问题。列奥纳多认为，对于大型的绘画，适合的观看位置应该是距离作品宽度或高度十倍至二十倍的地方。"往后站，直到你的眼睛与作品的距离至少是其最大宽度或长度的二十倍。"他曾写道，"这样，观看者的位置变化时造成的差异很小，几乎感觉不到。"[14]

但是《最后的晚餐》有十五英尺高，二十九英尺宽，这意味着合适的观看位置在三百至六百英尺，这显然是不现实的，所以列奥纳多人为创造了一个距离墙面约三十英尺的最佳观看位置。除此以外，他让这个位置离地面十五英尺，这样可以平视耶稣。当然，没有修道士会从这个位置观看。但是设定这个理想的观看点后，列奥纳多接下来着手用光学技巧，让画面在房间的不同位置看起来不会过于扭曲，因为那些地方才是观看者实际所处的位置。

最巧妙的是，他稍稍做了一些手脚，这样在修道士从右墙进门处看过来时，透视就显得很自然。如此一来，他们进门后，首先映入眼帘的就是耶稣摊开的左手，手心朝上指向他们，就像在欢迎他们的到来。右边天花板的角度稍高，这样画面显得和进门的观察者视线齐平。因为画面的右侧更接近从门口走进来的观察者，而且光线更明亮，所以看起来显得更大，让人感觉是饭厅自然的延伸。[15]

列奥纳多用一些小技巧来掩盖他操纵了透视。地面与后面和侧面墙壁的交汇处都被桌子挡住了。如果你认真观察这幅画，然后想象一下地板的边线，你能感觉到它们似乎是扭曲的。此外，画出来的飞檐掩盖了一个真相，天花板其实并没有一直延伸到桌子上方。否则，观看者会注意到列奥纳多稍微加快了房顶的透视变化。

与通常的情况相比，列奥纳多加快了墙和天花板向灭点后退的速度，他从那些自己参与制作的舞台演出中学会了这个技巧。在文艺复兴时期的舞台演出中，为了给观众造成更大景深的假象，舞台并不是矩形的，而是向后收缩的。它向下倾斜至观众，通过装饰过的檐口来掩盖布景的人为痕迹，就像列奥纳多在《最后的晚餐》顶部所画的一样。使用这种障眼法也从另外一个侧面说明，他花在演出庆典上的时间没有白费。

在《最后的晚餐》中，画里的房间收缩得太快了，以至于后墙上只容得下三扇能看到外面风景的窗户。挂毯不是按比例绘制的。桌子对一顿舒适的晚餐来说也过于局促，门徒们都站在桌子的一边，那里没有足够的空间供他们落座。地板像舞台一样向前倾斜，而且桌子也向我们微倾。这些人物都站在最前排，就像一出戏剧那样，连他们的手势都很戏剧化。

除了透视技巧，还有其他一些巧妙的设计，包括将画中场景与在饭厅用餐的修道士融为一体的小细节。画面中的光线看起来就像从饭厅左墙高处的窗户中照进来的一样，将现实与想象合二为一（图76）。看一下画中右侧的墙壁：它沐浴在午后的阳光中，这些光线好像来自那扇真实的窗户。请注意桌腿：它们的阴影也符合这个光源的方向。

桌布上有交替的凹凸折痕，就好像它在被铺开之前，曾被叠好放在修道士们的洗衣房里。两个小浅盘里盛着用水果片装饰的鳗鱼，它们没有明显的宗教或象征意义，不过，河鳗在那个时候的意大利颇受欢迎，虽然我们知道列奥纳多通常情况下是一位素食主义者，但是他至少在一张购物清单上写过"鳗鱼和杏"。[16]

总之，《最后的晚餐》不仅结合了科学透视法和剧场创意，还融合了才智与幻想，是名副其实的列奥纳多的作品。对透视学的研究没有让他成为刻板或有"学究气"的画家；相反，他的透视研究与其作为舞台表演者的聪明才智珠联璧合。他一旦知道了这些规则，就能将其玩弄于股掌之上，就好像他在创造透视领域的晕涂法。

损毁与修复

列奥纳多用油画颜料时，每画上一两笔，并且经过涂抹和润色后，就会沉思片刻，然后再增加更多层的油彩，直到他认为完美为止。通过这样的方法，他可以表现出细腻的阴影层次和朦胧的物体轮廓。他的笔触非常轻，每一层油彩也非常薄，以至于无法分辨出笔迹，而且他有时会等数小时或者数天后，才再轻轻地添上更多层薄油彩，或者进行修饰。

不幸的是，画家在画湿壁画的时候，无法享受这种奢侈的悠闲，因为需要趁着石膏还湿润的时候涂上颜色，这样颜料才能固着在上面。一旦把石膏涂在墙上，就需要赶在它干燥前，在一天内完成绘制，而且以后很难再修改了。

韦罗基奥不画湿壁画，也从未教过他的学生这方面的技巧，而且这种创作方式显然不适合列奥纳多不紧不慢的工作方式。于是，他决定直接在已经干燥的石膏墙上作画，他先在墙上涂上白色石粉，然后涂铅白底漆。除了水和蛋黄混合的蛋彩颜料，他还使用以核桃油或亚麻籽油调和的油彩。最近对《最后的晚餐》的科学分析显示，他曾经在画面的不同部分试验过各种油彩—蛋彩比例。他原以为通过混合使用水基和油基的颜料，他可以一层又一层地轻轻描画，耗费数周创作出他想要的形状和色调。[17]

列奥纳多在 1498 年年初完成了这幅壁画，公爵奖赏给他教堂附近的一座葡萄园，这座葡萄园终生都是列奥纳多的财产。但是才过了二十年，壁画的颜料就开始脱落，显然列奥纳多的实验性技法失败了。1550 年，瓦萨里在出版列奥纳多的传记时，报告说这幅画被"毁掉了"。到 1652 年时，画面已经变得非常暗淡、破败，以至于修道士们觉得在墙底下开个门也无所谓，这扇门切掉了耶稣的双脚，他的双脚很有可能是交叉的姿势，预示了之后受难被钉于十字架上。

在接下来的那些年中，这幅画至少经历过六次大的修复，但是其中大部分修复工作反而适得其反，让情况更加恶化。首次有记录的修复是在1726年，修复者用油彩填补了缺失的部分，然后涂上了一层清漆。不到五十年后，又有一位修复者清除了之前那位修复者的所有工作，然后开始自己重新绘制人物的脸部。公众的强烈抗议迫使他停止了修复工作，不过那时只剩下三个人的脸未被重画。在法国大革命期间，反教权的武装刮去了门徒们的眼睛，然后将饭厅用作监狱。一位后继的修复者错把它当作一幅湿画法的壁画，想把它从墙上移走。在20世纪早期，壁画经历了两次清洁工作，以免遭到更严重的损蚀，同时延缓其老化速度。在第二次世界大战期间，盟军的炸弹袭击了饭厅，但是沙袋保护了壁画免遭厄运。

最近的一次修复始于1978年，一共持续了二十一年，是有史以来规模最大的一次修复工作。主要负责人比宁·布兰比拉·巴尔奇隆和她的团队首先通过红外反射灯检查样本，试着尽可能找出颜料的原始成分。她还让团队中的修复者研究列奥纳多的绘画和他生前这幅画的摹本，他们的初衷是让壁画只呈现出列奥纳多的手笔，但是结果并不理想，因为原作所剩无几。于是修复者重建了那些缺失的部分，而且从修复结果可以看出哪些部分属于原作，哪些为后来修补。在那些无法分辨出原作的位置，修复团队使用了色调较明亮的淡水彩，在提示原作样貌的同时，标示出这些区域基于推测。[18]

但是众口难调。艺术评论家迈克尔·戴利写到修复结果时说，"这种不伦不类的修复显示出少得可怜的原始颜料，却充斥着大量用于'修补'和'重建'的、格格不入的新颜料"。但是布兰比拉·巴尔奇隆还是获得了大多数人的好评，因为通过她的恢复和重建，实际上这幅作品看上去已经尽可能地忠实于原作了。"不仅原来的色彩得以恢复，建筑结构、透视设定和人物容貌也变得更加清晰。"她说，"人物的脸部因为过去多次修复受累，已经变得有些怪异，现在又恢复了真实的表现力。门徒的表情说明他们完全沉浸在戏剧性的瞬间之中，他们对基督宣告的各种情绪反应体现出了列奥纳多的创作初衷。"[19]

因此，从现在的《最后的晚餐》及其最初的诞生过程中，不仅能看到列奥纳多的才华，还能读出对其才华的隐喻。它在艺术上颇具创新，在技术上过于冒进；它构思精妙绝伦，但是执行存在缺陷；饱含情感的叙事既深邃，又稍显神秘，而这幅画目前的状况又为列奥纳多的人生和作品增加了一层神秘的面纱。

第十九章
人生动荡

卡泰丽娜之死

在罕有的几次记录家庭生活的笔记中，列奥纳多偶尔会重复地书写日期，这是一种类似公证员的刻板习惯。他寡居的年逾六旬的母亲卡泰丽娜来米兰和他一起生活时，他写下了这样的记录：

> 7 月 16 日
>
> 卡泰丽娜于 1493 年 7 月 16 日到达。[1]

在和丈夫阿卡塔布里加一起生活时，卡泰丽娜一共生育了四个女儿和一个儿子。但是在 1490 年左右，她的丈夫去世了，他们的儿子也被弩箭射死了。在那之后不久，列奥纳多在笔记本里写道："你能告诉我卡泰丽娜想做什么吗？"很显然，她希望搬过来和他一起生活。

列奥纳多在紧挨着记录她到来的那页笔记上，画了一幅很简单的家谱图，这其中可能有卡泰丽娜的帮助，上面写着他的父亲和祖父母的名字。在 1494 年 6 月，一份费用账目上提到了她：列奥纳多给了萨莱三个索尔多，给了她二十个索尔多。[2]

她显然在当月晚些时候就去世了。米兰国家档案馆的一份记录显示，"6 月 26 日，星期四，在韦尔切利纳门的圣徒纳博尔和菲利克斯教区，来自佛罗伦萨的卡泰丽娜死于疟疾，终年六十岁"。更早期的档案记录的是，她去世时的实际年龄约为五十八岁，考虑到当时档案记录变异颇大，这已经算得上符合事实了。[3]

列奥纳多只字未提自己的感受，对于母亲的去世，他只记录了葬礼的花费。在费用清单上，他甚至划去了"去世"一词，而换成了"葬礼"。[4]

卡泰丽娜去世葬礼的费用：

3 磅蜡烛	27 索尔多
棺材	8 索尔多
棺罩	12 索尔多
搬运和安放十字架	4 索尔多
抬棺人	8 索尔多
4 名牧师和 4 名神职人员	20 索尔多
丧钟、书、海绵	2 索尔多
掘墓人	16 索尔多
主持牧师	8 索尔多
许可证	1 索尔多
	106 索尔多

（之前花费）

医生	5 索尔多
糖和蜡烛	12 索尔多
	123 索尔多

这种超然的态度似乎有些奇怪，有人认为这些花费对于母亲的葬礼来说略显吝啬。列奥纳多在 1497 年花了四倍的价钱给萨莱定做了一件天鹅绒镶边的银色斗篷。[5] 但是，如果仔细看的话，这不像是为家里用人举办的葬礼，倒是更符合他母亲的身份。葬礼光线明亮，有四位牧师在场，而且精心策划，并做了周详的记录以备留存后世。[6]

事业波折

1495 年左右，列奥纳多开始绘制《最后的晚餐》时，正处在事业

301

高峰。被正式任命为斯福尔扎宫廷的艺术家和建筑师后，他在米兰的老王宫里舒适地安顿下来，陪同的还有助手和学生。作为一名画家，他闻名于世，还因为骑士纪念碑的巨型铜马黏土模型被誉为雕塑家，同时，他还是深受喜爱的庆典表演者和备受尊敬的光学、飞行、水利和解剖学研究者。

但是 15 世纪 90 年代末，在完成《最后的晚餐》和卡泰丽娜去世后，列奥纳多的生活开始变得动荡。为了防御法国入侵，1494 年本来用于铸造铜马的材料被挪用制造大炮，而且不久之后，卢多维科就明显地表现出了无意继续雕塑。列奥纳多再也没接到什么重要的委托，或者为公爵情妇画像的工作，他发现自己手头无非有一些室内设计的工作，还要为了价钱和效果和别人进行理论。与此同时，卢多维科公爵越来越忧心忡忡，这也情有可原，因为法国正在威胁着他岌岌可危的统治。

列奥纳多手头的项目之一是为斯福尔扎城堡的一套小房间画装饰画，公爵打算把它们用作私人休养场所。这些房间有拱顶，并饰有木板，其中一间叫天轴厅，列奥纳多在里面设计了一片迷人的森林，一共绘有十六棵树，它们代表着想象中的柱子，树木的枝条相互交织成复杂的图案。这充分用上了列奥纳多的数学头脑：在变化多端的图案中穿插着金色的绳索，编织成复杂的绳结，这也是他一生的钟爱。"我们能在树中发现列奥纳多的优美创意，所有的树枝都形成了奇异的结。"洛马佐写道。[7]

构思最终未能得到完美的实现，不过这对列奥纳多来说是常事。中间还产生了争议，公爵的一位秘书在 1496 年 6 月写道，"正在装饰房间的画家今天闹出了一桩丑事，他已经因为这个离开了"。[8] 秘书询问能否从威尼斯派人来完成这项工作。

但是始终没有人来接替他的工作，1498 年年初，列奥纳多即将完成《最后的晚餐》时，又重新开始了这项委托。他在 1497 年的一封信

302

中大发牢骚，这封信被撕成了两半，所以我们只能透过只言片语，了解他的沮丧和失望。"您别忘了装饰房间的委托"，这是上面的一句话，还有一句是"关于那匹马，我无话可说，因为我知道时机不对"。随后的内容充斥着抱怨之词，包括"我仍未领到两年来的薪酬"。[9]在另一封写给公爵的信的草稿中，列奥纳多再一次抱怨了钱的问题，而且好像还暗示他为了赚钱，不得不暂时搁置《最后的晚餐》而去装饰天轴厅。"可能大人您认为我的钱够用，所以没有下令（支付我薪酬）。"他写道，"因为迫于生计，我不得不中断手头的工作，去做一些小事情，无法继续阁下您委托给我的工作了，这让我非常恼火。"[10]

与《最后的晚餐》一样，因为列奥纳多在天轴厅的绘制进度过于缓慢，所以无法使用传统的湿壁画法。于是，他又一次在干燥的墙壁上（房间里的木板已经被拆除了）使用了蛋彩和油彩的混合颜料。干燥的石膏无法吸收颜料，最终出现了与《最后的晚餐》一样的窘况。1901年，它曾经历过一次失败的修复，20世纪50年代又接受过一次抢救，2017年进行的是一次更加谨慎的、在激光引导下的修复。

关于天轴厅的激烈争执发生后，列奥纳多的人生陷入了低谷。他开始写求职信，其中一封是以第三人称的口吻写给附近的皮亚琴察城议会，他们正在为大教堂的铜门项目寻找人选。列奥纳多在信中对自己大肆赞美，似乎打算找一个力挺他的人替他寄出。"睁大你们的眼睛好好看看，不要让你们的钱换来自己的耻辱。"他在信中写道，"请相信我，无人能担此重任，除了来自佛罗伦萨的列奥纳多，他就是弗朗切斯科公爵铜马的铸造者。"[11]

时局的变化让列奥纳多从对事业的担忧中解脱出来。在1499年夏天，新任法国国王路易十二派出的侵略大军压境米兰。列奥纳多数了一下钱箱里的现金，一共一千两百八十里拉，他把其中一些钱分给了萨莱（二十里拉）和其他人，然后把剩下的钱用纸包好，分散地藏在工作室里，以防侵略者和抢劫者洗劫一空。9月初，卢多维科公爵逃离了米兰，一个月后，法国国王进驻。正如列奥纳多担心的那样，他很多朋友的家都被暴徒毁坏了，财产也遭到了洗劫。他的工作室幸免于难，但是法国军队把他为骑士纪念碑制作的泥塑模型当作箭靶，它最终被毁于一旦。

然而，法国人最终成了列奥纳多的保护人。法国国王到达的第二天就去看了《最后的晚餐》，甚至还询问了是否能将其运回法国。幸亏他的工程师告诉他这无法实现。列奥纳多不仅没有逃跑，反而在接下来的几个月里和法国人一起工作。他还写了一个便条，联系一位和路易十二一起抵达米兰的画家，想从他那里获得"干颜料的使用方法、白盐法，还有制作涂层纸的方法"。在同一页上，列奥纳多为从米兰回佛罗伦萨和芬奇镇的长途旅行从容地进行着准备，直到12月才动身。"准备两个带盖的箱子，由骡子驮运，将其中一个箱子留在芬奇镇。买一些桌布、餐巾、斗篷、帽子、鞋、四双长袜、一件麂皮马甲和一些做新马甲的皮革。凡是不能带走的都卖掉。"换句话说，他并没有急于逃离法国人。

事实上，他和米兰新任的法国总督利尼伯爵签订了一个秘密协议，约定在那不勒斯碰面，并作为军事工程师巡视防御工事。在做旅行准备的那页笔记里，列奥纳多写下了一段非常有意思的笔记，不仅用了镜像体，而且用了简单的密码，里面的人名和地名都是用倒序拼写的："去找 ingil（应为 Ligny，利尼），告诉他，你会在 amor（应为 Roma，罗马）等他，还有你会陪同他一起去 ilopan（应为 Napoli，那不勒斯）。"[12]

这项密谋未能实现。列奥纳多最终离开米兰的原因是得知他的前任赞助人卢多维科打算卷土重来。在12月下旬，列奥纳多安排了一笔六百弗罗林的汇款，从他在米兰银行的账户汇到佛罗伦萨的账户，然后他和随行的助理，以及他的朋友兼数学家卢卡·帕乔利一起动身离开了米兰。十八年前，他带着一把里拉琴来到米兰，然后向卢多维科写了一封夸耀自己工程师和艺术家才华的求职信，而此时，列奥纳多·达·芬奇将回到故乡佛罗伦萨。

第二十章
重返佛罗伦萨

归途

1500 年年初，列奥纳多重返佛罗伦萨之旅的第一站是曼图亚。他在那里受到了伊莎贝拉·德斯特的款待，她是卢多维科亡妻比阿特丽斯的姐姐。伊莎贝拉出身意大利最受尊敬的家族之一，是一位心急而任性的收藏家，她盼望列奥纳多能为自己画一幅肖像，于是他在短暂的逗留期间恭顺地画了一幅粉笔画草图。

之后，列奥纳多又去了威尼斯，在那里为防御土耳其的入侵威胁提供军事建议。由于一直对水流及其军事用途感兴趣，他设计了一个移动的木制水闸，认为这个水闸可以让伊松佐河的水淹没入侵者通过的山谷。[1] 就像他很多空想的构思一样，这个水闸也未能变成现实。

列奥纳多还为保卫像威尼斯这样的港口想出了一些主意，比如装备有潜水服、呼吸器、护目镜、面罩和充气酒囊的水下卫兵。这个面罩上连着竹管，管子通向浮在水面的潜水钟。他在笔记里画了其中一些装置的草图，然后提到了自己将部分设计保密的原因："我为什么没有写出停留在水下的方法，以及我在不换气的情况下能在水下停留多久？因为人类的邪恶本性，我才不愿公之于众，他们可能会用它来进行海底谋杀。"[2] 与他的很多发明一样，这套潜水装置至少在他那个时代还无法实现。几个世纪之后，他的想法才成为现实。

1500 年 3 月末，当列奥纳多抵达佛罗伦萨时，他发现这座城市刚刚经历过一波反动势力的冲击，差一点儿毁掉它在文艺复兴文化中的先锋地位。1494 年，一名叫吉罗拉莫·萨沃纳罗拉的激进修道士领导了一场反对美第奇统治的宗教叛乱，建立了宗教激进主义者的政权，对同性恋、鸡奸和通奸实施了严格的新法律。一些违法行为受到了石刑和火刑的惩处。由少年组成的民兵组织在街上巡逻，进行道德管束。

在 1497 年大斋期前的狂欢节上，萨沃纳罗拉发动了被称为"虚荣的篝火"的活动，书籍、艺术品、服装和化妆品被付之一炬。第二年，公众舆论逆转，他被群起而攻之，在佛罗伦萨的中央广场被绞死并焚烧。到列奥纳多回来的时候，这座城市再次恢复为共和国，古代典籍和艺术重新受到推崇，但是人们的信心有所动摇，繁荣景象一去不返，而且政府和行会也面临着经济窘迫的问题。

在从 1500 年到 1506 年的大部分时间里，列奥纳多都把佛罗伦萨当作自己的大本营，他和随行人员一起舒适地住在圣母领报教堂里。在许多方面，这都是他一生中成果最丰硕的一段时期。那时，他开始绘制两幅伟大的木板油画作品，《蒙娜丽莎》和《圣母子与圣安妮》，还有一幅后来遗失的《丽达与天鹅》的画像。作为工程师，他找到了提供建筑咨询的工作，比如为一座结构受损的教堂提供建议，他还为切萨雷·波吉亚的军事任务提供服务。而在闲暇时，他又一次沉浸于数学和解剖学的研究中。

天命之年

列奥纳多年近五十岁的时候，又一次回到了佛罗伦萨生活，他和他的家族在当地都赫赫有名，不过他依然我行我素，不仅没有入乡随俗，反而刻意特立独行，衣着华丽，举止招摇。他曾在笔记本里记录了自己箱子里存放的衣物。"一件塔夫绸的长袍，"他在一开始写道，"一件有天鹅绒衬里，可以当作长袍的衣服，一件阿拉伯式连帽呢斗篷，一件灰玫瑰色的长袍，一件玫瑰色的加泰罗尼亚长袍，一件有宽领和天鹅绒兜帽的深紫色披风，一件深紫色缎子外套，一件深红色缎子外套，一双深紫色长袜，一双灰玫瑰色长袜，一顶粉色的帽子。"[3] 这些看起来就像他在某次表演或化装舞会中的行头，但是从同时代的记录中，我们得知，他在城里穿行时，衣着确实如此。这是一幅有趣的景象：列奥纳多身穿阿拉伯式的连帽斗篷，或者饰有大量锦缎与天鹅绒的紫色和粉色服装在城里散步。此时的佛罗伦萨已经扑灭了萨沃纳罗拉点燃的烧毁"虚荣的篝火"，它再次向华丽古怪、充满艺术气息的自由灵魂张开怀抱，列奥纳多的出现可谓正逢其时。

列奥纳多也让他的伴侣萨莱打扮得光鲜亮丽，那时二十四岁的萨莱的衣着也经常是粉色和玫瑰色的。列奥纳多在一段笔记中写道，"今天我给了萨莱三枚达克特金币，他说想要一双镶边的玫瑰色长裤"。依照价格，这双长裤一定是珠宝镶边的。四天后，他给萨莱买了一件绿天鹅绒镶边的银色斗篷。[4]

在列奥纳多为一箱衣物所列的清单中，他和萨莱的衣物明显混在了一起，家里其他人的物品都不会如此，这些衣服包括"一件法式披风，曾经属于切萨雷·波吉亚，现在归萨莱所有"。很显然，那位在列奥纳多内心一度代表父亲形象的、以残暴闻名的军阀曾送给他一件披风，而他将这件披风披在了自己年轻伴侣的身上。如果弗洛伊德知道此事的话，又该有话说了。这个箱子里还有"一件法式镶边的短袍，属于萨莱"，和"一件灰色佛兰芒布料的短袍，属于萨莱"。[5]无论是列奥纳多，还是那个时代的其他人，都不会给一位普通的家仆添置这样的衣服。

让人欣慰的是，列奥纳多购买书籍的花费和他在服装上的支出不相上下。在他1504年列出的清单上，有一百一十六卷藏书。其中包括托勒密的《宇宙志》，后来在列奥纳多将人体循环和呼吸系统比喻为地球的缩影时，曾引用过此书。他还购买了数学书——包括三卷欧几里得著作的翻译版——和一本被他称为关于"化圆为方"的书，作者很可能是阿基米德，还有很多关于外科学、内科学和建筑的书。列奥纳多对一些流行的内容也很感兴趣，那时他有三个版本的《伊索寓言》和好几卷淫秽诗歌。他还买到了一本弗朗切斯科·迪·乔治写的建筑学专著，作者不仅是他在米兰的朋友，还参与了他构思《维特鲁威人》的过程。列奥纳多在整本书中写了很多注释，还把一些段落和插图誊写到他的笔记本上。[6]

伊莎贝拉·德斯特未完成的肖像

通过一件趣事，我们可以了解到列奥纳多这一时期在佛罗伦萨的生活，此事因一件他迟迟未答应的委托而起。到佛罗伦萨后没多久，他就身陷伊莎贝拉·德斯特的纠缠中，她希望他能履行自己的承诺，为她画一幅画，可以是根据他过境曼图亚时画的那幅粉笔画而作的肖像，如果实在不行，他可以选定任何主题。两个任性固执之人由此开始了一场旷日持久的拉锯战，中间还夹带了一位左右为难的修道士，至少现在回顾起来，这事着实令人捧腹，也足以说明列奥纳多有多么不情愿完成那些让他感到无聊的委托。我们从中不仅能看到他在佛罗伦萨时的兴趣所在，还有他拖延的行事风格和对富有赞助人的漠视。

伊莎贝拉那时二十六岁，她意志坚强，不仅是曼图亚的第一夫人，还是一位艺术赞助人，与前者相比，作为艺术赞助人的伊莎贝拉显得更加不屈不挠；她是费拉拉公爵的女儿，德斯特家族的后裔，这个家族是意大利最富有和历史最悠久的贵族；她接受过严格的古典教育，学习过拉丁文、希腊文、历史和音乐；她六岁时就与曼图亚的侯爵弗朗切斯科·贡扎加订了婚，成婚时带来了两万五千达克特金币的嫁妆（根据2017年的黄金价格折算，总价值超过三百万美元）；她在1491年的婚礼非常奢华，当时她乘坐一支由五十多艘船组成的船队从费拉拉驶到曼图亚，抵达后，她乘坐金马车行进在曼图亚的街道上，有一万七千名围观者欢呼雀跃，陪同她的还有来自十几个地方的大使。[7]

这是一个充斥着炫耀性消费和竞争式收藏的时代，伊莎贝拉在这两方面都首屈一指。她在自己动荡的婚姻中也是赢家。她的丈夫是一位软弱无能的统治者，经常不在其位，一度被作为人质在威尼斯扣留了三

311

年，在这期间，她成了摄政王，统军御敌。作为回报，她那位忘恩负义的丈夫与因美艳、邪恶而臭名昭著的卢克雷齐娅·波吉亚陷入了情网，二人充满激情的长期关系众人皆知，而卢克雷齐娅的丈夫就是伊莎贝拉的弟弟。（这是卢克雷齐娅的第三次婚姻。她哥哥是残暴的切萨雷·波吉亚，他曾下令将她的第二任丈夫在她眼前勒死。）

伊莎贝拉将她的情感投入艺术收藏中，更确切地说，是忙于为自己寻找满意的肖像。但是这件事并不顺利，因为艺术家们都犯了同一个错误，他们希望肖像至少要像本人，而她谴责他们把自己画得太胖。安德烈亚·曼特尼亚是曼图亚宫廷中受人尊敬的艺术家，他在 1493 年画过一幅肖像，但是伊莎贝拉称，"画家画得太糟糕了，一点儿都不像我"。

在几次未尽己意的尝试后，她又让费拉拉的一位为自己家族工作的画家画了一幅，但是当她把这幅肖像作为礼物送到米兰时，她对卢多维科·斯福尔扎表达了歉意。"阁下和所有意大利人都会看到我的肖像，我担心自己会因此心烦意乱。"她写道，"我送去的这一幅，算不上非常优美，而且看起来比我本人胖。"很显然，卢多维科不知道如何恰当地回应一个女人对肖像显胖的抱怨，他说自己认为肖像与她本人很像。伊莎贝拉曾哀叹，"我只希望画师能像文人一样为我服务"。据此推测，很多向她献诗的诗人都进行了大量的艺术加工，而画家则无法如此随心所欲。[8]

在搜寻合适的肖像画家时，伊莎贝拉将目光投向了列奥纳多。1498 年，她的妹妹——卢多维科的妻子比阿特丽斯——去世后不久，伊莎贝拉写信给卢多维科的情妇塞西莉亚·加莱拉尼（她就是列奥纳多的《抱银鼠的女子》中的人物），想把那幅肖像和威尼斯画家乔瓦尼·贝利尼的作品进行对比，从而决定哪位画家是她的下一个目标。"今天我们看到了几幅乔瓦尼·贝利尼画的精美肖像，我们开始讨论列奥纳多的作品，希望可以将其与这些画进行对比。"她写道，"因为我们记得他给你画过像，我们恳求你能好心地让我们派去的这位骑马信使送来你的肖像，这样我们不仅能够比较两位大师的作品，而且还能有幸再看到你的容貌。"她许诺一定归还。"我马上就送出。"塞西莉亚回复道，她还说肖像已经和本人有了出入。"但是您千万不要认为这是大师的问题，实际上，我认为世界上没有画家能比得上他，只是这幅肖像画的是我很年轻的时候。"伊莎贝拉喜欢上了这幅肖像，但她还是信守承诺，将其归还了塞西莉亚。[9]

1500 年年初，列奥纳多在从米兰去佛罗伦萨的途中，为伊莎贝拉画过一幅粉笔画肖像，那时他还复制了一幅。他一直把它带在身旁，还向一位朋友展示过，那位朋友后来向伊莎贝拉报告说，"这幅肖像画得惟妙惟肖，简直再好不过了"。[10]列奥纳多把原作留给了伊莎贝拉，她在后来一连串的通信中，请求他再送来一幅替代品，因为她的丈夫已经把那幅送人了。"因为我们的爵爷已经将列奥纳多留在这里的那幅送人了，"她在给使者的信中写道，"你能否恳求他再送来一幅我的肖像？"[11]

列奥纳多随身携带的那幅大小已经足够作为肖像的草稿，可能就是现存于卢浮宫的那一幅（图 79）。列奥纳多在米兰画的那些肖像人物的衣着受到西班牙风格的影响，因为那是当时的时尚。但是伊莎贝拉是引领潮流的人，列奥纳多笔下的她穿着最新的法式服装。这样做有一个优点：宽松的袖子和上衣可以掩盖她丰满的体态，不过列奥纳多还是保留了双下巴的痕迹，然后用粉笔晕涂稍加掩饰。她的嘴唇透露出固执任性，侧面相的姿势显得高贵庄严，这也是王室成员肖像的标准姿势。

列奥纳多在画大部分肖像时，一直避免使用当时传统的侧面像。相反，他喜欢让人物面向观看者，或者至少是四分之一侧面像，这样他才能为人物注入动感和心理活动。从吉内薇拉·德·本奇、塞西莉亚·加莱拉尼、卢克雷齐娅·克里韦利，一直到蒙娜·丽莎，莫不如此。

不过这些女性不是王室成员，其中两位是卢多维科的情妇，而另外两位是上流社会的太太。伊莎贝拉则坚持要采用经典的侧面像，这样

313

图 79_ 伊莎贝拉·德斯特的画像

才能表现出宫廷的端庄稳重，结果造成了她在列奥纳多的这幅画中显得了无生气。我们无法与她的眼睛对视，也无法看到她的内心或灵魂。她似乎是在摆姿势，看起来内心没有思想或情绪的波澜。她可能已经看过了《抱银鼠的女子》，不过仍然让列奥纳多按照传统的姿势画像，这说明她虽然富有，但是品位不佳。列奥纳多不想把草图变成最终作品，可能也有这个原因。[12]

　　尽管为了将这幅草图转移到画板上，列奥纳多在上面刺了一些孔，但是没有任何迹象表明他打算满足伊莎贝拉的要求。但是她已经习惯于得偿所愿，在等待了整整一年后，她决定找人进行游说。伊莎贝拉的忏悔神父彼得罗·达·诺韦拉腊是一位人脉深厚的修道士，他成了夹在伊莎贝拉和列奥纳多之间的传话人。

"如果你在佛罗伦萨找到了画家列奥纳多，我恳求你告诉我他在做些什么，他是否已经开始创作任何作品。"她在 1501 年 3 月末给彼得罗的信里写道，"阁下也许能弄清楚他是否愿意为我的画室绘制一幅画，您一定知道该怎么办。"[13]

修道士在 4 月 3 日寄出了回信，这封信让我们有机会看到列奥纳多那时从事的工作，以及他是如何拒绝承诺的。"据我所知，列奥纳多的生活非常没有规律，充满变数，他似乎从来不想明天。"彼得罗写道，他报告说，列奥纳多唯一的艺术创作是一幅草图，这幅草图是为他后来的杰作《圣母子与圣安妮》所绘的。"他没有做其他任何事，除了他的两个学徒画肖像的时候，他偶尔会添上几笔之外。"

与以往一样，对其他领域的好奇分散了列奥纳多的注意力。正如修道士在信末所言，"他把大部分时间都花在几何学上，对画笔毫无兴趣"。在萨莱安排他见到列奥纳多后，他在信中再次重申了这一点。"我成功地获知了画家列奥纳多的意图，他的学生萨莱和其他朋友周三带我去见了他。"彼得罗在 4 月 14 日写道，"事实上，他的头脑完全被他的数学实验所占据，以至于他都见不得画笔。"

不过，即便在无法通融的时候，列奥纳多一如既往的人格魅力也不会让人感到不适。一个现实问题是，法国的路易十二占领米兰时，列奥纳多已经承诺为他和他的秘书弗洛里蒙·罗贝泰画几幅画。"如果他能从法国国王的任务中脱身而不至于令其不悦，他希望最晚一个月后就可以做到这一点。他更愿意首先为您效劳。"彼得罗夸大其词地写道，"但是，无论如何，只要他为法国国王的宠臣——一个叫罗贝泰的人——画完一幅小件，就会马上绘制您的肖像。"修道士提到了列奥纳多正在画的一幅作品，这就是后来的《纺车边的圣母》。信的结尾显得无可奈何，"这就是我能从他那儿了解到的一切"。[14]

如果列奥纳多顺从了伊莎贝拉，这将是一项有利可图的委托，而且他可以将大部分工作委托给自己的助手去做。尽管列奥纳多算不上富有，但并不为金钱所累。虽然他偶尔会对赞助人虚意应承——或许他自己也认为可能最终会满足他们的愿望，但是他几乎不允许自己屈从于他们。1501 年 7 月，伊莎贝拉直接给他写信的时候，他甚至都不屑于写一封正式的回复。"我告诉他，如果他想回信，我会将他的信转交给夫人您，这样他就不必破费了。"伊莎贝拉的使者报告说，"他读了您的信，还说会照做，但是一直没有消息。我派了一个人去打听他的想法，他回复说，现在没法给夫人您写回信，但是我要告诉您，他已经开始了夫人您希望他做的工作。"使者在信的末尾流露出了和彼得罗一样的无奈之情，"简而言之，这就是我能从列奥纳多那里得到的所有消息"。[15]

尽管伊莎贝拉百般恳求，列奥纳多在三年里依然没有送出过任何一幅作品，也没有迹象表明他曾为此动笔。1504 年 5 月，伊莎贝拉改变了策略，让他为自己画一幅耶稣年少时的画像。"当你在这里用粉笔为我画像时，你答应过我，以后会用颜料画一幅。"她写道，"但是现在这几乎不太可能，既然你不能再来这里，我恳求你遵守诺言，把我的肖像变成另一个人物，这对我来说仍能接受，那个人物就是大约十二岁的少年基督。"[16]

虽然她暗示不惜代价，列奥纳多依然不为所动。萨莱在 1505 年 1 月主动提出，自己愿意画这样一幅作品。考虑到他唯利是图的个性，这样的举动并不令人意外。"列奥纳多·芬奇的一个学生名叫萨莱，他虽然年纪轻轻，但是颇有才华……他很希望能为殿下效劳。"伊莎贝拉的使者报告说，"如果您想从他那里得到一幅小件，只需告诉我，您准备出价多少。"[17] 伊莎贝拉拒绝了这个提议。

1506 年，这个故事进入了尾声，伊莎贝拉亲自去了佛罗伦萨。她没能见到列奥纳多，因为那时他在乡下研究鸟类飞行，但是她见到了亚历山德罗·阿马多里——列奥纳多继母阿尔比拉的兄弟，他答应利用自己的影响力向列奥纳多施压。"在佛罗伦萨，我一直都在代表夫人您与我的外甥列奥纳多·达·芬奇进行接洽。"他在 5 月时，给已经回到曼图亚的伊莎贝拉写信说，"我尽力以各种理由，不断地敦促他满足您的愿望，画您让他画的那个人物。这次他确实向我保证很快就会开始这项工作了，让您称心如意。"[18]

不用说，列奥纳多并没有照办。他忙于更加雄心勃勃的画作，以及对解剖学、工程学、数学和科学的探索之中。为一位咄咄逼人的赞助人画一幅传统肖像根本无法激起他的兴趣，金钱也无法令他心动。让他动笔画肖像的原因要不就是画中人物让他浮想联翩，比如《音乐家肖像》，要不就是应强权统治者的要求，比如给卢多维科的情妇们画像。但是，他不会随着赞助人的指挥棒起舞。

《纺车边的圣母》

在一封给固执的伊莎贝拉的信中，彼得罗修道士提到了列奥纳多正在画的一幅作品，这是应路易十二的秘书弗洛里蒙·罗贝泰的要求所绘的。"列奥纳多正在画的是一小幅坐着的圣母像，她正要纺纱。"彼得罗写道，"婴孩的脚伸到了纱线篮里，手里抓着线轴，专注地盯着四个轮辐，轮辐呈十字架形。他面带微笑，紧紧抓着线轴，好像他一直在渴望这个十字架，他的母亲想要拿走，而他不肯屈服于她。"[19]

这幅画现存有几十个版本，其中可能有列奥纳多的手笔，也可能出自他的助手或追随者之手，对于列奥纳多亲手绘制并送给罗贝泰的究竟是哪一幅，专家们进行了大量的讨论，还有一些收藏家和艺术商声称自己拥有的才是真迹。在这些版本中，被称为巴克卢圣母和兰斯当圣母（图 80）的两幅作品极有可能是列奥纳多参与最多的。但是，一味地想指认出列奥纳多的"真迹"或"原作"，反而会忽略了《纺车边的圣母》

图 80_《纺车边的圣母》(兰斯当的版本)

背后的故事。1500 年，列奥纳多回到佛罗伦萨后，建立起了自己的作坊，与韦罗基奥的作坊一样，这里也是以团队合作的模式生产画像，特别是小幅的供奉像。[20]

在《纺车边的圣母》中，情感冲击力主要来自幼儿耶稣复杂而激烈的心理活动，他一边抓紧十字架形的线轴，一边在思考着什么。列奥纳多在他画的那些圣母子供奉像中——比如《伯努瓦的圣母》和早年绘制的小件——就曾画过耶稣盯着预示受难的象征物，其他画家也画过类似的作品。但是《纺车边的圣母》充满力量的地方在于，列奥纳多用自己独特的能力展现出了一种心理叙事的效果。

在一连串的动作中，耶稣将手伸向十字架形的物体，手指指向天国，这是列奥纳多喜欢的手势。人物湿润的眼睛闪着一丝光亮，这里面也有故事：他正处于幼儿能够辨别出物体形状并专注凝视的阶段，他手

318

眼并用，投入其中。我们能感觉到他专注地盯着十字架，这是对未来命运的不祥预兆。他看上去很天真，起初让人觉得活泼顽皮，但是如果你看着他的嘴和眼睛，就能感受到他对未来命运表现出的顺从，甚至是充满爱意的接纳。对比《纺车边的圣母》和《伯努瓦的圣母》（图 15），我们能看到列奥纳多实现了历史性的飞跃，他将静止的场景变成了饱含情感的叙事。

随着画面叙事转向马利亚的动作和情绪，我们的视线也一起逆时针转动。她的脸和手不仅透露出焦虑的情绪和想要阻止的愿望，还显示出她能够理解和接受将要发生的事。在两幅《岩间圣母》（图 66 和图 67）中，马利亚悬在空中的手是一种安详的祝福；在《纺车边的圣母》中，她的手势充满矛盾，一方面蜷起手想要抓住她的孩子，一方面又对这样的冲动畏缩不前。她紧张地伸出手，对是否要阻止他领受命运的安排犹豫不决。

这幅画的各种版本都只有一张小报见方，但是其中囊括了列奥纳多风格的许多元素，特别是兰斯当的这个版本。母子都长着紧实闪光的卷发，河水从神秘迷蒙的山上蜿蜒而下，就像连接地球宏观世界与二人血管的动脉一样。列奥纳多深谙如何塑造出光线照在薄纱上的效果，他让面纱比马利亚的肤色略浅，但是阳光仍能透射到她的额头上，产生反光。在阳光的照耀下，可以看出离她膝盖最近的树的枝叶，但是随着那些树向远处退去，它们也越来越难以分辨，就像列奥纳多写到隐没透视时提醒的那样。耶稣倚靠的岩石的沉积层同样体现出列奥纳多对科学的严谨。

1507 年，法国宫廷收到了列奥纳多的画作，根据他的遗产账目，在他去世的时候，萨莱也得到了一幅类似的作品，但是没有明确的历史记录表明这两幅作品与现存的任何版本有关，包括兰斯当和巴克卢的版本，以及其余至少四十幅据称出自列奥纳多工作室的版本。

因为缺乏历史或文献记录，人们开始用其他的方法来确定哪一幅《纺车边的圣母》才是"原作"。方法之一是借助艺术鉴赏，参与艺术鉴赏的是真正的艺术品专家，他们有分辨大师作品的火眼金睛。不幸的是，多年来，无论是在这幅还是在其他作品的鉴定中，艺术鉴赏不仅未能一锤定音，反而带来了更多的争议，而且当新证据出现时，有些之前的鉴定还被证明有误。

另外一个方法是通过科学技术分析。近年来，随着红外反射和多光谱成像技术的应用，这方面的证据变得越来越有力。20 世纪 90 年代初，牛津大学的教授马丁·肯普和他的研究生特雷莎·克罗·韦尔斯对巴克卢圣母和兰斯当圣母先后进行了这类分析。其中一个惊人的发现是，两幅画的底图似乎都是列奥纳多直接在木板上绘制的。换句话说，它们并非从大师的草图复制或转移而来。两幅作品底图相似，但有趣的是，在创作这些画的过程中，这些底图明显被修改过。

例如，在两幅底图中，都有一群隐约可见的人物，其中包括为耶稣制作学步车的约瑟夫。在两幅画的绘制过程中，列奥纳多似乎觉得这个小场景太容易分散注意力，于是将它略过了。此项证据和其他技术证据都指出，兰斯当和巴克卢这两个版本是列奥纳多工作室在同一时期的作品，他监督了绘画过程，并很有可能亲自参与其中。他可能参与兰斯当的版本更多，直至作品完成，因为其中出现了更多列奥纳多式的风景和闪着光的卷发。

至少在五个现存的版本中出现了约瑟夫制作幼儿学步车的场景，这提示了它们是列奥纳多决定删除这个场景前，出自他工作室的作品。也就是说，对这些不同版本和差异的最佳解释是，列奥纳多在他的工作室一边创作一边修改，同时他的助手在一旁临摹。

这与我们从彼得罗·达·诺韦拉腊写给伊莎贝拉·德斯特的信中得

出的印象吻合，他描述列奥纳多工作室的场景是，"他的两个学徒画肖像的时候，他偶尔会添上几笔"。这也就是说，我们应该舍弃对艺术家独自在工作室挥洒才华的浪漫想象。相反，列奥纳多的工作室更像一个商业作坊，他先设计出一幅作品，然后助手们和他一起制作出更多的复制品。这与韦罗基奥作坊里的模式很像。"这个生产过程更像委托一位著名的设计师兼工匠生产一把制作精良的椅子。"肯普在完成技术分析后写道，"我们不会追问椅子的某个黏接处究竟是出自作坊师父还是助手，只要它结实美观就够了。"

对于《纺车边的圣母》和那两幅《岩间圣母》，我们应该改变艺术史学家那种传统的提问方式：哪一个版本才是"真迹"、"署名作品"或"原作"？哪些只是"摹本"？相反，更恰当和有趣的问题应该是：这种合作是如何进行的？团队成员与团队协作有哪些特点？正如历史上诸多将创造力转变成产品的例子那样，列奥纳多在佛罗伦萨的工作室融汇了个人才华与团队合作，这不仅需要想象力，还需要执行力。

因为《纺车边的圣母》被送到了法国宫廷，而且被大量复制模仿，所以它成了列奥纳多最有影响力的作品之一。列奥纳多的追随者——比如贝尔纳迪诺·卢伊尼和拉斐尔，以及不久之后欧洲各地的艺术家们，都相继颠覆了古板的圣母子供奉像，取而代之的是充满情感的叙事。例如，拉斐尔在1507年画的《粉红色的圣母》经常被拿来与列奥纳多的《伯努瓦的圣母》进行比较。二者非常相似，但是我们可以看出，拉斐尔从《纺车边的圣母》中学到了列奥纳多在画面中注入心理活动的能力。卢伊尼的《康乃馨圣母》和《圣母子与年幼的圣约翰》也是如此。

此外，《纺车边的圣母》还为列奥纳多层次最丰富的杰作之一奠定了基础，它同样描绘了幼小的耶稣意识到自身命运时引发的情感旋涡，不过故事中多了一个人物——马利亚的母亲圣安妮。

第二十一章
圣安妮

图 81_《圣母子与圣安妮》

委托任务

当彼得罗·达·诺韦拉腊修道士苦于无法说服列奥纳多为伊莎贝拉·德斯特绘制肖像时，他在 1501 年 4 月写给伊莎贝拉的信中解释了当时的情况："自从到了佛罗伦萨，列奥纳多就只画了一幅素描——一幅大约一岁的幼儿基督的草图。他差点儿要挣脱母亲的怀抱，去抓一只羊羔；他的母亲正要从圣安妮的膝上起身，想阻止他靠近羊羔，因为羊羔是受难的象征。"[1]

修道士在信中描述的是列奥纳多为他最杰出的作品之一所绘制的一幅全尺寸草图，画中的马利亚坐在她母亲的腿上，这就是《圣母子与圣安妮》（图 81）。最终的作品中囊括了列奥纳多的诸多艺术才华：延展为故事的瞬间，体现内心情感的躯体运动，杰出的光线运用，细腻的晕涂法，以及符合地质学和色彩透视的风景。2012 年，卢浮宫为了庆祝该画的修复举办了一场展览，在展览目录中，它被称为"列奥纳多·达·芬奇的终极杰作"，要知道，卢浮宫同样珍藏着《蒙娜丽莎》。[2]

这件委托作品的故事很可能始于 1500 年列奥纳多从米兰回到佛罗伦萨的时候，当时他住在圣母领报教堂。那里的修道士定期为杰出的艺术家提供住宿，他们为列奥纳多和他的助手安排了五个房间。这一切都是最好的安排：修道院里有一座藏书五千册的图书馆，而且这里距离列奥纳多进行人体解剖的圣马利亚诺瓦医院只有三个街区。

修道士们委托菲利皮诺·利皮创作一幅祭坛画，这位佛罗伦萨的艺术家曾为附近的一座教堂画过《博士来拜》，那是为了接替中途放弃的列奥纳多。列奥纳多传话说，自己很乐意绘制祭坛画，瓦萨里写道，"当菲利皮诺听闻此事时，为人善良的他决定退出"。还有另外一个对列奥纳多有利的因素：他的父亲是这个教堂的公证员。

不同版本

一旦得到了委托，列奥纳多就会习惯性地拖延。"他让他们等了很久，迟迟没有动手。"瓦萨里写道，"然后他终于完成了草图，有圣母、圣安妮和幼儿基督。"这幅草图引起了轰动，这证明列奥纳多在自己的家乡已经远近闻名，从默默无闻的艺匠到特立独行的公众明星，他为艺术家们开辟了一条道路。"接连两天，男女老少络绎不绝，他们蜂拥而至，好像参加盛大节日一般，只为一睹列奥纳多的鬼斧神工。"瓦萨里写道。

瓦萨里大概指的就是彼得罗修道士向伊莎贝拉·德斯特描述的那一幅草图。不过，瓦萨里混淆了一些事实，他提到了画中还有"圣约翰——一个在和羊羔玩耍的小男孩"。瓦萨里的描述与那位修道士不完全一致，后者的描述并未提及圣约翰，但是这也不足为怪。瓦萨里很有可能搞错了。他记述的准确性一向不高，而且传记是在五十年后写的，他也从来没有亲眼见过那幅草图。但是关于他提到的画中有圣约翰一事，有一个有趣的历史谜团让研究列奥纳多的学者们至今困惑不已，因为在列奥纳多此画的某些版本和衍生作品中确实出现了圣约翰，他就在羊羔的位置（不是与羊羔玩耍）。

彼得罗修道士提到的草图中有安妮、马利亚、耶稣和一只羊羔，这与现存于卢浮宫的那幅内容一致。但是问题来了：存世的唯一一幅列奥纳多绘制的、与此有关的草图是现存于伦敦的伯林顿府草图（因其长期在皇家学院的总部展出而得名，图 82）。这幅草图画幅巨大，优美而令人难忘，上面有圣安妮、圣母马利亚、幼儿耶稣，但是没有羊羔，取而代之的是圣约翰。换句话说，它并不是彼得罗修道士在 1501 年看到的那幅草图。

许多研究列奥纳多的学者对不同版本的创作顺序感到困惑：彼得

图 82_ 为《圣母子与圣安妮》绘制的伯林顿府草图

罗修道士描述的那一幅曾公开展出、后来遗失的草图，幸存的伯林顿府草图，还有卢浮宫的完成作品。它们究竟孰先孰后？

20世纪末，学者们达成了一致意见，这些学者包括阿瑟·波帕姆、菲利普·庞西、肯尼斯·克拉克和卡洛·佩德雷蒂，他们认为列奥纳多最开始画的是彼得罗修道士在1501年提到那幅草图（有羊羔，但是没有圣约翰），然后他改了主意，几年后画了伯林顿府草图（有圣约翰，但是没有羊羔），后来他的想法又发生了变化，最终画了一幅与1501年草图类似的作品（有羊羔，但没有圣约翰）。这个理论的基础一是风格推定，二是为伯林顿府草图画的一幅速写背面有一些机械草图，这些草图似乎完成于1508年左右。[3]

2005年，这个顺序受到了挑战，马基雅维利的秘书阿戈斯蒂诺·韦斯普奇是列奥纳多的朋友，有人发现了韦斯普奇在阅读古罗马哲学家西塞罗的著作时，在空白处写的笔记。西塞罗写到画家阿佩莱斯"用最精美的手法描绘了维纳斯的头部和上半身，却未曾雕琢她身体的其余部分"。韦斯普奇在这段旁边写道："列奥纳多在所有的作品中也莫不如此，比如丽莎·德尔·焦孔多的头部和圣母的母亲安妮。"他的笔记写于1503年10月。这个小发现确认了列奥纳多在1503年就已经开始画《蒙娜丽莎》了，而且那时他也已经动手画圣安妮了。[4]

如果列奥纳多在1503年就已经开始画他的最后一幅作品，那么伯林顿府草图的时间晚于它，就显得不合理了。相反，这幅草图可能是他刚回到佛罗伦萨后完成的，甚至可能早在1499年，他离开米兰之前就已经完成了。列奥纳多得到委托之前可能就在构思这幅画，而且事实上，他主动请缨可能正是因为他最初打算为其他赞助人创作一幅这样的作品。"列奥纳多似乎在米兰的时候就已经开始画伯林顿府草图了。"卢克·赛森在2011年伦敦一次展览的目录中写道，这次展览中也包括了这幅草图，"他的赞助人可能是法国国王路易十二，他的妻子是布列塔尼女公爵安妮。"[5]

2012 年，为庆祝《圣母子与圣安妮》为期十二年的修复工作完成，卢浮宫举办了一场精彩的展览，这次展览证实伯林顿府草图应是最先完成的。自从列奥纳多去世后，这是第一次将最终完成的作品与伯林顿府草图一起展出，展览中还包括列奥纳多的学生和其他画家的相关构思、草图和作品。除此以外，展出的还有列奥纳多的草图和作品的多谱段光学分析结果。策展人文森特·德利厄万认为结论十分明确，他说："在完成又放弃了伯林顿府草图中的方案之后，列奥纳多想出了另外的构思，在 1501 年画了第二幅草图……其中，羊羔代替了施洗者圣约翰——这就是彼得罗·达·诺韦拉腊修道士在信中向伊莎贝拉·德斯特描述的那一幅。"最终作品的版本是基于 1501 年的草图而作的，但是有一处变化：人物位置颠倒了。通过红外反射成像分析，无论是在作品中，还是在底图中，年幼的耶稣和羊羔都在右侧，而不在左侧。[6]

通过列奥纳多为这幅作品画的一些小幅草图，我们可以看出他设计了多种方案，来表现幼儿耶稣挪下母亲膝头，和羊羔扭在一起的场景。他通过画笔来思考。这个过程被他称为"联想式构思"，这种未经梳理的构思过程通过放任直觉产生新的创意。他的工作室生产的那些复制品也能让我们对这个过程有更深的了解。"人们一直认为，列奥纳多的学生和助手是通过临摹列奥纳多的作品或者他的草图，甚至素描，来创作这些作品的。"弗朗西丝卡·菲奥拉尼指出，"但是这些'复制品'实际上是在原作绘制的过程中生产出来的，他们反映了列奥纳多的各种构思。"[7]

关于作品

列奥纳多曾写道，"让人物的肢体动作符合他们的心理活动"至关重要。《圣母子与圣安妮》诠释了他的这一观点：马利亚伸出右臂，想要阻止幼儿耶稣，表现出充满保护欲和温柔的爱；但是他一心想要和那只羊羔扭在一起，他的腿跨过羊的脖子，双手揪住羊头。就像彼得罗修道士告诉我们的那样，羊羔代表了受难——耶稣的命运，而他无法被带离它的身边。

尽管在虚构的传说中，马利亚因为神迹出生的时候，圣安妮已经过了生育年龄，但是画中的马利亚和她的母亲看起来都很年轻，简直如同姐妹一般。在彼得罗修道士描述的草图中，列奥纳多描绘的圣安妮看起来年纪更长。我们能了解到这一点，是因为虽然那幅草图丢失了，还有一幅完整的复制品。在第二次世界大战期间，这幅复制品原件在布达佩斯丢失了，但是留下了照片和蚀刻画。它们显示，在列奥纳多之前的构思中，圣安妮是一位年纪更大的妇人，围着庄重的包头巾。[8] 到开始着手最终作品的时候，列奥纳多改变了主意，他让圣安妮看起来更年轻。在画中，圣安妮和女儿对年幼的孩子关爱有加，她们的身体看起来似乎已经融为了一体。

画面中扭动的孩子和两位母亲让人不禁想起列奥纳多自己的童年，那时抚养他的既有生母卡泰丽娜，又有稍微年轻一些的继母。弗洛伊德特别强调了这一点，他写道："列奥纳多给男孩安排了两位母亲，一位伸出胳膊紧随其后，另一位在背景中，她们因为身为人母的幸福感而露出喜悦的微笑。列奥纳多的童年正如画面中所表现的那样特别，他有两位母亲。"弗洛伊德还从画的构图中辨认出了秃鹫的形状，但是鉴于他弄错了鸟的名字，所以他的分析反映出的似乎不是列奥纳多的潜意识，而是他自己的幻想。[9]

就像卢浮宫的那幅《岩间圣母》一样，列奥纳多的地质学研究让他的画更加真实可信，我们可以从圣安妮脚下的岩石中看出来这一点，她优美的脚趾就踩在上面。在一本笔记中，列奥纳多描述了沉积岩中现在被称为"粒序层理"的变化规律："每一层都由较重和较轻的部分构成，最底部的是最重的部分。这是因为这些岩层是由海水中的沉积物形成的，流向大海的河水带来了这些沉积物。沉积物中最重的部分，也是最先沉淀的部分。"[10] 圣安妮脚下分层的岩石构造和形态各异的卵石准确地描绘了这一现象。

之前，列奥纳多一直在苦思冥想天空为什么是蓝色的，那时他已经得出了正确的结论，认为这与空气中的水蒸气有关。在这幅画中，蓝天的明度和朦胧感都极富层次，之前没有画家曾如此描绘天空。最近对这幅画的清理工作让笼罩在水汽中的远山和天际线彻底显露出来，它们充满了魔幻现实主义的色彩。

最重要的是，这幅画传达了列奥纳多在艺术中推崇备至的主题：地球与人类之间的灵性联结与共通之处。从地球遥远的地平线上，流过来一条蜿蜒的河流，河水似乎注入了圣家族的血脉，并最终抵达预示受难的羊羔，这样的主题贯穿在列奥纳多的许多作品中，包括《吉内薇拉·德·本奇》《岩间圣母》《纺车边的圣母》，当然还有《蒙娜丽莎》。画面中迂曲的河流与人物流动的构图紧密相连。

我们从韦斯普奇的旁注中得知，列奥纳多在 1503 年已经完成了画的中央部分，但是他从未将其交给圣母领报教堂。相反，在后来的日子里，他一直将这幅画带在身边，在十多年中，不断进行完善。在那些年里，他的助手和学生根据绘制中的作品和列奥纳多的草图制作了此画的复制品。有一些比列奥纳多留下来的那一幅完成度更高，我们从中能看到各种细节，比如圣安妮脚上镶着宝石的凉鞋和她衣服上华丽的刺绣，列奥纳多考虑过这些构思，或者还画过草图，但是并未绘制在最终作品中。[11]

《圣母子与圣安妮》是列奥纳多木板油画中最复杂、层次最丰富的作品，很多人都认为它可以媲美《蒙娜丽莎》，甚至超过了后者，因为前者的构图和人物动作更加复杂。"对于其中的动作与和谐之美，我们总能发现新的妙处，一切都变得越发错综复杂，不过都从属于一个整体。"肯尼斯·克拉克写道，"就像巴赫的作品一样，这其中不仅展现了智慧，还充满了人类的情感。"[12]

这个评价也许很中肯。这幅画壮丽鲜艳的色彩和充满故事性的动作看上去的确令人赞叹，但是至少对我而言，这幅杰作有几处让人感到遗憾的地方。人物的姿势稍显做作，身体似乎扭转得有些不自然，比如圣母马利亚别扭地倚坐在她母亲的膝头。圣安妮支着左臂，但是这个姿势看起来并不舒服，而马利亚被阳光照亮的右肩膀显得过于宽阔显眼。当我站在卢浮宫这幅因修复而重新变得颜色鲜艳的作品前时，我发现自己虽然充满尊敬和仰慕，却无法像对旁边另外两件杰作那样着迷，它们是《施洗者圣约翰》和《蒙娜丽莎》。虽然画面充满了深刻的美感，但是列奥纳多在他最优秀的作品中还会制造出带有神秘色彩的情感联系。在《圣母子与圣安妮》中，人物的眼睛似乎并未成为透视他们心灵的窗户；他们的微笑也没有流露出难以捉摸的情绪，不会在我们的脑海中萦绕不去。

然后，有趣的事情发生了。为了再次参观伯林顿府草图，我回到了伦敦，它现存于伦敦国家美术馆，展区是一个洞室，周围有柔和的灯光。即使没有朦胧的蓝色远山和水景，至少对我来说，它所展现的元素更加吸引人。在画面中，圣安妮的左臂不再别扭地支起，寥寥数笔勾勒的左手指向上天，这是列奥纳多经典的、令人振奋的手势。他在试验性地画出一些线条后，精湛地描绘出了圣母的右肩。圣安妮既关爱又有些诧异地看着圣母，而圣母慈爱又留心地盯着自己的孩子，人物的情感深度似乎超过了最终作品。

所以，列奥纳多决定不完成一些作品，可能另有原因。没有上色的《博士来拜》和伯林顿府草图都有一种未完成的完美。对大多数人来说，"未完成的完美"可能是自相矛盾的说法，但是有时用来形容列奥纳多则显得非常贴切。除了其他方面的成就，他也是"未竟之美"的大师。韦斯普奇说得没错，列奥纳多在这方面堪称另一位阿佩莱斯。

第二十二章
遗失与复得的作品

《丽达和天鹅》

我们对列奥纳多的了解尚有一些模糊之处，比如关于一些作品真伪和创作时间的谜团，其中包括一些我们认为已经遗失的作品和一些失而复得的作品。与和他同时代的大多数艺匠一样，他从不在作品上署名。尽管他在笔记本里详尽记录了各种琐碎事务，包括他购买食物的花费和萨莱的衣服花销，但是他没有记录过自己正在绘制的作品、已经完成的作品，以及它们的去向。对于有些画作，我们可以从详细的合同和相关的争议中获得信息；对于其他作品，我们不得不根据只言片语来做出判断，这些信息来自瓦萨里或其他早期的记录者，而瓦萨里的记述并不完全可靠。

这意味着我们不仅需要通过他的追随者所绘的摹本来想象那些丢失的作品，比如《安吉亚里之战》，还要分析那些作品是否有可能实际上就是列奥纳多的亲笔。这些尝试有时会无功而返，但是即使不能得出确定的结论，这一过程依然可以帮助我们加深对列奥纳多的理解，就像我们在《美丽公主》的故事里看到的那样。

《丽达和天鹅》是列奥纳多遗失的作品中最撩人的一幅。在多幅现存的复制品中，有些出自他作坊里的学生之手，这似乎说明他实际上完成过一幅亲笔绘制的版本。洛马佐说"裸体的丽达"是列奥纳多完成的屈指可数的画作之一，而且在 1625 年时，有人似乎在法国枫丹白露的皇家城堡中见过这幅画，一位访客描述道，"站着的丽达几乎全裸，她旁边有一只天鹅和两枚天鹅蛋，从破碎的蛋壳中生出了四个婴儿"。这听起来像传说中列奥纳多的那幅画，唯一的差异是在他自己的草图和别人的复制品中，丽达都是全裸。[1]

《丽达和天鹅》的神话讲述的是希腊天神宙斯化身为天鹅，引诱人间的美丽公主丽达。她产下了两枚天鹅蛋，里面孵出了两对双胞胎，他们分别是海伦（后来又被称为特洛伊的海伦）和克吕泰涅斯特拉，以及卡斯托耳和坡吕克斯。列奥纳多描画的重点不是性，而是生育：他没有像其他人那样画引诱的场景，而是选择了出生的瞬间，画面中的丽达爱抚着天鹅，同时四个孩子从他们的壳中挣脱出来。最生动的摹本（图83）出自列奥纳多的学生弗朗切斯科·梅尔奇之手。

列奥纳多画这幅画的时间是16世纪初，他再次回到佛罗伦萨的时候，正在对鸟类飞行进行深入的研究，还计划为他的飞行器进行一次试

图83_《丽达和天鹅》，弗朗切斯科·梅尔奇的摹本

图 84_ 列奥纳多为《丽达和天鹅》画的草图

飞，他希望能从附近的天鹅山（Monte Ceceri）的山顶起飞。他也是在这个时期写下了关于一只鸟的儿时记忆，那只鸟飞到他的摇篮里，然后在他嘴里扇动尾巴。

在 1505 年左右，列奥纳多为计划中的这幅画绘制了草图（图 84）。画中的丽达跪在地上，她的身体好像因为天鹅的蹭弄而快活地扭动着。为了表现曲面体的体积和造型，列奥纳多标志性的左手阴影线也变为曲线，他在 15 世纪 90 年代的机械绘图中开始使用这一技巧。在丽达丰满的腹部和天鹅的胸部上，这一点表现得尤为明显。列奥纳多和往常一样用绘画方式来叙事。这只天鹅充满诱惑地蹭着丽达的身体，而她指着他们的成果：在充满活力的螺旋形植物丛中孵育出来的孩子。整个画面充满动感和能量，没有任何元素僵化呆滞。

当列奥纳多把草图变成完整的作品时，他改变了丽达的姿势，让她站了起来，而且她的裸体也显得更加轻盈柔和。她的头稍微转离天鹅，端庄地低头垂视，同时她的上半身转向了天鹅。她爱抚着它的脖颈，而它用一只翅膀紧紧地裹住她的臀部。他们都散发着性感而婀娜的美。

这种对性世俗而直白的描绘让这幅画与众不同。作为一幅非宗教题材的叙事性木板油画（如果你不认为希腊天神猎艳是宗教主题的话），它是列奥纳多唯一公开展现性欲或情欲场景的作品。

不过，至少在现在我们能看到的复制品中，它实际上并没有过分地渲染情色。列奥纳多不是提香·韦切利奥，他从来不描绘浪漫的爱情或性爱，相反，他表现的是另外两个主题：一方面，画面传达了和谐的家庭氛围，在这幅令人愉悦的图景中，一对夫妇在他们湖边的家中，一边彼此相拥，一边欣赏着他们刚出生的孩子；另一方面，它也超越了情色，专注于故事中关于生育的元素。从繁茂的散播种子的植物，到肥沃的土壤和孵化的蛋壳，整幅画在庆祝自然的丰饶多产。不同于常见的对丽达神话故事的描绘，列奥纳多的作品表现的不是性，而是生育。[2]

此时的列奥纳多已经五十多岁了，而且膝下无子，世代延续与自然更替这样的主题很显然与他的内心产生了共鸣。大约在他开始画丽达的时候，他收养了弗朗切斯科·梅尔奇——图83那幅《丽达与天鹅》摹本的作者，他成了列奥纳多的养子和继承人。

《救世主》

2011年，一幅新发现的列奥纳多的作品震惊了艺术界。每十年，就会涌现出十几幅作品，被称为可能是此前未知的列奥纳多的画作，但是在近现代，只有两幅作品的归属得到了广泛的接受：圣彼得堡[①]埃尔

---

① 原著用词为"莫斯科"，表述有误，经与作者确认，此处应改为"圣彼得堡"。——译者注

米塔日博物馆的《伯努瓦的圣母》，于 1909 年在公众面前曝光；还有一幅粉笔画《美丽公主》，与前者相隔一个世纪后，被肯普和其他专家认定为列奥纳多所作。

这幅 2011 年新发现的真迹被称为《救世主》，画中耶稣的右手是赐福的手势，他的左手托着一个水晶球（图 85）。救世主的主题在 16 世纪早期非常流行，特别是在北欧画家中，画中的基督通常手拿一个水晶球，水晶球的顶上有一个十字架，这被称为十字圣球。列奥纳多版本的独特之处在于：画中人物在让人感到安宁的同时，又令人不安，他有神秘的凝视、难以捉摸的微笑、瀑布般的卷发和朦胧的柔美。

在这幅画的真伪被确定前，就有历史证据显示可能存在一幅这样的作品。在萨莱的财产清单里有一幅画，画中"基督做出上帝的样子"。在 1649 年被斩首的英国国王查理一世和 1660 年复辟帝制的查理二世的收藏目录中，都提到了这样一幅作品。后来列奥纳多的这幅画从查理二世转入白金汉公爵之手，他的儿子在 1763 年卖掉了这幅画，自此它就从历史记录中销声匿迹了。但是还有一件可供参照的历史遗存：查理一世的遗孀委托文策斯劳斯·霍拉制作一幅此画的蚀刻版画。另外，至少还有二十幅列奥纳多的追随者们画的复制品。

1900 年，这幅画再现踪迹，它被一位英国的收藏家购得，他没有怀疑过它可能出自列奥纳多之手。此画已被损坏，上面覆盖了大量颜料，而且涂了过多的清漆，已经面目全非，它被认为是列奥纳多的学生博尔特拉菲奥所作的摹本。该作品后来又被登记为博尔特拉菲奥摹本的复制品。1958 年，当它的收藏者的遗产被拍卖时，该画成交价还不到一百美元。

2005 年，这幅画再次被转卖，买主是一个由艺术商和收藏家组成的联盟，他们认为这幅画不仅仅是列奥纳多作品摹本的复制品。就像《美丽公主》的故事一样，接下来的鉴定过程揭示了大量关于列奥纳多

图 85_《救世主》

作品的信息。该联盟将这幅画送到了曼哈顿，那里有一位叫罗伯特·西蒙的艺术史学家兼艺术商，他监督了对此画耗时五年的全面清理工作，并悄悄地将其展示给这方面的专家。

被征询意见的专家包括时任伦敦国家美术馆馆长的尼古拉斯·彭尼，以及纽约大都会博物馆的卡门·班巴奇。2008 年，此画被送到了伦敦，以供其他专家直接与伦敦国家美术馆的那幅《岩间圣母》进行比对，这些专家包括时任伦敦国家美术馆意大利绘画策展人的卢克·赛森、华盛顿国家美术馆的大卫·艾伦·布朗，以及米兰理工大学艺术史教授彼得罗·马拉尼。当然，马丁·肯普也接到了咨询电话，那时他正在鉴定《美丽公主》。"我们有一件我认为你会感兴趣的东西。"彭尼告诉肯普。当肯普看见这幅画的时候，他被水晶球和人物的头发震惊了。"它有列奥纳多手笔的气质。"他回忆道。[3]

不过，《救世主》归属的确认并非仅基于专家的感觉、直觉和鉴赏力。这幅画几乎与 1650 年文策斯劳斯·霍拉根据原作制作的蚀刻版画一模一样，二者的相同点包括：富有光泽的蛇曲卷发、饰带上列奥纳多式的绳结图案，以及基督蓝色袍子上不规则的褶皱，这些在列奥纳多的习作中也能见到。

然而，这些相似之处并非决定性的证据。因为列奥纳多的追随者画过很多复制品，也许新发现的这幅也是其中之一？技术分析有助于解答这个疑问。作品经过清理后，人们借助高分辨率的图像和 X 射线分析，发现了一处底痕，这处底痕显示耶稣右手的拇指最初不在现在的位置上——临摹画作的人无须做出这样的改动。此外，白色底漆反射出的红外线图像显示，在基督的左眼上方，画家为了达到晕涂的朦胧感，曾用手掌压在未干的颜料上，这是列奥纳多独特的技法。与列奥纳多在这一时期的其他作品一样，这幅画也被画在胡桃木的画板上，以稀薄到几乎透明的颜料层层叠加而成。此时，大多数专家都认为这是列奥纳多的手笔，结果是拥有此画的艺术联盟在 2013 年以近八千万美元的价格卖给了一位瑞士艺术商，然后该艺术商又以一亿两千七百万美元将其转卖给了一位俄罗斯的化肥大亨。[4]

与其他《救世主》题材的作品不同，列奥纳多带给观看者的是一种不断变化的情感互动体验，类似于《蒙娜丽莎》给人的感觉。雾蒙蒙的氛围和晕涂过的模糊线条——特别是嘴唇——不仅制造了一种心理上的神秘感，还让笑容变得耐人寻味，观者每次看这个笑容，似乎都能发现细微的变化。这是一丝微笑吗？你可能需要再仔细看看。耶稣究竟是在盯着我们，还是在凝视远方？不妨左右挪动位置，再重新思考一下。

他的发卷中蕴含着能量，它们像弹簧一样直抵肩膀，就好像列奥纳多在描绘水流的旋涡一样。它们到胸前的时候，不再朦胧柔和，而是变得清晰起来。这基于列奥纳多对隐没透视的研究：物体越接近观看者，则显得越清楚。

大约在画《救世主》的时候，列奥纳多也正在对眼睛如何聚焦进行光学研究。[5] 他知道可以通过让前景中的物体更加清晰，来制造立体的景深错觉。基督右手的两根手指离我们最近，所以轮廓也更加明晰。他的右手看起来好像正在从画面中向我们伸过来，为我们赐福。几年后，在两幅《施洗者圣约翰》的画中，列奥纳多再次将这个技巧用在了圣约翰指示方向的手上。

不过，这幅画中有一个令人费解的反常之处，这要么就是列奥纳多一个罕见的失误，要么就是他这次有意未将艺术与科学联系在一起。问题就出在耶稣手里透亮的水晶球上。一方面，这个水晶球本身有一种符合科学的精美。水晶球里面有三个参差不齐的气泡，它们由晶体内不

343

规则的微小间隙构成，被称为夹杂物。大约在那时候，列奥纳多已经帮有意购买水晶石的伊莎贝拉·德斯特鉴定过一些水晶了，因此他准确地捕捉到了夹杂物的闪光。此外，他还娴熟而精确地描绘了另外一个细节：水晶球底部压着的耶稣手掌，看起来更平滑，也更明亮，就像现实中的情况一样，这个细节说明列奥纳多试图让画面符合科学。

　　但是另一方面，列奥纳多未能画出通过透明实心球体视物时发生的扭曲，只要物体没有直接和球体接触，就会发生这种现象。无论是玻璃还是晶石，无论是球体还是凸透镜，都会产生放大、反转和颠倒的图像。可是列奥纳多画的就像一个中空的玻璃泡，因为通过的光线既没发生折射，又没被扭曲。乍一看，似乎耶稣的掌根处有折射的迹象，但是靠近观察会发现，即使未被球体遮挡的手掌也有重影——这只是列奥纳多决定微调手的位置时留下的底痕。

　　我们透过水晶球看到的基督的身体和袍子的皱褶都没有发生反转

图 86_ 透过水晶球看到的影像

或颠倒。这原本应该是一个复杂的光学现象，不妨拿一个实心的玻璃球做个试验（图 86）。接触球体的手看起来不会失真，但是通过它看到的一英寸左右之外的东西都会反转和颠倒，比如画中基督的袍子。影像扭曲的程度取决于物体与球体的距离远近。如果列奥纳多如实地描绘了这种现象，那么接触球体的手掌还会保持现在的样子，但是在球体内呈现的基督的袍子和手臂将是缩小和反转的镜像。[6]

列奥纳多为什么没有这么做？一种可能是他没有注意到或推测出实心球体中的折射现象，但是我觉得这难以置信。那时候他在深入地研究光学，对光的反射和折射更是痴迷不已，在许多页笔记中都画满了光线沿不同角度反射的图示。我怀疑他对透过水晶球视物时的失真心知肚明，但是他选择不那样画，也许是因为他觉得那样会分散注意力（看上去确实非常怪异），也许是因为他试图巧妙地为基督和他的水晶球赋予一种神奇的特性。

第二十三章
切萨雷·波吉亚

残忍的军阀

列奥纳多在米兰的赞助人卢多维科·斯福尔扎以冷酷无情著称，他的累累罪行中包括为了夺取公爵权位而毒死自己的侄子，但是与列奥纳多的下一任赞助人切萨雷·波吉亚相比，卢多维科纯洁得就像唱诗班的少年。对于你能想到的任何恶行，波吉亚都堪称行家里手：谋杀、背叛、乱伦、放荡、残暴、出卖和腐败。他像暴君一样渴望权力，又像反社会人格一样嗜血。有一次他发现有人诽谤自己，就割下了诽谤者的舌头，砍断他的右手，然后将断手挂在教堂的窗户上，断手的小指上还连串着割下来的舌头。波吉亚在历史上仅有的一笔光彩来自马基雅维利的《君主论》，马基雅维利将他作为狡猾的典范，还宣称他的冷酷无情是一种统治工具，不过他其实配不上这样的粉饰。[1]

切萨雷·波吉亚的父亲是具有意大利和西班牙血统的罗德里戈·波吉亚，他很快就成了教皇亚历山大六世，在文艺复兴时期几位放荡不羁的教皇中，他有可能堪称之最。"无论是肉体还是灵魂，他都罪大恶极。"与这位教皇同时代的弗朗切斯科·圭恰迪尼写道。罗德里戈·波吉亚是第一位公开承认私生子的教皇——与多名情妇所生的十个私生子，包括切萨雷和卢克雷齐娅——他将切萨雷的私生子身份合法化，这样后者才得以担任教职。尽管他的儿子没有丝毫虔敬之心，他还是让十五岁的切萨雷担任了潘普洛纳的主教，三年后，切萨雷就成了教皇的军事统帅。事实上，他甚至未履行圣职。比起宗教人物，切萨雷更想成为一名统治者，他因此成为历史上首位从这个位置上主动请辞的人，而且他还可能让人刺死了自己的兄弟，并扔进了台伯河，这样他就可以取而代之，成为教宗国的军事统帅。

切萨雷·波吉亚以这个身份和法国建立了联盟，1499年，他和国王路易十二一起进军米兰。他们到达后的第二天，一起去看了《最后的晚餐》，这也是波吉亚第一次见到列奥纳多。基于我们对列奥纳多的了解，他很可能在接下的几周内，向波吉亚展示了自己的军事工程设计。

波吉亚随后计划着手在政治动荡的罗马涅地区建立自己的公国，该地区从佛罗伦萨向东，一直到亚得里亚海沿岸。这些领土本应在其父——教皇的管辖之下，但是实际上这些城镇由独立的贵族、小诸侯和牧师控制。他们之间的暴力对抗经常演变为疯狂的围攻和劫掠，伴随着猖獗的奸淫和杀戮。到1501年春天，波吉亚已经攻占了伊莫拉、弗利、佩萨罗、法恩扎、里米尼和切塞纳。[2]

波吉亚随即把目光转向了佛罗伦萨。这座城市畏缩在恐惧中：财政吃紧，而且没有保卫自己的军队。1501年5月，波吉亚的军队兵临佛罗伦萨城下，这座城市的执政团向他投降，不仅每年向他支付三万六千弗罗林的保护费，还允许他的军队在日后攻城略地时，随意通过佛罗伦萨的领土。

尼科洛·马基雅维利

这笔贿赂换来了佛罗伦萨一年的和平，但是波吉亚在1502年6月卷土重来。他的军队洗劫了周围更多的城镇，他命令佛罗伦萨的执政者派一个代表团听取他最新的要求。为了对付他，代表团选出了两个人。其中年长的那位是弗朗切斯科·索代里尼，他是一位诡计多端的主教，领导着佛罗伦萨反美第奇家族的派系之一。陪同他的是一位破产的律师的儿子，这位年轻人虽然受过良好的教育，但是家境贫寒，杰出的写作能力和对权力游戏的精通让他成为佛罗伦萨最精明的年轻外交官，他就是尼科洛·马基雅维利。

马基雅维利的微笑如同出自列奥纳多的作品：谜一样的神秘，有时显得惜字如金，总像藏着什么秘密一样。他和列奥纳多一样都是敏锐的观察者。他虽然还不是著名的作家，但是已经因为能写出深入浅出的报告而闻名，这些报告基于他对权力制衡、战术策略和心理动机的洞察。他成了一位受人敬重的公务员，同时也是佛罗伦萨执政团的秘书。

一离开佛罗伦萨，马基雅维利就收到消息，说波吉亚在乌尔比诺，这座城镇位于佛罗伦萨以东的亚平宁山脉和亚得里亚海海岸之间。波吉亚通过诡计夺取了乌尔比诺，他先佯装交好，然后突然袭击。"在有人知道他动身前，他已经抵达了别的地方"，马基雅维利在一封公文急件中报告说，而且他还能"神不知鬼不觉地潜入别人的房子"。

他们一到乌尔比诺，索代里尼和马基雅维利就被领进了公爵的府邸。波吉亚深谙如何玩弄权力的游戏。他坐在一间黑黢黢的房间里，屋里仅有的一支蜡烛照着他长着胡须的麻子脸。他坚持要佛罗伦萨表现出对自己的尊重和支持。双方似乎又一次达成了大致上的和解，波吉亚没再进攻。几天后，波吉亚得到了让佛罗伦萨最著名的艺术家和工程师——列奥纳多·达·芬奇——为自己效劳的机会，这很可能是马基雅维利从中斡旋的双方协定的一部分。[3]

列奥纳多和波吉亚

列奥纳多与波吉亚合作可能是应马基雅维利和佛罗伦萨执政者的要求，目的是为了向波吉亚示好——二十年前，列奥纳多被派往米兰也是出于外交目的，那时是为了讨好卢多维科·斯福尔扎，或者他是作为佛罗伦萨的耳目被安插在波吉亚的军队中。两个原因也许兼而有之，但是不管怎样，列奥纳多绝不只是一个人质或者眼线。如果他不愿意为波吉亚工作，他是不会去的。

在为波吉亚工作期间，列奥纳多随身携带了一个袖珍的笔记本，他在第一页列出了自己打包的装备：一副圆规、一条剑带、一顶轻便的帽子、一个绘画用的白纸本、一件皮马甲和一只"救生圈"。最后一项在他的军事发明中曾有描述。"用皮革做一件外衣，胸部要做成双层，每侧有一个一指宽的褶边。"他写道，"当你要跳入海里的时候，通过双侧的褶边吹入空气，让外衣的边缘鼓胀起来。"[4]

虽然波吉亚当时在乌尔比诺，但是列奥纳多首先从佛罗伦萨向西南方向出发，前往皮翁比诺，这是一座由波吉亚军队占领的海边城镇。显然，他已经接到了波吉亚的命令，巡视波吉亚控制的那些堡垒。除了研究防御工事，他还在考虑如何抽干沼泽里的水，甚至还研究了波浪和潮汐的运动，他就这样随时摇摆于实用的工程技术与纯粹的科学好奇之间。

从那里，他又继续向东穿过亚平宁山脉，到达意大利半岛的另一边，为绘制地图收集地形数据。他还观察了地貌景观和桥梁，从他后来画的《蒙娜丽莎》中可以看到这些景象。最后，1502 年仲夏，为了与波吉亚的队伍汇合，他到了乌尔比诺，自从他们在米兰第一次见面，已经过去了将近三年。

列奥纳多画过乌尔比诺宫殿的楼梯和鸽舍，还画了三幅红色粉笔画，画中人物可能是波吉亚（图 87）。左手画的阴影线突出了波吉亚眼睛下面的阴影，他看起来心事重重、闷闷不乐，卷曲的胡须垂下来遮住了脸庞，他的脸因衰老变得粗糙，上面的麻子可能因为梅毒所致。他一度被称为"意大利最英俊的男人"，多年后，显然已经今非昔比了。[5]

波吉亚看起来心事重重，也许是因为法国国王路易十二一边回避对他的支持，一边向佛罗伦萨人承诺提供保护，这种担心不无道理。此时一些人正穿梭往来于梵蒂冈教廷和法国宫廷之间进行密谋，这些人要么就遭受过波吉亚家族的背叛，要么就是在婚姻中被他们抛弃，所以正在伺机复仇。列奥纳多到达乌尔比诺大约一周后，在笔记本里写道，"瓦伦蒂诺到哪儿去了？"[6] 这是波吉亚的昵称，因为他曾被法国国王授予瓦伦蒂诺公爵的头衔。原来波吉亚为了与法国国王重修旧好，将自己装

图 87_ 列奥纳多画的草图，画中人物很可能是切萨雷·波吉亚

扮成医院骑士团的骑士，和三位可靠的卫兵悄悄动身，策马向北疾驰，最终再次赢得了法国国王的青睐。

波吉亚并未忘记列奥纳多。他到达当时路易十二的宫廷所在地帕维亚后，为列奥纳多颁发了一份措辞华丽烦冗的"护照"，这份签发日期为 1502 年 8 月 18 日的文件赋予了列奥纳多诸多特权和通行权：

> 致所有看到此文件的我们的副官、要塞司令、指挥官、雇佣兵、士兵和其他人等：本证件的持有人是我们家族最杰出、最受爱戴的朋友、总建筑师和工程师列奥纳多·芬奇，他接受我们的委托，巡查我们统辖的所有据点和要塞，并根据实际需要，对其进行维护，所有人须遵令执行。他将获准自由通行，免除一切公共税负，无论是对他，还是对他的随同人员，均照此办理，他应受到友好的接待，并随意进行测量和检查。为此，请向他提供所需的人力，准予他所需的协助，我们管辖下的所有工程师都有义务与其协商，并服从他的建议，这是我们的要求。任何人不得违反，否则将引起我们极大的不悦。[7]

二十年前，列奥纳多给米兰公爵写信时就有一个梦想，波吉亚颁发的护照终于让他梦想成真：他的身份不再是画家，而是军事工程师和创新者。这些溢美之词和亲切的称呼都说明他受到了那个时代最雄心勃勃的军阀的热烈欢迎。据说他一度连画笔都不想多看一眼，现在终于有机会暂时化身为一位实干家了。

9月，波吉亚离开帕维亚，与他的军队汇合，列奥纳多和他一起向东。波吉亚通过欺骗、背叛和突袭夺取了福松布罗内。列奥纳多从中学到了一个关于城堡和要塞内部设计的教训："逃生通道不能与要塞内部相连，以免被叛军攻陷。"[8] 他还建议城堡的墙应该建成曲面，这样可以减小炮弹的冲击。"倾斜越大，冲击越弱。"他写道。[9] 之后，他随着波吉亚的军队向亚得里亚海的海岸进发。

在里米尼，列奥纳多被"各种水流下落产生的和谐之美"所吸引。[10] 几天后，在切塞纳蒂科的港口，他画了港口的草图，还草拟了保卫堤防的方案，让堤防"不易受到炮火的攻击"。他还指示港口应该疏浚，这样才能保持与海水连通。他对宏伟的水利工程很着迷，这次他研究了如何将海港的运河向内陆延伸十英里，一直通到切塞纳。[11]

波吉亚将切塞纳作为他所征服的罗马涅地区的首都，列奥纳多在那里的时候画了一幅要塞图，但是他那时对军事问题已经有些心不在焉了。他画了一扇窗户，顶上有一个四分之一圆的窗格，这是出于他对曲边形状和直边形状的兴趣，他还画过一个挂着两串葡萄的钩子。"他们在切塞纳就是这么搬运葡萄的。"他解释道。[12] 作为画家和工程师，对构图与结构的观察力让他注意到在那里挖沟的工人们排列成锥形。不过，他对当地人的工程技术水平颇有微词，他曾画过一幅推车的草图，并写下了对切塞纳地区的评价，"在罗马涅这个愚蠢至极的地方，他们用的四轮车的前两个轮子小，后两个轮子大，这样的排列非常不利于运动，因为前轮比后轮承载了更多重量"。[13] 在力学专著的草稿中，他专门讨论过如何制造出性能更好的独轮手推车。

数学家卢卡·帕乔利后来讲述过一个列奥纳多解决实际问题的故事。"一天切萨雷·波吉亚……发现他和他的军队在一条宽二十四步的

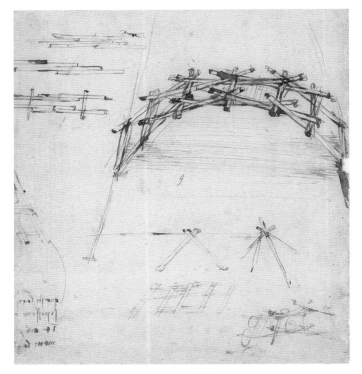

图 88_ 自承重桥梁

河边，他们没有发现任何桥梁，而且除了一堆被砍成十六步长的木头，没有任何可以造桥的材料。"帕乔利写道，他可能是从列奥纳多那里听说的这件事，"波吉亚尊贵的工程师没有使用任何铁件、绳索或其他构件，仅用这些木头制造了一座坚固的桥梁，足以支撑军队通过。"[14] 列奥纳多的笔记本里有这座自承重桥梁的草图（图 88，在图 55 中也能隐约看到），这座桥有七根短梁和十根长梁，每根梁上都有凹槽，这样它们可以在现场被组装起来。[15]

　　随着 1502 年秋天的临近，波吉亚将他的宫廷迁到了城防严密的伊莫拉，它位于距离切塞纳三十英里的内陆，在通往博洛尼亚的路上。列奥纳多绘制了要塞的结构图，还标记了护城河深四十英尺、城墙宽十五英尺。绕城的城墙上只有一个出入口，在这个出入口前方的护城河里，有一座人工岛将河水一分为二；任何入侵者都必须跨过两座桥，这样就会暴露在防御的炮火之下。波吉亚想让列奥纳多将该城变得更加坚不可摧，因为他打算将这里作为自己的永久军事总部。[16]

作为佛罗伦萨派来的使者和眼线，马基雅维利于 10 月 7 日抵达伊莫拉。因为他知道波吉亚的情报人员一定会检阅他写给佛罗伦萨的日报，所以马基雅维利将列奥纳多称为"另一位也熟悉切萨雷秘密的人"和一位"朋友"，他掌握着"值得重视"的信息。[17] 请想象一下这个场景：在 1502 年年末到 1503 年年初的那个冬天，文艺复兴时期三位最吸引人的人物——一个残暴又嗜权如命的教皇之子，一位狡猾而不问是非的作家兼外交家，以及一名一心想成为工程师的明星画家，他们在三个月内被坚固的城防囚禁在一座小镇里，这座小镇仅有五个街区宽、八个街区长。这一切就像一部历史幻想电影。

与马基雅维利和波吉亚一起待在伊莫拉的时候，列奥纳多做出了

图 89_ 列奥纳多绘制的伊莫拉地图

也许是他最重要的一项军事技术贡献。那是一张伊莫拉的地图，但并非普普通通的地图（图89）。[18]它不仅优美，还具有创新的风格和军事实用性。他以无与伦比的方式将艺术与科学结合在了一起。

这幅伊莫拉的地图是用墨水绘制的，还辅以黑粉笔和水彩，它是地图制图领域的创新之作。城墙周围的护城河是淡淡的蓝色，城墙是银白色，房顶是砖红色。地图的视角是从正上方鸟瞰，这不同于当时的大多数地图。在地图的旁边，列奥纳多详细地说明了伊莫拉与附近城镇的距离，不过这些对军事活动有用的信息是用优雅的镜像体书写的，说明现在留下来的这一份地图不是为波吉亚绘制的，而是供他自己使用。

列奥纳多用了一个罗盘式的图示方法，用细腻的线条画出了八条主要的方向线（北、西北、西、西南等）。在一幅草图中，他标出了每座房子的大小和位置。这幅地图被反复折叠多次，说明他与助手步测距离时，会把它掖进自己的衣兜或小包中。

大约在这个时候，列奥纳多进一步完善了他设计的测量长距离的里程表（图90）。[19]他在一辆车上安装了一个竖立的齿轮，看起来就像独轮推车的前轮，它与一个水平的齿轮相交。竖着的齿轮每转动一圈，就会将水平齿轮移动一个槽口，于是一个小石头就会掉进容器里。在这个装置的草图中，列奥纳多注明它能让"耳朵听到石头掉进盆里的声音"。[20]

伊莫拉地图和列奥纳多在那时绘制的其他地图本可以对波吉亚大有用处，他的成功来自善用闪电战，用马基雅维利的话说，就是能"神不知鬼不觉地潜入别人的房子"。作为一名艺术家兼工程师，列奥纳多设计了一种新型武器：精确、详尽又直观的地图。多年来，清晰、明确的地图逐渐成为战争中不可或缺的要素。例如，2017年美国的国家地理空间情报局（曾被称为国防制图局）有一万四千五百名雇员，年度预算超过五十亿美元。它的总部墙壁上有投影地图，这些地图既精确又美观，有一些与列奥纳多的伊莫拉地图惊人地相似。

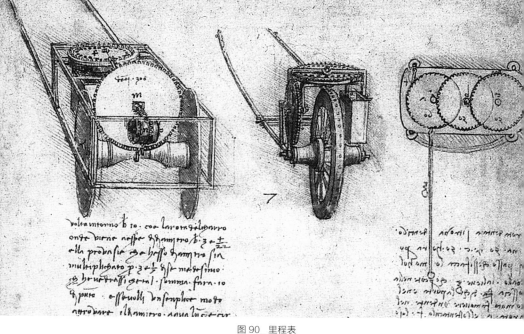

图 90_ 里程表

　　从更广泛的意义上说，列奥纳多的地图代表了他未被充分认可的又一项伟大创新：设计视觉化展示信息的新方法。在为帕乔利的几何学著作所绘的插图中，列奥纳多画出了各种各样的多面体，它们拥有完美的光影造型，所以看起来非常立体。在他的工程学和力学笔记中，他画的机械装置精妙、严谨，还附上了不同部件的剖面图。他是最早解构复杂机械装置，并绘制分解图的人之一。同样地，在他的解剖学图中，他从不同角度描绘了肌肉、神经、骨骼、器官和血管；同时，他还开创了分层的解剖图示，就像几个世纪后百科全书里的人体结构示意图一样。

离开波吉亚

　　1502 年 12 月，切萨雷·波吉亚又一次实施了他的暴行。他先是授权给拉米罗·德·洛尔卡，由他代表自己，对切塞纳及周边地区进行独裁统治，这位代理人不断使用残忍的手段和令人毛骨悚然的屠杀来恐吓民众。但是当拉米罗弄得民众人心惶惶后，波吉亚意识到牺牲他对自己

357

有利。圣诞节次日，他让人将拉米罗带到切塞纳的中央广场，将其砍成两段，并把他的残尸留在广场示众。"切萨雷·波吉亚决定没有必要再保留这种极权。"马基雅维利后来在《君主论》中解释道，"为了给民众洗脑和笼络人心，切萨雷决定昭告世人，拉米罗的残暴都是他个人所为，与自己无关。一天早晨，有人在切塞纳的广场发现了拉米罗的尸体，尸体被砍成两块，旁边有一块木头和一把刀子。这一残忍行径让罗马涅的居民既得到安抚，又感觉错愕。"马基雅维利对波吉亚的冷酷无情印象深刻，他称后者为"值得别人仔细研究和模仿的榜样"。[21]

波吉亚随后挺进沿海的塞尼加利亚城，那里的统领者们已经对他的占领发起了反抗。波吉亚向他们提出通过会面来商议和解事宜，他还承诺只要他们效忠于他，就可以继续保有现在的权力。他们同意了波吉亚的提议。但是当波吉亚抵达的时候，他先将这些人抓起来勒死，然后下令洗劫全城。此时，即便冷血和诡诈的马基雅维利也有些神经紧张了。"现在是夜里十一点，城里的洗劫仍在继续。"他在公文急件中潦草地写道，"我感到忧心忡忡。"

被勒死的人中，有一位是列奥纳多的朋友，他叫维泰洛佐·维泰利，曾借给列奥纳多一本阿基米德的书。几周后，列奥纳多跟随波吉亚的军队去攻占锡耶纳，但是他笔记本里的内容在暗示，为了不去想波吉亚带来的恐惧，他在转移自己的注意力——他画了锡耶纳教堂大钟的草图，这口钟的直径有二十英尺，他还写道，"它的运动方式和钟锤连接处的位置"。[22]

几天后，在马基雅维利被召回佛罗伦萨后不久，列奥纳多离开了波吉亚的军队。1503 年 3 月，他已经回到佛罗伦萨安顿下来，还从他在圣马利亚诺瓦医院的账户上取了钱。

"请将我从冲突和战争中解救出来，这是最野蛮的疯狂。"列奥纳多曾写道。尽管如此，他依然为波吉亚服务了八个月，与他的军队一起行动。列奥纳多曾在笔记本里谴责杀戮，还因为坚持个人道德观而茹素，这样一个人为什么会去为那个时代最残忍的杀人犯效力呢？这种选择在一定程度上反映出列奥纳多实用主义的一面。在美第奇家族、斯福尔扎家族和波吉亚家族争夺权力的这片土地上，列奥纳多善于把握与赞助人结盟的时机，也知道何时该选择离开。但是，还不只这些——即便他对大多数时事漠不关心，但是他依然被权力所吸引。

可能需要一位弗洛伊德学派的分析师来解释列奥纳多为何总将自己与强人联系在一起，而弗洛伊德本人也曾试图进行分析。他认为列奥纳多之所以被他们所吸引，是把那些人当作自己父亲的替代品，在他的童年中，那位充满男子气概的父亲经常缺席。一个更简单的解释是，列奥纳多刚年届五十，而他怀揣军事工程师的梦想已有二十多年。正如伊莎贝拉·德斯特的使者所报告的那样，列奥纳多已经厌倦了绘画。那时波吉亚刚刚二十六岁，集嚣张与优雅于一身。"对于这位真正杰出和伟大的君主来说，关于战争的一切在他面前都是小事一桩。"马基雅维利在见到波吉亚之后写道。[23]列奥纳多对意大利的政治变化无动于衷，却被军事工程和铁腕人物所吸引，当他终于有机会实现自己的军事梦想时，便毫不犹豫地投身其中，直到他发现它们有可能变成噩梦。

第二十四章
水利工程师

亚诺河改道

在给卢多维科·斯福尔扎的求职信中，列奥纳多曾自夸"规划引流水道"的才能。这充其量是一种夸大之词。1482年他初到米兰时，丝毫没有水利工程的经验。不过，就像他很多充满幻想的抱负一样，他矢志不渝地将其变为现实。在米兰的那些年中，列奥纳多勤奋地研究城市的运河系统，在笔记里详细地记录了水闸的机制及其他水利工程。这座城市的人工运河特别让他着迷，包括从12世纪开始挖掘的大运河，还有他在米兰生活时正在兴建的马尔特萨纳运河。[1]

米兰的水道系统已经有几个世纪的历史，甚至比公元前200年左右，罗马人在波河河谷建造的著名引水渠还要早。每年春天，人们会根据古代部落制定的原则妥善处置从阿尔卑斯山流下的雪水，这样可以为农田提供可控的灌溉。建造灌溉系统和运河不仅能疏导水流，还方便了驶船运输。到列奥纳多移居米兰的时候，这里的大运河系统已经有三百年的历史了，米兰公爵的岁入也大多来自水量配给的交易。列奥纳多本人还一度收到过以水量配给形式支付的经济补偿，他设计的临近米兰的理想城市也是以人造的运河和水道为基础的。[2]

与米兰相反，佛罗伦萨自古以来就没有大型的水利工程。这座城市几乎没有运河、排水工程、灌溉系统或河流导流道。带着在米兰吸收的知识，以及对水流的痴迷，列奥纳多开始着手改变这种情况，在笔记本中规划佛罗伦萨可以如何借鉴米兰的经验。

从佛罗伦萨沿亚诺河顺流而下五十多英里就是临近地中海的比萨城，在15世纪的大部分时间里，它都在佛罗伦萨的控制之下。这对佛罗伦萨至关重要，因为它没有自己的出海口。但是在1494年，比萨摆脱了佛罗伦萨的控制，成了一个自由的共和国。佛罗伦萨实力不济的军队无法攻破比萨的城墙，也不能完全封锁这座城市，因为它可以通过亚诺河从海上获得补给。

就在比萨独立之前，一件震惊世界的大事让佛罗伦萨更加迫不及待地拥有一个出海口。1493 年 3 月，克里斯托弗·哥伦布在完成他首次横跨大西洋的航行后安全返航，他的发现很快传遍了整个欧洲。不久之后，各种令人惊叹的探险活动风起云涌。亚美利哥·韦斯普奇的堂兄弟阿戈斯蒂诺与马基雅维利在佛罗伦萨执政团共事，亚美利哥本人曾协助了哥伦布在 1498 年的第三次航行，并于翌年开始了自己横跨大西洋的航行，他登陆的地点在今天的巴西境内。哥伦布错误地认为自己发现的是通往印度的航路，而亚美利哥得出了正确的结论，他向佛罗伦萨的赞助人报告，他"到达了一片新的陆地，从很多方面来判断……我们认为这是一片大陆"。因为这一正确的结论，这块大陆最终以他的名字命名为亚美利加（America）。探险新纪元的到来让人们兴奋不已，佛罗伦萨收复比萨的愿望也更加迫切了。[3]

1503 年 7 月，在离开波吉亚军队几个月后，列奥纳多被派往位于韦鲁卡的要塞，与那里的佛罗伦萨军队汇合，这个正方形的防御工事位于一块突出的岩层顶部（韦鲁卡的本意就是"肉赘"），在这里可以俯瞰比萨以东七英里的亚诺河。[4] "列奥纳多·达·芬奇与他的同伴们一起来到这里，我们让他了解了所有情况，我们觉得他非常喜欢韦鲁卡。"一位战地官员向佛罗伦萨当局汇报说，"他说他正在设法让这里变得坚不可摧。"[5] 当月，佛罗伦萨的一本账目上出现了几项花费，还加注了说明："这些钱用于列奥纳多在比萨地区的勘察，包括提供六匹马拉的马车，以及支付伙食费，勘察的目的是为了让亚诺河改道，不再流经比萨。"[6]

让亚诺河改道，不再流经比萨？这种大胆的战略可以让佛罗伦萨在免于冲击城墙或使用武器的情况下夺回这座城市。如果河水改道，那么比萨从海上获得补给的通路将被切断。在这个想法的主要支持者中，有两位是朋友，这两位聪明人曾在去年冬天一起被困于伊莫拉，他们就是列奥纳多·达·芬奇和尼科洛·马基雅维利。

"要想让河流改道，就一定要对其循循善诱，不能粗暴对待。"列奥纳多在笔记里写道。他计划在比萨上游挖一条三十二英尺深的巨大沟渠，用水坝将河水导入渠中。"这种水坝必须伸入河中，在更下游位置的水坝要比前面的水坝伸出更多，第三个、第四个和第五个水坝以此类推，这样河水才可能流进为它设计的水道。"[7]

这一工程需要挖掘和运输一百万吨泥土，列奥纳多为计算工时进行了详细的工效研究，这是历史上最早的此类研究之一。他计算出了各种数据，从每铲土的重量（二十五磅）到多少铲土能装满一辆手推车（二十铲）。他最终的结论是：挖掘亚诺河的导流渠需要耗费一百三十万工时，或五百四十名工人工作一百天。

一开始，列奥纳多考虑用轮式推车运走泥土，他还说明了三轮车比四轮车效率更高的原因。但是，他意识到将车推上沟渠的斜坡非常困难，于是就设计了一台构思巧妙的机械（图91），它有两个类似起重机的吊臂，吊臂可以移动绳索，绳索可与二十四个铲斗连接。一个铲斗将泥土卸在渠岸上以后，一位工人会钻进去，他因为自身重力下降时，另外一个装土的铲斗会被升起来。列奥纳多还设计了一个踏车系统，利用人力驱动吊臂。[8]

1504 年 8 月，导流渠的挖掘工作开始时，一位新任的水利工程师负责监督工程，他修改了列奥纳多的方案，并决定放弃建造那台运输泥土的机器。这位新任的工程师并未打算按列奥纳多设计的那样挖一条深渠，相反，他决定挖两条水渠，而且它们的底部都比亚诺河的河床浅，列奥纳多知道这行不通。实际上，最后水渠的深度只有十四英尺，而不是列奥纳多最初指定的三十二英尺。马基雅维利在佛罗伦萨咨询了列奥

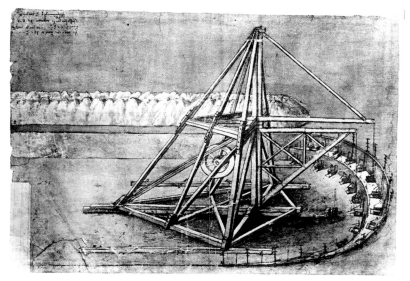

图 91_ 挖掘运河的机械

纳多的意见后，直截了当地书面警告那位工程师："我们担心水渠的底部浅于亚诺河的河床，将会产生负面影响，在我们看来，工程不会取得我们希望的结果。"

这个警告被置之不理，但是事实证明它所言不虚。对着亚诺河的水渠入口被打开时，马基雅维利在现场的助手报告说："河水从未流入导流渠，除非河里发洪水，而且洪水一旦退去，水马上就倒流回河中。"几周之后，10月初的一场暴雨导致水渠崩塌，附近的农场被淹，亚诺河干流的河水依然未被引流。这项工程就这样被放弃了。[9]

虽然亚诺河改道以失败收场，但是它重新点燃了列奥纳多对一项更加宏大的计划的兴趣：在佛罗伦萨和地中海之间修建一条通航水道。佛罗伦萨附近的亚诺河经常被泥沙淤塞，而且还有几处瀑布急流阻碍船只通行。列奥纳多的解决方案是通过运河绕过那一部分河道。"应该在阿雷佐的基亚纳修建水闸，这样即便在夏天亚诺河缺水的时候，运河仍

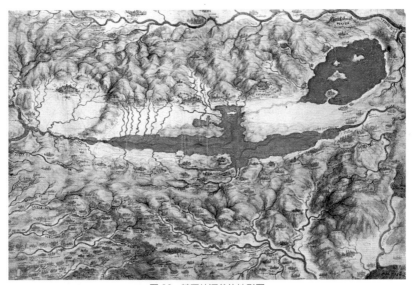

图 92_ 基亚纳河谷的地形图

然不会干涸。"他写道，"这条运河宽二十臂长（四十英尺）。"他还提示道，这个方案有利于周围地区的磨坊和农业，所以其他城镇也可能会予以资助。[10]

1504 年，列奥纳多为了说明运河的运作方式，画了各种各样的地图。其中一幅是用画笔和墨水笔绘制的，而且还有刺孔的痕迹，说明他可能进行过复制。[11] 另外一幅不仅色彩细腻，还有一些吸引人的细节，包括微缩的城镇和堡垒，这幅地图显示出列奥纳多计划将基亚纳河谷的湿地沼泽变成一座水库（图 92）。[12] 本来就陷于经济窘况的佛罗伦萨执政者可能接受了亚诺河导流工程失败的教训，他们不愿再尝试更加雄心勃勃的项目，所以列奥纳多的运河提案就被束之高阁了。

皮翁比诺沼泽排水

这些项目的失败并未立即说服列奥纳多放弃水利工程，而且他的赞助人也不希望他就此止步。1504 年 10 月底，在亚诺河改道工程被放弃儿周后，应马基雅维利的要求，列奥纳多被佛罗伦萨当局派到皮翁比诺，为当地的统治者提供技术支持。这座港口城市位于比萨以南六十英里，佛罗伦萨正试图将其变为自己的盟友。列奥纳多两年前就到过皮翁比诺，当时他还在为切萨雷·波吉亚效力，那时他研究了这里的防御工事，并寻找抽干沼泽的方法。列奥纳多在第二次到访期间，花了两个月设计了一系列的城防、护城河，以及在发生叛变时供统治者使用的秘密通道，"就像在福松布罗内发生的情况"，这是指波吉亚通过背叛行为夺取了那里。

列奥纳多最引人注目的设计是一个圆形的堡垒。它的内部环绕着三层围墙，在遭遇攻击时，可以在这些围墙的间隙注入大量的水，使其变成护城河。列奥纳多一直在研究物体以不同角度撞击墙壁时产生的冲击力，而且他知道撞击的强度会随着倾角变大而减弱。因此，与平面的墙体相比，曲面的墙体更可能避免炮弹的正面冲击。"这是列奥纳多在军事工程领域最卓越的构想，代表了对设防原则的全新思考。"马丁·肯普写道，"圆形的堡垒设计集合了列奥纳多的理论知识、他对形状的感知，以及敏锐的观察，没有什么比这更能体现出三者杰出的融合了。"[13]

列奥纳多在皮翁比诺所面临的水利难题是抽干城堡周围的沼泽。他首先想到的是从河流中引一些泥水到沼泽里，然后让淤泥和砾石沉积在沼泽表面，类似于现在在路易斯安那州南部沼泽采用的方式。一些浅沟可以将表层的清水排走，这样更多的泥水会流进来。

后来，他又提出了一个更具野心的方法。乍一看，他的方案可能有些幻想的色彩，但是正如他的很多想象一样，其中的基本想法不仅有可取之处，而且超前于时代。基于他对水流旋涡的热爱，他绘制了一种在沼泽地旁的海里制造"离心泵"的方法。这个想法是通过搅动海水旋转，人为制造出旋涡，然后用管道以虹吸的方式将沼泽的水排出，排出的水被吸入海水的旋涡中，旋涡的水面低于沼泽的水平面。列奥纳多分别在两本笔记中描述并绘制了一种"排干海边沼泽的方法"。海水中的人造旋涡通过"由转轴旋转的木板"来制造，而"虹吸管将把水排到旋转木板的后方"。他画了非常细致的草图，甚至包含了人造旋涡需要达到的直径和转速。[14] 尽管事实证明这个方案不切实际，但是理论本身正确无误。

作为一直以来的习惯，列奥纳多在皮翁比诺的时候还记下了一些与颜色和绘画有关的观察，他仔细观察了阳光及海面的反光如何给一艘船的船体染上颜色："我看到在阳光照耀的白墙上，绳索、桅杆和横杆投下泛绿的影子。没有阳光照耀的墙面呈现出大海的颜色。"[15]

亚诺河项目、圆形堡垒，以及皮翁比诺沼泽排水工程与列奥纳多许多宏大（甚至不那么宏大）的项目都有一个共同点：它们未能变成现实。这些想法体现出列奥纳多的异想天开，它们在可行与不可行之间来回徘徊。就像他设计的那些飞行器一样，它们都太富于幻想，所以无法真正实现。

脱离现实的幻想常被认为是列奥纳多的主要弱点之一。但是，要想成为真正有远见的人，逾越现实和接受失败皆属必需。创新需要一个现实扭曲力场。列奥纳多对未来的设想最终往往都会成为现实，即使这需要几个世纪。潜水服、飞行器和直升机现在均已存在，抽吸泵正被用来排干沼泽，列奥纳多规划的运河路线如今已成为一条主要的高速公路。有时候，幻想就是通向现实的路径。

第二十五章
米开朗琪罗和遗失的战争作品

接受任务

　　1503 年 10 月，列奥纳多接到一份委托，为在领主官的佛罗伦萨议会大厅绘制一幅大型的战争壁画，这本可以成为他一生中最重要的作品之一。如果他依草图完成了这幅壁画，最终作品将会是一幅如《最后的晚餐》那样引人入胜的叙事性杰作，而且人物的动作和情感不会像《最后的晚餐》那样被逾越节晚餐的场景所限。最终作品制造出的情绪旋涡可能堪比《博士来拜》，并将更加恢宏。

　　但是这幅画与他的很多项目殊途同归，列奥纳多最终没有完成《安吉亚里之战》。他所画的那部分现已遗失，我们只能通过一些复制品来想象原作。其中最佳的一幅复制品由彼得·保罗·鲁本斯于 1603 年根据其他的摹本绘制（图 93），那时列奥纳多未完成的作品已经被遮盖住了，而这幅复制品只是巨大壁画的中央部分。

　　有一个史实让这份委托更加意义非凡，1504 年年初，米开朗琪罗被选中在同一座大厅里绘制另一幅大型壁画，列奥纳多就此和年轻的米开朗琪罗展开了对决，二人无论是在私人关系还是在专业领域上都堪称对手。尽管两幅作品都未完成——与列奥纳多的那幅一样，我们也只能通过复制品和草图了解米开朗琪罗的作品——但是这个传奇故事以有趣的视角展示了两位风格对比鲜明的艺术家，五十一岁的列奥纳多与二十八岁的米开朗琪罗，如何分别改写了艺术史。[1]

　　佛罗伦萨的执政者们希望用列奥纳多的壁画来纪念 1440 年战胜米兰的战役，这也是佛罗伦萨在战场上取得的屈指可数的几次胜利之一。他们的本意是颂扬勇士的荣耀，但是列奥纳多的立意更加深刻。一方面，他对战争有一种强烈的矛盾情绪。他多年来都在梦想成为一名军事工程师，直到为残暴的切萨雷·波吉亚效力时，才第一次近距离体验战争。在笔记中，他曾称战争为"最野蛮的疯狂"，而且他的一些寓言故

图 93_ 列奥纳多的《安吉亚里之战》，彼得·保罗·鲁本斯的摹本

事也拥护和平主义。另一方面，他又被战争所吸引，甚至痴迷于此。正如我们从他的草图中所见，他打算表现战争中让人着迷的激情，这是战争中扣人心弦的一面，同时他还想表现其中残酷的一面，这一面让人憎恶战争。因此，这幅作品既不是《贝叶挂毯》那样对征服的纪念，又不是毕加索笔下《格尔尼卡》那样的反战宣言。列奥纳多的天性和他的艺术都体现出对战争的复杂态度。

这幅筹划中的作品将占据巨大的空间。佛罗伦萨的执政团有一座宏伟的会议大厅，位于现在旧宫的二层（图 94），它的一面墙壁长一百七十四英尺，而这幅画将占据近三分之一。1494 年，为了容纳大议会的五百名成员，萨沃纳罗拉扩建了这座大厅。萨沃纳罗拉失势后，议会的领导者被称为"正义旗手"。因此，列奥纳多将《安吉亚里之战》这幅壁画的中心内容设定为：在战斗的高潮，两军争夺旗帜。

新圣母马利亚教堂的"教皇大厅"被分给列奥纳多和他的助手作

图 94_1498 年焚烧萨纳沃罗拉时的佛罗伦萨的领主宫，现在被称为旧宫。左边是大教堂

为工作场地，这个大厅足以容纳下他绘制的全尺寸草图。马基雅维利的秘书阿戈斯蒂诺·韦斯普奇向列奥纳多提供了对这场战役的冗长描述，其中包括了极为详尽的细节，比如有四十个骑兵中队和两千名步兵。列奥纳多尽职地在笔记本里做了记录（在此页的空白处，他还画了有铰链的飞行器翅膀的新构思），然后就将其置之脑后。[2] 他决定将画面中央聚焦在几名骑兵的近身搏斗上，两侧是另外两个紧张、激烈的战斗场面。

构思

描绘一个既壮丽又恐怖的战争场景对于列奥纳多来说不是什么新鲜事。十多年前在米兰的时候，他就对如何做到这一点写过长篇大论。

他特别关注灰尘和烟雾的颜色。"首先，你必须画出炮火的硝烟与马匹和士兵激起的尘土在空气中混在一起的样子。"他教导道，"越细微的尘土升腾得越高，因此最高处的尘土应该看起来最不明显，几乎是空气的颜色……越靠近顶部，烟雾与灰尘分离得越明显，烟雾泛着淡淡的蓝色。"他甚至详细说明了如何表现马踢起的成团尘雾："尘雾团的间距要与马匹奔腾的步伐成比例。离马最远的尘雾团看起来最不明显，要把它们画得高远、弥散和稀薄，而近处的那些应该更明显、更小，也更浓。"

带着既着迷又厌恶的矛盾心理，他接着描述了如何刻画战斗的残酷："如果你想画一个倒在地上的人，就要在他被拖行过的地方画出血染的泥土。马会拖着死去的骑手，在灰尘和泥土中留下尸体的血迹。让战败者看起来脸色苍白、面露惊恐，他们的眉毛高高扬起，或者因悲伤而眉头紧蹙，脸上布满了痛苦的皱纹。"在这篇逾千字的论述中，他越写越恐怖，好像一发不可收拾。比起反感，他对于战争的残酷好像更多是着迷，他笔下血淋淋的景象将体现在他为这幅壁画所做的草图中：

> 尸体一定要沾满尘土，尘土与尸体血流混合的地方应该变成深红色的泥浆。那些垂死之人牙关紧咬，眼球上翻，双拳捶打自己的身体，双腿扭曲。还有一些人的武器被夺走，或被敌人打倒，他们转向敌人，用牙齿和指甲恶狠狠地进行报复……一些伤残的士兵跌倒在地，用盾牌掩护自己，而敌人俯身打算给他们致命一击。

对战争的想象调动出列奥纳多内心阴暗的一面，让这位温和的艺术家一反常态。"不能留下一块未被践踏或未被鲜血浸染的土地。"他总结道。[3] 在 1503 年画的那些线条狂乱的素描中，一眼就可以看出他激情四溢，那时他正全身心地投入这一新的委托工作中。

草图

列奥纳多最初为《安吉亚里之战》所画的草图中，有各种各样的战斗场面，包括一队步兵蜂拥而至，佛罗伦萨军队抵达前线，以及佛罗伦萨军队夺走了米兰人的战旗。但是他逐渐将注意力集中到了一个战斗场景上。他最后选定的中央场景是三名佛罗伦萨骑兵从米兰的将军那里夺取了战旗，这位将军身陷败局，却仍在顽抗。[4]

在其中一张棕色墨水的草图（图95）中，列奥纳多以急促、锐利的笔触描画了四匹马和它们的骑手扭打在一起的狂乱场面。在这页的下半部分，他画了一位挥舞长矛、狂扭身体的裸体士兵，他一共画了九个不同的版本。还有一张草图表现了士兵被愤怒的骑手践踏、拖拽和刺杀，正如列奥纳多在笔记本里描述的那样。他描绘的人马混战在一片混乱与纠缠之中，又有种骇人的真切感。一张草图上魁伟的骏马抬起前蹄要踩踏地上的士兵，浑身赤裸的士兵在地上扭动着，而骑兵紧贴在马背上，将长矛刺入跌倒士兵的身体。还有一张草图，是一名士兵正在攻击一位痛苦挣扎的敌军战士，后者被一位骑手的长矛刺中。这些场景残暴、疯狂、野蛮、混乱。列奥纳多用寥寥数笔捕捉运动的惊人能力已经登峰造极。如果你一直盯着这些草图，马匹和人体就会变得像视频一样活灵活现。

他非常精心地设计人物的面部表情。在一幅粉笔草图中，他专门画了一名老士兵的脸部，这名士兵凸起的眉毛紧蹙在一起，他皱着鼻子，低头瞪眼，发出怒吼（图96）。从眉毛到眼睛，再到嘴巴，无不体现出列奥纳多通过脸上各个部位表现情绪的娴熟技艺。解剖学研究告诉他，一些控制嘴唇的肌肉也会影响鼻孔和眉毛。因此在绘画时，他遵循了自己在十多年前写下的关于表现愤怒和痛苦表情的指导原则："鼻翼应该皱起，弓形的皱纹从鼻子开始，一直到眼周围。鼻孔要上提，这

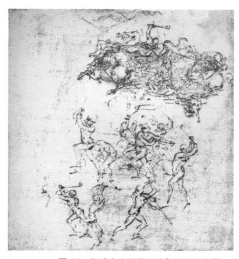

图 95_ 为《安吉亚里之战》绘制的草图　　　　图 96_ 为《安吉亚里之战》绘制的士兵

是引起上述皱纹的原因，嘴唇拱起，露出上牙，上下牙因为哭嚎而分开。"[5] 在他后来画的全尺寸草图中，位于中央的士兵就是以这个人物为模特的。

列奥纳多一直对马很着迷，他不仅痴迷于画马，在米兰为卢多维科·斯福尔扎制造骑士纪念碑时，还亲自解剖过马。为《安吉亚里之战》的壁画准备草图时，他重拾了对马的兴趣。那时他的财产中包括"一本为草图画的马"[6]，这些马与他所画的人表现出同样强烈的面部表情。列奥纳多能让马像人一样成为肢体和情绪冲突中重要的组成部分，许多人对此印象深刻，瓦萨里就是其中之一："不只是人，连马也表现出同样的愤怒、狂暴和仇恨，有两匹马前腿相扣，它们用牙齿互相撕咬，其激烈程度丝毫不逊于它们的骑手。"

在其中一张图（图 97）里，列奥纳多就像一位连拍的摄影师或者杜尚的前辈那样，用狂乱的粉笔线条将两个连续的瞬间融合在了一起。这个方法让他可以表现出马在战斗中失控地横冲直撞，狂野得如同它背上的骑手。我们能从列奥纳多最好的作品中看到，他总能用敏锐的眼光精确地捕捉世界，让人惊奇不已；对于那些猛冲的战马，他甚至更进一

375

图 97_ 充满动感的奔马

步，用一种超出我们视觉能力的方式来表现运动。"它们是整个艺术史上对动感最伟大的再现之一。"英国艺术评论家乔纳森·琼斯写道，"运动明白无误地成了这里最醒目的主题。列奥纳多一直对运动痴迷不已，这可以追溯到他早期一幅捕捉猫四肢扭动时模糊动态的作品。"[7]

在画马的本子里，他在另一页展示了马如何像人类那样表现情绪（图98）。这一页里共有六个马头，每一个都表现出不同程度的愤怒。它们有些露出牙齿，像那位老士兵一样皱起眉头，张大鼻孔。似乎是为了相互比照，在这些线条遒劲的马头中间，他轻轻画了一个人头和一个狮头，他们也有类似的愤怒表情，露着牙齿，紧蹙的眉头向前突出。这既是一幅艺术作品，又是一项比较解剖学研究。最初的一幅草图——其中的部分元素最终出现在他绘制的战斗场景中——被列奥纳多以其独有的方式变成了对肌肉和神经的研究。

不过，别忘了他的兴趣与好奇从来都是五花八门的，我们不妨翻过这页画着马的笔记，看看那时他的头脑中还在想些什么。他在这页的

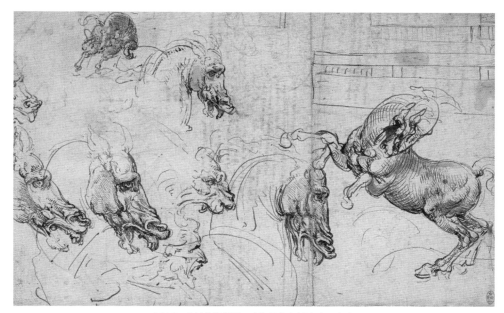

图 98_ 表情愤怒的马，中间是愤怒的狮头和人头

背面也画了一个充满活力的马头，但是它的上方是一幅精心绘制的太阳系示意图，图上画了地球、太阳和月球，它们之间的投影线解释了我们为何会看到不同的月相。在一条笔记中，他分析了处于地平线的月亮看起来比在头顶时要大的错觉。通过某些透镜①看物体时，物体会变大，他写道，"通过这种方式可以准确地模拟出大气层产生的影响"。他在此页底部画了一个正方形和被分割的圆形，说明他还在永无休止地探索等积变换和化圆为方的问题。连旁边那匹马似乎都露出了一丝敬畏之情，它好像在赞佩列奥纳多散布在自己周围的惊人才思。[8]

绘制

列奥纳多沉浸在他为壁画所做的研究中，这不只是为了绘画，更

---

① 原著用词为"凹透镜"，表述有误，经与作者确认，此处应改为"某些透镜"。
——译者注

多的是出于热切的好奇心，这也意味着他的进度没有执政团希望的那样快，他们为此曾发生过一次关于报酬的纠纷。当列奥纳多去领取按月支付的费用时，出纳给他的都是小硬币。列奥纳多拒收了这笔钱。"我可不是用零钱打发的画家。"他拒绝说。随着关系越发紧张，他开始从朋友那里筹钱，这样就可以偿还执政团已经支付的款项，并放弃这个委托，但是执政团的"正义旗手"皮耶罗·索代里尼（他是与波吉亚协商的那位年长外交官的哥哥）拒绝接受列奥纳多的补偿，并说服他继续工作。

1504 年 5 月，在友人马基雅维利的见证下，列奥纳多签署了一份修改过的合同。那时，佛罗伦萨人已经开始担心列奥纳多拖延的习惯了，所以他们在新合同中规定，如果列奥纳多未能在 1505 年 2 月前完成，就必须偿还所有费用，他们还会没收他已经完成的工作。文件中声明：

> 数月前，佛罗伦萨公民，塞尔·皮耶罗·达·芬奇之子列奥纳多答应为大议会厅绘制一幅作品，据列奥纳多称，他已经开始画这幅作品的草图了，因此又领到了三十五弗罗林，他须尽快完成这项工作……执政团决定列奥纳多·达·芬奇须在明年 2 月底之前彻底完工，并使其尽善尽美，不得有任何异议……如果列奥纳多未在规定时间内完成，执政团可以通过任何适当的方式迫使其偿还所有与此项工作有关的款项，而且列奥纳多有义务将已完成的工作移交执政团。[9]

在签署这份新合同后不久，列奥纳多建造了一个原理类似剪刀的工作台，瓦萨里写道，"合起时升高，张开时降低"。列奥纳多还征用了八十八磅面粉和一些制作白色涂料的原料，前者是为了做糨糊，以把草图黏贴在墙上，后者是为壁画粉刷墙壁。在年底的几个月里，他忙于皮翁比诺的沼泽排水和军事任务，1505 年年初，他才又得以继续绘制《安吉亚里之战》。

和《最后的晚餐》一样，列奥纳多想要用油性颜料和釉料作画，这样可以制造出光泽感。如果使用油彩，他可以有条不紊地进行工作，不仅能用更精细的笔触描画，颜色和影调的过渡也将更加细腻，这些特别适合于他想在《安吉亚里之战》中表现的烟尘弥漫的效果。[10] 因为已经有迹象表明《最后的晚餐》出现剥落是由于他在干石膏上使用了油彩，这一次，列奥纳多决定试验一些新技术。不幸的是，他对创新和科学实验的探索在壁画中屡遭失败。

为了画《安吉亚里之战》，列奥纳多在石膏墙壁上用了一种他所谓的"松香"，它很可能是松节油蒸馏后深色的剩余物，或者是松香和蜡的混合物。他的供给清单上还包括了近二十磅亚麻籽油。在用这些材料进行的小规模实验中，列奥纳多发现效果似乎可行，于是他对用这些材料完成整幅壁画充满了信心。但是他几乎马上就发现，这种混合物附着得不牢固。一位早期的传记作者说列奥纳多被供应商欺骗了，那些亚麻籽油有问题。为了弄干颜料，同时也可能是为了让油浓缩，列奥纳多在画下面生了火。

1505 年 2 月，最后期限到了，而这幅画仍未接近完工。6 月，他还在用油彩细致地作画，此时一场倾盆大雨几乎将一切毁于一旦。"1505 年 6 月 6 日，星期五，下午 1 点的钟敲响了，我开始在宫殿里绘画。"他在笔记本里记录道。他对现场的简短描述语焉不详，但是看起来似乎暴风雨导致了严重的漏水，水量大大超过了排水容器的容纳能力。"当我放下画笔的时候，天气变得更差，铃声大作，召唤人们到大厅集合。草图被撕下，水流如注，盛水的容器破裂了。突然，天气变得更糟，大雨一直下到天黑。"[11]

有些人认为这则公证员式的记录是为了纪念他画《安吉亚里之战》

的首日，但是我不这么认为。列奥纳多在一年前就已经签署了新合同，还申领了绘画材料，可能从那时起，他就在断断续续地工作。他也从未记录过其他作品开始或完成的时间，但是他会描述暴风雨、洪水和其他能激起他末日想象的天气现象。我怀疑这则笔记更多是因为暴风雨所引起的，而不是为了记录绘制过程中的里程碑。

瓦萨里曾见过列奥纳多未完成的作品，他生动地描述道：

> 一个戴红帽子的老兵大声呼喊，一手抓住旗杆，一手扬起弯刀，怒向两个人的手砍去，这两个人在争斗中咬牙切齿，用尽猛力保护他们的旗帜。在马腿之间的地上，有两人扭打在一起，一人倒在地上，他身上的那人高高举起手臂，要全力将匕首刺入对方的喉咙，取其性命；地上的那人手脚乱动，挣扎求生。列奥纳多在士兵的服装上花样百出，难以尽表，他让它们形式各异，头盔上的羽冠和其他装饰亦是如此；更不用说他笔下的那些马了，形态、轮廓无不体现出难以置信的精湛技艺，列奥纳多描绘出了它们勇猛的精神、肌肉和优美的线条，他在这方面无出其右。

1505 年夏，列奥纳多正全力以赴要完成这幅壁画，并想方设法使其附着在墙上，但在此时，他感到一个年轻人正在看着他，这既是一个事实，又是一种比喻。在这间大厅里，有人正准备画一幅与他较量的壁画，他就是佛罗伦萨艺术界冉冉升起的新星——米开朗琪罗·博纳罗蒂。

米开朗琪罗

1482 年，当列奥纳多离开佛罗伦萨去米兰的时候，米开朗琪罗只有七岁。他的父亲是佛罗伦萨一个小贵族家族的成员，依靠一份不起眼的公职维持生活；他的母亲已经去世了，他和一个石匠家庭一起住在乡下。列奥纳多身在米兰的十七年间，米开朗琪罗成为佛罗伦萨炙手可热的新晋艺术家。他曾在佛罗伦萨画家多梅尼科·吉兰达约生意兴隆的作坊里学徒，后来得到美第奇家族的赞助。他于 1496 年前往罗马，在那里完成了雕塑《哀悼基督》，这座雕塑刻画了马利亚悲痛地抱着耶稣的场景。

到 1500 年，这两位艺术家都回到了佛罗伦萨。米开朗琪罗那时二十五岁，是一位大名鼎鼎而性情乖戾的雕塑家，而列奥纳多四十八岁，是一位亲切而慷慨的画家，身边围绕着朋友和年轻的学生。如果米开朗琪罗把他当作自己的导师会发生什么，这种假设不禁让人浮想联翩。但是，事实并非如此。根据瓦萨里的说法，他对列奥纳多表现出"极大的鄙夷和不屑"。

一天，列奥纳多身穿显眼的玫瑰色束腰短袍和一位朋友走过佛罗伦萨的一个中央广场。有一小群人正在讨论但丁的一段文字，他们询问列奥纳多对这段文字的理解。这时，米开朗琪罗从旁边经过，列奥纳多提议，也许他能做出解释。米开朗琪罗生气了，他觉得列奥纳多似乎在嘲笑自己。"不，你自己解释吧。"他反驳道，"你就是那个为了铸造铜马模型，最后无法收场、不得不羞愧地放弃的人。"然后他便转身走开了。在另外一次米开朗琪罗遇到列奥纳多的时候，他再次提到了斯福尔扎骑士纪念碑的失败，他说："那些白痴米兰人居然会相信你？"[12]

与列奥纳多不同，米开朗琪罗经常挑起争执。他曾经侮辱一位年轻的画家彼得罗·托里贾诺，他们俩一起在佛罗伦萨的一座小教堂里作画；托里贾诺回忆道，"我攥紧拳头，朝着他的鼻子狠狠一击，只觉得骨头和软骨就像饼干一样在我的指关节下塌陷"。米开朗琪罗自那之后，鼻梁一直是变形的。再加上他略微驼背、邋遢的形象，这些都和英俊、健壮、时尚的列奥纳多形成了鲜明的对比。米开朗琪罗还与其他很多艺术家为敌，其中包括被他称为"笨拙艺术家"的彼得罗·佩鲁吉诺，后来佩鲁吉诺起诉他诽谤，但是未果。

"列奥纳多外貌英俊，彬彬有礼，口才极佳，衣着华丽。"米开朗琪罗的传记作家马丁·盖福德写道，"相反，米开朗琪罗有一种神经质的诡秘。"据另外一位传记作者迈尔斯·昂格尔所述，他还"精神紧张、衣冠不整、暴躁易怒"。他对周围的人爱憎分明，但是身边鲜有亲近的伙伴或门徒。米开朗琪罗曾承认，"我的快乐来自忧郁"。[13]

列奥纳多对宗教习俗毫无兴趣，而米开朗琪罗是一名虔诚的基督徒，他因为信仰带来的喜悦和痛苦而挣扎。他们都是同性恋，但是米开朗琪罗因此备受折磨，而且显然强制自己禁欲，列奥纳多则十分坦然，对拥有男性伴侣也从不讳言。列奥纳多喜爱华服，经常得意地穿着颜色鲜艳的短袍和衬毛皮的披风。米开朗琪罗在衣着和外表上都像个苦行者：他睡在自己布满灰尘的工作室里，很少洗澡，也很少脱下他的狗皮鞋，就靠吃些面包皮过活。"列奥纳多来自另一个年代，据说没有宗教信仰，周围经常跟随着俊美的学生，以讨人嫌的萨莱为首，列奥纳多有从容的魅力，优雅而精致，举止亲切温柔，涉猎广泛，尤其是他的质疑精神，对于这些，米开朗琪罗怎么能不嫉妒和憎恨呢？"塞尔日·布朗利写道。[14]

回到佛罗伦萨后不久，米开朗琪罗就接到了一份委托，将一块庞大、粗重、残缺的白色大理石变成一座雕塑，雕塑中的人物是《圣经》里杀死巨人歌利亚的大卫。米开朗琪罗以一贯的保密方式进行创作，直到1504年年初，他完成了那尊历史上最著名的雕塑（图99）。它有十七英尺高，白得耀眼，甫一出世就让所有前作黯然失色，包括韦罗基奥以少年列奥纳多为模特雕刻的那座男孩大卫。韦罗基奥和其他人将大卫刻画

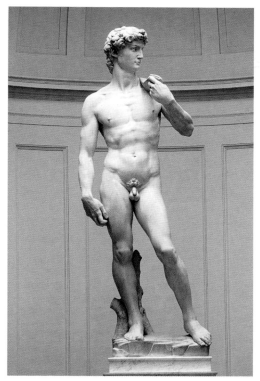

图 99_ 米开朗琪罗的《大卫》

为一个得胜的小男孩，他的脚下经常躺着歌利亚的头颅；但是米开朗琪罗表现的大卫是一位全身赤裸的男人，正准备去参加战斗。人物目光炯炯，充满警觉，眉宇间透露出坚毅；他以对立平衡的方式站立，身体的重量在一条腿上，另一条腿向前伸出，站姿显得在随意中又有些刻意。就像列奥纳多的绘画一样，米开朗琪罗也表现出了身体的动态，大卫的躯干稍向右转，颈项转向左侧。尽管大卫看上去很放松，但是我们可以感受到他脖颈肌肉的紧张，还能看到他右手背上鼓起的血管。

佛罗伦萨的执政者们随即面临着一个问题，在何处安放这座惊人的巨大雕像。这个问题引起了激烈的争议，甚至一度有一些抗议者扔掷石块。作为一个共和国，佛罗伦萨为此事成立了一个委员会，约三十位艺术家和公民领袖被召集在一起讨论这个问题，其中包括菲利皮诺·利皮、佩鲁吉诺、波提切利，当然其中还少不了列奥纳多。1504 年 1 月 25 日，在大教堂附近的一间会议室里，他们看着完成的雕塑，讨论了九个可能的放置地点，最终有两个进入了终选。

米开朗琪罗原本希望他的雕塑可以屹立在大教堂广场上的教堂入口处，但是他不久后就意识到，这座雕塑更适合作为佛罗伦萨公民的象征，因此竭力主张将其放置在领主宫前面的广场上。朱利亚诺·达·圣加洛是佛罗伦萨最优秀的建筑师之一，同时也是一名雕塑家，他支持将这座雕塑放在有宽阔拱顶的领主凉廊下，这座凉廊位于广场一角。他和他的支持者认为将《大卫》放进那里，可以使其在最大程度上免受风吹雨打，但是这样做的结果也会让它显得不那么重要、壮观和明显。"我们会走过去看它，而不用让雕像走过来看我们。"另外一位支持将雕像放在凉廊的人说。

不出意料，列奥纳多站到了支持凉廊的这一边。轮到他发言的时候，他说："我同意应该把它放在凉廊里，就像朱利亚诺刚才说的，不过位置是在他们挂绣帷的矮墙那里。"很明显，他更希望米开朗琪罗的雕塑摆在一个不显眼的地方。[15]

列奥纳多接着语出惊人，他认为这尊雕塑应该安上"得体的装饰"。他的意思再明白不过了。米开朗琪罗雕刻的大卫毫无遮掩地浑身赤裸，耻毛和性器一览无余。列奥纳多提议应该遮上一件得体的装饰，"以免影响官方典礼"。在那时的笔记中，他根据米开朗琪罗的《大卫》画过一小幅素描（图 100）。仔细看的话，你就能看出他究竟意欲何为：他小心翼翼地在大卫的性器上盖了一片像铜树叶的东西。[16]

对于裸体，列奥纳多并非迂腐守旧。从他的《维特鲁威人》到他笔下的萨莱，在画裸男时，他并无顾忌，而且在他的笔记中还曾写到阴茎应该被毫无羞愧地展示。实际上，在 1504 年讨论雕像放置问题的时候，他用红粉笔和墨水画了一幅裸体像，画中人物丰满的脸庞像当时

图 100_ 米开朗琪罗的《大卫》素描，列奥纳多作

二十四岁的萨莱，而肌肉发达的身体像米开朗琪罗的《大卫》，这体现出一种有趣的心理（图 33）。[17] 列奥纳多还画过肌肉发达的大力神赫拉克勒斯的裸像，正面像和背面像都有，这可能是为今后的一座雕塑而作的，他大概希望这座雕塑可与《大卫》比肩。[18] 即便如此，列奥纳多依然对米开朗琪罗所刻画的肌肉发达、有些唐突的裸男感到不适。

　　米开朗琪罗赢得了安放之战。他的《大卫》被小心地从他的工作室里运出，整个运输过程耗费了四天，它最终被安放在领主宫的入口处。直到 1873 年，它才被移入学院美术馆，1910 年，一件复制品被置于原址，那时领主宫已被改名为旧宫。但是列奥纳多关于增加"得体的装饰"的观点也得到了采纳——由黄铜和二十八片铜叶子制成的镀金花环系在了大卫的身上，遮挡住了他的性器。这个花环至少在那里待了四十年。[19]

较量

《大卫》刚被安放在佛罗伦萨市民广场上最显眼的位置，米开朗琪罗就被委托在议会大厅绘制一幅战斗场景，它将与列奥纳多的作品交相辉映。对于执政团及其领袖索代里尼而言，这个决定意在鼓动那个时代最伟大的两位艺术家展开较量。那时的所有记录都用了同一个词来形容这件事：竞争。在数年后索代里尼的葬礼上，有人称颂他说，"为了给列奥纳多一个比试的舞台，他将另一面墙指派给了米开朗琪罗，米开朗琪罗为了赢过对方而拿起画笔"。几乎与他们同时代的艺术家和作家本韦努托·切利尼，在赞美米开朗琪罗的草图时说，"他在与另一位艺术家列奥纳多·达·芬奇一争高下的过程中完成了这幅画"。[20] 瓦萨里也用了同样的说法："画家中的翘楚列奥纳多·达·芬奇在大议会厅作画的时候，当时的'正义旗手'皮耶罗·索代里尼，因为看到了米开朗琪罗的出众才华，将大厅的一部分分配于他。这才有了他画了另外一幅壁画，与列奥纳多一争高下的事。"

委派给米开朗琪罗的主题是佛罗伦萨另一次少有的军事胜利，这一次是 1364 年战胜比萨的卡希纳之战。最终米开朗琪罗和列奥纳多一样都未能完成，我们只能通过他的全尺寸草图的摹本来了解这幅作品，其中一幅出自他的学生巴斯蒂亚诺·达·圣加洛（图 101）。

米开朗琪罗没有像列奥纳多那样聚焦在战斗高潮，比如夺取军旗，他选择了一个有些奇怪、离题的场景，画面的中心人物是十几位肌肉健硕的裸男。画面表现的是佛罗伦萨士兵在亚诺河沐浴时，收到敌人发起进攻的警报，他们纷纷爬上岸，抓起自己的衣服。虽然以湿漉漉的裸男为主题的事件在军事史上实属罕见，不过这个场景对于米开朗琪罗来说倒是很合适，因为他从未亲临战场或目睹过战斗，但是他对男性的身体非常痴迷。"在他所有的作品中，米开朗琪罗都被裸体所吸引。"乔纳

图 101_ 遗失的米开朗琪罗的《卡希纳之战》的摹本

森·琼斯写道，"在这幅作品中，他好像在炫耀自己的癖好一样——引人关注他的嗜好，夸张地表现他的喜好……凡是之前没有意识到年轻的米开朗琪罗对男性身体异常痴迷的人，现在一定都注意到了。"[21]

列奥纳多很少批评别的画家，[22] 但是在看了米开朗琪罗画的沐浴的裸男后，他反复抨击他所谓的"解剖学画家"，很明显这指的就是他的对手。列奥纳多嘲笑那些人"画的裸体就像木头，全无优雅可言，以至于你觉得自己看的不是人体，而是一袋核桃，或者是一捆萝卜，而不是肌肉"。他觉得"一袋核桃"这个说法十分好笑，在攻击米开朗琪罗笔下肌肉发达的裸男时，列奥纳多用过不止一次。"你不应该让身体上所有的肌肉都过于明显……否则你画出来的不是人体，而是一袋核桃。"[23]

这就是两位艺术家的又一个不同之处。米开朗琪罗专注于表现肌肉发达的裸体男性，即使在几年后，他绘制西斯廷教堂的穹顶时，他也在旁边画了二十位健壮的裸男。列奥纳多则相反，他引以为傲的是他主题中的"多样性"。"画家的目标应该是多样性的，因为自满于专攻一样、不及其余似乎颇受欢迎，很多人只研究裸体而不觉单一，就是这样的例子。"列奥纳多写道，"这个缺点要被严厉指责。"[24] 对他来说，描画裸体当然不在话下，但是他精湛的技艺来自想象力和创新力，这些都需要多样性和幻想。"画叙事性作品的画家应在多样性中获得快乐。"他指示说。[25]

列奥纳多还对米开朗琪罗进行了更宽泛的批评，他认为绘画是比雕塑更高级的艺术形式。在佛罗伦萨议会厅的对决之后，列奥纳多写下了一段话：

> 绘画囊括了自然界中所有可见之物，比如表现万物的颜色及其衰减变化，而贫乏的雕塑就无法做到。画家通过物体与眼睛之间空气的颜色变化表现距离远近，他可以展现出各种物体在雾中依稀可见的样子，他能表现雨中透过云雾看到的山峦河谷，他不仅能画出尘土，还能表现战士在其中激起的骚动。[26]

列奥纳多当然指的是米开朗琪罗的雕塑，但是从现存的复制品来看，他的批评也适用于米开朗琪罗的《卡希纳之战》，甚至还有一些后者完成的作品。换句话说，米开朗琪罗像雕刻家一样作画，他善于用锐利的线条勾勒形状，但是对于细腻的晕涂、影调变化、光线折射、柔和的视觉效果或颜色透视都缺乏技巧。他坦率地承认，比起画笔，他更喜欢凿子。几年后，他开始绘制西斯廷教堂的天花板时，在一首诗中坦言，"我不属于这里，我不是一名画家"。[27]

看一下议会大厅竞赛前后米开朗琪罗画的油彩及蛋彩画《圣家族》（图102），就能发现两人风格的不同之处。米开朗琪罗似乎受到了列奥纳多为《圣母子与圣安妮》所绘草图的影响，那幅画在佛罗伦萨展出时引起过轰动。米开朗琪罗的画中也有类似的叙事感，人物在紧凑的构图中扭转着身体。但是，它们的相似之处仅止于此。米开朗琪罗笔下的约瑟夫显得很突出，而列奥纳多从未在他的作品中明显地描绘过约瑟夫，至

图 102_《圣家族》，米开朗琪罗作

于原因，最好留给弗洛伊德来分析。虽然颜色鲜艳，但是米开朗琪罗画中的三个主要人物不像是画的，更像是他雕塑的：他们毫无生气，表情也缺乏吸引力或神秘感。他的背景不是自然景色，而是他最喜欢的主题：裸男。他们懒散倦怠，有点儿漫无目的，而且周围也没有河流可供他们沐浴。他们的样貌非常清晰，没有表现出列奥纳多那种对空气或距离透视的认知。"列奥纳多著名的晕涂法对米开朗琪罗毫无用处。"昂格尔写道。盖福德称《圣家族》是"以绘画对列奥纳多思想进行的反驳"。[28]

　　米开朗琪罗的绘画轮廓锐利、清晰，痴迷于晕涂法和模糊轮廓的列奥纳多曾从哲学、光学、数学和美学的角度对这种做法予以了鄙视。在勾画物体形状时，米开朗琪罗没有遵循列奥纳多的阴影法，而是使用了线条，所以他的画看起来缺乏立体感。从他为《卡希纳之战》准备的一些习作中可以看出，这幅作品中锐利的线条轮廓也很明显。他好像看到过列奥纳多如何创造出烟尘弥漫、动态模糊的战斗场景，而且也在列

389

奥纳多的其他作品中见到过晕涂法，但他就是决定要反其道而行之。他们风格的分歧也代表了佛罗伦萨艺术的两个流派：列奥纳多那一派有安德烈亚·德尔·萨尔托、拉斐尔、弗拉·巴尔托洛梅奥等人，他们强调使用晕涂法和明暗法；还有一派支持用线条勾勒轮廓的传统方法，其中包括米开朗琪罗、阿尼奥洛·布龙齐诺、亚历山德罗·阿洛里等人。[29]

放弃

1505 年春，米开朗琪罗在开始绘制佛罗伦萨议会大厅的作品之前，接受了教皇尤利乌斯二世的召唤，去罗马雕刻一座陵墓。米开朗琪罗的缺席似乎激励了列奥纳多，后者全身心地投入了绘制战斗场景之中。但是随后，喜怒无常的米开朗琪罗和教皇暂时失和，他认为教皇对自己不够恭敬。（那时，像列奥纳多和米开朗琪罗这样的艺术家地位已经十分显赫了，教皇和侯爵夫人们有时也要顺从他们。）米开朗琪罗宣称，"你可以告诉教皇，从现在起，若他需要我，请到别处找我"，他于 1506 年 4 月左右回到了佛罗伦萨。

他再次出现在佛罗伦萨让列奥纳多有些不安，后者不仅和以往一样拖延，而且仍旧无法让他的油性混合颜料牢固地附着在墙上。最终他又回到了米兰，这幅壁画也成了众多被搁置的项目之一。米开朗琪罗后来也离开了，他跪着恳求教皇的宽恕，随后回到了罗马。他在那里待了十年，其间绘制了西斯廷教堂的天顶画。[30]

所以，这两幅画都未能完成。具有讽刺意味的是，两个人的作品最终都消失在瓦萨里的手上，要知道，这位画家兼传记作家可是对他们尊奉有加的。16 世纪 60 年代，他被委托翻新议会大厅，在那里绘制了六幅自创的战斗场景。近年来，一些专家——其中包括借助高科技的艺术诊断专家毛里齐奥·塞拉奇尼——发现，有证据表明，列奥纳多的部分画作可能仍然保存在瓦萨里的作品下面。通过在瓦萨里作品上钻出的小孔，人们发现了下层墙体上的颜料，这些颜料可能来自列奥纳多的画作。但是由于担心瓦萨里的壁画可能受损，当局拒绝了更进一步调查的要求。[31]

我们只能再次费尽心思地猜测列奥纳多中途放弃的原因。最直接的原因是他用的材料。"为了用油性颜料给墙上色，"瓦萨里写道，"列奥纳多做了一种糟糕的混合物作为颜料与墙壁的黏合剂，结果他画的时候，黏合剂就开始剥落，于是他很快就放弃了，只能看着画作被毁掉。"[32] 此外，米开朗琪罗的幽灵在列奥纳多身后徘徊，令他紧张不安——他个性不喜竞争，所以对于这场比赛，他可能也兴味索然。

列奥纳多之所以决定放弃，我认为还与他在艺术创作中遇到了一个更大的难题有关。在绘制《最后的晚餐》时，他就陷入了一个困境，如何让一幅巨大的壁画在房间里的不同位置都能有恰当的透视效果。传统的基于中心点的透视法会让部分场景出现扭曲。从室内的不同位置观看大型绘画时，人物可能会出现比例失调的情况。对于这种情况，别的画家可能注意不到，或者干脆选择忽略，但是列奥纳多对光学、数学和透视有着执着的追求。

对于《最后的晚餐》，他通过使用各种技巧和制造错觉，让自己的作品从不同位置看起来都显得真实。他设定出一个远离画面的最佳观看点：他计算的结果是画面宽度十倍至二十倍的位置。但是，他要在佛罗伦萨议会大厅画的作品宽度为五十五英尺，这个宽度是《最后的晚餐》的两倍，而观看者距离他的壁画最远仅有七十英尺，远远不到壁画宽度的两倍。

除此以外，他所画的是一个在日光之下的户外场景，这与《最后的晚餐》不同，后者不仅表现的是一个封闭的饭厅，而且本身也在封闭的饭厅内。让透视从各个角度看起来都真实可信已经是个难题，现在又加上要在室内表现出露天场景中的入射光、反射光和各种阴影。列奥纳多让当局在大厅里又开凿了四扇窗户，但是并没有完全解决这个难题。[33]

对于他所面临的挑战，别的艺术家可能会选择置之不理，但是作为一名完美主义者，列奥纳多无法熟视无睹。所以，他放下了手中的画笔。这一举动意味着他将再也无法得到当局的委托，但是这也让他得以因自己的执着天才留名青史，而不是作为一位稳妥可靠的绘画大师被后人传颂。

"世人之师"

这两幅未完成的战斗场景后来位居史上最有影响力的遗失画作之列，它们为文艺复兴鼎盛时期的到来助力。据肯尼斯·克拉克所说，"列奥纳多和米开朗琪罗的这些战争草图是文艺复兴的转折点。"[34] 它们一直在佛罗伦萨展出，直到 1512 年。来参观的年轻画家成群结队，其中一位是雕塑家切利尼，他在自传中描述了两幅画对比展示的情况："一幅草图在美第奇宫，一幅在教皇大厅，只要它们继续在那里展出，它们就一直是世人之师。"[35]

根据瓦萨里的记述，拉斐尔为了一睹引起轰动的这两张草图，专程来到佛罗伦萨，还进行了临摹。两幅未完成作品的生动细节不仅激发了后世的想象，也促进了后来风格主义的形成。"疯狂的表情、怪异的盔甲、扭曲的身体、缠绕的姿势，还有面具和癫狂的马匹——这两幅伟大的议会大厅作品为 16 世纪的艺术家带来了一场怪异离奇的盛宴。"乔纳森·琼斯写道，"在这些异想天开的作品中，两位天才试图在争奇斗艳中更胜一筹。"[36]

这场对决比任何帕拉贡辩论都更能提升艺术家的地位。直到那时，艺术家们甚至都极少在自己的作品上署名，列奥纳多和米开朗琪罗的功成名就为其他的艺术家开辟了道路，也提供了可资效仿的对象。无论教皇召唤米开朗琪罗，还是米兰人与佛罗伦萨人争抢列奥纳多为自己服务，这都等于认可了超级艺术家有自己的突出风格、艺术个性和个人才华。他们不再是可被替代的工匠阶层的一员，最优秀的艺术家已经被当作独放异彩的明星了。

第二十六章
回到米兰

塞尔·皮耶罗之死

当列奥纳多正陷于绘制《安吉亚里之战》的困境时，他的父亲去世了。

他们父子之间的关系一直都很纠结。皮耶罗·达·芬奇从未让列奥纳多私生子的身份合法化，这么做可能是出于有意或无意的善心，也有可能是因为冷漠。如果他真这么做了，人们就会期待列奥纳多日后成为一名公证员，尽管行会的规定给这件事增加了难度，而皮耶罗知道这个职业不适合自己的儿子。他帮助列奥纳多至少获得过三次重要的绘画委托，不过他也为迫使儿子按时交付起草过严苛的合同。当列奥纳多未能履约的时候，可能导致了他们之间关系的紧张。

皮耶罗没有娶列奥纳多的母亲，而且他后来共有四任妻子。最后两位妻子比列奥纳多还要年轻许多，她们俩先后为皮耶罗生育了九个儿子和两个女儿，在皮耶罗七十多岁的时候，这些子女大多也已经有了子嗣。列奥纳多同父异母的手足的年龄都比他小很多，足可做他的子女，而且他们也不认为他有机会成为家族继承人。

皮耶罗去世时，家庭关系的矛盾凸现了出来。列奥纳多在笔记本里记录了皮耶罗过世，虽然记录算不上完善，但是表现出他继承的公证员家传。他的心情似乎有些激动。在1504年7月一页写满日常花费的笔记上，除了"给萨莱一弗罗林，用于房子的开销"，他还写道，"1504年7月9日，星期三，七点，塞尔·皮耶罗·达·芬奇去世了"。[1]有一点很奇怪，那一年的7月9日是星期二。

随后，列奥纳多做了一件更不寻常的事情。在另一页笔记的右上方，除了一些惯常出现的几何图形和几列求和数字，他又以从左到右的普通书写方式、用斜体字重复了这一消息。如果你仔细看这些笔迹，会发现它们用的墨水不同于此页的其余部分，而且是用正常的书写顺序认真抄写的，说明这段笔记可能是他口述给助手的。开头写道，"星期三，七点"，下一个词可能是"去世"，但是没有写完，还被划掉了。在下一行中，记录又重新开始："1504 年 7 月 9 日，星期三，七点，我的父亲，巴杰罗宫的公证员塞尔·皮耶罗·达·芬奇在七点去世了，享年八十岁，身后留下十个儿子和两个女儿。"这里的日期又出现了差错，而且这一次他写了两遍七点；他还弄错了自己父亲的年龄，比实际年龄多了两岁——皮耶罗那时是七十八岁。[2]

列奥纳多说皮耶罗有十个儿子，是因为把自己计算在内了。然而，他的父亲并没有留给他任何遗产。尽管皮耶罗年事已高，而且身为公证员，但他生前没有立过遗嘱。虽然他未必主动剥夺了列奥纳多的继承权，但是他一定知道身后没有遗嘱意味着只有有继承权的儿子才能参与财产分配。可能他觉得没有必要给列奥纳多留下任何财产，因为后者已经功成名就了，虽然列奥纳多在事实上从来算不上富裕，又或者皮耶罗也许认为遗产会让他的儿子越发半途而废。更有可能的是，列奥纳多不是他的合法继承人，而他们之间关系紧张，所以皮耶罗也觉得没有理由那么做。他让列奥纳多以私生子的身份来到这个世界，后来也没有让他成为合法的子嗣，去世的时候又再次让他失去了继承权。[3]

离开佛罗伦萨

1482 年，列奥纳多第一次离开佛罗伦萨去米兰的时候，他留下的《博士来拜》只是一幅草图。1506 年，当他决定再次前往米兰的时候，他留下的《安吉亚里之战》也是一幅前景无限的未竟之作。在接下来的七年中，他将常住米兰，只是偶尔回到佛罗伦萨待一小段时间。

这次他去米兰的理由是解决有关第二幅《岩间圣母》的争端。他与合作者安布罗焦·德·普雷迪斯没有得到报酬，他们将此事告到法庭。1506 年 4 月，一名仲裁员做出了对他们不利的裁决，声称这幅作品"尚不完善"，这个说法包含了"未完成"和"不完美"两重含义。特别是，该裁定认为这幅画中属于列奥纳多的手笔有限，所以他需要在委托人付款前，来米兰进行最后的润色。

如果列奥纳多愿意，他完全可以不理会重返米兰的要求，放弃《岩间圣母》余下的酬劳。他的行动从来不受金钱支配，再加上如果留在佛罗伦萨完成《安吉亚里之战》，他也能赚到同样多的酬劳。他听从了来自米兰的召唤，因为他想去那里。他已经无心再与他的战斗场景纠缠了，也无意和一位把绘画当雕刻的年轻艺术家竞争，又或者他不想和自己同父异母的手足们同住一城。

1506 年 5 月底，佛罗伦萨当局勉为其难地允许列奥纳多离开，部分是出于外交上的原因。在法国国王路易十二的保护之下，佛罗伦萨才免遭波吉亚和其他潜在侵略者的入侵，当时路易十二控制着米兰，他对《最后的晚餐》及其作者均赞赏有加。路易十二表达了他想让列奥纳多至少暂时回到米兰的愿望，佛罗伦萨的执政者们不敢违抗。不过，他们确实希望列奥纳多在米兰只是短暂停留，所以要求他签署一份公证文件，保证在三个月内回来。列奥纳多的银行经理被迫联署保证，如果他未能履约，须支付一百五十弗罗林的罚金。（列奥纳多收到的《岩间圣母》尾款才只有三十五弗罗林。）

当三个月的期限临近时，结果变得很明确，列奥纳多在短时间内不会回到佛罗伦萨。为了延缓佛罗伦萨当局的要求，或者为了逃避罚金，他让自己的法国赞助人发起了一连串旷日持久的、令人忍俊不禁的外交行动。1506 年 8 月，身为米兰总督的法国人查尔斯·德安布瓦兹发出了两封公函，一封彬彬有礼，另一封直截了当，信中说"尽管有先前的承诺"，列奥纳多仍需要延长他离开佛罗伦萨的时间，因为他还没有完成国王下令的所有工作。佛罗伦萨的执政者默许了这一要求，认为列奥纳多会在 9 月底回来。

意料之中的事情发生了，列奥纳多逾期未归，10月初，佛罗伦萨的行政长官索代里尼耐心尽失。他写信攻击列奥纳多的名誉，还拿佛罗伦萨与米兰的关系进行威胁。"对于共和国而言，列奥纳多的所作所为皆属行为有失，因为他已经收取了大笔钱财，而对于他被委托完成的伟大作品，却只开了个小头。"索代里尼写道，"对于此事，我们不希望再重申请求，因为这幅伟大的作品是为全体公民的利益而作的，如果我们免除他的义务，那就是我们的失职。"[4]

但是列奥纳多仍然留在米兰。查尔斯·德安布瓦兹对佛罗伦萨人发出了辞藻华丽又不失礼貌的指责，他认为，列奥纳多在米兰备受爱戴，同时暗示自己在佛罗伦萨未得到应有的赏识，特别是他的工程师技能。德安布瓦兹的话不无道理。"我们还未见到他，就已经对他爱戴有加了，而现在我们已经了解了他，并与他有很多相处的机会，我们亲身体验到他的各种才能，我们确实发现，比起绘画，他在其他知识领域的名望有些被埋没了，它们本应与他达到的高水平相配。"虽然德安布瓦兹同意，如果列奥纳多愿意，可以自由返回佛罗伦萨，但是前者又用颇具讽刺意味的建议来指责佛罗伦萨人未能善待他们的子民："如果可以将一个如此有才华的人推荐给他的同胞，我们将不遗余力地把他推荐给你们，并向你们保证，如果你们能增加他的财富和福祉，或者那些他应得的荣誉，你们所做的一切将给我们和他带来极大的快乐，而我们也将对你们感激不尽。"[5]

此时，身在布卢瓦宫廷的法国国王路易十二亲自出面干涉此事，那时他已经任命列奥纳多为他的"常任画家和工程师"了。路易十二召唤佛罗伦萨的大使，坚决要求列奥纳多留在米兰，直到他愿意动身回去。"你们的执政团必须为我效劳。"他对大使强调说，"列奥纳多是一名杰出的大师，我想要从他手里得到几样东西——一些圣母像的小件，还有其他作品，这要根据我的喜好，我可能还会让他给我画一幅肖像。"佛罗伦萨的执政者意识到他们没有选择，只能取悦自己的军事保护人。执政团回复说，"没有什么比遵照国王的意愿更荣幸的事了……不仅是他提到的列奥纳多，其他所有公民也都愿为满足国王的愿望和需要而效力"。[6]

因此，直到 1507 年 5 月，列奥纳多仍留在米兰，那时得胜归来的路易十二到访了米兰（他在途中平定了热那亚的一场叛乱）。他的队伍由三百名身穿盔甲的士兵引领，还有"一辆凯旋的战车，上面载着美德天使和一手持箭、一手拿棕榈叶的战神马尔斯"。[7]

为了庆祝国王的到来，米兰接连举办了数日的庆典表演，列奥纳多当然少不了参与表演的编排设计。广场上还举行了一场骑士比武，向列奥纳多求画未果的伊莎贝拉·德斯特出席了晚间的假面舞会。[8]在萨沃纳罗拉被推翻后，佛罗伦萨共和国对此类狂欢活动有所节制，但是米兰人仍旧对此意兴盎然，这是列奥纳多喜欢米兰的另一个原因。

弗朗切斯科·梅尔奇

1507 年，列奥纳多在米兰遇到了十四岁的弗朗切斯科·梅尔奇（图 103）。梅尔奇的父亲是一位显赫的贵族，曾任米兰民兵组织的军官，后来成了一位土木工程师，负责加固城市的防御工事，列奥纳多对此很着迷。梅尔奇的家在瓦普里奥镇，从镇子旁边的河上可以眺望米兰，他们的别墅是镇上最大的别墅，列奥纳多经常待在那里，把那里当作自己的第二个家。[9]

列奥纳多那时五十五岁，没有任何子嗣或继承人。年轻的弗朗切斯科是一名有抱负的艺术家，他柔和的美与萨莱有些相似，而且他也小有才华。经父亲同意后，他被列奥纳多收养，当时可能有非正式的协议或者法律文书，十年后，列奥纳多在遗嘱中也确认了这一收养关系。对

图 103_ 弗朗切斯科·梅尔奇，博塔费奥作

于年轻的梅尔奇，列奥纳多有多种身份，包括法定监护人、教父、养父、老师和雇主。虽然以我们今日的眼光来看这个决定，会感觉有些奇怪，但是对于梅尔奇的家庭来说，这是一个机会，他们的儿子将成为一位充满魅力又受人爱戴的家庭密友的学生、继承人和文书，而这位密友碰巧也是那个时代最具创造力的艺术家。之后，列奥纳多一直和整个梅尔奇家族保持着密切联系，甚至还为他们家族别墅的修缮进行过设计。

列奥纳多的余生一直有弗朗切斯科·梅尔奇相伴。他是列奥纳多的个人助手和文书，帮他起草信件、保存文件，以及在他死后保管这些材料。梅尔奇用优美的斜体字书写，在列奥纳多的笔记本中，随处都可以找到他的注记。他还跟随列奥纳多学习艺术。虽然他从来都不是一位绘画大师，但依然是一位优秀的艺术家和绘图者，他画过一些不错的作品，包括一幅著名的列奥纳多肖像，还复制了列奥纳多的很多作品。梅尔奇很有才华，办事得力且性情稳重，完全不像萨莱那样世故诡诈。他成了列奥纳多忠诚的伙伴。

多年后，传记作者瓦萨里结识了梅尔奇，并写到他"是一个非常俊秀的男孩，得到列奥纳多的厚爱"。瓦萨里在写萨莱的时候也用过类似的语言，但是并不清楚他们的关系是否含有浪漫或者性的意味。我怀疑这种可能性不大，因为梅尔奇的父亲不太可能因为这种关系同意列奥纳多收养自己的儿子，而且在列奥纳多死后，梅尔奇和一位显赫的女贵族结婚并生育了八个孩子。不过就像列奥纳多生平的许多事情一样，总有一团迷雾笼罩在他们的关系之上，让人无法完全看清。

但是有一点很明确，他们的关系不但紧密，还如同家人一般。1508 年年初，列奥纳多起草过一封给梅尔奇的信，其中难掩喜爱之情，也流露出他脆弱的一面：

　　日安，弗朗切斯科先生（先生是对梅尔奇贵族头衔的尊称），看在老天的份儿上，为什么我寄给你的信，你一封都没回？你就在那里等着我吧，我对上天发誓会让你抄写很多东西，你会后悔的。[10]

他接着又给梅尔奇起草了另一封信，语气含蓄了一些。信里提到一个亟待解决的问题，事关国王作为报酬许诺给列奥纳多的用水权，信中写道，"我给主管人和你都写了信，然后我又再次写信，却从来没有收到任何回音。所以恳请你告诉我发生了什么"。

信中提到列奥纳多是通过萨莱之手发出的信件，萨莱那时二十七岁。这不禁让人想到一个问题，作为列奥纳多的长期伴侣，他如何看待新来的这位更加年轻、出身贵族，而且比他要优雅许多的家庭成员。我们知道在接下来的十年里，他们都陪伴在列奥纳多身边，而且梅尔奇的薪水更高。有一条线索表明列奥纳多需要努力才能维持与萨莱和平相处。大约在 1508 年的这段时间，列奥纳多的笔记本里出现了前面提到过的一条口述记录："萨莱，我想要和平，不要战争。不要再吵了，我投降。"[11]

无论梅尔奇是否曾是列奥纳多的情人，他都成了后者的生活中越来越重要的角色。列奥纳多对梅尔奇的爱就像父亲一样，因为他需要一个可以疼爱的儿子；再加上梅尔奇俊美可人，这无疑也是列奥纳多想让他陪伴在自己左右的原因之一。但是，梅尔奇同时也是一位忠诚、贴心的伙伴，让列奥纳多愿意把自己的笔记、财产、知识和智慧传给他。列奥纳多就像父亲对儿子一样对梅尔奇进行着塑造。

到 1508 年，这对列奥纳多显得越发重要了。他已经年过五十，在笔记里暗示出他意识到了自己时日有限。他的父亲已经去世，母亲也已不在人间，他与同父异母的兄弟关系疏远。他没有家人，除了弗朗切斯科·梅尔奇。

佛罗伦萨的插曲：遗产之争

1507 年 8 月，列奥纳多暂时回到了佛罗伦萨，他回来既不是因为执政团的敦促，又不是想要继续完成《安吉亚里之战》，而是因为他与那些同父异母兄弟的遗产争议。

列奥纳多没能从他父亲那里继承任何财产，但是他亲爱的叔叔弗朗切斯科·达·芬奇决定弥补这一点，他是一位温和而没有野心的乡绅，对列奥纳多而言，这位叔叔就像一位溺爱他的兄长或者代理父亲一样。弗朗切斯科叔叔没有子女，他生前改动了自己的遗嘱，1507 年年初，他去世时把财产留给了列奥纳多。这显然违反了之前达成的协议，按照那份协议，他的财产将属于皮耶罗的合法继承人，于是他们起诉了列奥纳多。他们争执的主要内容是芬奇镇以东四英里处的一块农田，这处田产上还有两座房子。

对于列奥纳多而言，这不仅是财产问题，还是原则问题。他曾借钱给自己的叔叔修缮这些农舍，而且他偶尔会去那里做实验，还在那里画过风景写生。结果他的笔记里又出现了一封充满愤怒的信稿，这封信是写给他同父异母的兄弟的，不过是以第三人称的口吻，也许他打算由别人代表他寄出。"你们诅咒弗朗切斯科遭遇不幸，"他写道，"你们不愿偿还他的继承人为这块田产借出的款项。"他谴责他们对待自己的态度"不似兄弟手足，反像是异姓陌路"。[12]

法国国王对列奥纳多出手相救，希望这样可以让他早日返回米兰。国王在给佛罗伦萨的执政团的信里说，"我获悉我亲爱的和深受爱戴的、常任画家和工程师的列奥纳多·达·芬奇，在佛罗伦萨与他的兄弟因为某些遗产发生了有待解决的争议和诉讼"。国王强调了列奥纳多"随从在我身边"的重要性，敦促佛罗伦萨要"了结上述争议和诉讼，确保正义得以伸张，不得拖延。你们这么做将令我心满意足"。[13] 这封信上还有附署签名，信件很可能是由国王的秘书罗贝泰安排并撰写的，列奥纳多曾为后者画过《纺车边的圣母》。

国王的信没有起到什么效果。列奥纳多的遗产官司到 9 月仍悬而未决，所以他试着另寻出路。他起草了一封给教皇的军事统帅伊波利托·德斯特的信，然后由马基雅维利的秘书阿戈斯蒂诺·韦斯普奇代为抄写。德斯特是伊莎贝拉和比阿特丽斯的弟弟，他与负责此案的法官是朋友。"我万分迫切地恳求您，"列奥纳多请求道，"用您非常熟悉的那种巧妙亲切的口吻给塞尔·拉斐尔（那位法官）写封信，向他引荐您最卑微的仆人列奥纳多·芬奇，请求并敦促他不仅要为我伸张正义，还要尽快选择时机审理。"[14]

列奥纳多最终取得了部分胜利，解决方式是基于他的提议，他在那封写给同父异母兄弟的怒气冲冲的信中提到，"哦，你们为什么不让他（列奥纳多）在有生之年享受到这些财产及其收益呢，只要最后它们还会回到你们孩子的手里？"事实上可能就是照此处理的。那部分田产及其收益被分配给了列奥纳多，但是他死后没有把这些遗产留给梅尔奇，而是留给了他同父异母的兄弟。[15]

诉讼尘埃落定，列奥纳多准备返回米兰。在佛罗伦萨的八个月中，他没再动笔画过那幅未完成的《安吉亚里之战》，他对此已经意兴索然。我认为，他不知道如何才能让这幅画令自己满意，所以急于摆脱它，回到一个更适合自己的城市，那里能满足像他这样兴趣广泛的人。

但是他担心自己可能已经失去了在米兰的法国统治者的青睐。他离开的时间比预期久得多，他请求得到国王准予他的用水权也出了问题，而且他给国王在米兰的总督查尔斯·德安布瓦兹写的几封信都没有回音。于是，他派萨莱去米兰打探情况，同时给查尔斯带去了另一封信。"我从阁下您那里获得了巨大恩惠却未能充分回报，我担心您可能已经对我心生不满，也许因此您未回复我寄出的多封信件。"他写道，"现在我派萨莱去向您通报，我和兄弟间的诉讼已近结案，我希望能在复活节回到米兰。"届时他还会带着礼物。"我将随身带上两幅大小不同的圣母像，这是为了献给虔信基督的国王或者阁下想赠予的任何人。"

随后，他的语气变得有些哀怨。他之前一直住在总督府，但是现在他想要有自己的居所。"我想知道我回去的时候将会住在哪里，希望不再给阁下您添麻烦。"他还询问了来自国王的酬劳是否会继续支付，以及总督能否解决他被赐予的用水权的问题。正如 1482 年他第一次到米兰时给前任统治者写的那封著名的求职信一样，列奥纳多再次强调，他不仅是一位画家。"我希望回来的时候，能够制造出机器和其他令我们最虔诚的国王欢欣雀跃的东西。"[16]

所有事情都得以顺利解决，1508 年 4 月底，列奥纳多回到了米兰，还在一座教区教堂里安了家；他开始定期收到国王支付的报酬，还在 10 月收到了《岩间圣母》的尾款。萨莱和梅尔奇都在他身边，他的世界又恢复了平静。在接下来的十年中，他只对佛罗伦萨进行过短暂的私人造访，但是从未再在那里工作过。他的心和他的家又一次回到了米兰。

在米兰的乐趣

为了理解列奥纳多，我们有必要了解他为何会离开佛罗伦萨，这一次他将一去不回。其中一个原因很简单：他更喜欢米兰。这里没有米开朗琪罗，没有起诉他的同父异母的兄弟，也没有他父亲徘徊不去的亡魂；这里有皇室成员，而非共和国的议员，欢腾的庆典取代了焚烧虚荣之后的余臭；这里的赞助人对艺术家溺爱有加，再没有了监督他们工作的委员会。另外，米兰首届一指的赞助人恰恰是最钟爱列奥纳多的法国皇家总督查尔斯·德安布瓦兹，他写了那封辞藻华丽的信提醒佛罗伦萨人，他们的子民是多么杰出。

但是，吸引列奥纳多的不仅有米兰的生活。他第一次去的时候，将自己的身份重塑为工程师、科学家和发明家。二十五年后，他要逃离的不只是佛罗伦萨，还有作为公共艺术家的生活，在那里，他仅仅被当作画家。就像伊莎贝拉·德斯特的使者所说的那样，"他都见不得画笔"。

佛罗伦萨是意大利文艺复兴时期的艺术中心，但是米兰及其附近的大学城帕维亚汇集了越来越多不同领域的知识分子。查尔斯·德安布瓦兹致力于建立一个斯福尔扎式的宫廷，画家、表演者、科学家、数学家和工程师济济一堂。列奥纳多是其中的奇珍异宝，因为他集这些领域的才能于一身。

因遗产纠纷在佛罗伦萨逗留期间，他更多关注于科学研究，而不是绘画委托。他解剖了一具据说是百岁老人的尸体，计划试飞自己的飞行器，开始着手一部关于地质和水利的专著，设计了一个玻璃箱来研究水流中的沉积现象，为了比较鱼尾和鸟尾的推进方式，他还潜入水下——他把这些研究结果与怒斥兄弟的信稿都写在同一页笔记上。他认为在思想活跃的米兰，可以更好地钻研自己感兴趣的这些领域。

"1508 年 9 月 12 日，始于米兰。"列奥纳多到米兰后不久，在一个新笔记本的开篇写道。[17] 这本笔记里写满了地质学、水利、鸟类、光学、天文学和建筑学的研究。他还忙于绘制城市的鸟瞰图，为大教堂建造唱诗班席位提供建议，以及设计用来对抗威尼斯的军事机械。

除了活跃的思想，米兰还有令人眼花缭乱的演出和节庆，远胜于当时的佛罗伦萨共和国。1509 年 7 月，路易十二再次造访的时候，游行队伍中有五辆战车，它们代表着法国最近占领的城镇，紧随其后的是一辆凯旋的战车，上面有三位身着戏装的寓言人物，分别代表了胜利、名望和幸福，列奥纳多喜欢设计这类形象。为了宣告国王的驾临，列奥纳多建造了一头机械狮。一位目击者写道，"我们的佛罗伦萨朋友，著名的画家列奥纳多·达·芬奇，设计了下面的装置：他在门的上方制作了一头卧倒的狮子，随后，国王进城时，狮子站了起来，它用爪子打开了胸膛，拽出来装满金百合的蓝色球，把它们抛撒在地上"。瓦萨里也描述过列奥纳多设计的狮子，后来在列奥纳多亲自设计或受他启发的那些华丽的表演中，机械狮成了一项常规内容，包括弗朗西斯一世1515 年进入里昂和 1517 年进驻阿让唐的时候。[18]

列奥纳多甚至还乐此不疲地将盛典表演和建筑结合在一起。他为赞助人查尔斯·德安布瓦兹的宫殿绘制过大厅的扩建方案，宽敞的大厅可以更好地容纳化装舞会和表演。"举办庆祝活动的大厅设计应该便于您先出现在国王面前，然后出现在宾客面前。"他写道，"在另一侧是大厅的入口和方便的楼梯，这些都应建得宽敞，这样人们通过的时候就不会推挤假面舞者，也不会损坏他们的服装。"[19]

列奥纳多还为这座宫殿设想了一个"乐园"，他在设计中尽情释放了对水的热爱，不仅把它作为一种美学装饰，还使其成为一种纳凉方式。"在夏天，我将让清凉的水汩汩涌出，水沿着桌子的间隔流动。"他写道，还画出了如何摆放桌子。水流会驱动一台水轮设备，以扇动微风。"通过水轮设备，我可以随时产生凉风。"他承诺道，还"让很多水管穿过房子，在各处制造喷泉，有一条通道在人通过时，水会从下面喷上来，如果有人想以此淋湿通过的人，可以随时使用"。水流将驱动一座巨大的水钟，在花园上方盖以铜网，以便养鸟，而且"借助水轮设备，我会让各种乐器一直演奏，只要设备不停地转动，音乐就不会停止"。[20]

这座乐园和别墅扩建都未能实现，这可能更会让人笃定列奥纳多花在工程设计上的时间是某种浪费。一口气列举完这些与绘画无关的爱好后，肯尼斯·克拉克不屑一顾地说，"某天，他可能在为大教堂唱诗班席位的形式而踌躇不决；改天，他又在对付威尼斯的战争中充当军事工程师；另一天，他又去为路易十二光临米兰安排庆典"。克拉克伤感地补充道，"列奥纳多在各式各样的工作中乐而忘返，但是这样留给后人的却是损失"。[21]

　　克拉克也许是对的，我们的艺术收藏中没有了《安吉亚里之战》或者其他本来有望完成的杰作。但是，如果后人的损失是因为列奥纳多沉迷于从表演到建筑的各种爱好，那么他的人生无疑会因此变得更加富有。

第二十七章
第二阶段的解剖学研究

百岁老人

　　1508 年，在离开佛罗伦萨前不久，列奥纳多与一名在圣马利亚诺瓦医院的老人攀谈了起来，他自称年过百岁，却从未生过病。几小时后，这位老人安静地离世了，"没有一点儿动静或痛苦的迹象"。[1] 列奥纳多接着解剖了他的尸体，由此开始了从 1508 年到 1513 年的第二轮解剖学研究。

　　我们不妨想象一下，作为一名年逾五旬、如日中天的画家，衣着光鲜的列奥纳多晚间来到居所附近一座历史悠久的医院，在那里与病人交谈，并解剖尸体。这又一次体现出他无穷无尽的好奇心，如果你还没有对此习以为常的话，一定会感到惊讶。

　　二十年前，列奥纳多住在米兰的时候，笔记本里到处都是他第一轮解剖学研究的绘稿，包括优美的颅骨解剖图。现在他又重拾之前的工作，在其中一页笔记上画了部分剥去皮肤的尸体上的肌肉和血管，在这些图的上方，他满怀尊敬地为那位百岁老人画了一幅小像，他一脸安详，双眼紧闭，这是去世后不久的样子（图 104）。[2] 然后，列奥纳多又继续在接下来的三十页笔记中记录了自己的解剖研究。

　　列奥纳多手中的笔和解剖刀同样灵巧。细致的观察和强大的视觉记忆力让他的解剖图明显超越了之前任何一本解剖教科书。他动用了自己所有的绘图技巧：先用黑粉笔画出细致的底稿，然后再用不同颜色的墨水和水彩描绘。他用左手绘制的弯曲影线塑造出骨骼和肌肉的形体，用淡一些的线条添上肌腱和纤维。每一处骨骼和肌肉都有三四个不同的视角，有时他还用分层图或分解图加以展示——他就像在拆解和绘制一部机器一样。最终，这些图成了科学与艺术的双重成就。

　　列奥纳多用简陋的工具一层层地解剖，与此同时，未经处理的尸体日渐腐烂。他剥去了皮肤，先展示了老人表层的肌肉，然后是内层的

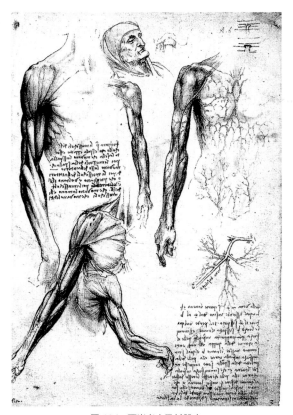

图 104_ 百岁老人及其肌肉

肌肉和血管。他从右臂和颈部开始，然后是躯干。他记下了脊柱弯曲的情况，然后进行到腹壁、肠、胃和连接它们的腹膜。最后他暴露出了肝脏，说"颜色和质感都像冻住的麸皮"。他未解剖腿部，也许那时尸体已经腐烂到让人无法忍受的程度了。但是后来他可能又进行了二十多次解剖，等到解剖学研究结束的时候，他绘制的优美的解剖图中将包含身体的所有器官以及四肢。

在查明百岁老人死亡原因的过程中，列奥纳多做出了一项重大的科学发现：他记录了导致动脉硬化的过程，在这个过程中，动脉壁因斑块样物质沉积而增厚、硬化。"为了确定如此安详离世的原因，我进行了尸体

413

解剖，我发现死亡源自身体衰弱，衰弱是由于血液供应不足和为心脏及其下方器官供血的动脉出了问题，这些血管干瘪、萎缩得厉害。"列奥纳多写道。在右臂血管图的旁边，他对百岁老人和一位在同一所医院去世的两岁男孩的血管进行了比较。他发现男孩的血管柔软、充盈，"与我在老人身上发现的相反"。作为善于用类比来思考和描述的人，列奥纳多总结道，"血管网络在人体内的变化就像橙子一样，越老，皮越硬，果肉也越少"。[3]

除了别的后果，血流受限还导致了百岁老人的肝脏异常干燥，以至于"轻微摩擦也会让上面的组织像锯屑一样剥落，留下静脉和动脉"。这也导致他的皮肉变成了"木头或干栗子的颜色，因为皮肤几乎完全失去了滋养"。著名的医学史学家和心脏病学家肯尼斯·基尔称列奥纳多的分析"首次描述了动脉硬化的形成过程"。[4]

解剖

在列奥纳多的时代，虽然教会不再绝对禁止解剖尸体，但是对此事的态度依然不明朗，而且受地方当局的左右。在佛罗伦萨和米兰，随着文艺复兴时期科学的发展，这种行为已经变得越发常见了，但是在罗马则不然。佛罗伦萨的医生安东尼奥·贝尼维尼比列奥纳多大九岁，是尸体解剖的先驱者，一共解剖过一百五十多具尸体。列奥纳多没有强烈的宗教信仰，他抵触宗教激进主义者认为的解剖属于异端行为的理念，认为这是欣赏上天之作的方式。"你不应为从他人的死亡中获得发现而感到苦恼，你应为我们的造物主提供了如此杰出的方式而欣喜。"他在一页淡蓝色的笔记页上写道，还绘制了颈部的肌肉和骨骼。[5]

传统的解剖学讲授者会站在讲台旁大声朗读课本，助手负责解剖尸体，并举起各部分供学生观察。列奥纳多坚持认为他的解剖图甚至胜于看现场解剖："你们说看这些解剖图不如看解剖学家现场工作，如果你们真能从现场解剖中看到图示里的所有细节，才算言之有理。"他说，之所以能从图中看到更多内容，是因为它们不仅基于多次解剖的发现，而且是从多个视角加以展示的。"我已经解剖过十多具人体了。"他写道。在做出这一声明后，他解剖了更多具尸体，而且每次都尽量持续更长的时间，直到尸体腐烂到无法继续为止。"因为一具尸体无法存续很长时间，所以有必要分阶段进行，通过解剖很多具尸体，我的知识逐渐变得完备。"随后，为了确定人与人之间的变异，他进行了更多的解剖研究。[6]

1508 年，列奥纳多在开始第二轮解剖学研究的时候，列出了一张任务清单，这张清单堪称知识探索史上最古怪迷人的清单之一。[7] 这页笔记的一面是一些解剖工具的草图，另一面是百岁老人大脑中神经和血管的小幅图示，周围还写满了笔记。"让人翻译阿维琴纳关于实用发明的书。"列奥纳多写道，这是一本 11 世纪波斯的博学之士阿维琴纳写的书。在绘制了各种各样的外科工具之后，列奥纳多写下了自己需要的一些设备，"有盒子的眼镜、引火棍、叉子、弯刀、木炭、木板、纸张、白粉笔、蜡、镊子、玻璃片、细齿骨锯、解剖刀、墨水瓶、小折刀和一个头骨"。

接下来是我在列奥纳多的所有清单中最喜欢的一项："描述啄木鸟的舌头。"这不是随意写上的一条。他在后面的一页上又提到了啄木鸟的舌头，还描述和绘制了人类的舌头。"画啄木鸟的动作。"他写道。当我最初看到他写的这条关于啄木鸟的笔记时，我像大多数学者一样，把它当作了一种古怪的消遣——就像一道开胃小菜，它证明了列奥纳多无尽好奇心中充满了怪趣味。事实确实如此，但是并不止于此。随着我督促自己像列奥纳多那样，深入探索那些看似随意的好奇冲动，我从中有了更多发现。我意识到，列奥纳多其实是对舌头的肌肉非常着迷。在他研究过的其他所有肌肉中，无一例外是通过拉动而非推动来发挥作用的，不过舌头是个例外。在人和其他动物身上均是如此。最明显的例子是啄木鸟的舌头。关于这一点，之前没有人画过或详细地记录过，但是列奥纳多拥有对运动物体的敏锐观察力，他知道一定可以从中有所收获。[8]

在同一张清单上，列奥纳多要求自己描述"鳄鱼的颌骨"。如果跟随他的好奇心继续深入，我们会再次发现，除了让人觉得好笑，这也说明他在关注一个重要的问题。鳄鱼与哺乳动物不同，它有第二个颌骨关节，所以在猛然闭嘴的瞬间，力量会被传导至各处——这让鳄鱼成为咬合力最大的动物，它可以在每平方英寸上产生三千七百磅的力量，是人咬合力的三十倍以上。

在列奥纳多解剖人体的时候，合适的固定剂和防腐剂尚未被发明，他在任务清单旁边警告了那些想要从事此项工作的人。这种警告也是一种巧妙的自我夸赞——拥有强壮的胃、良好的绘画技巧、透视知识、力学背后的数学知识，还有执迷的好奇——这些都是他作为解剖学家的独特才干：

> 你也许会因为反胃而放弃。如果这没有阻碍你，你可能会被整晚与剥皮肢解的尸体共处吓到，不敢直视它们；如果这还没能吓住你，你也可能缺乏绘图需要的良好技巧；即使你有绘画技巧，也可能未具备透视知识；即便你有透视知识，你可能缺少几何图示和计算肌肉力量和强度的方法；又或者你也许缺乏耐心，所以无法坚持不懈。[9]

这段文字让人想起年轻的列奥纳多经过一个洞穴口时留下的记忆。在那个故事里，他必须克服自己的恐惧，进入一个黑暗、可怕的地方。尽管有时他会踌躇不决，甚至中途放弃某些任务，但是在探索大自然的奇迹时，他强大的好奇心往往会克服任何犹疑。

　　列奥纳多的解剖学研究也得益于印刷机的普及，因为印刷机的普及使意大利各地诞生了很多出版机构。到那时，列奥纳多拥有一百一十六册藏书，包括 1498 年在威尼斯出版的约翰内斯·德·凯瑟姆的《医学汇编》，1487 年在伯杜瓦出版的巴尔托洛梅奥·蒙塔尼亚纳的《尿液论》，还有与列奥纳多同时代的亚历山德罗·贝内代蒂于 1502 年在威尼斯印刷的《解剖学》。列奥纳多还有一版由博洛尼亚医生蒙迪诺·德·卢齐所著的标准解剖指南——此书大约写于 1316 年，意大利文版于 1493 年出版——他将蒙迪诺的书作为他早期的解剖手册，甚至在辨认一些腹部肌肉时，还与蒙迪诺犯了同样的错误。[10]

　　但是，列奥纳多一如既往地更喜欢从实践中学习，而不是跟从已有的权威。他最重要的亲身研究是在从 1510 年到 1511 年的冬天，当时他与帕维亚大学二十九岁的解剖学教授马尔坎托尼奥·德拉·托雷一起合作。"他们互相协助"，瓦萨里如此描述他们之间的关系。这位年轻的教授提供尸体标本——他们在那个冬天大约解剖了二十具尸体——他一边讲解，他的学生一边实地解剖，列奥纳多则在旁记录和绘图。[11]

　　在这段集中的解剖学研究中，列奥纳多画了二百四十幅图，写下了至少一万三千字的笔记，他绘制并描述了人体的所有骨骼、肌肉群和重要脏器，如果能够出版，那将是他最具历史意义的科学成就。在一幅优美的解剖图中，他画了人的小腿肌肉和足部肌腱，在画造型和描绘阴影时用了标志性的弯曲影线，他在这页笔记里写道，"我将在 1510 年的这个冬天完成所有的解剖"。[12]

　　可惜这未能实现。马尔坎托尼奥死于 1511 年——他染上了那年肆虐意大利的瘟疫。他和列奥纳多戛然而止的合作给人无限的遐想空间，他们本可以取得更大的成就。对于列奥纳多的事业来说，二人合作的最大助益之一就是有一位伙伴可以帮他坚持到底，让他的杰出成就得以发表。他和马尔坎托尼奥本可以一起完成一本开创性的附有插图的解剖学专著，这本专著将改变当时的解剖学，因为那时该领域依然充斥着只会重复 2 世纪希腊医生盖伦的观念的学者。可惜，列奥纳多的解剖学研究再次说明，因为缺少像卢卡·帕乔利那样严谨而训练有素的合作者，他的事业受到了影响（列奥纳多曾为卢卡·帕乔利讲解几何比例的书画过插图）。马尔坎托尼奥死后，列奥纳多为了躲避瘟疫，回到了弗朗切斯科·梅尔奇家的乡间别墅。

类比

列奥纳多对自然界的大部分研究都是通过类比来总结理论的。他探索了众多艺术和科学领域，这有助于他发现模式。有时这样的思维方式也会对他产生误导，有时还会阻碍他发现更加深奥的科学理论。但是，作为一位典型的通才，这种跨领域的思维方式和对模式的探寻是他的标志，让他成了科学人文主义的先驱。

例如，他在解剖中观察静脉和动脉时，将它们的分支及其中的液体流动与人体的消化系统、泌尿系统和呼吸系统进行了比较。他还类比了河流、气流和植物的分枝。根据 1508 年对那位百岁老人所做的解剖，列奥纳多绘制了一幅人类血液循环系统的详细图示，其中以较大的篇幅画出了心脏的大血管，还有与主动脉和腔静脉相连的逐级缩小的分支静脉、动脉和毛细血管（图 105）。然后他在左边画了一粒较小的图，图上是一粒被他标注为"坚果"的种子，种子的根系伸入地下，枝丫向上伸展。"心脏就是这粒坚果，它发散出像树枝一样的血管。"他在这页笔记里写道。[13]

列奥纳多对人的身体和机器也做了类比。他将肌肉及躯体运动与他从工程学研究中学到的机械原理进行对照，不仅从不同的视角，还使用了分解图和分层图来展示身体的构造（图 106），就像描绘机器一样。

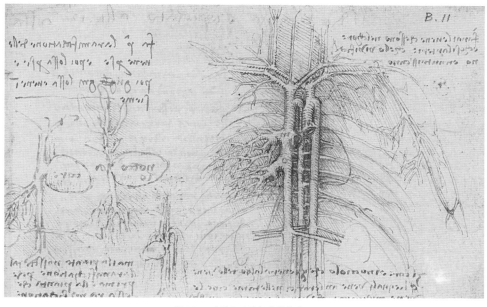

图 105_ 心脏和动脉与萌发的种子

图 106_ 肌肉和骨骼的分层图示

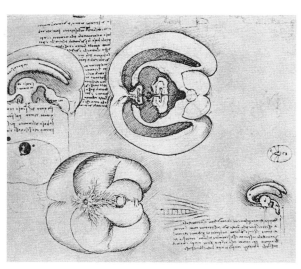

图 107_ 脑室蜡模的制作方法

他研究了各种肌肉和骨骼的运动，在他看来，它们的运作方式就像绳索和杠杆一样。为了显示每个关节的力学原理，他逐层绘制了骨骼上的肌肉。"肌肉总是从一块骨骼上发出，终止于相邻的另一块骨骼。"他解释说，"它们永远不会起止都在同一块骨骼上，因为那样无法产生运动。"这些最终形成了一个巧妙的运动机制："骨骼间的关节服从肌腱，肌腱服从肌肉，肌肉服从神经。"[14]

对人造机器和大自然杰作的对比让列奥纳多对后者充满深深的敬意。"尽管人类的聪明才智能制造出各式各样的发明，"他写道，"但是永远无法设计出比大自然更优美、简洁和直接的创造。因为她的创造增一分则多余，减一分则不足。"[15]

列奥纳多的解剖学研究促进了他的艺术创作，反之亦然：他的艺术、雕塑、绘画和工程才能也可以跨学科为他的解剖研究服务。在一项开创性的实验中，他用雕塑和铸造技术绘制出人脑中的空腔，即脑室（图107）。在米兰时，列奥纳多研究过铸造骑士纪念碑的方法，由此掌握了如何将熔化的蜡注入大脑，以及如何为排出空腔内的气体和液体制造气孔。"在较大脑室的角开两个气孔，用注射器将熔化的蜡注入，在负责记忆的脑室开一个孔——通过这样一个孔，注满三个脑室。然后当蜡凝固后，去除脑组织，你将看到脑室原本的形状。"这页右下角有一小幅此方法的示意图。[16]

列奥纳多做实验用的是牛脑，因为它比人脑更容易获得。但是根据他阅读的资料和早期的人体解剖经验，他知道如何修订自己的发现，以便将其应用于人脑。他用一组分解图展示了人的脑室，其精确程度让人印象深刻（图108）。[17] 他仅有的错误是中脑室因为蜡的压力而略微增大，而侧脑室的末端没有完全充满蜡，否则结果将非常完美。列奥纳多在历史上首次将模型材料注入人体空腔。直到两个多世纪后，荷兰的解剖学家弗雷德里克·勒伊斯才重复了这一技术。与他对心脏瓣膜的发

420

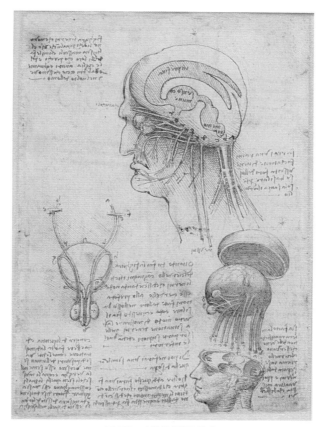

图 108_ 大脑的神经和脑室

现一样，这也属于列奥纳多最重要的解剖学突破，这一成就源自他既是一名科学家，又是一位雕塑家。

肌肉和骨骼

在一页绘有肩部肌肉的笔记里（图 109），我们既能看到列奥纳多绘制解剖图的方法，又能欣赏到他充满艺术性的手笔。"在描绘肌肉形态前，"他写道，"先在相应位置用线标出。"在这页右上角（这是此页笔记的第一张图，因为列奥纳多左撇子的书写习惯是从右开始的），他

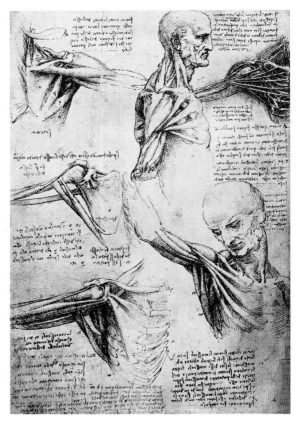

图 109_ 肩部肌肉

就是用线概略地勾勒出肩膀上肌肉所处的位置的。在这幅图的左侧和下方，我们能看到那位百岁老人的两个不同姿势，他的皮肤已经被剥离，暴露出右肩膀的肌肉。然后，列奥纳多转到了页面的左上方，在那里准确地描绘了一些肌肉，还用字母进行了标记，包括胸大肌、背阔肌、菱形肌和其他肌肉。[18]

与他的大部分科学研究一样，一开始，列奥纳多研究人体肌肉是为他的艺术服务，但是很快就变成了纯粹出于好奇心的科学探索。最初为了辅助艺术创作，他在一张图中以四种不同的视角展示过右臂的肌肉，认识到肌肉的形状会随着运动而变化，"有利于画家在必要时突出那些引起运动的肌肉，而不是那些没有参与运动的肌肉"。[19] 另一幅解剖图看起来与他的《安吉亚里之战》的草图有关，这幅图是男性腿部肌肉的正面观，这些肌肉看起来坚强有力，造型充满了艺术性，阴影由细腻的阴影线勾勒而成（图110）。在一则名为"肌肉的性质"的笔记中，列奥纳多描述了强壮男性身上脂肪的分布情况："男性外观的胖瘦与他肌腱拉伸的长短成比例。"[20]

到列奥纳多开始研究和绘制人体脊柱的时候，他已经被好奇心和研究的乐趣所俘获，而不只是追求实用的绘画知识了。他在一页笔记中，从多个角度准确描绘了脊柱，还做了标注，这既是解剖学杰作，又是制图技术的杰作（图111）。通过运用光影，他让每一块脊椎骨看起来都充满立体感，而且页面上方正中那条弯曲的脊柱还表现出一种扭转的动感。复杂的结构魔法般地变成了优雅的美感，这种美令那个时代任何解剖图都无法与之匹敌——或者就连今人也要甘拜下风。

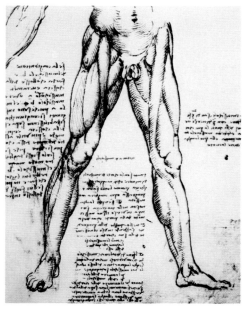

图 110_ 腿部肌肉

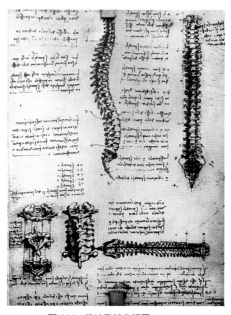

图 111_ 脊柱及其分解图

列奥纳多准确地画出了五组脊椎骨，并用字母加以标识，还为它们列出了表格，在注释里进行了说明。这种细致入微让他对很多人都会忽略的细节产生了疑问。"解释一下大自然为什么会让最上面的五块颈椎的差异最大。"他提醒自己。

他在这页笔记画的最后一幅图位于左下方，在这幅分解图中，他技艺娴熟地画出了前三块颈椎以及它们的连锁机制，他在绘制机械结构的时候就用过这种图示法。他说用"分开，然后再合并"的方式描绘脊柱很重要，还要有正面、背面、侧面、上面和下面各种视角。画完后，他忍不住夸耀了一下自己的方法，在这页底部宣称"无论古今作者，若不用连篇累牍的文字，不耗费大量时间，都无法提供这样的知识"。[21]

嘴唇和微笑

列奥纳多对人脑和神经系统如何将情绪转化为身体运动特别感兴趣。在一幅图中，他画了被分成两半的脊髓，并绘制出了从大脑发出的所有下行神经。"控制肢体随意运动的神经从脊髓发出。"他解释道。[22]

在所有神经和与之关联的肌肉中，控制嘴唇的神经和肌肉对列奥纳多来说最为重要。解剖它们异常困难，因为唇部有大量细小的肌肉，而且它们发源于皮下深处。"人体控制嘴唇运动的肌肉多于任何其他动物。"他写道，"你会发现嘴唇的各种姿态对应着各种肌肉，还有更多的肌肉让这些姿态恢复原状。"尽管面临诸多困难，他还是以惊人的准确性描绘出了面部的肌肉和神经。

在一页内容拥挤、充满趣味的解剖笔记中（图112），列奥纳多各画了两幅手臂和手部肌肉的解剖图，在它们中间是两幅面部局部解剖的侧面观。这些面部解剖图显示了控制嘴唇和其他表情部位的肌肉和神经。在靠左的那一幅中，列奥纳多为了暴露颊肌，去除了部分下颌骨，

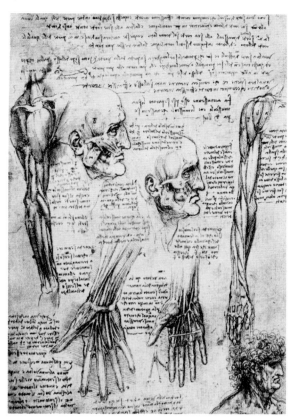

图 112_ 手臂和脸部的解剖图

颊肌可以将嘴角向后拉，在微笑时拉平脸颊。通过解剖刀的切割和笔尖的描绘，我们能在这里看到情绪转换为面部表情的生理机制。列奥纳多在其中一幅面部解剖图旁边写道，"这代表脸部皮肉和肌肉运动的所有原因，看看支配这些肌肉运动的神经是否来自大脑"。

他用左手写的"H"标注了其中的一块肌肉，然后称它为"愤怒肌"；另外一块被标注为"P"的肌肉，负责悲伤或痛苦的表情。他还说明了这些肌肉不仅能让嘴唇运动，还可以让眉毛向下，和相向运动一起产生皱纹。

在这页面部和唇部的解剖图上，我们还能看出列奥纳多正在研究画《安吉亚里之战》所需的比较解剖学知识，他想让人脸上愤怒的表情

425

与马脸上流露出的愤怒相得益彰。在描述脸部运动原因的笔记后，他补充道，"在肌肉粗大的马身上先要研究这一点。注意观察马抬高鼻孔的肌肉是否与人的相同"。[23] 对于刻画面部表情，列奥纳多拥有独一无二的才能，其秘诀之一在于：为了确认控制人类嘴唇运动与抬起鼻孔的肌肉是否相同，他亲手解剖了人的脸部和马的脸部，这样的艺术家在历史上可能绝无仅有。

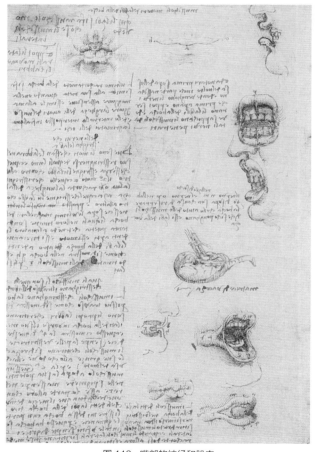

图 113_ 嘴部的神经和肌肉

最后，当列奥纳多写到满满当当的笔记底部时，他的思想开始游走，这反而让我们有些欣喜。他停下来画了自己喜欢的涂鸦：一个头发卷曲的男人，长着胡桃夹子式的鼻子和下巴。这个形象介于年轻时的他与年老的萨莱之间，画中人的嘴唇在显出坚定的同时，又有一丝忧郁。

在涉足比较解剖学之后，列奥纳多进而开始更深入地钻研人微笑或扮怪相时的生理机制（图113）。他最关注的是各种神经在向肌肉发送信号的过程中的功能，而且他还提出了一个对他的艺术创作至关重要的问题：在这些神经中，哪些是源自大脑的颅神经，哪些是来自脊髓的神经？

一开始，他的笔记好像是在专门描写充满愤怒表情的战斗场景："鼻孔要上提，这是引起鼻翼皱纹的原因，嘴唇拱起，露出上牙，上下牙因为哭嚷而分开。"不过，他接着开始探究其他表情。在这页的左上是紧紧噘起的嘴唇，他在下面写道，"嘴最多能缩小其最大张开宽度的一半，这与两个鼻孔的最大宽度和眼睛泪点之间的距离相等"。为了研究脸颊的每块肌肉如何让嘴唇运动，以及嘴唇的肌肉又如何牵动脸颊侧壁的肌肉，他在自己和尸体上都进行了试验。"收缩嘴唇的肌肉就是构成下唇的肌肉。其他的还有那些让嘴唇聚拢在一起的肌肉：让它们伸展的肌肉、让它们卷回的肌肉、让它们拉平的肌肉、让它们横向扭曲的肌肉、让它们恢复原位的肌肉。"在这页的右上方是缩回的嘴唇的正面观和侧面观，嘴唇上仍有皮肤覆盖；在这页下方，他画了剥去皮肤的面部解剖图，展示了牵动嘴唇的肌肉。这些是已知最早的关于人类微笑的解剖学研究。[24]

在那些怪异表情上方的页眉处，悬着一幅若隐若现的草图，草图中嘴唇的线条富于艺术性，不像是解剖图。那嘴唇从笔记里偷偷看向我们，透露出一丝神秘的微笑，那微笑忽隐忽现，萦绕不去，让人入迷。当时，列奥纳多正在创作《蒙娜丽莎》。

心脏

列奥纳多用墨水在蓝色纸上绘制过一幅心脏解剖图（图 114），它不仅提醒着我们对人类的认知，甚至还有对人性的认识，在他的解剖学研究中，随处可见这样的提醒。[25] 他在页面顶部画了心脏乳头肌的图示，还描述了它在心脏跳动时如何伸缩。随后，他好像觉得刚才过于客

图 114_ 萨莱和心脏

观、冷静了，于是开始心神游移。他充满爱意地信笔画了一幅萨莱的侧面像，美丽的卷发垂到修长的颈项，列奥纳多用左手画的影线轻轻勾勒出人物内收的下巴和丰满的颈前，这些都是萨莱的特征。他的胸内是一个心脏的剖面，上面简略地画出了肌肉。对此图的一项分析表明心脏是先画的。看来列奥纳多画完了心脏后，才又围绕着它画了萨莱。

作为他全部解剖学研究和解剖实践的一部分，列奥纳多对人体心脏的研究是他最持久和最成功的科学探索。[26] 得益于对水利工程的热爱以及对流体运动的痴迷，他做出了一些重要发现，但是在接下来的几个世纪中，这些发现都未能得到充分的重视。

在 16 世纪早期，欧洲人对心脏的认识与 2 世纪盖伦的描述并无大异，他的著作在文艺复兴时期再次受到推崇。盖伦认为心脏不只是肌肉，而是由赋予它生命力的特殊物质构成的。他教导说，血液产生于肝脏，通过静脉输送到全身；而生命灵气产生于心脏，通过动脉输送至全身——盖伦和他的后继者认为这是一个独立的系统，无论是血液还是生命灵气，都不会循环，它们在静脉和动脉中如潮汐般往复。

列奥纳多是最早充分认识到血液系统的中心不是肝脏，而是心脏的人之一。"所有的静脉和动脉都从心脏发出。"他写道，在这页笔记里还画了心脏发出的动脉、静脉与种子的根系枝丫间的对比。他用文字和详尽的图示证明了这一点，"静脉和动脉在与心脏的交汇处最粗大，离心脏越远，它们越细，变为非常小的分支"。他成为第一个分析血管分支大小如何逐级递减的人，而且他一直追踪到几乎看不见的微小的毛细血管。有些人坚持认为静脉起源于肝脏，就像植物根植于土壤中一样，列奥纳多向这些人指出，植物的根系和枝叶都从位于中心的种子发出，心脏就类似于这种情况。[27]

与盖伦的观点相反，列奥纳多阐明了心脏就是一块肌肉，而不是某种特别的生命组织。与所有的肌肉一样，心脏有自己的血供和神经。

他发现，"它由一根动脉和一些静脉提供营养，与其他肌肉无异"。[28]

列奥纳多还纠正了盖伦认为心脏只有两个心室的看法——他的解剖显示心脏上下各有两个心室。他认为这些心室肯定有不同的功能，因为它们由瓣膜和隔膜分开。"如果它们完全相同，就没有必要用瓣膜分开了。"为了弄清楚心室如何工作，列奥纳多剖开了一头仍有心跳的猪。他发现，上下心室在不同的时间开放。"上面心室的功能和性质与下面的心室不同，它们被软骨和各种物质分开。"[29]

不过，列奥纳多确实也接受了盖伦的一个错误理论，盖伦认为血液温热是由于心脏加热所致。列奥纳多绞尽脑汁想了许多可能的加热机制，最终推测这些热量来自摩擦，这种摩擦发生在不断舒缩的心脏与冲击心脏壁的血液之间。"血液在各种旋涡中旋转，它与心脏壁摩擦，而且在凹陷处发生撞击，这些是加热血液的机制。"他总结道。与往常一样，为了用类比验证他的理论，他想到了搅拌牛奶是否能使其加热。"观察制作奶油时，不断搅动牛奶是否会使其变热。"他在任务清单上写道。[30]

主动脉瓣

列奥纳多在心脏研究中的最大成就是他发现了主动脉瓣的工作方式，事实上，这也是他所有解剖学工作中的最高成就，这项发现直到现代才得到证实。它诞生于他对涡流的认识和热爱。列奥纳多终其一生都痴迷于水的旋涡、风的气流和倾泻到颈项的卷发。通过运用这些知识，他想确定血流在经过被称为主动脉窦的位置时，如何通过产生涡流让跳动的心脏上的瓣膜闭合。他的分析写满了六页笔记，其中还挤进了二十幅插图和几百字的注记。[31]

在这些笔记最初的几页中，他在一页上方写了柏拉图的一条格言，这条格言曾被柏拉图题写在自己学园的门上，"不懂数学者，勿读我的著作"。[32] 这并不意味着列奥纳多对心脏血流的研究涉及精确的数学方程式，他用来描述旋涡的数学知识仅限于提及了一点儿斐波纳契数列。其实，柏拉图的这则劝诫只是表达了列奥纳多的信念，他相信自然的运作遵循物理规律和数学公式般的确定性。

列奥纳多关于心脏瓣膜的发现源于1510年前后对流体动力学的深入研究，他分析了水从管道流入水槽时如何产生旋涡。他对流体阻力现象很感兴趣。他发现，当水在管道或河道中流过时，靠近两侧的水流流速慢于中间的水流，这是因为两侧的水流与管道或河岸的侧壁产生了摩擦，导致流速减缓。与它们邻近的水流速度也会略微减缓，在管道或河道中间流动的水，速度受影响最小。当水从管道流入水槽或从河道流入池塘时，中间快、两侧慢的流速差异导致了旋涡。"对于从水平管道流出的水而言，靠近出水口中间的水将流出更远。"他写道。他还描述了液体流经曲面或渐宽的通道时所产生的涡流和旋涡。他将这应用于对河岸侵蚀的研究、对水流的艺术描绘，以及对心脏泵血机制的探索上。[33]

具体来说，列奥纳多专门研究了由心脏经三角形开口向上泵入主动脉根部的血流，主动脉是将血液从心脏输送到全身的大血管。"对于从三角形开口向上喷出的血液，中间的血流比旁边的要高得多。"他断言道。他接着描述了这些血流进入主动脉时，如何在已经流入主动脉宽阔区域的血液中产生涡流，这些区域现在被称为瓦尔萨尔瓦窦，因为18世纪初的意大利解剖学家安东尼奥·瓦尔萨尔瓦在著作中提到过它们。公正地说，它们应该被称为列奥纳多窦，如果列奥纳多发表了自己的发现（很可能已然如此），他的发现就比瓦尔萨尔瓦早了两个世纪。[34]

血液被泵入主动脉后，产生的涡流让心脏与主动脉间的三角形瓣膜展开，并盖住开口处。"旋转的血液冲击三个瓣膜的表面，令瓣膜关闭，防止血液回流。"这就像风的气旋展开三角帆的边角一样，列奥纳多用这个类比解释了他的发现。在一幅描绘血液涡流如何拉开瓣叶的图示上，他写道，"为展开和收拢两面帆的绳索命名"。

直到 20 世纪 60 年代，大多数心脏专家持有的观点依然是，当足量的血液进入主动脉后，血液开始回流时，就会向下压闭瓣膜。大多数的其他瓣膜都是按此方式运作的。四个多世纪以来，心脏研究者们几乎没有注意到列奥纳多的观点——瓣膜靠来自上方的压力是无法正常闭合的："当心脏再次舒张的时候，并不是回流的血液让心脏瓣膜闭合。这是不可能实现的，因为如果血液在瓣膜折叠起皱的时候冲击它们，来自上方血液的压力会压瘪瓣膜。"在这六页笔记最后一页的上方，他画图说明了如果回流的血液从上方压迫，压瘪的瓣膜会被揉成一团（图 115）。[35]

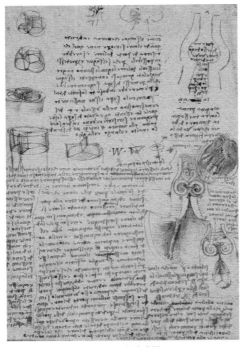

图 115_ 主动脉瓣

　　列奥纳多通过类比得出了他的假说：利用他已知的关于水流和气流旋涡的知识，他推测出了进入主动脉的血液如何形成涡流。不过他并没有止步于假说，后来他设计了一个别出心裁的方法来检验他的想法。在这页内容拥挤的笔记上方，他描述和绘制了一种制造心脏玻璃模型的方法。当模型被注满水后，他可以观察到血液流入主动脉时如何形成涡流。他采用了制作脑室模型时从雕塑中借鉴的技术，用一颗牛心脏做模子，向其中注蜡。当蜡变硬后，他做了一个模具来制造心腔、瓣膜和主动脉的玻璃模型。通过撒入草籽，他可以让水流变得更清楚。"在玻璃容器里做这个测试，把水和稗草籽放入其中。"他指示说。[36]

　　解剖学家花了四百五十年才意识到列奥纳多是正确的。20 世纪60 年代，由牛津大学的布赖恩·拜尔豪斯带领的医学研究团队使用染料和放射照相技术观察血液流动。正如列奥纳多所做的那样，他们使用了一个装满水的透明的主动脉模型来观察旋涡和水流。实验显示，瓣膜需要"一种流体动力学控制机制让瓣叶远离主动脉壁，这样极轻微的血液回流也能关闭瓣膜"。他们认识到这个机制就是列奥纳多发现的位于主动脉根部的血液涡流。"涡流同时冲击瓣叶和窦壁，这样瓣叶的闭合就会既稳定又同步。"他们写道。"列奥纳多·达·芬奇正确地预测了瓣叶和相应的窦之间会形成涡流，而且认识到这些涡流有助于关闭瓣膜。"外科医生舍温·努兰称，"在列奥纳多留给后世的所有惊叹之中，这似乎是最非凡的一项。"

　　1991 年，卡罗来纳心脏研究所的弗朗西斯·罗比切克指出拜尔豪斯的实验与列奥纳多在笔记里提到的实验几乎一模一样。2014 年，牛津大学的另一个团队研究了活体的人体血流，他们确凿地证明了列奥纳多的观点正确无误。他们使用了核磁共振技术实时观测主动脉根部的复杂血流模式。"我们确认，列奥纳多对于在活体体内心脏收缩时血液会产生涡流的预测非常准确，而且他绘制的这些涡流符合其与主动脉根部的比例，精确性惊人。"他们总结道。[37]

在心脏瓣膜的研究上取得突破后，列奥纳多却错失了另一个机会：未能发现体内的血液循环。他已经认识到瓣膜是单向阀门了，这本应让他意识到那时被广泛接受的盖伦学说存在错漏——该学说认为血液被心脏来回推动，做往复运动。但是，列奥纳多被书本知识蒙蔽了双眼，这有些异乎寻常。作为一位"未受过正统教育"的人，他鄙视那些依赖别人给予知识的人，并发誓要在自然中实验，这一次却未能说到做到。他的才华和创造力一直来自没有先入之见。然而，在研究血流的时候，他拥有了书本知识和专家的指导，却没能跳脱既有的窠臼进行思考，这对他来说十分罕见。关于人体血液循环的完整解释，还要有待于一个世纪后的威廉·哈维。

胎儿

列奥纳多的解剖学研究以他对生命起源的描绘画下了句点。在一页杂乱的笔记上（图116），他认真地用墨水在淡淡的红粉笔底稿上画了一个在子宫里的胎儿，这是他标志性的一幅作品。[38] 作为列奥纳多将艺术与科学融合的象征，这幅绘稿与《维特鲁威人》不相上下。这是一项优秀的解剖学研究，同时又堪称一幅神圣的艺术品。那些一丝不苟的弯曲影线不仅冲击着我们的视觉，还丰富了我们的头脑，它用充满灵性的美捕捉到了人类的一种生存状态，让人既感到不安，又感觉崇高。我们可以在这一孕育的奇迹中看到自己：天真、神奇、神秘。尽管这幅画通常被作为解剖图来分析，《卫报》艺术评论家乔纳森·琼斯的评论更接近它的精髓，"对我来说，这是世界上最美丽的艺术品"。[39]

列奥纳多没有可供解剖的女性尸体，所以画中的部分内容来自对

434

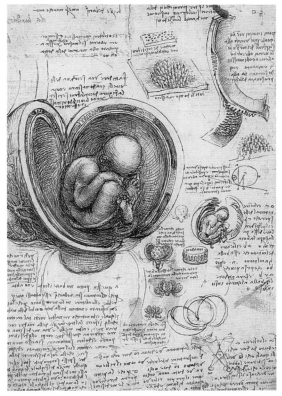

图 116_ 子宫内的胎儿

母牛的解剖。因此，子宫是球形的，不同于人类的子宫。但是，他依然修正了那个时代的普遍误解。他画的子宫只有一个腔室，而当时的人们认为它有多个腔室。他还以开创性的方式描绘了子宫动脉、阴道的血管系统和脐带血管。

与以往一样，列奥纳多从不同领域中发现了共同的模式，并将类比作为研究方法。在画胎儿的时候，他又开始研究植物。正如他发现植物、河流和血管的分支之间可以类比一样，他也观察到植物种子和人体胚胎在发育上有相似之处。植物有一种被称为珠柄的部位，它将种子与子房壁连在一起，直到种子成熟为止，列奥纳多认识到它和脐带的功能相同。"所有种子都有一根脐带，种子成熟的时候，脐带就会断开。"他

435

在其中一幅人类胎儿的解剖图上写道。[40]

列奥纳多意识到他的胎儿绘稿有一种灵性，这超越了他的其他解剖学研究。几年后，他又返回这幅草图，在这页下方写了一段文字。比起解剖笔记，这更像是一篇随笔。他先从科学的角度提出胎儿不会在子宫里呼吸，因为它被周围的液体所包围。"如果呼吸，就会溺死。"他解释说，"没有必要呼吸，因为它由母亲的生命和食物滋养。"然后他又补充了一些想法，这些想法对于秉承个体灵魂从受孕开始的教会来说属于异端邪说。他认为胎儿仍然是母体的一部分，就像她的手和脚一样。"同一个灵魂支配着两个躯体，"他补充道，"同一个灵魂滋养着它们。"

对于教会有关灵魂的信条，列奥纳多的排斥既不戏剧化，又不情绪化，他只是自然而然地接受了科学人文主义，倾向于对事实进行观察。他相信自然的造化充满光辉，让人敬畏，但是对于他来说，这些是供人研究之物，需要通过科学和艺术，而不是教会传下来的教条来领会欣赏。

失去影响力

列奥纳多在做其他事情的时候，鲜有他投身解剖学研究时表现出的坚持不懈和勤奋努力。1508—1513 年是他研究最狂热的几年，他似乎从没有厌倦过，而且还越来越深入，尽管这意味着在尸体和腐烂器官的恶臭中度过一个又一个夜晚。

好奇心是列奥纳多主要的驱动力。他可能也想到过自己正在为公共知识做贡献，但是这一点并不明确。他写到过打算将自己的发现出版，但是当需要编辑和整理笔记时，他并没有表现出勤奋投入，而是又一次变得拖拖拉拉。比起发表、出版成果，他对探索知识本身更有兴趣。而且，尽管他在生活和工作中都乐于与人合作，但是对于分享自己的发现，似乎并无动力。

不只是解剖学研究，他的其他所有研究皆是如此。他留下的那些未发表的专著证明了他的研究动机与众不同：他积累知识是为了获取新知和让自己快乐，而不是渴望成为著名学者或者留名史册。有些人甚至说列奥纳多用镜像体书写的部分原因是保护自己的发现不被别人窥视，我认为这不是事实，但无可争辩的是，他收集知识的热情超过了与更多人分享的热情。就像研究列奥纳多的学者查尔斯·霍普曾经指出的那样，"列奥纳多没有真正认识到知识的增长是一个积累与协作的过程"。[41] 尽管他偶尔会让来访者一瞥他的工作，但是对于研究的价值在于传播这一点，他似乎未曾意识到，又或者根本不在乎。

数年之后，1517 年他住在法国的时候，一位访客说列奥纳多解剖过三十多具尸体，而且"写了一部解剖学专著，用一种从未有过的方式讲解了四肢、肌肉、神经、血管、关节、肠道和男女身体上所有能加以说明的部分"。他又说列奥纳多"还写了关于水的性质的著作，还有很多卷关于机械和其他主题的专著，它们都是用通俗的语言写成的，如果公之于众，不仅大有用途，还会为民众带来很多乐趣"。[42] 但是列奥纳多去世的时候，他留给梅尔奇的是成堆的未经编辑的笔记和草图。

列奥纳多去世二十五年后，安德烈亚斯·维萨里出版了划时代的、内容精美的《人体构造》，那时，现代解剖学才真正开始。列奥纳多本来有机会用自己的著作——如果马尔坎托尼奥·德拉·托雷没有因为瘟疫早逝的话，他们也许会一起合著——领先并超越后人的。然而，列奥纳多的解剖学研究影响甚微，以至于多年后，甚至几个世纪之后，别人才又重复了他之前的发现。他没有发表自己的成果削弱了他在科学史上的影响，但这丝毫没有减损他的才华。

第二十八章
世界及其水系

微观世界和宏观世界

列奥纳多在探索人体的那段时期里，同时也在研究地球的机体——他一如既往地在两者之间进行着类比。他善于辨别自然界中相似的模式，在他的艺术创作和科学研究中，最宏大和内涵最广的类比是人体与地球机体之间的类比。"人是世界的映像。"他写道。[1]

这种被称为微观世界与宏观世界的类比关系古已有之。列奥纳多第一次探讨这种关系是在 15 世纪 90 年代早期的一则笔记中：

> 古人称人是一个小世界，这个称呼恰如其分，因为人的身体就是一个模拟的世界。人有支撑肉体的骨骼，世界有支撑大地的岩石。人储有血液，肺在其中随着呼吸起落；地球的机体有海潮，每六个小时也会涨落，仿佛世界也在呼吸。血液通过从储血处发出的血管遍布全身，与此类似，海洋用无穷无尽的泉水充满地球的机体。[2]

这与柏拉图在《蒂迈欧篇》中写到的观点互相呼应，他认为正如身体由血液滋养一样，地球也会汲取水分来补充自身。列奥纳多还借鉴了中世纪理论家的观点，特别是 13 世纪的意大利僧侣和地质学家里斯托罗·德阿雷佐写的一份纲要。

作为一名画家，列奥纳多经常对自然中的模式感到惊奇，他理解的微观与宏观之间的联系不仅是一种类比关系，在他眼中，这种联系具有灵性，就像他在《维特鲁威人》中所表达的那样。从《吉内薇拉·德·本奇》到《圣母子与圣安妮》，再到《纺车边的圣母》，直至最终的《蒙娜丽莎》，在他的许多杰作中，我们都能看到这种人与地球之间的神秘联结。这也成为他科学研究中的一项组织原则。当他沉浸在人体消化系统的解剖学研究时，他指导自己要"首先与河水对比，然后与逆着食物方向流到胃中的胆汁比较"。[3]

　　1508 年左右，列奥纳多在米兰正同时对解剖学和地球进行研究，他在一本引人入胜的笔记——《莱斯特手稿》中重拾微观与宏观世界的类比[①]。这本笔记的主题比他大部分笔记都更加集中，内容涉及地质学、天文学和水流动力学，七十二页笔记里写满了各种内容，除了大段的论述，还有三百六十幅草图。他写作的目的也是文艺复兴时期的思想家（首当其冲的是他自己）留给即将到来的科学和启蒙运动时代的目标：认识统领宇宙的因果关系，从我们肌肉的力学到行星的运动，从我们动脉中的血流到地球上的河流。[4]这本笔记中解释的问题包括：泉水为什么会从山上涌出，为什么会有河谷，月亮为什么会发光，化石如何能出现在山上，是何原因让水和空气以涡流的形式旋转，当然，最具象征意义的问题是，天空为什么是蓝色的。

　　当列奥纳多着手写作《莱斯特手稿》时，他又将微观世界与宏观世界的类比作为他的理论框架。"地球的机体，像动物的身体一样，交织着血管分支，它们互相连通，为地球及其生物提供营养和活力。"他写道，这与他近二十年前的观点遥相呼应。[5]在接下来的一页里，他补充道："它的肉是泥土，它的骨骼是连在一起形成山脉的岩石，它的软骨是多孔岩，它的血液是水系；海洋是充满心脏的血液，它的呼吸和血流涨落都通过地球脉动——海洋的涨潮和退潮。"[6]

　　这个类比让他以一种创新的方式看待地球。列奥纳多没有假设地球从诞生起就静止不动，他意识到地球的历史是动态的，强大的力量让它在过去的几百年中不断变化、成熟。"我们或许可以说地球有类似植物的灵魂。"他宣称。[7]把地球当作一个活的有机体启发他去探索地球衰

---

① 该手稿因 1717 年的购买者莱斯特伯爵而得名。1980 年，实业家阿曼德·哈默购
　得此手稿，将其更名为《哈默手稿》。1994 年，比尔·盖茨买下了此手稿，他为
　人低调，遂将名字恢复为《莱斯特手稿》。

老和演化的方式：山上为什么会嵌着来自海里的化石，岩石如何形成岩层，河流如何切削出河谷，以及凹凸不平的岩石如何被侵蚀。[8]

即便列奥纳多相信微观世界与宏观世界之间具有可比性，他也并不盲从。他用经验和实验对其进行检验，这种理论与实践的伟大对话塑造了他对世界的认知。当他完成《莱斯特手稿》的时候，他发现地球和人体之间未必总有对应关系。相反，他开始理解自然的两种特性之间有时似乎彼此矛盾：自然具有统一性，这体现在那些重复出现的模式和类比中，但是它也有无限的多样性。

水

《莱斯特手稿》的主要内容是关于流体的功能和运动，特别是水，在列奥纳多看来，这是地球机体和我们身体中最根本的力量。除了人体之外，没有哪个主题像流体动力学这样能够同时吸引他对艺术、科学和工程的兴趣，而且他也从不同层面对其进行了探索：详细的观察、实用的发明、宏伟的工程、优美的绘画，以及与宇宙进行的类比。[9]他最早的绘画之一展现的就是逐级而下的亚诺河冲凿而成的地貌景观。在韦罗基奥的《基督受洗》中，列奥纳多画出了流经耶稣脚面的水，其美感和基于敏锐观察的真实感前所未有。他在一本早期的笔记中画了一系列机械装置，包括水泵、液压管、螺旋泵、斗轮水车，这些机械的目的都是为了将水运送到不同高度。在给卢多维科·斯福尔扎的求职信中，他夸耀自己能"排出壕沟里的积水"和"规划引流水道"。在米兰时，他研究了那座城市庞大的运河网络，包括1460年挖掘的通往科莫湖的大运河，以及那些精心维护的河道、水坝、水闸、喷泉和灌溉系统。[10]为研究不同水位的水流喷射的轨迹和压力，他在一只桶上钻了些小孔。[11]为了亚诺河改道和抽干沼泽，他设计了宏伟的方案及实用的设备。他认识

442

到管道中涌出的水会引起旋涡，由此他不仅想到了人体心脏内的涡流，还有它们关闭瓣膜的方式。

列奥纳多研究水的初衷是为了水利工程和艺术创作，但是就像他在研究解剖和飞行时那样，他渐渐被纯粹的科学之美所吸引。水完美地体现出列奥纳多对运动中形状变化的迷恋：形体如何在保持面积或体积不变的情况下发生形变，比如方形变成等积的圆形，或者躯干在扭转时变得紧缩①。对此，水提供了答案。列奥纳多早就知道水难于被压缩，无论河流或容器的形状如何，一定量的水就会占据一定量的体积，所以水流经常要经历完美的几何变换——难怪他对此如获至宝。

15 世纪 90 年代，列奥纳多开始写作一部关于水力学的专著，其中包括河流中的水在不同深度的流速，河水与河岸摩擦形成的旋涡，以及多股水流互相冲击时产生的湍流。不出意料，他未能完成这部专著，但是他在 1508 年再次探讨过这个主题。像之前那些拟撰写的专著一样，在写作《莱斯特手稿》时，列奥纳多先列出了一个大纲。它一共有十五章，开篇是"水自身的性质"，接着是"关于海水"和"关于地下水"，最后是"关于水位上升"和"关于水的侵蚀作用"。在他打算探讨的主题中，有一个来自他的亚诺河改道计划："如果了解了水流的路径，如何用石头让河流改道。" 12

他的研究有时被大量的细节所淹没，这些细节貌似更能说明他对水流动力学的热情，而不是水流动力学本身。他动辄花费数小时沉迷在对于水流的研究中，有时是观察，有时是通过控制水流来测试自己的理论。《莱斯特手稿》中有八页被他满满当当地写下了七百三十条关于水的结论，以至于马丁·肯普评论道，"我们可能会觉得他已经从投入跨

---

① 从严格意义上说，肌肉因运动发生拉伸或收缩时，并不总是等积变化的。——译者注

越到了执迷"。[13] 在另一本笔记里，列奥纳多列出了各种可以用来描述水流运动概念的词汇："升高、循环、旋转、卷裹、旁路、淹没、形成、偏角、仰角、塌陷。"[①] 最后，他一共列出了六十七个词。[14]

他经常用自己的理论对照现实，也就是说，将它们与实际应用联系起来，这让他避免了落入学究气的陷阱。正如他在一则笔记中一贯提醒自己的那样，"当你总结水流运动的科学研究时，记得在每一个议题下面都附上它的实际应用，这样，此项科学研究就不会毫无用处"。[15]

他照例将亲身体验和实验结合在一起，实际上，他统称二者为"经验"。比如在佛罗伦萨的时候，他为了能在亚诺河潜水，设计了一副护目镜，这样他就能研究河水流过堰堤时的情况。他把栎瘿或软木扔进河里，通过数"律动时间"[②] 来研究中间和靠近河岸的水流移动二百英尺所需的时间。为了观察水流从水面到水底的变化，他做出了可以悬停在不同深度的浮子，而且他为了能够确定"每英里河流的落差"，还制作了测量河流下坡里程的仪器。

他还设计了一些室内实验，这样就能在一个受控的环境中测试他观察到的自然规律，其中包括制作形状不同、大小各异的容器来观察水受人为扰动时的反应。他对复现在自然界中看到的旋涡特别有兴趣，所以给自己造了一个玻璃水箱，还用这个装置来测试他的侵蚀理论。他写道，在"一个类似于盒子的方形玻璃容器中"做这个实验，"你将能看到水流的旋转"。[16]

为了观察水流，列奥纳多用过小米、树叶、木杆、燃料和彩色墨

---

① 这几个词的原文是，"risaltazione，circolazione，revoluzione，ravvoltamento，raggiramento，sommergimento，surgimento，declinazione，elevazione，cavamento"，有的单词仅见于列奥纳多的笔记中，可能为他自创，仅根据大意译出。——译者注

② 列奥纳多认为水流像音乐一样上下起伏，漂浮在上面的物体也会随之律动，在流速稳定时，可以通过计数这种律动来计算时间。——译者注

水。[17]"扔进一些稗草籽,因为这些颗粒的运动可以马上让你知道它们周围水流的运动。从这个实验开始,你可以继续研究很多优美的运动,这些运动都是一股水流穿过另一股水流的结果。"[18]不妨停下来想一想"优美"这个词——列奥纳多从不同水流的交汇中都能发现美,这怎能不叫人心生喜爱呢?在另一个例子中,他指导说,"在冲击的水流中混入小米或者纸莎草,这样你可以更好地看到水流的路径"。他在每次水流实验中都会改变实验的条件,比如先用砾石层,然后用沙层,再后来用光滑表面。

在他提出的实验中,有些只是假想实验,他在想象中或者在纸上就完成了这些实验。例如,在一项有关摩擦的研究中,他写到做实验时"在我的想象中进行增减变化,发现自然规律的内容"。在对世界及其水系的研究中,他也采用了同样的假想实验。比如,他曾经问道,如果从洞穴中吸走空气,附近地下的水流会发生何种变化?

不过,他首要的研究工具是直接观察,他敏锐的观察力意味着他能看到我们会错过的事物。看到水流入杯子或者在河道中奔流时,我们很少会像他一样对丰富多变的旋涡和运动感到惊奇,但是他看到"流水本身就包含了无限种运动"。[19]

为什么用"无限"这个词?对于列奥纳多来说,这不仅是一种修辞手法。当他提到自然中的变化无穷无尽时——特别是像水流这样的现象——他实际是在区分模拟和数字两种系统,而他更偏爱前者。在一个模拟系统中,有无限的层次变化,这一点对他着迷的大部分东西都适用:晕涂的阴影、颜色、运动、波、时间的流逝、流体的运动。这也是他认为几何比算术更适合用来描述自然的原因,尽管那时微积分尚未被发明,他似乎已经感觉到需要能处理连续量的数学方法了。

河流改道、旋涡和涡流

列奥纳多曾悉心描绘过基督脚踝处约旦河泛起的波纹，后来他又设计了亚诺河的改道方案。他对水流被阻挡时所发生的变化一直怀有强烈的兴趣，并意识到水流的动力学与他所领悟到的两种原始的牛顿力学概念有关：冲力和撞击。

在中世纪，"冲力"的概念已经形成，它指的是物体在运动时趋向于沿同一方向继续运动下去，列奥纳多也采用了这个概念。它是惯性、动量和"牛顿第一定律"这些概念尚处萌芽期的前身。撞击是指一个运动物体与另一个物体发生碰撞，碰撞后，该物体可能会被反弹或者运动方向发生一定角度的偏转，它所受的力可以通过计算得出。列奥纳多对流体力学的认识也得益于他对等积变换的研究——当水流的方向偏转时，它的路径和形状会变化，但是它的体积保持不变。

在《莱斯特手稿》一页挤满各种内容的笔记旁边，列奥纳多画了十四幅精美的草图，举例说明了不同障碍物对水流的影响。[20] 他图文结合地探讨了改道对河岸侵蚀的影响，以及障碍物如何影响河面以下的水流。他的研究不仅有助于他对水流的艺术描绘，同时也为他河流改道的工程理想提供了更多信息。但是随着他越发沉湎其中，他对水流的研究开始演变为纯粹为了满足自己的好奇心。

现存于温莎城堡的一页笔记充分体现了这一点，在这页令人惊叹的笔记中，先是用墨水和红粉笔绘制的河流改道，然后是一幅水落入池塘的草图（图117），这些草图融汇了列奥纳多对科学的好奇和精湛的艺术手法。在开始的两幅中，以一定角度放置的木板阻挡了水流，列奥纳多在研究了亚诺河改道的方法后，画过很多幅这样的草图。从水流冲过障碍物时泛起交错的波纹，可以看出列奥纳多一如既往地、饶有兴趣地画着螺旋和卷曲造型。水流看起来像庆典中被风扭在一起的三角旗，

图 117_ 经过障碍物和流入池塘的水流

或者骏马驰骋时的鬃毛，还像列奥纳多笔下女性肖像和萨莱素描中天使般的卷发。

列奥纳多像往常一样又进行了类比，这一次的对象是旋涡和卷发的动力学："水面的旋涡运动与卷发类似，卷发有两种运动，一种与发卷的重量有关，一种与头发卷曲的方向有关。因此，水产生的旋涡，一方面受主要水流冲力的影响，另一方面受次要水流和回流的影响。"[21] 这一段简短的注记捕捉到了列奥纳多研究动机的核心：在自己喜欢的两件事物中发现共通的模式让他乐此不疲，这一次是垂下的卷发和水流的旋涡。

列奥纳多画完河中的两个障碍物后，又画了一股从出水口涌出的水流，它落入池塘后形成了复杂的图案。这些图案不仅和他画的卷发相像，还与他的很多植物有相似之处，比如他笔下优美的圣星百合（图 118 ）。[22] 他对水流入池塘的描绘不仅是在试图捕捉一个瞬间，还呈

447

图 118_ 圣星百合

现了一种动态，就像他最伟大的那些作品一样。

像往常一样，列奥纳多观察到了我们大多数人都忽略的细节。他图文并茂地描绘了水柱冲击水面的效果，从撞击处扩散开的波浪，池塘中水流的冲撞，被落下的水流淹没的气泡，以及气泡浮到表面时爆裂成的花朵图案。他注意到含有气泡的旋涡存在的时间很短，因为它们会随着气泡上升而消散，但是他在画不含气泡的旋涡时用了更长的线条。他发现，"在水面形成的旋涡充满了空气"，"那些在水里形成的旋涡全部由水构成，它们存在的时间更长，因为水在水中没有重量"。[23] 下次你再往水槽里灌水的时候，不妨试着注意观察一下这些现象。

列奥纳多对水流被迫偏离原来路径时产生的旋涡特别感兴趣。就像他的草图所显示的那样，水经过障碍物时，沿曲线流向障碍物的正后方，在水流相对较小的区域形成了涡流。在这点上，他运用了自己对冲力和撞击的认识：水会试图继续沿着相同的方向运动，但是因为与障碍

448

物相遇时受到了撞击力，它会以弯曲和螺旋的方式继续前进。[24]

列奥纳多意识到，与此相似，空气中也会产生涡流，比如风吹过物体的时候或者扇动的翅膀造成低气压区的时候。这些水或空气的旋涡与卷发一样，它们形成的几何形状——螺旋——遵循数学法则。这个例子再次说明，列奥纳多关注自然界中的某些现象，发现其中的模式，然后将其应用在其他的自然现象中。最终，他发现这些螺旋状的旋涡如此有力又如此美丽，以至于对它们产生了一种痴迷，在生命行将结束的时候，他在最后的一系列绘稿中将这种痴迷表现得淋漓尽致。

列奥纳多对水流运动的研究也让他理解了波的概念。他认识到，波浪实际上未必包含水向前的运动。海里的波浪和卵石落入池塘时散开的涟漪会沿某种方向展开，但是这些他所谓的"震颤"只会让水先暂时向上运动，然后再恢复原位。他把它们与田地里微风吹起的谷浪进行了比较。当他写作《莱斯特手稿》和同时期其他关于水流运动的笔记时，他对波在介质中传播已经有了深切的感受，还正确地假设了声音和光也是以波的方式传递的。基于他擅长类比的天赋和对运动敏锐的观察能力，他甚至认为情绪也是以波的形式传递的。《最后的晚餐》叙事的核心就是耶稣的话语引发的不安的情绪波澜。

修正类比

伟大头脑的标志之一就是愿意自我修正。我们从列奥纳多身上就能看到这一点。16世纪初，当他殚精竭虑地研究地球和水的时候，他发现了一些与自己观点不一致的证据，这些证据导致他修正了自己对微观世界与宏观世界类比的看法。列奥纳多在写作《莱斯特手稿》的过程中将这一点表现得淋漓尽致，我们非常有幸能由此看到他不断修正自己的历程。他将理论联系经验，当它们相互冲突的时候，他乐于尝试一种新理论。愿意放弃先入之见对他的创造力来说至关重要。

对于微观世界与宏观世界的类比，列奥纳多思想的演变始于他对水源分布的好奇。理论上，水应该分布在地表，可是它为什么从山泉中涌出，并汇入源自山顶的河流呢？对此，他写道，地球的"血管"输送"让山脉保持生机的血液"。[25] 他注意到植物和人之间有一个类似的模式：人体的血液一直上升到头部，而且在受伤时会出血，也会流鼻血；同理，植物的汁液也能到达顶端的枝叶。无论是在微观世界还是在宏观世界里，都存在这种模式。"水不停地循环流通，从海底最深处运动到山峰的最高处，并未遵循重物的运动特性。"列奥纳多写道，"在这种情况下，它们就像动物体内的血液一样运行，总是从心脏里的海洋流向头顶的山峰；如果血管破裂，比如流鼻血的时候，从下面升起的全部血液都会到达血管破裂的高度。"[26]

基于相似结果会有相似始因的假设，他开始探索是什么力量驱使水向上移动成为山泉的。"在所有生物体内，让液体违反重力方向而移动的原因也是地球水道中驱动水的肇因。"他推测说，"就像血液从下面涌上来，然后又从额头破裂的血管冒出，或者就像藤蔓底部的水分一直上升到断枝的伤口处一样，来自海洋最底部的水升到山顶，在那里，就像发现了血管的破口一样，倾泻而出。"[27]

是什么力量驱动了这一切？多年来，列奥纳多考虑过好几种解释。他最初认为，太阳的热量让水在山体内上升，可能是先把水变成水蒸气，然后水蒸气再凝结成水，或者还有别的方式。"哪里有热量，哪里就有蒸汽运动。"他写道，然后进行了以下类比：

　　　血管内血液的自身热量让它能存在于人的头部——人死亡时，冷却的血液就沉到身体靠下的部位——当人的头部上方太阳炙热的时候，头部血液增加，上涌加剧，血液压迫血管，经常导致头痛；同理，在地球的机体中遍布水道，自然的热量分布于含水的各处，这些热量将水从水道中升高至山顶。[28]

他还考虑过水可能像虹吸现象一样是被吸上来的。多年来，他对水利设施和沼泽排水的兴趣促使他尝试了不同种类的虹吸管和蒸馏设备。《莱斯特手稿》中有一页大幅的对开页笔记（图 119），上面画出了

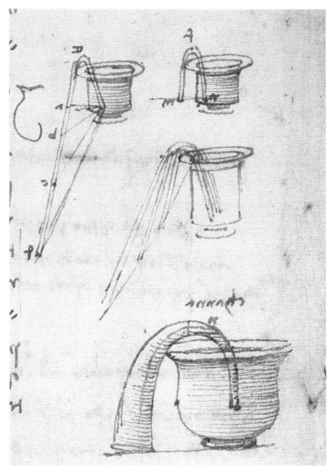

图 119_ 用虹吸管做的假想实验

各种虹吸机制，还附有文字说明。[29] 列奥纳多把绘画当作一种辅助思考的工具。例如，他在这页上一边用墨水笔画了十二幅虹吸管的草图，一边设想如何将它们与水升至山顶的机制联系在一起，但是他设计的这些装置都无法达到预期结果。他的结论是这种方式不现实。

列奥纳多进而排除了他已知的所有关于地球的水如何能循环至山顶的解释，包括那些他曾经接受的理论。最值得注意的是，他抛弃了自己长久以来的观点，不再认为热量会升高山体内的水，就像（他认为的）它让血液涌上人的头部一样，因为他意识到，山间溪流在寒冷的地区和月份与在温暖的地区和月份一样普遍。"如果你认为太阳的热量将水从岩洞中升到山顶，就像在敞开的湖面和海面上，水以蒸汽的方式升腾为云那样，"他在《莱斯特手稿》中写道，"那么与气候较冷的地区相比，在气候更热的地区，水系将更加壮大、丰沛，但是我们看到的与此相反。"他还注意到，人的血管随着年龄增长而缩窄，但是地球的泉水和河流会不断扩展它们的水道。[30]

换句话说，经验和实验告诉他，他从人体微观世界与地球宏观世界的类比中获得的知识存在缺陷。在地质学领域，这个类比已经对他造成过误导。所以，就像任何一位优秀的科学家一样，他修正了自己的想法。"海洋无法穿透地层，"他在另外一本笔记中写道，"也不能从山底进入山顶。"[31]

将各种理论与经验对比之后，列奥纳多终于得出了正确答案：泉水和山涧之所以存在，是地表水分蒸发、凝结成云，然后产生降雨的结果，实际上，这也是整个地球水循环的机制。1510 年左右，列奥纳多在修订《莱斯特手稿》中的地质学理论时，在同时期的一张解剖图上写下了一则名为"关于血管的性质"的笔记，他在其中宣称，"大海的起源与血液的起源相反……（因为）所有的河流都源自蒸发到空气中的水分"。他总结说，地球上的水量保持恒定，而这些水"不断循环往复"。[32]

列奥纳多愿意质疑已知，并且后来放弃了令他着迷的地球水循环与人体血液流动间的类比，显示出他不仅充满好奇，而且思想开放。他在一生中不仅善于识别模式，还擅长从这些模式中抽象出可以跨学科应用的理论框架。他的地质学研究则展现出了一项更伟大的才能：不让这些模式蒙蔽自己。渐渐地，他不仅能欣赏大自然的相似之处，还能欣赏它的无限多样性。然而，即使放弃了微观世界与宏观世界的简化类比，他仍然保留了其中的美学和灵性内涵：宇宙的和谐显现为众生之美。

洪水和化石

列奥纳多对侵蚀过程的理解得益于他的工程师经验和对水流的热爱，他认识到侵蚀是由于水流冲刷走了河岸上的泥土。他运用这些知识来弄清河谷形成的原因："溪流从地表的最低处发源，然后这部分地表会被挖空，成为周围水体的容纳之所。通过这种方式，水流经过的所有水道都会越来越宽、越来越深。"[33] 于是，河流最终侵蚀了大地，形成了河谷。

列奥纳多的部分证据来自敏锐的观察。他注意到河谷两侧岩层的沉积层顺序相同。"你能看到河流一侧的地层与另一侧的地层如出一辙。"他在《莱斯特手稿》中写道。"这一论证让列奥纳多领先了他的时代两百年。"科学史学家弗里乔夫·卡普拉断言，"直到 17 世纪下半叶，人们才认识到岩层的层序规律，并进行了类似的研究。"[34]

这些观察让列奥纳多开始思考那些化石——特别是海洋动物化石——是如何最后出现在这些高处的岩层中的。"为什么在山顶上发现了大鱼、牡蛎、珊瑚和其他各种贝类，以及海螺的骨头？"他问道。他在《莱斯特手稿》中就这一主题写了三千五百多字，描述了自己对化石的详细观察，并认为《圣经》中大洪水的故事是错误的。他不怕被斥为异端邪说，也不惧被指责亵渎神明，他写道，"那些人认为这些动物应该是被大洪水从远处的大海裹挟而来的，他们既愚昧无知，又头脑简单"。[35]

列奥纳多认为，因为化石出现在不同时期的沉积层，它们的位置排列无法用一次大洪水来解释。他还用仔细的研究证明化石不是来自泛滥的海水。"如果大洪水将贝壳从三四百英里之外的地方运过来，在运送的过程中，不同种类的贝壳将混在一起，并最终堆积在一起。但是在离海如此遥远的地方，我们看到的是牡蛎、贝类，以及乌贼和其他所有贝壳都各自聚集在一起。"[36]

他得出了正确的结论，地壳曾经发生过剧烈的水平和垂直运动，因此形成了山脉。"海底不时地升起，贝壳分层沉积。"他宣称。在一次远足中，他亲眼看到了这种现象，那是在芬奇镇以南、亚诺河旁的科莱贡齐路上，那里的河流侵蚀了山脉，分层沉积的贝壳在青色的黏土中一览无余。[37] 就像列奥纳多后来记录的那样，"古老的海底已经变成了山脊"。[38]

在他引用的证据中，有一种现在被称为"遗迹化石"。这些不是由动物的遗骸所形成，而是动物活着时留在沉积物中的蛛丝马迹。"在岩层中还能发现蠕虫①的足迹，岩层尚未干透时，蠕虫在其中穿行。"列奥纳多在《莱斯特手稿》中写道。[39] 他说，这证明了海洋动物并没有被洪水冲上山，而是在地层形成时仍然生活在当时的海底。因此，列奥纳多成了遗迹化石学的先驱，直到三百年后，这一学科才被真正建立起来。

在检视甲壳类动物的化石时，列奥纳多注意到一种有助于确定它们寿命的图案，"我们可以数鸟蛤壳和蜗牛壳上的纹理来计算它们的寿命，这就像数公牛或绵羊角上的纹路，或者数树枝上的年轮一样"。[40]

---

① 原著用词为 earthworm（蚯蚓），为使表述准确，经与作者确认，此处改为 worm（蠕虫）。——译者注

这是一个远远领先于那个时代的飞跃。"他能将树枝的年轮与羊角的生长轮联系在一起，已经实属可贵，"卡普拉写道，"用同样的分析方法推断已经石化的贝壳的存活时间，更是非同凡响。"[41]

天文学

Il sole nó si move.（太阳不动。）

在一页笔记的左上方，列奥纳多用不同寻常的大号字体写下了这句话，这页上有几何学草图、数学换算、大脑的横截面、男性尿路，以及他喜欢画的老武士涂鸦。[42] 这种说法是否意味着一个杰出的飞跃，他是否领先了哥白尼、伽利略几十年认识到太阳不是围绕着地球旋转？或者它只是一个偶然的想法，也许是为了庆典或表演所做的注释？

列奥纳多没有多做解释，这让我们一头雾水。但是，他在1510年左右写下这句话的时候，因为地质学研究的关系，他已经开始探索地球在宇宙中的位置及其他天文奥秘了。他似乎并没有发现太阳和星星的运动是因为地球自转造成的（此时年轻的哥白尼正在构想这个理论），[43]但是他逐渐意识到地球只是众多天体中的一员，而且未必居于中心。"地球不在太阳轨道的中心，也不在宇宙的中心，它在其伴生元素的中心，并与它们成为一体。"[44]列奥纳多写道。而且他还认识到重力让大海免于脱离地球。"无论地球如何翻转，水的表面将一直保持球面，其表面与地心等距。"[45]

更让人印象深刻的是，他意识到月亮并不发光，只是反射了太阳光，如果一个人站在月球上，他会看到地球也在以同样的方式反射太阳光。"任何人站在月球上看到的地球都像我们现在能看到的月球一样，地球的光会照亮月亮，正如月光照亮我们一样。"他认识到地球的反照让新月显出微弱的光晕。在绘画中，他对阴影里出现的二次反射光有一种异乎寻常的敏感，基于此，他写到我们之所以能隐约看到月球的暗影区，是因为没有被阳光照亮的部分捕捉到了来自地球的反射光。不过，他犯了一个错误，用这一理论来解释星光——他认为星体自身不发光，只是反射太阳光。"太阳让所有的天体发光。"他写道。[46]

列奥纳多曾声称自己计划为很多主题撰写专著，对于天文学也不例外，但是这同样未能实现。"在我的书中，我打算阐明阳光照耀下的海洋如何让我们的地球像月球一样闪闪发光，从遥远的星球上看过来，地球就像一颗星星。"[47]这将是一项雄心勃勃的计划。他在一份给自己的备忘录中写道，"我首先要说明太阳与地球之间的距离，然后让阳光通过小孔照进暗室，测出太阳的实际大小，除此以外，我还要测量出地球的大小"。[48]

蓝天

从色彩透视研究到后来的地质学和天文学研究，列奥纳多一直在思考一个问题，这个问题对于我们大多数人来说过于平凡无奇，以至于我们在八岁以后就不再对它感到惊奇了。但是那些最伟大的天才——亚里士多德、列奥纳多、牛顿、雷利和爱因斯坦——都研究过这个问题：为什么天空是蓝色的？

列奥纳多做过很多种不同的解释，最终确定了一个基本正确的答案，他把它与《莱斯特手稿》中的地质学和天文学笔记写在了一起："我认为，天空的蓝色并不是空气本身的颜色，而是由温暖的湿气所引起的。水蒸发成无法觉察的微粒，它们吸收了照在背面的阳光，于是在巨大黑暗的背景下发出光亮。"或者，就像他更简洁的说法那样，"蒸汽微粒吸收了阳光，让大气呈现出蓝色"。[49]

亚里士多德就提出过类似的理论，但是列奥纳多根据个人观察进行了完善。他登上了阿尔卑斯山位于意大利境内的罗莎峰，在山顶注意到天空变得更蓝了。"如果你登上高山的山顶，头上天空会相应地看起来颜色更深，因为你与外面黑暗空间之间的大气变得更稀薄了；高度每增加一级，这个现象就愈加明显，直至最后我们只能看到漆黑一片。"

为了测试这个解释，列奥纳多还做了实验。首先，他将朦胧的白色水彩覆盖在黑色背景上，复现出天空的蓝色。"任何想看到最终证据的人，都可以在一块板子上涂上各种颜色，其中应该有漂亮的黑色，在所有这些颜色上面涂一层薄而透明的铅白色，然后就会发现，无论将铅白色涂在哪种颜色上，都不会呈现出比涂在黑色上更漂亮的天蓝色。"[50]他在另外一个实验中用到了烟雾。"用少量干木柴燃起烟雾，让阳光能够照到烟雾。在烟雾后面挂一块黑色的天鹅绒，不要让它暴露在阳光下，你会看到，在眼睛和黑色天鹅绒之间的所有烟雾都呈现出一种非常优美的蓝色。"[51]他还用"在暗室中喷射水雾"的方法重复了这一现象。作为一名勤奋的试验者，他先后用含有杂质的普通水和纯净水进行了实验，并发现这个过程可以"制造出在阳光照耀下的蓝色，特别是用蒸馏水的时候"。[52]

列奥纳多发现自己又被另外一个相关问题所困扰：彩虹是如何产生的？这个问题需要等待牛顿来回答，他演示了白光如何被水雾散射成构成它的不同波长的色光。列奥纳多也没能发现另外一个现象：与波长较长的光相比，在光谱蓝色一端那些波长较短的光更容易发生散射。关于这一现象的解释有待于19世纪末雷利勋爵的发现，以及后来爱因斯坦提出的精确的散射公式。

第二十九章
罗马时期

梅尔奇别墅

法国与意大利城邦之间的同盟关系变幻莫测，其中不乏持续不断的战争，不过比起战争，这些武装行动经常更像是游行庆典。"军队列队通过意大利的时候，有宴会、演出、烟花表演、骑马比武、缴收财产，以及偶尔的大屠杀。"罗伯特·佩恩写道，"法国贵族获得了新头衔、新体验、新情妇和新疾病。"[1]

1512 年，在最后的一次武装冲突中，法国失去了对米兰的控制，从十三年前驱逐了卢多维科·斯福尔扎后，他们一直掌握着米兰。1512 年年底，马克西米利安（马西米利亚诺）·斯福尔扎再次夺取了这座城市，并维持了三年的统治。

在这种政治动荡中，列奥纳多一般通过远离是非之地的方式置身事外，不过他也会试图顺应潮流，找到有权势的赞助人，不论他们是何种政治派别。列奥纳多作为一名佛罗伦萨的年轻人，在移居米兰、成为斯福尔扎家族的盟友前，并不属于美第奇家族首选的赞助对象之列。当斯福尔扎家族被法国人驱逐后，列奥纳多转而投靠切萨雷·波吉亚，最后米兰的法国总督查尔斯·德安布瓦兹成为他可靠的赞助人。但是在 1511 年，查尔斯去世了，而斯福尔扎家族准备夺回公爵领地，列奥纳多因此决定离开米兰。他不想搬回佛罗伦萨，未完成的《博士来拜》和《安吉亚里之战》依然在他的眼前若隐若现，在接下来的四年中，他开始四处寻找新的赞助人，还随身带着一直在慢慢完善的几幅画作。

在 1512 年的大部分时间里，列奥纳多都舒适地住在他的学生和养子弗朗切斯科·梅尔奇的家里，那年梅尔奇二十一岁。这是一种奇怪的家庭关系：列奥纳多收养了弗朗切斯科，他们现在和弗朗切斯科的生父吉罗拉莫·梅尔齐住在一起；同住的还有列奥纳多依然喜爱的萨莱，他现在三十二岁。这栋房子是宏伟的方形别墅，位于峭壁之上，可以俯瞰距离米兰十九英里的阿达河，这个距离刚好可以让列奥纳多免于被卷入地缘政治的旋涡。

在梅尔奇的别墅里，列奥纳多可以悠闲地对他所有的好奇和兴趣进行广泛的探索。尽管他没有机会再接触人的尸体，但是他解剖了动物，包括牛的胸腔和仍在跳动的猪心。他完成了《莱斯特手稿》中的地质学笔记，分析了附近的岩层和阿达河的旋涡。"水的顺流和逆流就像在瓦普里奥的磨坊那里看到的一样。"他在一页笔记里写道。他还向梅尔奇家族提供了一些建筑建议。他在笔记本中绘制了别墅的平面图和可能要建的穹顶，而且在一页有解剖图的笔记里，他又画了一幅别墅的草图，还写了一条关于一个塔楼房间的说明，那个房间可能是他的书房。然而，他并没有用这些时间将他的地理学、解剖学、飞行或水力研究的成果整理成可以出版的专著——他依旧是那个列奥纳多，永远在追逐自己的好奇，对完结那些未了之事缺乏热情。[2]

列奥纳多的肖像

列奥纳多在梅尔奇别墅度过了六十岁生日，围绕在他身边的人几乎算得上是他的家人。那时的他相貌如何呢？他那英俊的脸庞和飘逸的卷发历经岁月之后变成什么样子了呢？那一时期，有几幅列奥纳多的肖像留存于世，还有几幅肖像中的人物也可能是他。画中人物都有一个共同点——看上去老态龙钟，也许是过早衰老的迹象，而且作者都把他描绘成一位令人敬佩的圣贤偶像，胡须飘逸，眉头紧锁。

有一幅令人好奇的草图是列奥纳多的亲笔（图120）。[3] 在这页笔记里有左手绘制的阴影线、用镜像体写的笔记，笔记背面还有对梅尔奇别墅的建筑研究，这些证据说明他在1512年左右画了这幅画像。画中有一位老人拄着拐杖坐在岩石上，他的左手托着头，好像在沉思，或者也

图 120_ 老人和水流运动的研究

许是陷入了忧郁；他日益稀疏的头发在头顶一绺绺地卷曲着，胡须几乎垂到胸前；虽然略带疲惫，他的眼睛仍然留神地凝视着；他的嘴角向下（其他大多数疑似为列奥纳多的肖像也都如此），鹰钩鼻很突出，就像列奥纳多的涂鸦里经常见到的那种脸型像胡桃夹子的男人。

　　这位忧郁的老人似乎正盯着列奥纳多在对页上画的一幅旋涡图，他画过很多这样的旋涡，水流形成的湍流和旋涡看起来就像卷发一样。实际上，在这页底部的笔记中，列奥纳多对旋涡和卷发进行了比较。但是，年迈的艺术家注视着旋涡的图景更像是一种隐喻，而非事实——因为这个对开页是折叠的，所以人像和涡旋可能是分别绘制的。即便如此，列奥纳多依然一如既往地让人充满猜想。他是在想象自己感伤地凝望着流水吗？折页之间的联系究竟是潜意识的反映，还是纯属巧合？

　　而且，列奥纳多当真是在有意无意地描画自己吗？画中人看起来已超过六十岁，但这也许就是列奥纳多六十岁时的样子。在许多被认为可能是列奥纳多的肖像中，他看起来都比实际年龄要苍老，所以很有可能是过早的衰老让他变成了一副长胡须的智者模样，又或者，这也许是他想象中自己的模样。正如肯尼斯·克拉克所写的那样，"即使这不是严格意义上的自画像，我们也可以称其为自画漫像，即本质特征的简洁呈现"。[4]

列奥纳多做沉思状的画像与另一幅侧面肖像有些相似之处，对于后者，我们几乎可以肯定是他的肖像：这幅红粉笔画的肖像通常被认为出自梅尔奇之手，创作时间很可能是在1512年到1518年，上面用大写字母标着"列奥纳多·芬奇"（图121）。[5]这两幅画的相似之处耐人寻味：

图 121_ 列奥纳多像，梅尔奇作

在梅尔奇画的肖像中，列奥纳多仍然面貌英俊，一头卷发披散在肩上，浓密的胡须几乎垂到了胸前，他的鼻子很突出，鼻头很尖，但不是鹰钩鼻，与那种胡桃夹子式的人物漫画不同。在两幅画中，人物的前额和眼睛看起来类似。它们最相似之处是两幅画所刻画出的须发飘飘、年迈优雅的圣贤形象。

如果梅尔奇的红粉笔肖像和列奥纳多笔记本里的老人都是列奥纳多本人的话，那么可以看出，老师和学生在描画人物时有所不同。列奥纳多笔下的人物看起来更加衰老，也许这是他想象中自己的老年；梅尔奇则相反，他画的人物看起来更年轻，仍然充满活力，脸上几乎没有皱纹，表情和目光依然充满力量，这无疑是他想留在记忆中的老师的形象。

多年来，列奥纳多经常被描绘成一位长胡须的哲人，这已经成了一种标准形象，这种形象既取材于现实，又含有编造神话的意味。一个典型的例子是意大利艺术家拉斐尔——列奥纳多年轻的追随者——在梵蒂冈画的一幅壁画。他的《雅典学院》大约绘制于列奥纳多六十岁的时候，画中描绘了二十多位古代哲学家在一起热烈讨论的场景。画面的中心是柏拉图，他与亚里士多德并肩阔步（图122）。拉斐尔将同时代的人作为画中大多数哲学家的模特，其中柏拉图的形象看起来是列奥纳多。他身穿玫瑰色的宽袍，搭配彩色的束腰短袍，列奥纳多因喜欢穿着这样的短袍招摇过市而闻名。就像梅尔奇和其他人画的列奥纳多的肖像一样，柏拉图也已经谢顶，头顶有几缕卷发，头两侧一绺绺的卷发像波浪一样垂到肩膀，还有卷曲的胡须一直垂到胸前。另外，柏拉图还做了一个列奥纳多标志性的手势：他的右手食指指向天空。[6]

另一幅疑似是列奥纳多的肖像可能由他的一位学生所作，这幅模糊的肖像画在列奥纳多的一页笔记里，这页笔记里还有列奥纳多画的马（图123）。[7] 通过左手画的阴影线和优美的造型，我们能判断出这页一侧的马腿出自列奥纳多的手笔，但是另一侧模糊的人像是用右手阴影线

464

图 122_ 拉斐尔画的手指朝天的柏拉图，原形可能是列奥纳多

画的，画风也不同。人物有像波浪一样的胡须，似乎还戴着帽子。有一点颇显可爱，在这幅画的正下方，有一幅更加模糊的肖像，所画人物是一位非常年轻的小伙子，他戴着类似的帽子，也有一头卷发，这可能是那位学生本人。

列奥纳多去世后，在很多绘制于 16 世纪的肖像中，他都戴着帽子，比如 16 世纪 60 年代瓦萨里的《意大利艺苑名人传》中的木版画插图（图 124）。另外一个有争议的例子是 2008 年发现的一幅被称为《卢卡肖像》的作品（图 125），画中的人物是四分之三侧面像，他戴着一顶布帽，而这种布帽一直都与列奥纳多联系在一起。它似乎是很多类似肖像和版画的模板，或者相反，它是根据那些作品绘制而成的，那些作品中的人物都戴着一顶帽子，胡须飘逸，通常被认为是列奥纳多的形象，比如一幅现存于佛罗伦萨乌菲齐美术馆中的著名肖像（图 126），它也是本书的封面。

465

图 123_ 一位学生画的人像，画中人物可能为
列奥纳多

图 124_ 瓦萨里书中列奥纳多的肖像

图 125_《卢卡肖像》

图 126_ 乌菲齐美术馆中的肖像

　　在所有这些可能是列奥纳多的肖像中，最出色也是最出名的一幅由列奥纳多亲笔所绘，这幅令人难忘的红粉笔肖像同样有他左手绘制的阴影线。这幅被称为《都灵肖像》（图 127）的画像因为其存放地而得名，无论它是否确实为列奥纳多的自画像，因为屡屡被复制，它已经定义了我们对列奥纳多的印象。画中是一位胡须飘飘的老人，长着波浪一般的卷发和浓密的眉毛，头发清晰的线条与脸颊晕涂的柔和彼此映衬。

图 127_《都灵肖像》

列奥纳多用或直或曲的阴影线绘制出鼻子精妙的影调和造型，虽然明显是鹰钩鼻，但是没有他画的胡桃夹子般的男性那样夸张。就像列奥纳多的很多作品一样，人物脸上的复杂表情让观者每次看都会产生不同的感受：坚强或脆弱，顺从或急躁，听天由命或不屈不挠。人物疲惫的双眼露出沉思的神情，低垂的嘴角显得忧郁。

奇怪的是，人物的眼睛没有看着我们，而是盯着左下方。那时的列奥纳多正在用镜子做实验，他制作了一些以一定角度连接在一起的镜子，类似于现代药柜上的三面镜，甚至还设计了一组人可以站进去的八面镜。所以在画这幅画的时候，他可能是在工作室里，通过用合页连接而成的镜子间接地观察自己。《都灵肖像》中偏移的目光与最近发现的一幅列奥纳多画的草图有相似之处，这可能也是他的自画像，它隐蔽地藏在《鸟类飞行手稿》的笔记中（图128）。[8]

但是《都灵肖像》真的是一幅自画像吗？这幅肖像中的老人与列奥纳多笔记本中凝视急流的老人一样，看上去比六十岁还要苍老。人物的发际线更加退后，眉毛更浓密，胡须比梅尔奇画的肖像要稀疏一些。

图 128_ 列奥纳多笔记本中的人像，可能为自画像

列奥纳多那时真的比实际年龄看起来更苍老吗？有证据表明这可能是事实，因为一位后来在法国拜访过他的旅行者说他看起来比实际年龄大十岁。或者，列奥纳多是否在陷入自省的时候，更愿意将自己画成想象中未来的样子呢？也许这是他又一幅像胡桃夹子的夸张人像或者类似的怪诞画。不过，列奥纳多还有可能画的是其他人，比如他的父亲或者叔叔，他们都活到了八十岁左右。[9]

如果我们把《都灵肖像》和其他疑似的肖像和自画像——包括拉斐尔和梅尔奇的作品——放在一起分析的话，我们会发现它们的共同点很可能就是列奥纳多的实际形象。这些画像统统将列奥纳多的形象设定为一个偶像式的胡须飘逸的天才人物和一位文艺复兴时期的探索者：认真专注又容易分心，充满激情又内心忧郁。他的这个形象与几乎同时代的吉安·保罗·洛马佐的描述非常吻合，洛马佐是 16 世纪意大利的画家和艺术领域的作家，他写道："列奥纳多有长长的头发、睫毛和胡须，似乎真正体现了求知者的高贵，就像拥有法力的赫耳墨斯和古时的普罗米修斯那样。"[10]

前往罗马

列奥纳多一直在寻找有权势的赞助人。1513 年，米兰仍被控制在列奥纳多之前的赞助人斯福尔扎家族手中，但是罗马出现了一位新的赞助人。那一年的 3 月，乔瓦尼·德·美第奇被选为教皇利奥十世，他的父亲是"伟大的洛伦佐·德·美第奇"，这位曾经的佛罗伦萨统治者也是列奥纳多的赞助人，不过他对列奥纳多半心半意，正是他将年轻的列奥纳多派去了米兰，而他的儿子乔瓦尼成了最后一个还未成为神父就篡取了教皇之位的人。乔瓦尼的大部分精力都花在梵蒂冈与法国动荡的关系上，而法国的目标是重新夺回米兰，并正在与意大利的其他城市订立协约。这位新教皇后来还将面对马丁·路德和他宗教改革的威胁。但是，在1513年，乔瓦尼仍有机会以艺术赞助人的身份一掷千金，在戏剧、音乐、诗歌和艺术中流连忘返。他说，"让我们享受教皇的权位吧，既然上帝已经将它赐予我们"，他不仅说到做到，而且兴致益然。

教皇利奥十世对艺术挥霍无度的赞助得到了他的弟弟朱利亚诺的支持，朱利亚诺从佛罗伦萨来到罗马，在教廷中聚集了一批知识分子。作为艺术和科学的爱好者，他是列奥纳多理想的赞助人选，他向列奥纳多发出了邀请，并提供一份薪俸。列奥纳多接受了这一邀请，因为他已经厌倦了靠不断完成委托来支撑自己的生活。在接下来的几年中，"伟大的洛伦佐"的两个儿子将弥补他们的父亲对列奥纳多的漠不关心。[11]

"1513年9月24日，我离开米兰前往罗马，同行的有焦万、弗朗切斯科·德·梅尔奇、萨莱、洛伦佐和凡佛伊亚。"列奥纳多在一个新笔记本的首页上做了记录。当时梅尔奇二十二岁，萨莱三十三岁。列奥纳多还记录了将五百磅私人物品从米兰运到罗马的花费。这些宝藏中包括一百多本书籍、日见增多但是未经整理的各种笔记、解剖学绘稿、科学仪器、艺术用品、衣服和家具。最重要的是，其中有五六幅他念念不忘、仍在想方设法加以完善的画作。[12]

列奥纳多在穿越山脉的时候还在搜寻化石。"我在亚平宁山脉高处的岩石中发现了一些贝壳，其中大部分都在拉维纳的岩石里。"他记录道。[13] 翻越亚平宁山脉后，他在佛罗伦萨稍做停留，拜访了一些亲戚。他在一则备忘里写道，询问"亚历山德罗·阿马多里牧师是否健在"，这位牧师是他继母阿尔比拉的兄弟，[14] 他确实在世。但是对于列奥纳多来说，这座早年生活过的城市并不值得留恋，尽管它重新回到了美第奇家族的手中——这里有太多阴魂不散的旧人旧事。

罗马对于列奥纳多来说是一座崭新的城市，他从来没有在这里生活过。这里云集了伟大的建筑师，包括他的朋友多纳托·布拉曼特——他正在对大片道路建筑进行现代化改造。除此以外，布拉曼特还在建造一座庄重的有观景露台的庭院，庭院两侧是拱形走廊，走廊将梵蒂冈宫与优雅的教皇夏宫——美景宫连在一起。这座别墅建成不到三十年，位于俯瞰罗马的高地上，夏日凉风习习。它由安东尼奥·波拉约洛设计，列奥纳多在佛罗伦萨时已经对他非常了解了。

这座别墅里住着受教皇利奥十世和朱利亚诺青睐的宾客，列奥纳多的住所也被安排在了这里。对他来说，这个居所堪称完美。虽然美景宫稍显偏远和僻静，但是在这里住的都是艺术家和科学家，而且美景宫及其庭院包含了宏伟建筑与自然景观，有一座动物园、一座植物园、果园、鱼塘，以及近几任教皇收藏的古代雕塑，比如《拉奥孔和他的儿子们》和《贝尔维德尔的阿波罗》。

更令人高兴的是，教皇命令他的一位建筑师将美景宫"列奥纳多·达·芬奇大师的住所"翻新。这项工程包括拓宽一扇窗户，添加木隔板、一个研磨颜料的箱子，还有四张餐桌——这意味着列奥纳多要负担家中众多助手和学生的生活。[15]

美景宫的花园里有一处自然保护区，这里有来自世界各地的稀有植物。列奥纳多观察了多种多样的叶子，研究它们如何按照螺旋方式生长，以争取最大限度地沐浴在阳光雨露中，这被称为螺旋叶序。花园还为他喜欢的恶作剧提供了舞台。一天，花园里一位种葡萄的农人给列奥纳多看了一只奇异的蜥蜴。"列奥纳多用其他蜥蜴的鳞做了几只翅膀，然后用水银混合物固定在这只蜥蜴的背上，于是它行走的时候，那些翅膀就会颤动。"瓦萨里写道，"他还给它装上了眼睛、角和须，驯养在盒子里，但是当他给朋友们看的时候，所有人都被吓跑了。"另外一个把戏是用蜡制成动物形象，然后往里面吹气，这样它们就会飞起来，教皇都被逗乐了。

自从解决家族遗产纠纷后，列奥纳多和同父异母兄弟间的关系有所改善，他到罗马的时候，找到了他父亲的婚生长子，朱利亚诺·达·芬奇，很自然，他也是一位公证员。朱利亚诺被允诺了一份有俸圣职，即带薪的教会职位，但是中间发生了一点儿小差错，列奥纳多主动代表他出面解决。他亲自去查了登记册，发现这项委托尚未被登记，就向负责审查教廷职位候选人资格的主教求助。随后二人讨论了费用和解决的难度，显然这是为了索取贿赂。最终事情得到了解决，朱利亚诺的妻子似乎非常高兴，她在写给丈夫的一封信中，在信末附言里写道："我忘了让你代我问候你的兄弟列奥纳多，他是一个非常了不起的、与众不同的人。"[16] 朱利亚诺把这封信交给了列奥纳多，后者一直将这封信保存在自己的文件中。

　　在另一位同父异母的兄弟多梅尼科庆祝儿子出生时，列奥纳多的一则黑色幽默表现出了他对父子关系和家庭关系的矛盾心理。列奥纳多在给多梅尼科的信中充满了讽刺和佯装的哀悼，这也许只是一种半开玩笑的口吻。"我亲爱的弟弟，"他写道，"不久前，我从你的来信中得知你有了一位继承人，我知道这一定让你万分喜悦。我一直认为你是谨慎的人，但是现在从你的不谨慎看来，我完全确信我对你的判断有失准确；我看到你一直在祝贺自己创造了一个虎视眈眈的敌人，他会用尽全力去追求自由，而这只有在你死后才能实现。"[17]

尽管教皇和他的弟弟委托艺术家们创作大量的作品——这些艺术家包括拉斐尔和米开朗琪罗——但是列奥纳多依然没有重拾画笔的愿望。对于他那令人印象深刻的执拗天性，这肯定是一次考验，他既享受着赞助人的溺爱，又要顶住他们对艺术品如饥似渴的需求带来的压力。巴尔达萨雷·卡斯蒂廖内是一位作家，也是教廷的侍臣，他在罗马结识了列奥纳多，他笔下的列奥纳多是"世界上最优秀的画家之一，拥有极为罕见的绘画天赋，却对此鄙夷不屑，还让自己去学习哲学（这里指的是科学）"。[18] 后来，列奥纳多还是接到了一份来自教皇的委托，但是显然没有完成。他接到委托后，先想到的是完成作品后要涂的清漆，但是他提炼清漆的过程没完没了，教皇抱怨说，"唉，这个人绝不会做成任何事，因为还没开始，就在纠结结果了"。[19]

除此之外，列奥纳多似乎没有再收到任何新的委托，也没有开始创作任何新的艺术作品。他与画笔的唯一接触就是以一种缓慢而慎重的方式，不断地完善那些留在身边的画作，他已经在上面花费了很多功夫，而且拒绝放手。

然而，列奥纳多更感兴趣的仍然是科学和工程学。他接受了一项为沼泽设计排水方案的工作，这片沼泽是位于罗马东南五十英里的蓬蒂内沼泽，朱利亚诺·德·美第奇受他哥哥的委派，要将这里变成田地。列奥纳多考察了这个地区，画了一幅色彩淡雅的鸟瞰图，梅尔奇还标注了文字，图中显示的方案是建造两条新的运河，在山涧流入沼泽之前，运河就要把它们排入大海。[20] 列奥纳多还为朱利亚诺设计了一台轧机，可以铸造出边缘齐整的硬币。

在罗马，列奥纳多最感兴趣的工艺是制镜。韦罗基奥的作坊曾焊接过一个铜球，并将其放置在佛罗伦萨大教堂的穹顶上，那时，十九岁的列奥纳多参与了这项工作，从那时起，他就一直着迷于制作凹面镜的方法，这些镜子可以将太阳光汇聚在一起产生热量。在整个职业生涯中，他就凹面镜的聚光方式和制作方法画过近两百幅草图，还研究了曲面上光线反射的数学规律，以及加工金属时用磨石来塑形和抛光的技术。[21]15 世纪70 年代末，他在佛罗伦萨画过一些相关的机械设计草图（图 129），草图中有一个熔炉、一台磨制模具的机器、一架用模具压制金属的压床，还有一个内含曲边图形的圆锥体。[22] 在另一幅草图中，有一架机器可以

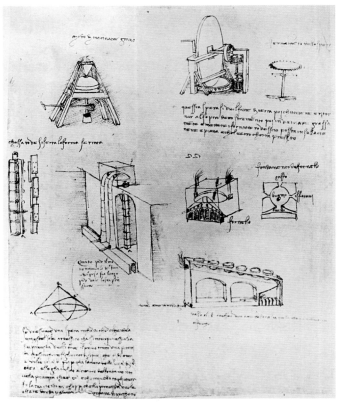

图 129_ 制镜设备

转动一个巨大的金属碗，将其抬高并压在一个曲面的磨石上，旁边的附注写着"制作一个能点火的凹面镜"。[23]

　　这些年来，列奥纳多对于镜子聚焦的数学规律的兴趣越发浓厚，他画了很多不同方向的光线射到曲面上的示意图，还说明了它们反射的角度。他要解决的问题是如何在凹面镜上找到一个位置，在此位置上，来自某个方向的入射光可以被反射到指定的点（类似于在一个圆形台球桌的边沿找到一个位置，当你朝此处击打母球的时候，它反弹回来会击中你的目标球），早在公元 150 年，托勒密就提出了这个问题，11 世纪的阿拉伯数学家海塞姆也曾研究过它。列奥纳多没能用纯数学的方法解决这个问题，所以在一系列草图中，他发明了一种用机械来解决这个问题的方法——他更擅长使用视觉化的工具，而不是公式。

在罗马期间，他至少为凹面镜聚光的数学规律及其制造技术写过二十多页笔记，特别是有关巨型凹面镜。[24] 那时他对此的兴趣部分源于他的天文学研究，因为他想找到更好的观测月亮的方法，但是他主要的兴趣点依然是用镜子聚光发热。他一直把自己当作一名军事工程师，想将镜子作为一种武器，就像传说中阿基米德曾以此点燃围攻叙拉古的罗马战舰那样。这些镜子还可以被用来焊接金属，以及加热大型煮器。"这面镜子可以为染坊里的任何煮锅加热。"列奥纳多写道，"它还可以加热泳池，因为一直会有开水。"[25]

在美景宫与列奥纳多同住的还有一位德国助手，他本应负责协助列奥纳多制作他所需的镜子，并为教皇和朱利亚诺的衣帽间生产镜子。但是，他不仅为人不忠，还懒惰、性情乖戾，这让列奥纳多大发雷霆。他生病了，而且情绪暴躁，在三封写给朱利亚诺的长信草稿中，他再也抑制不住内心的狂乱，字里行间充满报怨之词。

这已经不是列奥纳多第一次脾气失控了。他还在米兰的时候，曾经愤然扔下为公爵装饰房间的工作，写了一封言辞激烈的投诉信，然后又将其撕成两半。但是他给朱利亚诺起草信件的激烈程度又是另外一个量级。他在信中讲述了自己与德国人的冲突，行文连篇累牍、内容混乱，似乎濒临"妄想狂"的边缘，不仅杂乱地堆砌了很多细节，还时不时地跑题，朱利亚诺看了大概会感到迷惑不解。列奥纳多不只写到了"那个德国骗子的邪恶"，还有这个人为了给别人干活，背叛自己私建工作室，甚至还告发他整日浪费时间与瑞士士兵猎鸟。这不是我们通常所见的那个温和善良的列奥纳多，那个列奥纳多对年轻的随从照料有加，对于捣蛋鬼萨莱的越轨行为，眼中都闪着怜爱。

列奥纳多的另外一位克星也是一个同住在美景宫的德国人，这个叫乔瓦尼的人是与他竞争的制镜师。列奥纳多在一封信稿中写道，"那位德国制镜师乔瓦尼每天都出现在我的工作室，想要窥视我做的一切，然后他还到处宣扬，凡是看不懂的，一律横加批评"。他指责乔瓦尼心怀嫉妒，然后就开始絮絮叨叨地讲述乔瓦尼如何让刚才提到的那位年轻助手与自己作对。[26]

在这段时期，列奥纳多仍在继续他的解剖学研究，他在罗马至少解剖过三具尸体，还完善了人体心脏的解剖图。那时，解剖并不是违法行为，但是列奥纳多却被阻止继续从事解剖工作。"教皇发现我剥去了三具尸体的皮肤。"他写道，然后将其怪罪在嫉妒他的乔瓦尼头上，"这个人妨碍了我的解剖工作，在教皇和医院那里告发我。"[27]

列奥纳多不仅情绪低落，还疏于艺术创作，这与同时期的米开朗琪罗和拉斐尔形成了鲜明的对比，也让他渐渐远离了美第奇家族的圈子。朱利亚诺的影响力衰落后，情况更加恶化。1515年年初，朱利亚诺被派去迎娶一位法国公爵的女儿，并于一年后，因为久治不愈的肺结核去世。对于列奥纳多来说，又到了该离开的时候。

教皇利奥十世访问佛罗伦萨和博洛尼亚的时候，列奥纳多受邀作为随同人员，就在这时，他发现了一个新的机会。1515年11月，出身美第奇家族的教皇得意扬扬地回到了他的家乡佛罗伦萨。一位亲历者说，"所有重要人物都列队欢迎他，还有五十名年轻人，他们全都有最富有和最显赫的家世，他们身着有皮毛领的紫色侍从制服徒步行进，每人都手持银灰色的小型长矛，这些长矛非常精美"。列奥纳多在他的笔记本里画了为游行队伍建造的临时拱门。当教皇到达议会大厅参加军事统帅的集会时，仍然可以在大厅的墙上看到列奥纳多未完成的那幅《安吉亚里之战》。

教皇在佛罗伦萨也召集了一群顶尖的艺术家和建筑师，讨论如何以布拉曼特改造罗马的方式让佛罗伦萨焕然一新。列奥纳多为自己的构想绘制了草图，他计划彻底改建和扩建美第奇家族所在城区的广场，拆除圣洛伦佐教堂前面的房屋，这意味着他年轻时的很多街巷都将消失。在他画的设计图中，美第奇宫的正立面焕然一新，就面向宏伟的新广场。[28]

但是，列奥纳多并没有在佛罗伦萨停留。他跟随教皇的队伍到了博洛尼亚，教皇计划在那里与新任法国国王弗朗西斯一世举行秘密会谈，这位国王刚刚年满二十一岁。弗朗西斯一世于 1515 年 9 月从斯福尔扎手中夺去了米兰的控制权，这让教皇不得不设法与他和平相处。

虽然这次和谈并没有解决法国与意大利之间的争端，却最终让列奥纳多找到了一位新的赞助人。教皇与国王协商的时候，列奥纳多也在场，在其中一次会谈中，他画了一幅铅笔素描，画中的人物是阿蒂斯·古菲耶，他是国王的老师和书记官。可能就是在博洛尼亚的时候，法国国王第一次试图劝诱列奥纳多前往法国。

第三十章
手指的方向

道成肉身

从 1506 年到 1516 年，列奥纳多往来于米兰与罗马之间，一边追寻他的热情，一边投奔合宜的赞助人，在这期间，他还画了三幅作品，这些作品就像充满灵性的挽歌，似乎他意识到自己时日无多，陷入了对前途的思索。这三幅作品中有两幅性感的《施洗者圣约翰》，其中一幅在多年后被人改绘成了酒神巴克斯，还有一幅现已遗失的《天使报喜》中的天使。这些画及相关的草图中都有一位相貌甜美、雌雄同体的男子，他散发着谜一样的气质，直视（或许是以诱惑的眼光斜睨）着观看者，用一根手指指示着方向。尽管列奥纳多痴迷于科学，但也许正是因为这个原因，他越发深刻地认识到，我们在宇宙中的位置是一个难解的充满灵性的谜团。正如肯尼斯·克拉克所指出的那样，"对于列奥纳多来说，神秘是一抹阴影、一个微笑和一根指向黑暗的手指"。[1]

这些画作的与众不同之处并不在于它们是宗教主题，文艺复兴时期其他大师的作品，或者列奥纳多的大多数作品都属于这一题材；它们的特别之处也不在于列奥纳多用了指示方向的手势，伯林顿府草图中的圣安妮和《最后的晚餐》中的圣托马斯，他们的手都指向上天；列奥纳多晚期这三幅作品的独特之处在于，那种充满灵性的手势直指我们这些观看者的内心。在这幅晚期绘制的《天使报喜》中，天使在报告来自上天的消息时，并没有朝向马利亚说话和做手势，反而是冲着我们。同样地，在两幅圣约翰的画像中，圣约翰亲切地看着我们，手指着救赎的方向。

几个世纪以来，有些评论家声称，列奥纳多赋予人物的情色诱惑破坏了这些作品的精神实质，不过这也许是一种故意的离经叛道。1625 年，法国皇室收藏的一位编目员抱怨圣约翰的画像"令人不悦，因为它无法激起虔敬之心"。与之类似，肯尼斯·克拉克写道，"我们的礼仪规范被彻底冒犯了"，他还补充说，圣约翰的形象"几乎是亵渎地背离了福音书中激昂的禁欲主义"。[2]

我怀疑列奥纳多并不认为自己是在亵渎神明或者宣扬异教，我们也不该这么认为。这些作品中性感撩人的元素并没有减损列奥纳多想要传达的强烈的灵性，相反，它们加强了这一点。虽然圣约翰看上去更像一位引诱者而不是施洗者，但是列奥纳多用这种描绘方式将精神与感官联系在了一起。通过强调灵性与肉体并非二元对立，列奥纳多饱含感情地诠释了他所理解的"道成了肉身，住在我们中间"。[3]

《施洗者圣约翰》

通过列奥纳多笔记本里的草图，我们得知1509年他在米兰的时候，就已经开始绘制《施洗者圣约翰》（图130）了。[4] 但是和他晚期的许多作品一样，他将这幅画带在身边，不时地加以完善，直到生命的尽头，这些创作最终大多变为满足个人热情，而不是为了完成别人的委托。在画面中，列奥纳多的关注点集中在圣约翰的眼睛、嘴和手势上。人物从黑暗中现身的特写镜头赫然呈现在我们面前。没有让人分心的风景或者光线，唯一的装饰是列奥纳多式的卷发。

圣约翰的手势指向上天，这既是领受神的旨意，又是指出他身上光明的来源，从而履行了他在《圣经》中"为光作见证"的职责。[5] 列奥纳多用明暗法将浓重的阴影与醒目的光亮进行了对比，增强了画面的神秘感；不仅如此，这也让人们对圣约翰作为真光见证者的身份印象深刻。[6]

圣约翰带着一种神秘的微笑，这已经成了列奥纳多的标志，但是他的微笑中有一种挑逗性的调皮，这是圣安妮和蒙娜丽莎的微笑中所没有的。圣约翰的微笑以一种既诱惑撩人又充满灵性的方式招引着人们，

图 130_《施洗者圣约翰》

这与他雌雄莫辨的外表一样制造出一种情色的悸动。他虽然肩膀和胸部宽阔，但是富有女人味。人物似乎是以萨莱为模特的，有与他一样柔和的脸庞和披散下来的卷发。

列奥纳多在画油画的时候，会在画上涂抹多层半透明薄釉，而现在这一过程变得更加细致和缓慢。他不会匆忙地完成任何作品，有时甚至过于缓慢了。在《施洗者圣约翰》中，这种缓慢的绘画节奏让他可以更细致地应用晕涂法。最终，画面不仅轮廓柔和、线条朦胧，而且光亮与黑暗之间的过渡也非常细腻。

不过，在这幅画中有一处例外。列奥纳多将圣约翰的手画得清楚明晰，就像他笔下《救世主》中基督赐福的那只手一样。圣约翰指示方向的食指与中指的轮廓界线非常明显，这不像列奥纳多作品中的线条，反倒接近米开朗琪罗的风格。这可能是因为某个时期的错误修复所致。但是我怀疑，列奥纳多可能是故意为之，特别是在那幅后来变成酒神巴克斯的版本中，他在人物的手部也使用了同样锐利的轮廓线。根据他的隐没透视理论，他知道这样处理会让手显得离观看者更近，好像它与画面其他部分不在同一个平面似的。于是这幅画中出现了一种视觉分离的现象：手与线条柔和的手臂本来与观看者的距离相同，但是因为手部的线条更加明晰，就好像从画面中向我们伸出来一样，而且聚焦也更加清晰。[7]

《像酒神巴克斯的圣约翰》

关于圣约翰的主题，还有另一幅变体作品来自列奥纳多的作坊，它很可能基于列奥纳多的草图，其中部分是他的亲笔，其他人也参与了创作。这幅作品中的圣约翰是全身像，他坐在黑黢黢的岩石上，右侧是阳光普照的山脉与河流（图131）。在萨莱1525年的财产清单中，它被

图 131_ 改绘为酒神巴克斯的圣约翰

称为一幅大尺寸的圣约翰画像，在 1625 年法国枫丹白露的皇室艺术收藏目录中也是这么记录的。但是在 1695 年的藏品目录中，圣约翰的名称被划掉了，取而代之的是"风景中的巴克斯"。我们从这一点可以推断，这幅画在 17 世纪末被人修改过，可能是出于宗教原因或者性忌讳，圣约翰变成了罗马的酒神巴克斯。[8]

列奥纳多为这幅画画过一幅优美的红粉笔草图，这张草图曾被保存在米兰北部瓦雷泽城山顶的一处宗教"圣地"的小型博物馆中。图中的圣约翰坐在一块突出的岩石上，他的左腿跷在右腿上，身体像萨莱一样，肌肉发达又略显丰满，他深陷在阴影中的双眼全神贯注地凝视着我们。"我很少在列奥纳多的原创作品中看到这么直白的人物。"卡洛·佩德雷蒂写道，他于 20 世纪 70 年代专程去那家博物馆朝拜了此画。[9]令人遗憾的是，1973 年，有人盗走了这幅画，自此它就再也没在公众面前出现过。在这幅草图中，列奥纳多笔下的圣约翰全身赤裸，而且有证据表明最终作品中的圣约翰也是全裸的。但是当他从施洗者被改绘成巴克斯的时候，他的胯上盖了一块豹纹布，头上戴了一个常春藤花环，手中原本的手杖或十字架也变成了酒神杖。列奥纳多笔下令人不安的肉体与精神相互交融的形象被替换成了一位"异教"的神，于是他身上洋溢的那些活力也不再显得离经叛道了。[10]

无论是在列奥纳多的草图中，还是在最终作品中，最引人注目的是那个指示方向的手势。这一次的圣约翰与列奥纳多那幅没有任何修饰的圣约翰不同，他的手指不再指向上天，而是指着他左侧画面之外的黑暗处。就像《最后的晚餐》一样，观看者几乎可以听到伴随手势的话语，圣约翰在宣告"那在我以后来的，我就是给他提鞋也不配"。[11]

比起列奥纳多的另一幅圣约翰，这幅的人物笑容没有那么诱惑，体形也更强健、更男性化，不过脸部依然雌雄莫辨，仍旧有一头萨莱式的卷发。与列奥纳多典型的风格相比，指示方向的手和左腿的轮廓显得更加锐利清晰，但是画面其他部分依然体现出他标志性的晕涂法。尚不清楚这是因为腿和手被人重新画过，还是由于它们出自某位学生之手，又或者列奥纳多故意用锐利的轮廓让它们显得离观看者更近——我猜测是最后一种可能。

《天使报喜中的天使》和《天使的化身》

大约在这个时期，列奥纳多还画过另一个手指方向的人物形象——《天使报喜》中的那位天使做了一个和《施洗者圣约翰》中的人物类似的手势。这幅作品现已遗失，但是我们可以从列奥纳多追随者画的摹本中一窥究竟，其中一幅的作者是贝尔纳迪诺·卢伊尼（图132）。

图 132_ 遗失的《天使报喜中的天使》的摹本

图 133_《天使报喜中的天使》，经列奥纳多修正
的学生作品

在列奥纳多的笔记本里，还有一幅他的学生画的该作品的炭笔素描（图 133），素描周围围绕着列奥纳多自己画的马匹、人物和几何图形。在这个学生的素描中，列奥纳多用左手画的阴影线纠正了竖起的手臂位置，使其符合透视带来的缩减变化。

在《天使报喜》的场景中，天使加百列向马利亚宣布她将成为基督生母的消息，15 世纪 70 年代初，列奥纳多还在韦罗基奥的作坊时，主要由他独立完成的第一幅作品就是这个主题（图 13）。不过这一次，画中没有了接受天使宣告的马利亚。相反，天使直接看向了我们，而且他指向上方的手势似乎也是为了向我们宣告什么。像圣约翰一样，天使在预示救主基督即将以肉身降临，后者是灵与肉的奇迹。

天使和圣约翰不仅姿势一模一样，还都有诱惑的眼神、神秘的微笑和闪着光泽的优美卷发，而且他们都姿势撩人地歪着头、扭着脖颈。

他们的区别仅限于指向上天的手臂位置。圣约翰的身体转向左侧，所以他举起来的胳膊看起来和身体交叠在一起。列奥纳多画的少年天使一贯有种女性气质，以至于难以分辨他们的性别；无论是他早期的《天使报喜》，还是在后来的《岩间圣母》，其中的天使皆是如此。在这幅《天使报喜》的场景中，这种雌雄莫辨的特质比以往任何时候都更加明显——天使的胸部隆起，甚至脸也看起来更像少女。

关于这位天使，还有另外一幅令人惊讶的草图至今仍充满争议。它被创作于 1513 年左右列奥纳多在罗马的时候，其中的天使像一位色眯眯地斜睨着的跨性别者，有女性的乳房和勃起的硕大阴茎（图 134）。

图 134_ 画有乳房和勃起阴茎的《天使的化身》

这幅被称为《天使的化身》或《肉身天使》的作品极致地体现出，列奥纳多从不认为灵与肉、男与女泾渭分明，相反，他在其间自由舞蹈。

虽然这幅《天使的化身》被画在列奥纳多常用的一种蓝色的纸上——他的很多解剖学研究和镜子的草图都是用的这种纸——但是他不太可能是这幅画的主要绘制者。这幅画谈不上优美，轮廓和阴影处的笔法笨拙，没有列奥纳多独特的左手画的阴影线。它似乎与列奥纳多纠正过的那幅报喜天使的草图出自同一名学生之手，此人很有可能是萨莱——两幅作品从微笑、手势、空洞的眼神到身体姿势，甚至连举起手臂的透视错误都如出一辙。因为是画在列奥纳多的纸上，所以此画可能是为了博他一乐，也许列奥纳多还在上面做过一些修正，就像他纠正那幅报喜天使的草图一样。

画中人物最终看上去就像一位急于取悦别人的娈童，示意别人与自己亲近。天使身上既有女性化的乳头和少女般的脸庞，又有显眼的阴茎和睾丸，上述特征让这幅作品介于有趣、夸张的漫画与跨性别者的色情画之间。这幅画与列奥纳多笔下的那几幅圣约翰异曲同工：它将天使与魔鬼融为一体，将灵性的渴望与肉体的冲动联系在一起。很明显，有人一度试图擦掉天使的生殖器，但只擦去了纸上的蓝色，留下了一些擦痕。[12]

这幅画的历史有点儿神秘，也许是因为曾经收藏它的英国王室羞于启齿。有传闻说一位德国学者来王室图书馆参观这幅画时，把它藏在斗篷下面带走了。无论此事真假与否，几个世纪之后，当它于 1990 年被重新发现时，正属于一个德国贵族家庭的私人收藏。[13]

与那些雌雄莫辨的天使和圣约翰相对的，还有一幅名为《手指方向的女子》（图 135）的草图，画面充满诗意，人物甜美可人，著名的学者卡洛·佩德雷蒂称其为"也许是列奥纳多最优美的草图"。[14] 画中的人物与那些手指方向的男性形象一样拥有神秘而迷人的微笑，她也直视着我

图 135_《手指方向的女子》

们，并将我们的注意力引向看不见的神秘。不过与列奥纳多在那个时期画的天使相比，她身上并无任何邪恶之处。

这幅黑粉笔画虽然简单，却包含了列奥纳多生活和工作的诸多方面：他对表演和庆典的热爱，他擅长的幻想，他笔下技艺精湛的"谜之微笑"，还有活灵活现地刻画女性人物的能力，以及常见的扭转动作。画面中还有列奥纳多喜爱的卷曲和螺旋：依稀可见水流和瀑布制造出的旋涡，还有花朵和芦苇的曲线与女子轻薄的衣服和飘逸的秀发彼此呼应。

最值得注意的是，这位女士也在指示方向。在列奥纳多生命的最后十年中，他被这个手势迷住了，这是一个来自神秘向导的指示信号，这位向导将为我们指明道路。这幅画可能是为但丁的《神曲·炼狱篇》所做的插图，展现了美丽的马泰尔达指引诗人经历森林中的沐浴仪式，或者它也可能是一场盛装游行的草图。但无论最初是何种创作意图，这幅作品的内涵都远不止于此。画面充满深邃的表现力和诗意，它的作者虽已步入暮年，却仍在寻找关于那些永恒奥秘的指示，对于这些奥秘，他的科学和他的艺术尚未给出答案，也无法给出答案。

第三十一章
《蒙娜丽莎》

巅峰之作

现在，该《蒙娜丽莎》出场了（图136）。我们本来可以在本书更靠前的章节讨论列奥纳多的这幅巅峰之作，因为他早在1503年就开始绘制这幅作品了，那时他已不再为切萨雷·波吉亚效力，也回到了佛罗伦萨。但是直到他1506年回到米兰的时候，这幅作品依然没有完成。实际上，在第二次回到米兰的那段时期，列奥纳多一直把它带在身边，不断进行完善，随后在罗马的三年中依然如此。在最后一段人生岁月中，他还把这幅画带到了法国，不断润饰，直到1517年。他去世的时候，这幅画还在他的工作室里。

在列奥纳多的职业生涯尾声阶段讨论《蒙娜丽莎》很有意义，因为他一生都在致力于完善融汇艺术与自然的能力，而这幅画堪称巅峰之作。多年来，这块杨木画板被涂上了一层又一层的薄釉，这一过程也展现出列奥纳多的多重才华。开始时，这只是一幅丝绸商人年轻妻子的肖像，后来演变成了一次探索之旅——列奥纳多在探索如何描绘人类复杂的情绪，如何通过神秘的微笑使其过目不忘，以及如何将我们的本质与宇宙的本质联系在一起。最终，蒙娜丽莎的灵魂与自然的灵魂交织在了一起。

从列奥纳多完成《蒙娜丽莎》的画作向前追溯四十年，那时年轻的他还在韦罗基奥的作坊里工作，他画过另外一幅别人委托的女性肖像——《吉内薇拉·德·本奇》（图16）。从表面上看起来，两幅画有相似之处。画中的人物都是佛罗伦萨布商的新任夫人，她们身后的风景中都有流淌的河水，而且还都是四分之三侧面坐姿。但是更引人注目的其实是两幅画之间的差异，这些差异不仅反映出列奥纳多的绘画技巧日臻完善，更重要的是，作为一位科学家、哲人和人文主义者，他也变得越发成熟。如果说《吉内薇拉·德·本奇》出自一位有惊人观察力的年轻艺术家之手，那么《蒙娜丽莎》就是他用毕生敏锐的观察力来探求知识

图 136_《蒙娜丽莎》

的成果。他对知识的追寻详尽地记录在数千页笔记里——照射在曲面物体上的光线、人脸的解剖、几何体的形状变换、湍急的水流、地球与人体的类比——所有这些都帮助他领悟如何精妙地描绘动作与情感。"他永不满足的好奇心，他在不同学科间来回的跳跃，都在一幅作品中变得和谐、统一。"肯尼斯·克拉克在写到《蒙娜丽莎》时说，"科学知识、绘画技巧、对自然的痴迷、对内心的洞察力全部融在其中，而且平衡得天衣无缝，以至于一开始我们几乎意识不到它们的存在。"[1]

委托缘起

瓦萨里在1550年首次出版的列奥纳多的传记中生动地描述了《蒙娜丽莎》。严谨的事实论述并非瓦萨里的强项，而且他也不太可能见过这幅画。（不过可以想见，如果萨莱在列奥纳多死后将画带回了米兰，瓦萨里倒是有可能见过。1525年，萨莱有一份令人困惑的财产清单似乎提示这幅作品在被卖给法国国王之前也许在他那里。）不过更有可能的情况是，瓦萨里充其量只见过一幅复制品，或者从别人的描述中获得了一些二手信息，然后又加上了一些自己的发挥。无论如何，后续的发现大多证实了他的记述，作为这幅杰作的历史文献，这些内容可以算是一个不错的起点：

> 列奥纳多为弗朗切斯科·德尔·焦孔多绘制一幅他妻子蒙娜丽莎的肖像……看一下这幅画，便能理解艺术能多么逼真地模仿自然……水灵灵、光闪闪的眼睛活灵活现，眼睛周围泛着粉红色和珍珠色，还有那些睫毛，若没有精妙的手笔，一切都无从谈起……鼻子红润柔软，鼻孔优美、栩栩如生；嘴唇微张，嘴角的唇红与脸上的肤色融为一体，看上去不像颜料，而是真实的肌肤；

在喉部凹陷处，如果悉心观察，几乎能看到脉搏的跳动。

瓦萨里提到了丽莎·德尔·焦孔多，她生于 1479 年，出身于著名的盖拉尔迪尼家族的一个小分支，这个家族从封建时代起就是地主，但是他们的财富并没有流传下来。丽莎十五岁的时候嫁入了富有但地位并不显赫的焦孔多家族，这个家族的财富主要来自丝绸贸易。因为手头不宽裕，她的父亲不得不割让一个农场作为嫁妆，但是衰落的贵族地主与新兴的商人阶层之间的联姻最终让相关各方都从中受益。

她新婚的丈夫弗朗切斯科·德尔·焦孔多八个月前失去了自己的第一任妻子，他膝下还有一个两岁的儿子。他成了美第奇家族的丝绸供应商，而且生意越来越红火，客户遍及整个欧洲，他还从北非买回几个女性摩尔人当家里的奴仆。从种种迹象来看，他爱上了丽莎，这一点在这种存在利益交换的婚姻中并不常见。他给予了她的娘家经济上的支持，到 1503 年，她已经为他生育了两个儿子。直到那时，他们都一直和弗朗切斯科的父母住在一起，但是随着家庭壮大和收入增长，弗朗切斯科买了一栋自己的房子，大约在那个时候，他委托列奥纳多为妻子画一幅肖像，那年丽莎二十四岁。[2]

列奥纳多为什么会接受这项工作？要知道，当时他正在躲避更富有、更显赫的艺术赞助人伊莎贝拉·德斯特没完没了的恳求，而且据说他非常不情愿拿起画笔，因为他完全沉浸于他的科学探索之中。

也许列奥纳多接受这项委托的一个原因是两家的世交。他的父亲一直是弗朗切斯科·德尔·焦孔多的公证员，而且曾多次在法律纠纷中作为弗朗切斯科的代理人。两家都与圣母领报教堂关系密切。三年前，列奥纳多从米兰返回佛罗伦萨时，和随从一起住进了教堂。列奥纳多的父亲是教堂的公证员，而弗朗切斯科·德尔·焦孔多在那里做礼拜，还曾借钱给教堂，后来还捐建了一座家族教堂。作为一名精明而喜欢争论的商人，焦孔多有时会和教堂发生纠纷，在这种情况下，皮耶罗·达·芬奇会出面解决。其中一次是在 1497 年，圣母领报教堂的修道士对一份来自焦孔多的账单有异议，后来皮耶罗在焦孔多的丝绸作坊里起草了一份和解协议。[3]

年迈的皮耶罗那时已经七十六岁了，他可能为了让自己功成名就的儿子接受这份委托而从中斡旋。除了为朋友和客户帮忙，皮耶罗很可能也是为了照顾自己的儿子。尽管列奥纳多已经是广受赞誉的艺术家和工程师，但是他现在经常需要从自己的银行账户中取用从米兰带来的积蓄。

但是，我怀疑列奥纳多决定画丽莎·德尔·焦孔多的主要原因是他想为她画像。因为她鲜为人知，不是显赫的贵族或贵族的情妇，他可以随心所欲地描绘她，无须迎合或者听命于有权有势的赞助人。最重要的是，她美丽迷人，而且她的笑容很有诱惑力。

真的是丽莎吗？

对于《蒙娜丽莎》是丽莎·德尔·焦孔多的肖像这一点，瓦萨里和其他人——包括 16 世纪的佛罗伦萨作家拉法埃洛·博尔吉尼——都直截了当地做出了结论。瓦萨里认识弗朗切斯科和丽莎，1527 年到 1536 年，他曾多次造访佛罗伦萨，那时这对夫妇都还健在，而且瓦萨里和他们的子女成了朋友，可能还从他们的子女那里获得了一些信息。瓦萨里写的传记在 1550 年首次出版的时候，弗朗切斯科和丽莎的子女也都在世，而瓦萨里就住在圣母领报教堂的斜对面。如果他对丽莎就是画中人的记述有误，那么她的很多家人和朋友都会在此书于 1568 年第二次出版前纠正他的错误。然而，尽管他在第二版中做了很多修正，《蒙娜丽莎》的故事依然如旧。[4]

但是事关列奥纳多，总会有一些谜团和争议。甚至在列奥纳多完成这幅画之前，疑问就出现了。1517 年，阿拉贡的军事统帅路易吉的秘书安东尼奥·德·贝提斯到访列奥纳多在法国的工作室，在日记里记录了自己看到的三幅画：《施洗者圣约翰》《圣母子与圣安妮》和一幅"某位佛罗伦萨女士"的肖像。到此为止，一切都还顺理成章。德·贝提斯显然是从列奥纳多那里得知了画中人物的信息，这个描述也说明肖像中的人物不是德·贝提斯可能认识的某位侯爵夫人或者出名的情妇，倒是很符合像丽莎·德尔·焦孔多这种籍籍无名的身份。

然而，接下来的一句话令人费解。德·贝提斯提到这幅画是"在已故的朱利亚诺·德·美第奇的授意下画的写实肖像"。这让人大惑不解。当列奥纳多开始创作这幅画的时候，朱利亚诺还没有搬到罗马，也没有成为列奥纳多的赞助人。1503 年，朱利亚诺已经被共和国的执政者逐出了佛罗伦萨，在乌尔比诺和威尼斯两地居住。如果是他"授意"的肖像，丽莎是否可能像一些人所说的那样是他的情妇之一呢？但是他为人所知的情妇中没有一位是"佛罗伦萨女士"，而且如果肖像的模特是那些人所共知的情妇，贝提斯一定能认出来。

但是还有一种貌似合理且有趣的可能性，朱利亚诺可能确实力劝过列奥纳多绘制一幅丽莎·德尔·焦孔多的画像，或者曾督促他完成这幅肖像。朱利亚诺和丽莎都生于 1479 年，他们彼此认识，这是因为佛罗伦萨上流社会的圈子很小，他们的家庭之间又有着千丝万缕的联系。另外，丽莎的继母是朱利亚诺的表亲。朱利亚诺被迫离开佛罗伦萨的时候，他们两人都是十五岁，几个月后，丽莎嫁给了年长的鳏夫弗朗切斯科。也许，就像莎士比亚的戏剧一样，他们原是一对悲情的恋人。朱利亚诺可能是丽莎日思夜想的少时情人，或者他们就像贝尔纳多·本博与吉内薇拉·德·本奇一样，是那种伤感的柏拉图式的爱情。1500 年，列奥纳多途经威尼斯的时候，朱利亚诺可能委托他回到佛罗伦萨后要向自己汇报丽莎的近况，以及她是否美丽依旧，他甚至可能表达过想要一幅她的肖像。或者，当列奥纳多带着未完成的肖像抵达罗马后，他的新任赞助人朱利亚诺从这幅作品中看到了一种潜在的普世美感，于是竭力鼓动他完成这幅作品。这些解释未必与弗朗切斯科·德尔·焦孔多是这幅肖像的委托人相矛盾。相反，它们可能是一种补充，让列奥纳多又多了一个接受这项委托的理由，而且它们还有助于解释为什么他从未将这幅肖像交给弗朗切斯科。[5]

另一个难题是《蒙娜丽莎》的名字，这是"丽莎夫人"（Madonna Lisa）的缩写，因为瓦萨里的记述，这个名字被广泛使用，但是这并不是此画的唯一名称，它也被称为《焦孔多夫人》（意大利文，La Gioconda；法文，La Joconde）。1525年，萨莱的财产记录中登记的就是这个名字，那可能是原作或者一幅复制品，[6]这似乎也支持了《蒙娜丽莎》和《焦孔多夫人》为同一作品的说法。《焦孔多夫人》的名字不仅取自丽莎的姓氏，同时也是一语双关，这是列奥纳多喜欢的命名方式——意大利文"焦孔多"一词的含义还有"欢乐的"或"风趣的"。但是也有人认为这是两幅不同的画作，他们的证据来自洛马佐的记述，后者曾在16世纪80年代提到"焦孔多夫人和蒙娜丽莎的肖像"，似乎它们是两幅无关的作品。如果焦孔多夫人不是蒙娜丽莎，又会是谁呢？很多理论家都曾试图解开这个谜题。不过，更大的可能是洛马佐弄错了，或者在早期誊写的时候，"或"被误写成了"和"。[7]

2005年的一项发现给所有谜团和困惑都画上了句号，本书在讨论圣安妮不同版本的创作顺序时也提到了这一证据，这是阿戈斯蒂诺·韦斯普奇于1503年在阅读西塞罗著作时在旁边写的一则笔记，其中提到"丽莎·德尔·焦孔多的头部"是列奥纳多当时正在绘制的作品之一。[8]看来即便事关列奥纳多，有时看上去的谜团也未必是真正的谜团。相反，一个直截了当的证据就足以解释一切。我确信这幅画就属于这种情况——《蒙娜丽莎》画的是丽莎夫人，即丽莎·德尔·焦孔多。

也就是说，这幅画已经不只是一幅丝绸商妻子的肖像了，也远远不止于一项普通的委托。在接受这项委托几年后，或者从一开始，列奥纳多就已不再是为弗朗切斯科·德尔·焦孔多完成一幅肖像，而是在为自己、为不朽而绘制一幅具有普世之美的作品。[9]他从未交付这件委托，而且从他的银行记录判断，他也从没因这幅画收取过任何酬劳。相反，在动笔之后的十六年间，他带着这件作品辗转于佛罗伦萨、米兰、罗马和法国，一直到他去世。在此期间，他用细微的笔触添上了一层又一层的薄釉，不断地加以完善和润饰，并在其中注入了对人与自然更深的理解。他会不时被新的洞见、新的认识和新的灵感击中，然后继续在杨木画板上轻点画笔。列奥纳多人生旅程的每一步都让他生命的层次更加丰富，《蒙娜丽莎》也是如此。

作品

说起《蒙娜丽莎》的神秘魅力，要从列奥纳多准备画板时开始。这块有细致纹理的画板取材于一株杨树树干的中间部分，尺寸大于家中通常摆放的肖像，列奥纳多在上面涂了一层铅白色的厚底漆，而不是更常见的石膏粉、白垩和白色颜料的混合物。他知道底漆能更好地反射光线，这样光线就可以穿过多层半透明薄釉，从而增强景深、光亮感和立体感。[10]

有些光线穿过釉层照在了底漆上，然后又被白色的底漆反射回来。于是，表面颜料反射的光线和从画面深处折返的光线彼此交织映入我们的眼帘，让人物造型产生了一种不断变化和难以捉摸的微妙效果：她的脸颊轮廓和微笑由柔和的色调过渡塑造而成，上面看起来蒙着多重釉层，而且随着房间内光线和观看角度的变化，它们也在不断变化。这幅画因此活灵活现。

就像 15 世纪的荷兰画家——比如扬·凡·艾克——那样，列奥纳多将很小比例的颜料掺入油中作为釉料。对于丽莎脸上的阴影，他开创性地使用了一种由铁锰混合物制作的焦棕色颜料，这种颜料的吸油性很好。他上色的笔触极为细腻，几乎难以察觉，随着时间的推移，他反复涂抹，最多可达三十层，每层都很薄。据 2010 年发表的一项 X 射线荧光光谱研究显示，"蒙娜丽莎脸颊的粉色基底上涂有棕色的釉料，这些釉料的厚度从只有二到五微米一直平滑过渡到阴影最深处的三十微米左右"。此项分析还显示画家上釉时故意使用了不规则的笔法，这样皮肤的纹理看上去会更逼真。[11]

列奥纳多笔下的丽莎坐在一道凉廊上，凉廊的柱基在画面边，但是很难被辨认出来；她的双手在前景处交叠，搭在椅子的扶手上；她的身体——特别是她的双手——感觉与我们异常接近，而起伏的群山后退至遥远而朦胧的远方。一项对底图的分析显示，列奥纳多最初把她的左手画成抓着椅子的扶手，好像马上就要起身似的，不过后来又改了主意。尽管如此，她仍呈现出一种动态，似乎我们刚好碰上她转身的瞬间，就好像我们刚走进凉廊就引起了她的注意一样。她的身体微微扭转，她的头转过来直视着我们，冲我们微笑。

在整个职业生涯中，列奥纳多一直沉浸在对光线、阴影和光学的研究中。在一段笔记中，他写到了肖像的用光，他分析的结论与丽莎脸上的光线设定如出一辙："如果你想画一幅肖像，要选择在天气阴沉或者黄昏的时候。注意观察黄昏和天气阴沉时街上男男女女的面庞，看看他们的脸庞显得多么柔和精致。"[12]

在《蒙娜丽莎》中，他让光线从稍稍偏左的高处射入。为了做到这一点，他不得不耍点儿花招，但是他做得很巧妙，只有仔细观察才能发现。从柱子来判断，丽莎所在的凉廊是有廊顶的，因此，光线本应该来自她背后的风景。可是，她身上的光照来自正面。也许我们应该设想凉廊的侧面是开放式的，不过即便如此，依然无法解释全部光效。这应该是一种人为的安排，列奥纳多通过这种方式可以用他娴熟的阴影技法来呈现他想要的轮廓和造型。在《蒙娜丽莎》中，他对光学和曲面物体上光照规律的应用如此杰出和令人信服，以至于很难让人察觉他的小把戏。[13]

关于丽莎脸上的光线，还有一点反常之处。列奥纳多在他的光学笔记中研究过光线变强时瞳孔收缩所需的时间。在《音乐家肖像》中，人物的两个瞳孔大小不一，这不仅让画面呈现出一种动感，也符合列奥纳多在那幅画中使用的明亮光线。在《蒙娜丽莎》中，她右眼的瞳孔稍大。但是右眼更直接地朝向她右侧的光源（即使在她转身之前也是如此），因此右眼的瞳孔应该较小才对。难道这也像《救世主》中没有折射的水晶球一样是个失误吗？或者是某种巧妙的招数？20%的人会出现瞳孔不等的生理现象，列奥纳多是否敏锐地观察到丽莎也是其中一例？又或他知道快乐也会让瞳孔扩张，所以一侧的瞳孔比另一侧扩张得更快是说明丽莎很高兴看到我们吗？

对于一个如此微小且可能无关紧要的细节，我们也许又一次小题大做了。不妨称此为"列奥纳多效应"，因为他的观察能力如此敏锐，所以哪怕他的画作中有一点儿不起眼的反常之处——比如大小不等的瞳孔——都会让我们绞尽脑汁地猜度他的所见所想，当然有时可能是过度解读。如果是这样的话，反倒是一件好事。只要接近他的作品，观看者就会被激发去观察自然中的小细节——比如瞳孔放大的原因——并重拾对它们的好奇心。列奥纳多想要关注每一个细节，这也启发我们去效仿。

另外一个让人费解的问题是丽莎究竟有没有眉毛。在瓦萨里的溢美之词中，他对丽莎的眉毛尤其不吝赞美："因为列奥纳多已经画过毛发从皮肤中长出的样子了，所以眉毛疏密有致，随着毛孔卷曲，再自然不过。"乍看上去，这段描述似乎既体现出瓦萨里热切的赞美之心，又说明了列奥纳多将艺术、观察与解剖学融为一体的卓越能力，可是我们看到的丽莎没有眉毛。事实上，1625 年对此画的一段记述中指出，"这位女士在其他方面都很美，就是几乎没有眉毛"，由此引发了一些牵强的理论，这些理论认为，现存于卢浮宫的这幅画作与瓦萨里看到的不是同一件作品。

一种解释是瓦萨里从来没有见过这幅画，他的记述是经过他一贯的渲染加工的；但是他的描述非常具体，出现渲染的可能性不大。鉴于眼眉位置有两处模糊不清的长椭圆形痕迹，有一个更加合理的解释，一开始就像瓦萨里描述的那样，确实有两条毫发毕现的眉毛，但是列奥纳多是在油性基底上绘制的眉毛，因为他耗时太久，基底已经干燥了。这就意味着在第一次清理这幅画的时候，眉毛可能被擦掉了。2007 年，法国艺术品技术分析专家帕斯卡·科特的高分辨率扫描结果也支持这一解释，通过使用滤光片，他发现了那对眉毛最初的细微痕迹。[14]

尽管丽莎衣着简朴，没有显示贵族身份的珠宝或者华服，但是她的服装一样引人注目，不仅经过精心的描绘，还体现出了惊人的科学性。列奥纳多在韦罗基奥的作坊做学徒时就画过衣褶写生，自从那时起，他就留心观察织物起皱和铺展时的样子。丽莎的衣裙轻轻地蓬起，光线照在竖立的衣褶上。最引人注目的是铜黄色的衣袖，它们的褶皱高低起伏，泛着丝绸的光泽，就算韦罗基奥看了也会为之折服。

至少从理论上来说，列奥纳多是在为一位经营顶级丝绸的商人绘制肖像，所以他在丽莎层叠的衣物中加入这些令人赏心悦目的细节也就不足为奇了。如果要体会列奥纳多的精致用心，可以参考放大的高分辨率图像，这样的资料在书里或网上可以找到不少。[15] 衣服的领口尤其值得研究：首先是两种编织的螺旋纹样，这是列奥纳多在自然界中最喜欢

504

的图案，它们之间是环环相扣的金环，在光照下就像浮雕一样立体；螺旋纹样下面是一串绳结，它们与列奥纳多喜欢在笔记本里画的那种绳结类似，它们呈十字架形，绳结之间隔着两个由绳绕成的六边形。但是在领口的中间位置，这个模式稍稍被打破了，似乎变成了三个六边形连成一排。对高分辨率图像和红外图像仔细检查后，一切才水落石出，列奥纳多并没有弄错；相反，他在非常精细地描画一个衣褶，位置就在乳沟正下方的紧身上衣上。红外图像还显示出另一个同样惊人的细节，不过因为我们正在谈论的是列奥纳多，所以并不令人意外：紧身上衣的一些位置会被后来画的外层衣物遮挡，即使在这些地方，他依然画上了那些绣花图案，这样，即便我们看不见，也能隐约地感觉到它们的存在。[16]

丽莎的头发上罩着一层薄纱，这是美德的标志（不是为了哀悼），因为薄纱非常透明，要不是它在她的前额留下了那条边缘线，人们几乎注意不到它的存在。仔细看看松散地披在她右耳旁头发上的薄纱，很明显，细心的列奥纳多先画完背景中的风景，然后再用几乎透明的釉料画出上面的头纱。再看一下她前额右侧的头发从薄纱中露出来的位置。尽管头纱几乎是透明的，但是比起露出来的头发和盖住她右耳的头发，被头纱遮住的部分依然显出一点儿纱的质感，颜色也更浅。当从薄纱中露出的两侧头发垂到胸前时，列奥纳多又开始画他喜爱的卷发了。

对列奥纳多来说，描绘薄纱可谓得心应手。他对现实难以捉摸的本质和人类感知的不确定性了如指掌。由于认识到光线并非集中于视网膜上的一点，他写道，人类能感知到的现实中没有锐利的轮廓和线条，相反，我们看到的一切边缘都有一种类似晕涂法的柔和感。这不仅适用于向远处无限延伸的雾中风景，连我们看起来触手可及的丽莎的手指也遵循着同样的规律。列奥纳多深知我们在透过面纱看世界。

他在描绘丽莎背后的风景时，使用了另外一些视觉技巧，我们就像以鸟瞰的方式从高处俯视这些风景一样。其中的地质构造和朦胧的山脉融合了科学与幻想，这也是列奥纳多一贯的做法。一片荒芜起伏的地貌让人想起漫长的史前时代，但是一座隐约的拱桥将其与现在连在一起（可能画的是 13 世纪的布里亚诺桥，它位于阿雷佐附近的亚诺河上），[17] 这座桥横跨在丽莎左肩旁的河面上。

右侧的地平线似乎比左侧要高远，这种错位让画面有了一种动感。似乎地球像丽莎的身体一样扭转了过来，而且当你的关注点从左侧地平线移到右侧时，丽莎的头好像也稍稍抬起了。

从风景过渡到丽莎的形象，这完美体现了列奥纳多所信奉的地球宏观世界与人体微观世界的类比。这些风景呈现出地球正在呼吸、脉动的鲜活机体：河流是它的血脉，道路是它的肌腱，岩石是它的骨骼。地球不仅是丽莎的背景，它还汇入了她的身体，成为她的一部分。

不妨看一看画面右侧从桥下流过的蜿蜒曲折的河水，它似乎流入了搭在丽莎左肩上的丝巾。丝巾的皱褶一开始条理分明，但是在她的胸部稍稍扭转，看上去几乎和列奥纳多画的水流一样。在画面左侧，弯弯曲曲的道路似乎与她的心脏相连。她领口正下方的衣服就像荡漾着流经她身体的瀑布。画面背景和她的服装有同样的高光纹理，强调了二者已经从类比关系变成浑然一体。这是列奥纳多哲学的核心：从宇宙到人类，自然中模式的重复与模式之间的联系。

不仅如此，这幅作品表现出的这种统一性，不仅跨越了自然的界限，还超越了时间的界限。这些风景展示了地球及其产物如何被水流塑造、雕琢和供养，这些河流来自诞生于亿万年前的遥远的山川河谷，通过人类建造的桥梁道路，它们与一位年轻的佛罗伦萨母亲连在一起，河水直抵她脉动的颈部和体内的血流。因此，她变成了一个永恒的标志。正如 1893 年沃尔特·佩特对《蒙娜丽莎》那段著名的赞颂那样，"世界的万千气象汇聚于她……一个永恒的生命，席卷起上万种感受"。[18]

506

眼睛和笑容

在许多肖像中，人物的眼睛似乎都会随着观看者而移动，其中包括列奥纳多早期的《美丽的费隆妮叶夫人》。在那幅画或《蒙娜丽莎》质量精良的复制品中，甚至也存在这一现象。站在画作的正前方，你会感觉人物在盯着自己；从一边移动到另一边时，人物的视线仍然跟随着你。尽管肖像的目光跟随观看者移动的效果并非列奥纳多首创，但是这经常与他联系在一起，有时候直接被称为"蒙娜丽莎效应"。

为从科学角度解释这一效应，许多专家都曾研究过《蒙娜丽莎》。这个现象的原因之一是在真实的三维世界里，人物脸上的光影会随着我们观看位置的变化而变化，但是在一幅平面的肖像中就不会如此。因此，即使我们没有站在画面前方，仍然会感觉人物直视前方的眼神总在盯着我们。列奥纳多对光影的娴熟运用让《蒙娜丽莎》中的这一效应更加明显了。[19]

最后一点是《蒙娜丽莎》中最神秘和迷人的元素：她的笑容。"在列奥纳多的这幅作品中，"瓦萨里写道，"笑容如此美好，它似乎更像来自天上，而非人间。"他甚至还讲了一则关于这个微笑的故事，大意是列奥纳多如何让丽莎在画肖像的过程中保持微笑："在为她画像的时候，列奥纳多雇人为她表演弹唱，还有小丑逗她开心，将肖像中经常出现的忧郁神情一扫而光。"

丽莎的微笑有一个神秘之处，当我们注视的时候，它一闪即逝。她在想什么？我们的目光稍稍移动，她的微笑似乎也在变化。这让一切变得更加神秘。当我们看向别处的时候，这个笑容会萦绕在我们的脑海中，正如它在人类的集体意识中徘徊不去一样。从没有哪幅画中的动作与情绪如此紧密地交织在一起，这两项恰恰是检验列奥纳多作品的试金石。

在让丽莎的微笑变得更完美的同时，列奥纳多在圣马利亚诺瓦医院地下的停尸房里度过了许多个夜晚，他剥开尸体的皮肉，暴露出底下的肌肉和神经。他开始着迷于微笑是如何形成的，还指示自己分析脸部各处所有可能的运动方式，以及确认控制脸部每块肌肉的神经元。对刻画微笑来说，追踪这些神经究竟属于颅神经还是脊神经并无必要，但是列奥纳多想知道答案。

《蒙娜丽莎》的微笑值得我们再去回顾一下那页不寻常的解剖图，本书的第二十七章讨论过这页写于 1508 年左右的笔记，上面有一幅嘴唇张开的怪相，还有一幅是噘起嘴唇（图 113）。列奥纳多发现，噘嘴的肌肉就是构成下唇的肌肉。噘起下唇，你就会发现这个事实；无论上唇是否参与，下唇都可以噘起来，但是上唇无法单独噘起。这是一个不起眼的发现，但是对于一位解剖学家和艺术家，特别是对于正在绘制《蒙娜丽莎》的列奥纳多来说，这是值得注意的细节。他还写到嘴唇的其他运动涉及不同的肌肉，包括“那些让嘴唇聚拢在一起的肌肉，让它们伸展的肌肉，让它们卷回的肌肉，让它们拉平的肌肉，让它们横向扭曲的肌肉，让它们恢复原位的肌肉”。然后，他画了一列剥去皮肤的嘴唇。[20] 在这页的上方有一幅有趣的草图：这是用黑粉笔轻轻描画的线条简单的微笑。虽然嘴角有些不易觉察地向下，但是给人的印象仍然是在微笑。在解剖图的围绕中，我们在这里发现《蒙娜丽莎》的微笑已经开始成型了。

这个微笑还涉及其他的科学知识。列奥纳多从他的光学研究中认识到光线并非汇聚在眼内的一点，而是照射在整个视网膜区域。视网膜的中央区域被称为中央凹，它对颜色和细节很敏感，而中央凹周围的区域更擅长感知阴影和黑白对比。当我们直视物体的时候，它看上去更清晰；当我们在侧面看的时候，从眼角瞥见的物体有些模糊，好像它比实际距离更远。

　　利用这些知识，列奥纳多就能制造出一种难以捕捉的微笑，当我们迫切想要看到它的时候，反而过犹不及。丽莎嘴角那些非常细微的线条略微向下，就像那页解剖笔记上方的嘴唇一样。如果你直视嘴唇，你的视网膜会捕捉到这些细节和轮廓，让她看起来似乎没有在微笑；但是如果你将视线移开，把目光放在她的眼睛、脸颊或者画面的其他部位上，你就只能用余光看到她的嘴，这时它会变得有点儿模糊，嘴角的微小轮廓也将变得不那么清晰，但是你仍然能看到那里的阴影。这些阴影和她嘴角柔和的晕涂效果使她看起来嘴角上翘，像在微笑一样。所以，对于这样的微笑，你越不刻意搜寻，它反而越发明显。

　　科学家最近从技术上解释了这些现象。"与高空间频率的图像相比，低空间频率（更模糊）图像中的笑容更加明显。"哈佛大学医学院的神经科学家玛格丽特·利文斯通认为，"因此，你在看这幅画的时候，如果让目光落在背景或丽莎的手上，你对她嘴部的感知主要基于低空间频率，所以她看起来比你直接盯着她的嘴时显得快乐许多。"谢菲尔德哈勒姆大学的一项研究显示，列奥纳多在《美丽的费隆妮叶夫人》和最近发现的《美丽公主》中都使用了这种技巧。[21]

　　所以，世界上最著名的微笑天生就难以捉摸，当然这其中也有列奥纳多对人性的终极领悟，他的专长是描绘内在情感的外在表现。但是在《蒙娜丽莎》中，他展现了一些更重要的东西：我们永远无法从外在表现中完全了解真实的情感。对于他人的内心，我们总有一种朦胧感，永远隔着一层薄纱。

其他版本

　　即使在列奥纳多不断润饰《蒙娜丽莎》的过程中，他的追随者和一些学生就已经开始绘制摹本了，也许他们偶尔还从大师那里得到过帮助。其中一些作品堪称佳作，包括被称为韦尔农《蒙娜丽莎》和艾尔沃思《蒙娜丽莎》的两幅作品，于是有人声称它们可能全部或大部分由列奥纳多所作，不过大多数专家和学者对此持怀疑态度。

最优美的一幅复制品现存于马德里的普拉多博物馆，2012 年，此画经过了清理和修复（图 137），让我们有机会一睹原作清漆泛黄开裂

图 137_ 普拉多博物馆的复制品

510

以前的样子。[22] 除了显出纤细的眉毛外，这幅复制品中丽莎袖子的铜色色调非常鲜亮，蓝色雾气中的风景也很鲜艳，领口的金色花样、左肩透明的薄披肩，以及卷发的光泽都很明晰。

这带来一个问题：《蒙娜丽莎》的原作是否也应该进行清理和修复。之前，卢浮宫的《圣母子与圣安妮》和《施洗者圣约翰》都经历过

图 138_《蒙娜瓦娜》

这一过程，但是有些人觉得这个想法过于激进。文森特·德利厄万是一位颇有见地的策展人，他在卢浮宫负责《蒙娜丽莎》的展览，每年都有一天可以看到从保护玻璃后面取出来的真迹，那是为了移除画框，进行仔细的例行检查。他描述过当时的感受，说直接看上去，动感更加强烈。即使在当代，《蒙娜丽莎》依然明显变得越来越晦暗，文森特·德利厄万知道，只要去除大部分清漆，不用触及画作本身，就能让这幅作品容光焕发。但是，这幅作品已经成了一个标志，即便在晦暗的清漆背后，它依然深受爱戴，哪怕最轻微的清洁也会引发极大的争议。法国政府也不想贸然行动。

在列奥纳多的追随者们画的《蒙娜丽莎》的衍生作品中，最有趣的也许要数各种半裸的仿作，它们经常被称为《蒙娜瓦娜》，现存至少八幅，其中之一由萨莱所作（图 138）。考虑到当时有很多这样半裸的版本，很可能是列奥纳多已经认可了它们，也许还觉得它们很有趣，甚至可能还画过草图或者现已遗失的原作。尚蒂伊城堡收藏的一幅草图上有刺孔，好像曾被作为正式作品的底稿，它的绘画水准很高，而且有一些左手画的阴影线，这提示列奥纳多可能参与过绘制，甚至可能就是他的构思。[23]

后世影响

在第二次世界大战期间，当英国人需要联系他们在法国抵抗组织的盟友时，他们使用了一句暗语：蒙娜丽莎保持微笑。虽然她的微笑看起来一瞬即逝，其中却蕴涵了亘古不变的智慧。她的肖像深刻地表现了人类的各种联系，无论是与内在自我的联系，还是与浩瀚宇宙的联系。

《蒙娜丽莎》之所以成为世界上最著名的画作，不仅是由于炒作和偶发的新闻事件，还因为观看者能够被卷入她的情感中。作品不仅能引发一系列复杂的心理反应，而她本人也表现出了这一点。最神奇的是，她似乎不仅能觉察自己，还能洞悉我们。正是这一点让她如此鲜活，堪称史上最活灵活现的肖像。同时，这也是她的独特之处，令其成为人类无与伦比的杰作之一。就像瓦萨里说的那样，"这幅画令每一位勇敢的艺术家都感到颤抖和气馁"。

站在《蒙娜丽莎》的面前，关于它委托缘起的历史讨论已成过眼烟云。在列奥纳多生命最后的十六年中，他在大部分时间里都没有停止过继续完善这幅作品。它已经不再只是一幅个人肖像，而是具有了普世性，因为它是列奥纳多智慧积淀的精华，那些智慧关乎我们内在生命的外在表现，以及我们与自身和世界的联系。正如维特鲁威人站在方形的大地和圆形的天穹之中那样，丽莎坐在她的凉廊里，背靠年代久远的地貌，这其实是列奥纳多在深刻思索生而为人究竟意味着什么。

多年来，不少学者和评论家对列奥纳多浪费太多时间研究光学、解剖学和宇宙规律而感到绝望。对于他们所有人，《蒙娜丽莎》用微笑给出了回答。

第三十二章
法国岁月

最后的旅行

列奥纳多在职业生涯中，一直在寻找一位能像家长一样无条件地支持和纵容他的人，就像他的父亲偶尔做到的那样。尽管皮耶罗·达·芬奇为他儿子找到了一份不错的学徒工作，还帮助儿子得到过几项委托，但是他的行为前后不一：他拒绝给儿子合法身份，还将其排除在遗嘱之外。他对儿子主要的遗赠是让后者对一位能无条件支持自己的赞助人充满渴望。

到目前为止，列奥纳多的所有赞助人都未能满足他的期望。当他还是佛罗伦萨年轻的画家时，那座城市的统治者堪称历史上最伟大的赞助人之一，但是洛伦佐·德·美第奇几乎没有给予过他什么委托，还把带着里拉琴的他作为外交礼物送予他人。在卢多维科·斯福尔扎时期，列奥纳多抵达米兰多年后，才受邀成为公爵宫廷中的一员，而他最重要的一项委托——骑士纪念碑——被公爵亲手化为泡影。1499 年法国占领米兰后，列奥纳多试图与几位权势人物交好，包括米兰的法国总督查尔斯·德安布瓦兹、残暴的意大利军阀切萨雷·波吉亚，还有教皇命运不济的弟弟朱利亚诺·德·美第奇。但是对于列奥纳多来说，他们都不是最佳人选。

1515 年 12 月，列奥纳多和教皇利奥十世一同前往博洛尼亚时，遇到了刚满二十一岁的法国新任国王弗朗西斯一世（图 139）。那年年初，国王从其岳父路易十二那里继承了王位。路易十二非常欣赏列奥纳多，不仅收藏了他的作品，还是为数不多能吸引他拿起画笔的人。在博洛尼亚遇到列奥纳多之前，弗朗西斯一世刚刚从斯福尔扎家族手中夺取了米兰的控制权，就像 1499 年路易十二的胜利一样。

他们一起在博洛尼亚的时候，弗朗西斯一世很可能邀请了列奥纳多去法国。不过，列奥纳多依然返回了罗马，但是他在罗马并未久留，

图 139_ 法国国王弗朗西斯一世，列奥纳多的最
后一位赞助人

也许只是为了把事情安排妥当。在那段时间里，弗朗西斯一世和廷臣们
不断地努力说服列奥纳多，国王的母亲路易丝·德·萨瓦也在极力促成
此事。"我恳请您敦促列奥纳多大师来到国王身边"，弗朗西斯一世的一
位廷臣在 1516 年 3 月给驻罗马大使的信中写道，他还说应该向列奥纳
多 "衷心地保证他会受到国王和他母亲最热烈的欢迎"。[1]

　　就在那个月，朱利亚诺·德·美第奇去世了。从早年在佛罗伦萨事
业起步时，列奥纳多和美第奇家族的关系就一直让他感到纠结。"美第
奇家族造就了我，也毁灭了我。"他在朱利亚诺去世时写下了这句内容
隐晦的笔记，[2] 然后他就接受了法国人的邀请。1516 年夏天，在阿尔卑

517

斯山被大雪封山前，列奥纳多动身离开了罗马。他将成为法国宫廷的一员，而法国国王将成为他最后一位，也是最忠实的赞助人。

列奥纳多之前从未离开过意大利。当时他六十四岁，但是看上去显得更加苍老，他自知这可能是自己的最后一次旅行。他的随行队伍中有几头骡子，负责运送他的家具、衣箱和手稿，还有至少三幅他仍在不断润饰的画作：《圣母子与圣安妮》《施洗者圣约翰》《蒙娜丽莎》。

在途中，他和随行人员在米兰稍做停留。萨莱决定留在那里，至少暂时如此。那时他已经三十六岁，人到中年的他不再是列奥纳多美丽年少的伴侣，也不再需要和贵族出身的梅尔奇争宠——梅尔奇那时只有二十五岁，依然陪在列奥纳多身边。萨莱后来定居在米兰城附近那座带葡萄园的房子里，这是卢多维科·斯福尔扎送给列奥纳多的房产。在接下来的三年里，他会去法国看望列奥纳多，直到后者去世，但是他在法国待的时间很短：他只收到过一笔报酬，数目只有梅尔奇通常薪水的八分之一。

也许萨莱决定留下来的另一个原因是列奥纳多有了一位新男仆巴蒂斯塔·德·维拉尼斯，他与列奥纳多一起从罗马到了法国。他很快就会取代萨莱在列奥纳多情感中的位置。萨莱最终只继承了米兰葡萄园及其相关权益的一半，巴蒂斯塔得到了另外一半。[3]

弗朗西斯一世

弗朗西斯一世身高六英尺，肩膀宽阔，具有吸引列奥纳多的非凡魅力和胆识。他热衷带领军队投入战斗，会带着招展的旗帜直接冲到前线。与波吉亚和列奥纳多之前的某些赞助人不同，弗朗西斯一世温文尔雅且为人宽厚。当他夺取米兰的时候，他没有杀死，甚至也没有囚禁当时的米兰公爵马克西米利安·斯福尔扎，而是让他住在法国宫廷。

弗朗西斯一世的母亲路易丝·德·萨瓦有良好的教养，而且他还有一群颇有造诣的尽职的老师，在他们的灌输下，弗朗西斯一世对意大利的文艺复兴充满热爱。与意大利的君主和公爵不同，法国国王收藏的绘画屈指可数，雕塑更是寥寥无几，而法国艺术在意大利和佛兰芒艺术家的笼罩下也黯然失色。弗朗西斯一世打算改变这种状况，他的雄心壮志是在法国掀起席卷意大利的那种文艺复兴，最终他基本实现了自己的理想。

他还是一位如饥似渴的求知者，像列奥纳多一样兴趣广泛。他热爱科学、数学、地理学、历史、诗歌、音乐和文学；还学过意大利语、拉丁语、西班牙语和希伯来语。他私下里热爱交际和猎艳，作为一位风度翩翩的人物，他不仅是一位优雅的舞者，还是专业的猎手和强大的摔跤手。他每天早晨用几个小时处理国事，然后就让人为他朗读古罗马和古希腊伟大作家的作品。他还会在晚间安排演出和庆典。对于他的宫廷来说，列奥纳多是最完美的廷臣人选。[4]

同样，对于列奥纳多来说，弗朗西斯一世也是最完美的赞助人。他无条件地欣赏列奥纳多，从不缠着他完成绘画，支持他对工程和建筑的热爱，鼓励他排练演出和幻想剧，给了他一个舒适的家，还有定期的薪俸。列奥纳多被授予"国王的首席画家、工程师和建筑师"的头衔，但是对于弗朗西斯一世来说，列奥纳多最大的价值不是他的作品，而是他的才智。弗朗西斯一世求知若渴，而列奥纳多就是世界上经验知识的最佳来源。他能教给国王几乎任何领域的知识，从眼睛如何视物到月亮为什么会发光。反过来，列奥纳多也能向优雅博学的年轻国王学习。正如列奥纳多在笔记中对亚历山大大帝和其老师的评价那样，"亚历山大和亚里士多德是彼此的老师"。[5]

根据雕塑家切利尼所说，弗朗西斯一世对列奥纳多"非常着迷"。"他如此享受与画家的谈话，以至于一年中他们分开的日子没有几天，列奥纳多之所以最后没能继续那些令人惊叹的研究，这也是原因之一。"

图 140_ 克卢城堡，现在被称为克洛·吕斯城堡

切利尼后来还引用了弗朗西斯一世的话，国王说自己"无法相信世界上还会再有像列奥纳多一样博学的人，他不仅通晓雕塑、绘画和建筑，还是一位真正伟大的哲学家"。[6]

弗朗西斯一世让列奥纳多一直以来的梦想变成现实：一份优渥的薪金，而且他无须为此绘制任何作品。此外，他还可以居住在一座红砖的庄园府邸里，这座规模不大的建筑以砂岩镶边，还有有趣的尖顶，它紧邻弗朗西斯一世的城堡，这座城堡位于卢瓦尔河谷地区的昂布瓦斯。列奥纳多的故居（图 140）之前被称为克卢城堡，现在被称为克洛·吕斯城堡，它坐落在近三英亩的花园和葡萄园之中，与五百码之外国王的昂布瓦斯城堡有一条地道相连。

这座宅邸的一楼大厅既宽敞又不显得过于正式和冷清，列奥纳多在那里与他的随从和访客一起用餐。二楼是列奥纳多宽绰的卧室（图 141），房间里有粗大的橡木梁和石砌的壁炉，从这里能俯视通向国王城堡的长满青草的斜坡。二楼的另一个房间可能属于梅尔奇，他画过

图 141_ 列奥纳多最后居住的卧室

从这个房间的一扇窗户向外看到的景色。他记录了一份书单，上面是一向好奇的列奥纳多让他采购的图书，其中一本是关于子宫内胎儿形成的研究，这本书当时刚刚在巴黎出版；还有一本是印刷版的罗吉尔·培根的书，作为一位科学实验者，这位来自牛津大学的 13 世纪的修道士称得上列奥纳多的前辈。

与他为历任赞助人服务时一样，列奥纳多也为弗朗西斯一世筹划过演出庆典。比如，1518 年 5 月，为了纪念国王的儿子受洗和侄女出嫁，昂布瓦斯举行了庆祝仪式。庆典的准备工作包括一个顶上装饰有蝾螈和白鼬的拱门，象征着法国和意大利之间重归于好。广场被改造成了一座剧场堡垒，上面的道具火炮"发射出充气的炮弹，有极好的爆炸和烟雾效果"，一位外交官在公文里写道，"这些落在广场上的炮弹跳来跳去，让所有人都感到开心，而且没有造成任何伤害"。[7]（在一幅绘于 1518 年的草图中，列奥纳多画了一台发射炮弹的机械装置，它通常被认为是一项军事工程设计，但是我认为它是为了此次庆典而设计的。）

521

次月，在克卢城堡的花园中，有一场为国王举办的露天宴会和舞会，在列奥纳多的协助下，一幕差不多在三十年前的演出场景得以重现，那是他在米兰时为吉安·加莱亚佐·斯福尔扎和阿拉贡的伊莎贝拉的婚礼所排演的场景：它出自诗人伯纳多·贝林乔尼写的《天堂》，除了演员分别装扮成七颗已知的行星，还有一台神奇的机械装置，这是一

图 142_ 为化装舞会画的草图

个卵形的球体，当它打开的时候，会露出天堂的真容。"整个院子都被遮上了一层天蓝色的布帷，上面有金色的星星，看起来就像天空一样。"一位大使报告说，"现场肯定有四百座双枝烛台，它们如此明亮，好像黑夜已被驱走。"[8] 这些演出和化装舞会转瞬即逝，但是列奥纳多为它们绘制的一些草图被保留了下来。在一页优美的草图（图142）中，一名年轻人骑在马背上，手持长矛，身着精美的服饰，包括头盔、羽饰和层叠的服装。

德·贝提斯来访

1517年10月，列奥纳多到昂布瓦斯一年后，接待了一位尊贵的来访者——阿拉贡的路易吉，他正带着超过四十名随从在欧洲进行一次漫长的旅行。他和列奥纳多在罗马时就彼此认识，因为他常在那里大宴宾客，他貌美的情妇尽人皆知，他们还生育了一个女儿。陪同他的安东尼奥·德·贝提斯是他的牧师兼秘书。德·贝提斯的日记让我们得以最后一次近距离观察列奥纳多这头步入暮年的雄狮。[9]

德·贝提斯称列奥纳多为"我们这个时代最杰出的画家"，这不仅是事实，还说明后者的地位已经获得了同时代人的广泛认可，即便《蒙娜丽莎》《圣母子与圣安妮》《施洗者圣约翰》还未公之于世，而且从《博士来拜》到《安吉亚里之战》，他的许多公共作品都半途而废，这些也都未能影响他获得的认可。

德·贝提斯将当时六十五岁的列奥纳多描述为"一位年逾七旬的老人"。这一点令人关注，因为很多疑似为列奥纳多肖像的作品，包括都灵那幅被公认为自画像的红粉笔画，之所以有时会被否定，就是因为其中的人物显得比列奥纳多当时的实际年龄要苍老。可是，也许列奥纳多实际看上去确实显得更加衰老，当他迈入六旬的时候，内心的绝望和魔障可能已经让他形容枯槁了。

我们不妨想象一下以下的场景。访客们被迎进庄园的府邸，在装有橡木横梁的大厅内，列奥纳多的厨娘玛杜丽娜为客人们端上酒饮，然后列奥纳多承担起德高望重的艺术大师和科学大师的角色，在楼上的工作室里招待客人。他首先向路易吉和他的随行人员展示了三幅他一直带在身边的画作："第一幅画着某位佛罗伦萨女士，是在已故的朱利亚诺·德·美第奇的授意下画的写实肖像，第二幅是年轻的施洗者圣约翰，还有第三幅是圣母和坐在圣安妮膝上的圣子，所有这些作品都完美无瑕。"德·贝提斯的记述虽然引发了一群学者对《蒙娜丽莎》委托人的异议，但是其中描绘的场景让人感到惬意安适。列奥纳多就在这间有大壁炉的舒适房间里，悉心培育着这些他深爱的作品，而且把它们当作私人珍宝，向别人炫示。

德·贝提斯还提到了列奥纳多身体的疾患，他现在出现了明显的中风："因为他右手麻痹，我们无法期待他再创作任何杰作。他培养了一位来自米兰、画得也很出色的弟子（梅尔奇）。虽然列奥纳多大师无法再用他轻柔的笔触绘画，但是他仍在继续作画和指导他人。"这里又有一个典型的关于列奥纳多的谜团：因为他是左撇子，所以可能麻痹并未对他造成太大的影响。我们已知他在昂布瓦斯的时候仍在作画，而且他在那里重新绘制了《圣母子与圣安妮》画作左侧的人物脸部和蓝色衣褶。[10]

列奥纳多精心计划的参观内容中还包括他的笔记本和专著。"这位绅士撰写了大量的解剖学著述，"德·贝提斯写道，"里面还有很多身体器官的插图，比如肌肉、神经、血管和卷曲的肠道，这让人能够以一种从未有过的方式认识男人和女人的身体。所有这些都是我们亲眼所见的，他还告诉我们，他已经解剖过三十多具尸体了，男女老幼皆有。"

列奥纳多还描述了自己在科学和工程领域的工作，但是很显然，他并没有向参观者展示这些成果。"据他所言，他还写了很多卷专著，内容涉及水的性质、各种机械，以及其他主题，它们都是用通俗的语言写成的，如果公之于众，不仅大有用途，还会为民众带来很多乐趣。"德·贝提斯记录中的这些著作都是用意大利文（"通俗的语言"）写成的，但是他没有提到一个显而易见的事实，这些文字应该是镜像体，所以他很可能没有看到那些笔记，只是见到了解剖图。有一件事他说得没错：如果这些专著能够出版，它们"不仅大有用途，还会为民众带来很多乐趣"。遗憾的是，列奥纳多并没有把自己在昂布瓦斯的最后岁月花在整理书稿上。

罗莫朗坦

　　法国国王并没有委托列奥纳多创作大型的公共艺术作品，相反，他交给了列奥纳多另一项任务，这项工作对于他攀上事业顶峰来说是个理想的机会：在法国中部距离昂布瓦斯约五十英里的索尔德河畔的罗莫朗坦村，为法国宫廷设计一座新的城镇和宫殿建筑群。如果这项计划成为现实，它将让列奥纳多在诸多领域的热情得以释放，包括建筑、城市规划、水利工程、工程设计，甚至是庆典表演。

　　1517 年年底，列奥纳多陪同国王到达罗莫朗坦，他们一直待到 1518 年 1 月。三十年前列奥纳多在米兰生活时，就曾经为建造一座理想城市进行了构思和想象，在此基础之上，他着手在笔记本里描画他从头开始创造一座城镇的理想，这种理想充满了激进的乌托邦色彩。

　　他的建筑方案不是一座要塞式的城堡，而是一座田园风情的宫殿——他对军事工程和城防的热情已经消失殆尽。梅尔奇负责步测现有的街道，并记录丈量结果。随后，列奥纳多画了几种设计方案。其中一种方案是以一座三层的宫殿为中心，有朝向河面的拱形步道。另外一种构思中有两座城堡，其中一座属于国王的母亲，河水从两座城堡之间流过。所有设计中都有大量不同类型的楼梯：向两边分开的转角楼梯、三螺旋楼梯，以及其他各种弯曲和旋转的楼梯式样。对于列奥纳多而言，楼梯是发生复杂流动和转动的地方，他一直热衷于这些运动形式。[11]

所有这些建筑方案都充分考虑到了户外演出和水上表演。朝向河面的眺望台是分层的观景区，可以容纳法国宫廷的所有成员，还有宽阔的台阶缓缓通向水面。他在河面上和人工湖上都画了小船，那是水上表演的巡游船只。"船上会有骑士比武。"他在其中一幅图旁写道。

在列奥纳多为罗莫朗坦设计的方案中，处处体现出他毕生对水的痴迷，其中的水利设施既有实用性，又有装饰性。像地球一样，这些水道无论是在现实中，还是在抽象意义上，都是宫殿建筑群的血脉。列奥纳多设想过将它们用于灌溉、清洁街道、冲洗马厩、清除垃圾，以及优美的景观装饰。"每个广场都应该有喷泉，"他宣称，"在城镇的入水口和出水口各有四台水轮设备，想实现这一点，可以筑坝拦住罗莫朗坦上游的水。"[12]

不久，列奥纳多就将整个地区纳入了他的水利梦想。他设想了一个运河系统，这个系统可以将索尔德河与卢瓦尔河和索恩河连在一起，这样不仅能为整个地区提供灌溉，还可以抽干沼泽。米兰那些驯服了河水的水闸和运河曾让他叹为观止，自从那时起，他就在试图征服水流。无论是佛罗伦萨附近的亚诺河改道计划，还是罗马旁边的蓬蒂内沼泽排水项目，他都犹似壮志未酬，现在他希望能在罗莫朗坦实现梦想。"如果卢瓦尔河支流的浑水能被转入罗莫朗坦的河中，它将使其灌溉的土地更加肥沃、丰饶，不仅为居民提供食物，还可作为商贸的通航运河。"他写道。[13]

但是，这一切并没有成为现实。1519年这个项目被终止了，列奥纳多也于同年去世了。国王决定在尚博尔建造新城堡，这个地区位于昂布瓦斯和罗莫朗坦之间的卢瓦尔河谷。这里沼泽较少，也无须挖掘那么多条运河。

洪水绘稿

列奥纳多向来对有关运动的艺术和科学兴趣浓厚，特别是水和风的流动与旋转，在法国的最后岁月中，这种痴迷达到了顶峰，他画了一系列场景汹涌澎湃的绘稿。[14] 目前已知有十六幅存世，其中的十一幅属于同一个系列，它们是由黑粉笔绘制而成的，有时还用墨水进行过最后的润色，现在它们属于温莎城堡收藏的一部分（比如图 143 和图 144）。[15] 在某些方面，这些绘稿既显得非常个人化，又不乏客观的剖析，它们以一种强烈又黑暗的方式表现出列奥纳多生命中的很多主题：艺术与科学的融合，体验与幻想的交叠，以及自然的恐怖力量。

图 143_ 洪水绘稿

图 144_ 洪水绘稿

　　我认为，这些绘稿也传达出他感到自己时日无多时内心的情绪波澜，此时中风已经让他步履蹒跚。于是这些画成了他表达感受及恐惧的出口。"它们是一种非常个人化的宣泄，"温莎城堡的策展人马丁·克莱顿认为，"他越是强烈地表达自己的忧虑，就越发不可自己。"[16]

　　列奥纳多终其一生都痴迷于水及其运动。他在二十一岁时画的亚诺河风景是他最早的作品之一，他笔下的亚诺河是一条温驯的河流，蜿蜒地轻轻流过肥沃的土地和宁静的村庄，平静地给予万物生机。它没有任何激流，只有一些轻微的涟漪。它就像血脉一样，滋养着生命。列奥纳多在笔记中许多次将水称为赋予一切生命的液体，正是它形成了养育地球的血脉。"水是干涸大地至关重要的体液。"他写道，"它的激流在水道的分支中流淌，补给万物。"[17] 根据他自己的统计，他在《莱斯特手稿》中一共描述了"六百五十七项水流和不同水深的观察"。[18] 他的

528

机械工程设计中包括近百个输水和引水设施。年复一年，他应用流体力学设计了一个又一个治水方案，包括改造米兰的运河系统，为抵御土耳其入侵而淹没威尼斯附近的平原，挖掘佛罗伦萨入海的直通水道，让亚诺河改道绕过比萨，为教皇利奥十世抽干蓬蒂内沼泽，以及为法国国王弗朗西斯一世在罗莫朗坦建设一个运河系统。但是现在，在他生命的尾声，他笔下的水和旋涡不再平静或驯服，而是充满了愤怒。

这些洪水绘稿是充满力量的艺术作品。它们的页面上有框线，而且每一页的背面都是留白，这表明绘制它们的初衷是为了展示，也许它们不只是笔记本里的科学插图，还是诵读世界末日故事时的艺术配图。在几幅最生动的绘稿中，列奥纳多先用粉笔绘制，然后用墨水笔勾勒线条，最后再染上水彩。特别是对于那些像他一样喜爱卷曲和旋涡图案的人来说，这些绘稿艺术地表现了一种伟大的美学力量，它们让人想到了列奥纳多在四十年前所绘的《天使报喜》中天使垂到背后的卷发。事实上，光谱分析的结果发现，天使卷发的底稿与洪水绘稿中的螺旋样式惊人地相似。[19]

对运动认真细致的观察是列奥纳多的擅长之一，而将观察拓展为幻想也是他的强项。那些他亲眼看见并记录在笔记中的风暴成为他描绘洪水的基础，但同时这些绘稿也是狂热想象的产物。作为一位模糊边界的大师，在洪水绘稿中，他让现实与幻想交汇在了一起。

列奥纳多喜欢图文并茂地呈现自己的想法，对于洪水这个主题尤其如此。在三个冗长的段落中，他用了超过两千字来陈述"洪水及其在画中如何呈现"。其中的大部分内容都是为了他计划中的绘画专著而作的。他的语气既像在指导学生，又像在指导自己：

> 让空中显得阴暗沉郁，狂风相向而来，持续的雨水夹杂着冰雹，无数树枝被从树上扯下，与无数败叶混在一起，散落各处。

周围的古树被狂风连根拔起。山石碎块被急流冲刷，落入其中，它们填满山谷，使河水上涨，淹没大片低地和那里的居民。在很多山顶上都可以看见各种惊恐的动物，它们聚集在一起，屈从驯服，与它们为伴的是带着子女逃到那里的男男女女。

列奥纳多在紧邻的两页笔记里继续描述着洪水来袭的场景，但是写到一半的时候，他已经不是在教导如何描绘洪水；相反，他驱策自己进入了一种近乎疯狂的状态，他在狂乱地描述末世大洪水和人类被毁灭时的情绪。也许其中的部分内容是为了在国王面前表演准备的，表演时还会配上那些洪水绘稿，无论初衷如何，这些描述最终成为列奥纳多所有幻想中最黑暗的场景：

> 其他人因为绝望而结束了自己的生命，他们对承受这样的折磨感到无望。其中有些人从高耸的崖石上一跃而下，有些人亲手将自己勒死，有些人揪住亲生子女，一击致命；一些人用手中的武器自伤自戕，还有些人跪在地上向上天呼救。啊！多少母亲因为溺死的子女而哭号，她们把孩子的尸体放在膝上，向老天伸开双臂，用言语和威胁的姿势责骂诸神的严酷。其他人啃噬着紧握的双手和攥紧的手指，直到它们鲜血直流，他们因为万分痛苦，胸口抵着膝盖蜷缩在一起。[20]

即便在阴郁的狂想中，列奥纳多依然融入了自己对流水转向时形成旋涡的细致观察："高涨的池水不断地在池中回旋，旋涡冲击着各种障碍物。"即便在最黑暗的段落里，依然能看出他严谨的科学态度。"如果高大的山脉或建筑的沉重碎块落入水中会溅起大量水花，它们运动的方向与击中水面的物体相反——反射的角度与入射角相等。"[21]

洪水绘稿让人想起《创世纪》中大洪水的故事，多年来，米开朗琪罗和其他很多艺术家都涉及过这一内容。但是，列奥纳多没有提到诺亚，他表现的并不只是《圣经》中的一个故事，他一度在其中加入了古希腊和古罗马的神祇："海神出现在水中间，手拿着他的三叉戟，还有风神和他扬起的风，风让在巨浪中漂浮旋转的被连根拔起的树木纠缠在一起。"[22] 他借鉴了维吉尔的《埃涅阿斯纪》、奥维德的《变形记》，还有卢克莱修《物性论》中第六卷有关自然中雷鸣现象的内容。这些绘稿和文字还让人联想到列奥纳多于15世纪90年代在米兰时写的那个故事，故事表面上是写给"叙利亚的财务官"的一封信。卢多维科·斯福尔扎的宫廷中排演过这个故事，列奥纳多在其中生动地描述道，"突降骤雨，更确切地说，是毁灭性的暴风雨，它将水泥沙石与树木的根茎枝干全部裹挟在一起，所有东西都从空中猛砸到我们身上"。[23]

无论是在绘稿中，还是在文字中，列奥纳多的关注点都不在诸神的严酷上，因此也未对此过多提及。相反，他传达出的信念是，混乱与破坏是自然原始力量固有的一面。比起仅仅描绘一个愤怒的天神惩罚人类的故事，他这样的处理更让人的内心感觉凄怆。他在传达自己的情绪，并因此触碰到我们的感受。从描画故乡村庄旁温驯的亚诺河开始，列奥纳多一生都在描绘自然，然而这些充满迷幻色彩和卷入感的洪水绘稿成了令人不安的尾声。

终曲

列奥纳多在一页笔记里画了四个底边长度不等的直角三角形（图145），这可能是他的最后一页笔记。这些三角形都内接了一个矩形，矩形之外的部分被涂上了阴影。他在页面的中间部分画了一张图表，在图表的格子里标注了与那些矩形对应的标识字母，他在图表下面写出了自己的真正意图——他在用直观的几何学来帮助自己理解形状的

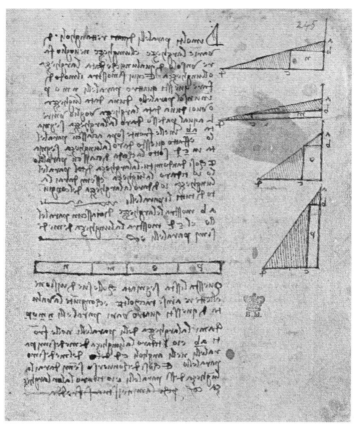

图 145_ 直角三角形面积的研究，最后一句是"汤要凉了"

变化，多年来，他一直痴迷于此，特别是如何在改变两条直角边长度的同时，保持直角三角形的面积不变，他想找出其中的公式。欧几里得研究过这个问题，而列奥纳多多年来一直对此"小题大做"。那时他已经六十七岁了，身体日渐衰弱，到了这样的生命阶段，似乎已经没有必要再去纠缠于这样的谜题了。但是，对于别人来说或许如此，对于列奥纳多来说则不然。

然后，在这页的差不多结尾处，他突然用"等等"一词结束了笔记。后面还跟着一行字，字迹与前面的镜像体笔记同样认真工整，他在其中写明了停笔的原因——"汤要凉了。"[24]

这不仅是我们现有的列奥纳多最后的亲笔，也是我们所能见到的他最后的工作场景。想象一下，他当时正在庄园府邸楼上的书房里，那里有带横梁的天花板和壁炉，还能看到昂布瓦斯城堡，城堡里住着的是他的王室赞助人。此时他的厨娘玛杜丽娜正在楼下的厨房里，也许梅尔奇和家中的其他人已经围坐在了餐桌旁。经过这些年，列奥纳多仍然在尝试解决那些几何难题，这些努力虽并未给后世留下什么成果，却让他更深刻地理解了自然规律。不过，现在，汤要凉了。

最后还有一份文件。1519 年 4 月 23 日，列奥纳多过完六十七岁生日八天后，一直抱病的他意识到自己末日将近，于是在昂布瓦斯让一位公证员起草了他最终的遗嘱，公证员见证并签署了这份遗嘱。遗嘱的开头是："令现今与后世所有人知悉，在昂布瓦斯我们国王陛下的宫廷里，在我们面前的是国王的画家列奥纳多·达·芬奇先生本人，他现居昂布瓦斯附近的克卢城堡，因考虑到临终将近而时日难料……"

在遗嘱中，列奥纳多将他的灵魂"交托我们的主，万能的上帝和荣耀的圣母马利亚"，但这似乎只是一种文学修辞。他的科学研究让他接受了许多所谓的"异端邪说"，包括子宫内的胎儿没有自己的灵魂，还有《圣经》中的大洪水并未发生。米开朗琪罗有时会被自己的宗教热情所折磨，列奥纳多则不然，他一生都未过多地涉及宗教。他说自己不会"写到或者解释那些人类头脑无法理解，也无法用自然中的例子证实的事情"，他把这些事情都交由"修道士的头脑去解决，他们作为百姓之父，受天启而知晓那些奥秘"。[25]

他遗嘱的前面几项都是关于葬礼的安排。他的遗体将由教士送到昂布瓦斯的教堂。"在前文提到的圣弗洛朗坦教堂，"他明确要求，"由执事和副执事举行三场大弥撒，同日在圣格雷戈里教堂举办三十场小弥撒。"这一条下面还写到在附近的圣丹尼斯教堂也要举办三场弥撒。他想要"六十个贫民秉烛六十支，并给予他们酬金"。

为他做汤的厨娘玛杜丽娜得到了他遗赠的"一件有毛皮衬里的上等黑色呢绒大氅"和两个达克特金币。列奥纳多同父异母的兄弟们不仅得到了一笔可观的现金，还有列奥纳多从叔叔弗朗切斯科那里继承的田产，这很可能是按照之前解决他们纠纷的法律协议做出的安排。

弗朗切斯科·梅尔奇不仅是列奥纳多事实上的养子和继承人，他们的收养关系可能早已获得法律认可。梅尔奇被指定为遗嘱的执行人，而且还继承了大部分遗产，其中包括列奥纳多的养老金、他所有的钱财、衣物、书籍、著作和"所有的仪器、设备，以及与他的艺术和画家工作有关的画作"。对于新近雇用的仆人兼伴侣巴蒂斯塔·德·维拉尼斯，列奥纳多留给他在米兰得到的用水权，还有卢多维科·斯福尔扎给他的葡萄园的一半。他还将"克卢城堡居所里所有的家具和用具"赠予了巴蒂斯塔。

现在该轮到萨莱了——他得到了另一半葡萄园。因为他已经在那里生活了一段时间，而且还在其中一块地上盖了房屋，列奥纳多也很难再做出其他安排。但是，这也是萨莱在遗嘱中得到的全部遗产。随着梅尔奇在列奥纳多生活中的位置越来越重要，以及巴蒂斯塔的到来，萨莱与列奥纳多之间的关系显然变得日渐疏远。当列奥纳多立下遗嘱的时候，萨莱已经不在他的身边了。尽管如此，萨莱还是没有辜负手脚不干净的"小恶魔"名声，他总能拿到自己想要的东西。五年后，萨莱被弩弓射死的时候，他的财产清单上显示他拥有列奥纳多很多作品的复制品，还可能有几件原作，其中也许包括《蒙娜丽莎》和《丽达和天鹅》，这些作品可能是他某次去法国时被赠予或者自己拿走的。他一贯狡诈，所以很难弄清楚他财产中列出的那些作品的价格是否符合它们的真实价值，因此很难确定究竟哪些是复制品。除了丢失的《丽达和天鹅》，萨莱拥有的所有列奥纳多的原作最终都回到了法国，可能是他之前都卖给了法国国王，这些作品最终都成了卢浮宫的馆藏。[26]

"一日充实，一夜安眠。"列奥纳多在三十年前写道，"因此，一生充实，含笑安息。"[27]1519 年 5 月 2 日，他迎来了自己安息的时刻，那时距离他过完六十七岁生日还不到三周。

瓦萨里在列奥纳多的传记中描述的最后一幕就像他写的很多内容一样，将事实和自己一厢情愿的想象混为一谈。他写道，列奥纳多"感到自己时日无多，努力地想要获知天主教的教义，想更多了解人生正道和神圣的基督教；然后，在痛苦的呻吟中，他因悔悟而忏悔；尽管他已无力站立，还是在友人和仆人的搀扶下，虔诚地领受了圣餐"。

因为瓦萨里并不在现场，这种临终忏悔的描写更像是由他杜撰的，或者至少是添枝加叶的结果。他可能比列奥纳多本人还希望他接受宗教信仰。正如瓦萨里所知，列奥纳多并无传统的宗教信仰。瓦萨里在第一版传记中，写到列奥纳多的"思想中形成了一种离经叛道的信条，以至于他不再信任何宗教，他可能将科学知识置于基督教的信仰之上"。在第二版的时候，瓦萨里删去了这一段文字，大概是为了维护列奥纳多的名声。

他接着讲到了弗朗西斯一世，"他经常来亲切地看望列奥纳多"，在牧师做完临终祷告正要离开时，国王走进了列奥纳多的房间。于是，列奥纳多用尽气力坐起身，向国王诉说了自己的病情和症状。在瓦萨里全部的临终记述中，这一点最令人信服。不难想象，列奥纳多向这位聪明又好奇的年轻国王解释了心力衰竭和血管系统的复杂之处。

"随即病情突然恶化，这是死亡的前兆，"瓦萨里写道，"国王站起身，抬起列奥纳多的头，想要扶助他，给予他最后的恩宠，希望这能减轻他的痛苦。灵性非凡的列奥纳多意识到，能在国王的怀抱里停止呼吸将是莫大的荣耀。"

图 146_《列奥纳多之死》，让·奥古斯特·多米尼克·安格尔作

这个瞬间如此完美，以至于后来很多欣赏列奥纳多的画家都绘制过这一场景，最著名的一幅出自让·奥古斯特·多米尼克·安格尔（图146）。我们由此看见了得体又优美的最后一幕：在一个舒适的房间里，临终的列奥纳多躺在床上，他被有权势又溺爱他的赞助人抱在怀里，周围围绕着他喜爱的作品。

可是，但凡与列奥纳多有关的事情都没有那么简单。他死在国王怀中的形象可能又是饱含深情的虚构。据我们所知，5月3日，弗朗西斯一世在圣日耳曼昂莱颁布过一份公告，那里距离昂布瓦斯有两天的路程，所以，他在前一天似乎不可能和列奥纳多在一起。不过，也并不能完全排除他在场的可能性。这份公告虽然是由国王颁布的，但是可能并非由他签署。签署人可能是他的大臣，来自议会的记录中也并没有提到国王在场。因此，国王仍有可能待在昂布瓦斯，怀抱着行将离世的天才。[28]

列奥纳多被安葬在昂布瓦斯城堡的教堂里，但是他遗骨的具体所在位置现在依然是个谜。这座教堂在 19 世纪初被拆毁，六十年后，人们在挖掘该遗址时发现了一些遗骸，它们可能是列奥纳多的遗骨。这些遗骨被重新安葬在毗邻城堡的圣于贝尔礼拜堂，那里还立了一块墓碑，上面写着这里埋的是他的"推定遗骸"。

列奥纳多的一切都被笼罩着一层神秘的面纱，他的艺术、他的人生、他的出生地，甚至连他的死都是如此。我们无法用清晰的线条来描绘他，我们也不应如此，正如他不想这样描绘丽莎一样。给我们留下些许的想象空间不啻为一件好事。正如列奥纳多所认识到的那样，现实的轮廓本来就模糊不清，我们应该张开怀抱接受这些不确定性。走近他人生的最佳方式正是他走近这个世界的方式：对它的无穷奇迹充满好奇和欣赏。

第三十三章
列奥纳多·达·芬奇的创造力密码

天才

有人将"天才"一词作为某种超能力的代名词，认为这种超能力由上天赐予，非凡人力所能及，我在本书的前言中就提出这种滥用毫无益处。我希望现在您也同意，列奥纳多是一个天才，而且是历史上为数不多的几位无可争辩地配得上，或者更确切地说是"赢得"这个称呼的人，不过，他同时也只是一个凡人。

关于他不是超人，而是凡人的说法，最明显的证据就是那些他半途而废的未竟之事。其中包括被弓箭手射成碎块的战马铸型，中途放弃的《博士来拜》的场景和战争壁画，从未起飞的飞行器，从未开动的坦克，从未改道的河流，以及从未出版的堆积如山的杰出手稿。"告诉我究竟做成过什么，"他在一本又一本笔记中不断地重复，"告诉我。告诉我。告诉我，我是否做成过一件事……告诉我究竟有什么成果。"[1]

当然，他完成的那些事已足以证明他的天赋。仅凭《蒙娜丽莎》就足以说明这一点，而且他所有的艺术杰作和他的解剖绘稿也同样有说服力。但是当本书的写作进行到尾声时，我甚至开始欣赏他那些未能实现的设计和未能完成的杰作中蕴藏的天赋了。他的飞行器、水利工程和军事机械都游走在幻想的边缘，但是他预见到了几个世纪之后创新者的发明。正因为拒绝炮制不够完美的作品，他才确立了自己天才的声名，而不是沦为一位技艺高超的匠人。比起琐碎的执行，他更享受构思的过程。

他不愿意交付某些作品，也不愿宣布它们已经完成，原因之一是他在享受一个不断流动、变化的世界。他有一种不可思议的表现运动的能力，诸如身体、内心、机械、马匹、河流，以及其他任何流动之物的运动。他写道，没有任何一个瞬间是孤立的，就像戏剧演出中的一个动作或者河流中的一滴水都不是孤立存在的一样。每一个瞬间都包含过去与未来。同样地，他眼中的艺术、工程和专著都是动态的过程，它们因新的洞见不断得以完善。他在三十年后修正了《荒野中的圣杰罗姆》，因为他的解剖学实践让他了解到了颈部肌肉的新知。如果他再活十年，他可能会在那十年中继续完善《蒙娜丽莎》。交付一件作品，宣布它已完成，就等于冻结了它的演化进程。列奥纳多不喜欢那么做。不断学到的新知识，或者从自然中得到灵感妙笔，总能让一幅画更加趋近于完美。

列奥纳多不同于那些仅是异常聪慧的人，他之所以是一位天才，还因为他的创造力，这种能力可以将想象应用于智识。就像其他的创意天才一样，融合观察与幻想的能力让他实现了一种出人意料的跨越，将已见与未见联系在一起。"人才击中的目标，人所不及；"德国哲学家阿图尔·叔本华写道，"天才命中的目标，人所未见。"[2] 因为"不同凡想"，那些充满创造性的头脑有时会被认为与主流格格不入，但是史蒂夫·乔布斯在参与起草的一则苹果公司的广告文案中写道，"虽然他们在有些人眼中是疯子，在我们眼中却是天才。因为那些疯狂到认为自己可以改变世界的人，正是改变这个世界的人"。[3]

作为天才，列奥纳多的独特之处还在于他是一位通才。世界上不乏比他更深刻或逻辑性更强的思想家，还有很多思想家比他更加务实，但是没有一个人能在这么多的领域有如此的创造力。有些人是在某一领域的天才，比如音乐家莫扎特和数学家欧拉，但是列奥纳多的才华跨越了多个学科，这让他更深刻地感受到自然界的共通与矛盾之处。他的好奇心驱使他成为历史上屈指可数的几位试图穷尽全部已知和未知的人。

当然，历史上也曾有许多求知若渴的博学之士，就连文艺复兴时期也诞生过不少多才多艺之人。但是他们都没能画出《蒙娜丽莎》，更不用说，还能根据多次解剖结果绘制出无与伦比的解剖图，提出河流改道的方案，解释光如何从地球反射到月球，剖开仍在跳动的猪心来研究瓣膜的工作机制，设计乐器，编排演出，用化石来驳斥《圣经》中大洪水的记述，然后绘制洪水的场景了。列奥纳多是一位天才，但是不止于天才：他是宇宙意识的缩影，他想要了解万千造化，以及我们如何居于其中。

列奥纳多的创造力密码

列奥纳多不仅是一位天才，还深具人性，他古怪、执着、爱开玩笑、容易分心，这些都让他更加容易亲近。他并未被上天赐予那种对我们来说深不可测的才华，相反，他自学成才，并矢志不渝地成就自己的天才。所以，即使我们可能永远无法拥有与之比肩的才华，我们依然能向他学习，试着离他更近一点儿。他的人生为我们提供了宝贵的经验。

保持好奇，不断好奇。"我没有特别的才能，"爱因斯坦曾在一封给朋友的信中写道，"我只是有热切的好奇心。"[4]列奥纳多和爱因斯坦一样，确实有一些特别的才能，但是他最特别和最具启发性的特质是强烈的好奇心。他想知道人为什么会打哈欠，佛兰德斯的人如何在冰上行走，化圆为方的方法，主动脉瓣关闭的原因，眼睛如何处理光线及其对绘画透视的意义。他指导自己去了解牛犊的胎盘、鳄鱼的颌骨、啄木鸟的舌头、脸部的肌肉、月亮的光线，以及阴影的边缘。在任何醒着的时刻，我们每个人都可以督促自己对周围的一切保持不断的、随意的好奇，正如列奥纳多所做的那样。

*为求知而求知。*并非所有的知识都需要有用，有时求知本身就是一种快乐。列奥纳多在画《蒙娜丽莎》时，并不需要了解心脏瓣膜的工作机制，也不需要为了完成《岩间圣母》弄清化石为什么会出现在山顶。他放任自己被纯粹的好奇心驱使，因此他比同时代的任何人都探索了更多领域，也发现了更多联系。

*保持孩童般的惊奇。*从人生的某个时刻起，我们中的大部分人都

不再为日常现象而感到迷惑了。我们也许能体会蓝天的美丽，但是已不再费心去琢磨为什么它是那种颜色。列奥纳多会思考这个问题，爱因斯坦也会，他在给另外一位朋友的信中写道，"你我从来都像好奇的孩子一样站在我们生于其中的巨大奥秘前"。[5] 我们应该小心，不要因为长大抛弃了我们的纯真初心，也不要让我们的孩子如此。

勤于观察。列奥纳多最伟大的技能是他敏锐的观察力，这项才能和他的好奇心相得益彰。这不是什么神奇的天赋，而是他自身努力的结果。当他走到斯福尔扎城堡周围的护城河时，他观察了蜻蜓的两对翅膀，并注意到它们在如何交替运动。当他在城里漫步时，他注意观察人们的表情与情绪的关系。他还仔细辨别光线在不同平面上的反射方式。他观察哪些鸟的翅膀抬起的速度快于落下的速度，哪些鸟正好相反。这一点，我们也可以效仿。你观察过水流进碗里的时候吗？请像他一样仔细观察旋涡如何旋转，然后再琢磨一下其中的原因。

始于细节。在笔记本中，列奥纳多分享了一个观察细节的技巧：分步骤进行，从一处细节开始。他写过，这就像你没法一眼读到整页书的内容一样，你需要逐字逐句地看。"如果你想熟谙物体的形态，先从它们的细节开始，等一个细节完全印在你的脑海中，再转向下一个细节。"[6]

见所未见。在列奥纳多的成长岁月里，他很多时候的主要工作就是构思庆典、表演和戏剧。他把幻想与戏剧的精巧设计融为一体，这让他有了一种组合创新的能力。他能看见飞行的鸟，也能看到飞翔的天使；他能看到怒吼的狮子，也能看见咆哮的巨龙。

穷追到底。在一本笔记的开头几页中，列奥纳多画满了一百六十九种化圆为方的尝试。在《莱斯特手稿》中，他在八页纸上记录了七百三十项关于水流的发现；在另一个笔记本中，他列出了六十七个描述不同水流运动的词汇。他测量了人体的每一部分，计算了它们的比例关系，然后又对马匹如法炮制。他不停钻研就是为了体验"极客"的乐趣。

兴趣广泛。对列奥纳多最大的指摘是他的兴趣爱好经常让他偏离正题，比如他的数学研究。肯尼斯·克拉克哀叹道，这样做，"留给后人的却是损失"。但是事实上，列奥纳多愿意探索任何让他眼前一亮的事物，这让他的头脑更加丰富多彩。

尊重事实。在观察实验和批判性思维的时代到来之前，列奥纳多就已经是这些方面的先驱了。当他提出一个观点的时候，他会设计一个实验来验证。如果实践表明他的理论有误，比如他曾误认为地球泉水的补给方式与人体血管类似，他就会放弃自己原有的理论，转而去寻求新的解释。一个世纪之后，在伽利略和培根的时代，这样的研究方法才变得普遍起来。时至今日，它反而不那么流行了。如果我们想像列奥纳多一样，就必须敢于根据新的信息改变我们的想法。

适度拖延。在画《最后的晚餐》时，列奥纳多有时会盯着墙壁整整一个小时，然后轻轻画上一笔就转身离开。他告诉卢多维科公爵，创造力需要时间，不仅构思需要时间来发酵，直觉也需要时间来凝聚。"有极高天赋的人工作越少，反而成就越高，"他解释说，"因为他们的头脑一直在深思熟虑，不断完善构思，之后他们才会付诸实施。"对于如何拖延，大多数人都不需要别人的建议：我们天生就无师自通。但是，像列奥纳多那样拖延需要付出努力：这包括收集各种事实和想法，在这之后，才是让它们"文火炖煮"。

让完美成为美的敌人。无论是对于《安吉亚里之战》中的透视问题，还是《博士来拜》中人物互动的难题，列奥纳多在自己无法解决时都选择了放弃，而不是绘制出仅仅是足够好的作品。他到死都将一些杰作带在身边，比如《蒙娜丽莎》和《圣母子与圣安妮》，因为他相信总有妙笔可以增辉。同样，史蒂夫·乔布斯也是一位完美主义者，他曾延迟了初代 Macintosh 电脑的交货时间，直到他的团队将内部线路板变得美观——尽管没有人会看到这些线路板。他和列奥纳多都知道，真正的艺术家在没有人看到的地方也务求完美。后来，乔布斯又采纳了一条相反的格言，"能准时交付的艺术家才是真正的艺术家"，这句话的意思是，即便有时产品还有改进的空间，你也应该及时发布。对于日常生活来说，这是一个不错的原则；但是有时也需要像列奥纳多那样，不轻易松手，直到作品完美。

视觉化思考。列奥纳多并没有被上天赐予运用数学方程式或抽象概念的能力，所以他在研究各种比例、透视法则、凹面镜反光的计算方法及等积变换时，都将其视觉化。我们学习一个公式或法则——甚至简单到乘法或颜色混合的法则时，已经很少再用视觉化的方式来理解了，于是，我们无法欣赏到自然规律背后之美。

突破局限。在很多产品演示的末尾，乔布斯都会展示一张路标的幻灯片，路标显示的是"人文科学"与"技术"的交叉路口，他知道创造力就出现在这样的十字路口。列奥纳多自由放养的头脑在艺术、科学、工程和人文科学间愉快地游逛。《最后的晚餐》中的透视效果离不开他对光线如何照射在视网膜上的了解，而他在一页满是嘴唇解剖图的笔记中绘制的微笑又再次出现在《蒙娜丽莎》的脸上。他知道艺术是一门科学，而科学也是一门艺术。无论是描画子宫里的胎儿，还是描绘洪水的旋涡，他都在模糊科学与艺术间的界限。

挑战不可能。不妨像列奥纳多一样，想象一下你会如何制造一架人力飞行器，或者你会如何让河水改道，你甚至可以试着设计一架"永动机"，或者只用尺规作图的方法"化圆为方"。有些问题是我们永远也无法解决的，但是，要知道为什么无法解决。

放任幻想。想想他的巨弩、像乌龟的坦克、他的理想城市设计方案，还有人力扑翼飞行器。列奥纳多不仅模糊了科学与艺术的界线，还模糊了现实与幻想的边界。这样做虽然没有造出飞行器，但是放飞了他的想象力。

为自己创造，而不仅仅是为了客户。无论有钱有势的侯爵夫人伊莎贝拉·德斯特如何央求，列奥纳就是不肯为她绘制一幅肖像，但是他却为一位丝绸商人名叫丽莎的妻子拿起了画笔。他这么做是因为他想画，他余生都在不断完善这幅作品，从未交给那位丝绸商人。

团队协作。天才常被认为是独来独往的人，他们似乎就应该退隐在阁楼里，等待被灵感的闪电击中。像许多传说一样，孤独天才的神话也体现了部分真相，但是这往往并不是故事的全部。无论是韦罗基奥作坊里生产的圣母像和衣褶写生，还是列奥纳多工作室出品的各种版本的《岩间圣母》《纺车边的圣母》和其他作品，它们都是以协作的方式被创作的，所以很难辨别究竟出自谁手。列奥纳多在与朋友交流了想法和草图后，才完成了《维特鲁威人》；他与马尔坎托尼奥·德拉·托雷彼此协作的时候，完成了自己最出色的解剖学研究；而他最有趣的作品是在斯福尔扎城堡时，与人合作完成的戏剧演出和晚间娱乐活动。天才始于个人的才华，需要独特的远见，但是执行经常需要与他人协同工作。创新是一项团队运动，创造是一种合作努力。

列出任务清单。记得一定要在清单上写上一些新奇怪异的项目。列奥纳多的任务清单可能是有史以来好奇心的最佳证明。

在纸上做笔记。五百年后，列奥纳多留存下来的那些笔记本让我们震惊不已又深受启发，如果我们从现在开始着手记录，五十年后，我们将会把笔记本留给我们的子孙，他们也会感到惊讶并得到启示。我们在社交网络上发的那些帖子则不会有这样的效果。

拥抱神秘。不是每件事情都需要条理分明。

尾　声
如何描述啄木鸟的舌头

啄木鸟的舌头可以伸出超过喙长三倍的距离。在不使用的时候，舌头会缩回到头部，它像软骨一样的结构穿过下颌，环绕过鸟的头部，然后再向下弯曲，进入鼻孔中固定。除了从树中挖出虫子，长舌头还可以保护啄木鸟的大脑。当鸟喙不停地撞击树皮时，它的头部承受的冲击力相当于致人死亡强度的十倍。但是，它奇特的舌头和支持结构起到了缓冲作用，使大脑免受冲击。[1]

你可能并不需要知道这些。这个信息对你的生活没有任何实际用处，对于列奥纳多来说也是如此。但是，我想可能在读完这本书以后，你会像列奥纳多一样想知道这些，正是他某天将"描述啄木鸟的舌头"写在了自己五花八门又别具启发的待办清单上。这一切只是因为好奇，纯粹的好奇。

致　谢

马尔科·钱基（Marco Cianchi）以他专业的眼光阅读了本书的书稿，提出了很多建议，给予了翻译上的协助，他还是我在意大利的向导。作为佛罗伦萨国立美术学院的教授，他曾在佛罗伦萨和博洛尼亚的大学获得过艺术史学位。他与卡洛·佩德雷蒂（Carlo Pedretti）是长期的合作者，还撰写了很多著作，包括《列奥纳多的机械》（Becocci，1981）、《列奥纳多与绘画》（Giunti，1996）和《列奥纳多与解剖学》（Giunti，1997）。他是一位令人愉快的朋友。

作为专业人士，伦敦大学伯贝克学院的朱莉安娜·巴罗内（Juliana Barone）也阅读了本书的许多书稿。在牛津大学时，她的博士论文就是关于列奥纳多的研究，她著有：《列奥纳多：阿伦德尔手稿》（British Library，2008）、《运动的研究：大西洋手稿中列奥纳多的草图》（De Agostini，2011）、《论绘画》（De Agostini，2014），还有即将要出版的《列奥纳多、普桑和鲁本斯》以及《列奥纳多在英国》。

我与巴罗内博士经马丁·肯普（Martin Kemp）的推荐相识，肯普是牛津大学艺术史专业的名誉教授，也是我们这个时代杰出的研究列奥纳多的学者之一。在过去的五十年中，他撰写或与人合著了七十二部（篇）关于列奥纳多的专著和学术论文。他在牛津大学三一学院亲切地接待了我，与我分享他的研究发现和他与别人合著的《蒙娜丽莎：其人其画》（Oxford University Press，2017）的初稿，他还通过无数邮件在很多问题上提出了自己的见解。

弗雷德里克·施罗德（Frederick Schroeder）是比尔·盖茨的《莱斯特手稿》的策展人，多梅尼科·劳伦萨（Domenico Laurenza）写作了多本关于列奥纳多的工程和发明的专著，他们二人阅读了本书涉及《莱斯特手稿》的内容，并为我提供了他们最新翻译的手稿，这些翻译手稿计划在 2018 年出版。戴维·林利（David Linley）带我参观了温莎城堡收藏的列奥纳多绘稿，并介绍我认识了那里的策展人和列奥纳多的研究者马丁·克莱顿（Martin Clayton）。

其他一些列奥纳多的研究者和策展人也阅读了部分书稿，他们不仅让我有机会接触那些藏品，还提供了协助，或者贡献了他们的想法，其中包括卢克·赛森（Luke Syson），他曾在伦敦国家美术馆工作，现就职于纽约大都会艺术博物馆，卢浮宫的文森特·德利厄万（Vincent Delieuvin）和伊娜·吉斯卡尔·德斯坦（Ina Giscard d'Estaing），华盛顿国家美术馆的戴维·艾伦·布朗（David Alan Brown），威尼斯学院美术馆的瓦莱里娅·波莱托（Valeria Poletto），米兰理工大学的彼得罗·马拉尼（Pietro Marani），米兰安波罗修图书馆的阿尔贝托·罗卡（Alberto Rocca），还有牛津大学基督教会学院的杰奎琳·塔尔曼（Jacqueline Thalmann）。我还要感谢佛罗伦萨的哈佛大学意大利文艺复兴研究中心、华盛顿敦巴顿橡树园图书馆和哈佛大学艺术图书馆的工作人员。在道恩·艾雷（Dawn Airey）领导下的盖蒂图片社将本书作为一个特别项目，负责监督图片收集的团队中包括戴维·萨维奇（David Savage）、埃里克·拉奇利斯（Eric Rachlis）、斯科特·罗森（Scott Rosen）和吉尔·布拉滕（Jill Braaten）。我还要向阿斯彭研究所的帕特·津杜尔卡（Pat Zindulka）、利娅·比特尼斯（Leah Bitounis）、埃里克·莫特利（Eric Motley）、克洛艾·塔巴（Chloe Tabah）及其他对我纵容有加的同事致以深深的谢意。

三十多年来，我所有的著作都由西蒙 – 舒斯特出版公司出版，因为那里的团队极富才华：艾丽斯·梅休（Alice Mayhew）、卡罗琳·里迪（Carolyn Reidy）、乔纳森·卡普（Jonathan Karp）、斯图尔特·罗伯茨（Stuart Roberts，他负责本书及插图）、理查德·罗雷尔（Richard Rhorer）、斯蒂芬·贝德福德（Stephen Bedford）、杰基·萧（Jackie Seow）、克里斯滕·勒米尔（Kristen Lemire）、朱迪思·胡佛（Judith Hoover）、朱莉娅·普罗瑟（Julia Prosser）、莉萨·欧文（Lisa Erwin）、乔纳森·埃文斯（Jonathan Evans）和保罗·迪波利托（Paul Dippolito）。在我整个写作生涯中，阿曼达·厄本（Amanda Urban）一直都是我的经纪人、指导者、睿智的顾问和朋友。斯特罗布·塔尔伯特（Strobe Talbott）是我 1979 年加入《时代》杂志时的同事，从《美国智囊六人传》开始，他阅读过我每本书的书稿，不仅做出了切中要害的评论，还给予我鼓励。当我们的职业生涯进入尾声时，我不禁回味那些从青涩时代开始的记忆。

　　我最感谢的人仍然是我的妻子凯茜（Cathy）和我们的女儿贝琪（Betsy），她们睿智、聪颖，给予我很多支持和关爱。谢谢你们。

英文版常用引文缩略词表及注释

扫码进入中信书院页面，查看《列奥纳多·达·芬奇传》英文版常用引文缩略词表及注释。